U0736624

中华警事史话

江山宜人 ——著

九州出版社 | 全国百佳图书出版单位
JIUZHOUPRESS

图书在版编目（CIP）数据

中华警事史话 / 江山宜人著. -- 北京：九州出版
社，2017.11
ISBN 978-7-5108-6102-4

Ⅰ．①中… Ⅱ．①江… Ⅲ．①警察－史料－中国－古
代 Ⅳ．①D691.6

中国版本图书馆CIP数据核字(2017)第249365号

中华警事史话

作　　者	江山宜人　著
出版发行	九州出版社
地　　址	北京市西城区阜外大街甲35号 (100037)
发行电话	(010)68992190/3/5/6
网　　址	www.jiuzhoupress.com
电子信箱	jiuzhou@jiuzhoupress.com
印　　刷	三河市九洲财鑫印刷有限公司
开　　本	787毫米×1092毫米　16开
印　　张	27.25
字　　数	450千字
版　　次	2018年1月第1版
印　　次	2018年1月第1次印刷
书　　号	ISBN 978-7-5108-6102-4
定　　价	78.00元

★版权所有　侵权必究★

自　序

构建中华警事史的学术框架　为世界警事史的全面研究探路

尽管 Politics（"警察"）是世界近代史上才出现的称谓，[①] 而安全防范警备意识与警巡活动则与人类相伴而生；至若"警事"——国家承担的治安管理、安全禁卫与惩治犯罪等行政事务则是国家机器与生俱来的职能。"警事"概念，亦古已有之，而且定有相应的单行法规。据《通典·刑制·魏》载："（天子）命陈群、刘邵等删约旧科，旁采汉律，定为《魏法》，制新律十八篇……其以警事告急、与《兴律》《烽燧》及科令者，以为《警事律》。"另，宋人《春明梦余录》卷四十三也述及"广东山海，警事渐生；则两广之备，不得兼而遥制"。《明文海·法

---

① 说明：近代史上，日本学者常借用古汉语词汇去翻译西方事物，于是便给了古汉语如革命、总统、警察、政党、干部、同志这类词头以全新的含义，其古典原义反而淹没了。"警察"一词，源自《尔雅·释鸟·雁》："雁，夜泊洲渚，令雁奴围而警察。"此为动物行为。然而，古汉语"警巡、巡警、巡检、巡捕、巡察"等词，都有"警戒、查缉犯罪"的政治含义与"巡查非违"的业务模式，都是人的社会活动，都关联着国家"巡检司、军巡铺、警巡院、巡城御史、防隅巡警、巡捕五营、兵马司"等执法实体。故从语义沿革、概念内涵、学科术语等方面看，它们都比"警察"二字有更强大的表达力，且不至于引发"中国古代无警"的误读。又，今检索《四库全书》（文渊阁版），经粗略统计，入录的"警察"一词仅出现过区区 83 次，且均为动词。而既是动词又可作名词用的"巡警"一词，在"四库"中就出现过 670 次；"警巡"也有 414 次，"巡捕"1340 次，"巡检"更多达13132 次；它们的语义界域都比"警察"一词更为明晰，且更符合警事行为特征，又有超出上万倍的文献资料作支撑，更能将我们的视线引入"历代警事史"的学术领域，而"警察"一词则难当比任。当年，日本学人未能正确采用汉语词汇，而清末的留日学生将"警察"一词引回中国时，又未加细考；今已积非成是、约定俗成，难以正名了。

源》篇亦论及《警事律》；可见"警事"之进入政府视野，是一贯的、持久的。毋庸赘论，中华有数千年建国史，就有数千年警事史，它与中华军事史、中华法制史同等辉煌。一部"中华警事史"的成功构建，将为今天的警史研究与中华警学的建构提供必要的学术与史实支撑，也将为世界警事史的充实与完善提供丰厚的知识支撑，这是当代中国警界学人的应有担当。①

一、中华警事历史悠久，从未缺位

警事，作为国家行政管理的重要业务，来自社会、植根大众、面向基层。作为国家直击社会消极因素、直击社会破坏性势力的执法护法事业，作为国家要害部门、要害节点的安全禁卫力量，作为社会安全存在、群体有序生活的保障性力量，它从来都不缺位。中华民族从进入文明社会之日起，自有国家机器以来，就有着诸如巡警、巡捕、巡察、巡检、稽查、警巡、警察等不同说法的警事，尽管在不同时地，曾有过不一样的组织形态，不一样的警事成就。我国作为世界上少见的广土众民的东方大国，人口数量在西汉时期就已达到六千万之数，② 远超现代西欧之英法德意西比荷丹各国人口之总和，其国家治理与社会管理的任务之艰巨不难想象，却因一直实施着古代同期全球最为有效的国家警事管理，为中华多民族大一统社会提供了强力的黏合机制，使之稳定存在了数千年之久。这一切，给我们的警事研究带来了特殊的学术魅力。

本书即打算系统梳理中华警事史，历叙中华治安管理、安全禁卫与惩治犯罪的警事变迁，阐述中华传统警事文化、警事制度、警事实务、警事力量的构成，探讨历代警事之"政府管治、基层自治、民众自律"的历史沿革，从而为中华警事史搭建一个学术框架。

---

① 说明：中国古代警事之区别于"古代警察"，在于承担警事者不是政府的一支专职队伍，而是古代政府的一种行政职能；今天我们把它剥离出来进行专题叙述与解析；而"警事"之区别于当今所说的"警务"，则在于"警事"为传统习用语，内容较为宽泛；"警务"却专指今日一线警察所承担的警备任务。

② 西汉平帝二年（2 年），中央政府登录的人口总数为五千九百五十九万七千九百八十七人，统计精确到个位数，世所罕见。（《汉书·地理志》）

二、世界警事史的发展脉络

研究中华警事史，首先当然要知道世界警事的发展脉络；而把握"Politics（警察）"一词的词义沿革，便不失为一个简易的路径。从词源学的意义上说，英语的"Politics"来自古希腊语的"Polis"，它本身就有一个漫长的词义发展过程，是由"卫城—城邦—城邦政治"向着"国家政治—警治—警察"演变的；而每一段进程也都可以用相应的古汉语词汇去表述：因为中华历代警事语汇中，不乏与之相似或相近的概念：

1. Polis

在荷马史诗中，这个名词指的是古希腊的"城堡""卫城"，是相对于 Demos（乡郊）而言的，指一种有城防设施的、专供族群安全聚居的建筑与建筑群。后来，人们用它来指称"城邦"，这就带上了"国家"的义素。这与中国上古话语中的"国、城、都、邦"等词头是一个层级上的意思：先秦时，"国"就等于"城"、等于"邦"，国人就是城里人，攻城就是攻国，迁城就是迁国，城防就是国防，建新城就是立新国，而"国务活动"中自然包括警事——城邑的公共秩序管理——在内。

2. Polites

指"城邦国家之男性公民"，他们要承担"执干戈以卫邦国"的义务；而妇女、未成年人、奴隶、野外人、外邦人等占全国人口绝大多数的人是被排除在外的（没有公民权）。中国先秦时期，也有"国人（住在城区的成年男人）"的概念。① "国人"有权知政、议政、参政、执政；有权统治野人、鄙人（住在郊野、边远地区的人，多为被征服被奴役者），有权役使氓、隶、仆、役、臣、妾，其法律地位受到"王法"的保护，它隐含着"警事管理主体"的义素。故先秦"国人"一词大

---

① 周代实行"国野制"，人口分类登录，凡住在"国中（城里）"的人称为"国人"或曰"君子"，有知政、议政、参政、执政之权；凡住在鄙野（郊区、山野）的人则被分别称为"鄙人""野人"，或曰"小人""氓"，国家将其另行登录，他们是没有知政、议政权的，但有服役、值勤的义务。先秦诸子及《左传》《国语》等典籍中所普遍使用的"国人"一词，其下位概念便是"齐人""宋人""郑人""楚人"之类，故"宋人与楚人平""郑人弑其君""国人皆曰可杀"等说法中的"人"，都特指国中"有公民权"的人，或有地位的人而言，非泛指"某国的人"。

致可以表述古希腊"Polites"（公民）一词的意涵；但"国人"概念并不笼统地排斥妇女，也并不排斥外籍人士。（即"客卿"，甚至还要设法召诱、吸引外国人。）

3. Politeia

指公民与城邦之间的关系，以及建立在这种关系基础上的"城邦政治"，这就具有了"国家政治管理、国家治安事业"的义素。它包括宗教裁判、礼俗裁判、道德裁判、经济裁判以至行政裁判、法律裁判、军事裁判在内。这大体与中国诸子百家文中的"政治""礼治""治安""治国平天下"之类说法相一致。汉初贾谊的《治安策》、唐代的《贞观政要》、明代海瑞《治安疏》中所用的"国政""理化""治理""治安"等词，与"Politeia"处在文明发展的同一个历史位阶上，其核心义素都是"治"。在这里，警事的"专责"意涵得到了强调。

4. Politikos

指治理城邦的人及其一切活动，包括宗教的和世俗的行政管理在内，因而会有"国家警事"与"宗教警事"之别。必须说明的是：欧洲在漫长的"中世纪"（5—16世纪）里，宗教警事凌驾一切，由教皇、教会、神甫、教徒担当警事职能。这与中国历代世俗政治的"国家警事"有本质区别。他们虚张"神权"，力推"神治"，中国人倒是强调"民本"而主张"人治"的，也就更加重视世俗行政管理中的警事行为，注意警事力量的组合。唐宋文献中便批量性地出现了督察、巡察、巡徼、警巡、巡检、巡捕、警备、稽察等专业术语。今天看来，唐宋的"人治"毕竟比罗马教皇的"神治"创造了更高更广泛更持久的社会文明。历史已经证明：中西两种不同的制度文化，在四千年长跑中，中方一直处于上风。顺及：有人用西方近世的"法治"来批中国古代的"人治"，是颠倒了历史发展的先后历程。这是世界警事史上应予特别调整的话题。

5. Politics

到了16世纪之后，西欧逐渐走出了"中世纪"，工商业城市兴盛起来，西欧名城威尼斯、汉堡、巴黎、伦敦等城，由15世纪的一两万人口向着一二十万人口的规模发展，社会秩序的管理任务越来越繁重，于是"Politics"的业务日渐突出出来，其地位也就空前提升了。到19世纪中叶，德意志帝国颁布"警察法"，将一切世俗的行政、军事、财政、外交、司法等内容统纳入"Politics"，仅仅把教会行政排除在外，这一点在西欧是一项历史进步。因为作为国家机器的政府、

4

法律、军队、警察、监狱……都以"暴力"为依托，故他们把"警察"与"暴力"直接挂钩，这也是"警察国家"的由来。从语质上考察，"Politics"大致可以用汉语"警治"一词来对译。

1829年，英国出现了以公权力为依托的"Politics"组织，当时曾虽有"准部队"的说法，但不能将它与武装部队混为一谈。随着近代欧美资产阶级国家机器的发育与成长，军事、财政、外交、司法等相继从"Politics"概念中分离出去，经过法德美俄等国的警事变革，特别是20世纪中期以后，"Politics（警察）"这才明晰了它的现当代意涵。然而，即使在此时，仍然有一些欧洲国家直接承袭并扩张"Politics 即一切国家政务"的传统理解，干脆凭借警察力量去实施专横政治，建立起一种暴力集权体制，译称为"警察国家"。当年的普鲁士与奥地利便是这样的国家。总之，直到"二战"以后，"警察"概念才真的具备了它的现代内涵，用于指称国家依法组建的警事力量。在中华，警事权从未凌驾于行政权之上，中国始终实行"政教分离"；这是中华警事史的最大亮点。近世西方"警察国家""暴力机器"之类的理论或作法虽也曾被引入中国，但始终未能沁入人心，未能与中华传统警事理念实现正态对接，未能获得民众自发的实践支撑，这是我们的历史研究应予关注的方面，不可人云亦云。

回溯了拉丁语"Politics"演变史之后，人们用同样的制度文化的发展进程来反观中国的制度文明史，自然会发现：古代中国具有更丰富、更有价值的警事实践与理论，有待人们去认识，去梳理，去评价。比如在群体安全管理、人口有序管理、生产秩序管理的治安警事上；在禁卫、守卫、随卫、护卫、防火、防盗、防奸、防暴、防毒等安全警事中；在巡逻、侦查、缉捕、审讯、监理、看管等刑审警事中，早已形成了独具体系的中华警治理念、警巡制度、警事立法、警事模式、警事功效；改善并护卫了民族、社会、国家的安宁有序、进步发展的生存环境；进而形成了执行警事的有组织力量——警事主体。这个警事主体是从"全民为警"向着组建专责、专职警事队伍逐步递进而来的。中华警事与中华军事、中华法制联体共生，且更贴近民生，更具有后发势头。

西欧的近代警察制度是18世纪开创并完善的，它长期占据世界近代警史研究的核心位置，其学术体系自然享有独特的地位，但它绝不是世界警史的全部。然而，目前警界、学界的流行看法和作法，却是把"西欧近代警察制度"唯一化、模式化，以之裁度世界各地有无"警察"；拿西欧一隅的近代警察制度之创建冒充为全人类整个"警察史"（包括"警事史"）的起源，误认为伦敦警察问世之前，"世界无警""中国无警"。正因为这种误解的存在与误导，使中国警史的整体性宏观研究严重缺位。如果说西欧中心论者这么看，是出于他们的傲慢和对东方制度文明的无知与蔑视，那么，中国人也这么学舌，就没有道理了。

三、中华警事文化有丰厚的历史积淀

中华国家警事与国家机器相伴而生，它通过国家行政网络及其安全执法力量去实施。它注重立法，注重制度建设，注重建定良性社会秩序，注重塑造遵纪守法自律自为的国民。其基本形态是先秦时期发轫、秦汉时期成型、宋元时期得到长足发展、明清时期高度成熟的中华"国家警事"。它是中华民族数千年持续发展的生命密码，其历史功能使西欧中世纪实施千年的天主教"宗教警事"无法望其项背。

本书即重点讲述中华古代"国家警事"的发展轨迹：

早在西周，就形成了明晰的刑与禁、罪与罚、警戒与预防的系列性警事理念；提出了"慎狱恤刑，奖惩并用"的法治原则；它早早地走出了全球通行的"神断神判""同态复仇""等价复仇""血亲复仇""司法决斗"等普世法则，比从《旧约》到《罗马法》的同态复仇论与只惩不奖的法制理念更为健全，使维护法纪的事业登上了理性台阶，这是走在世界立法思想的前列的。

春秋战国时期，我国先民更开发了安全禁卫、治安管理与刑事执法三大最主要的警事领域；中华本土已开始配套的警事活动，诸如督察、稽查、巡察、巡徼、巡逻、警巡、军巡、检验、戒严、警戒、警备、警卫、守卫、随卫、护卫等，每一个相继问世的警事语汇都凝结着丰厚的历史内涵，都通向一个个生动的历史故事。在此，是毋庸拾人牙慧的。

本期诸子百家对国家警事的理性思考，更具有超前的指导意义。肯定人的价值，是警事的出发点和归宿。《荀子·王制》曰："水火有气而无生（生命），草木有生而无知，禽兽有知而无义，人有气有生有智亦且有义，故最为天下贵也。"重视生命，因而要管好生命，护好生命，这是出发点。《荀子·强国》曰："故人

莫贵乎生，莫乐乎安。"重视生命，就要满足生命的基本要求，保证其温饱，保证其安全，这应该是警事的核心任务。《荀子·君道》曰："法者，治之端也。"它把"法"与"治"紧密地联系起来；《左传·宣十二年》曰："军卫不撤，警也。"它把"警"与"军""卫"密切联系起来。这么看来，先秦人已经抓住了警事的要害：通过法律与警力，谋求国家政治秩序的稳定与民众生活秩序的安宁。任何把"警事"与"民生"割裂开来、对立起来的想法与作法，都应该受到批判与抵制。这一切，在世界警事思想史和中国警事思想史上，都应该占有突出的位置。

从秦代起，我国发展出国家警事：从朝廷的太尉、卫尉、中尉到地方的都尉、郡尉、县尉，再到基层的里甲、亭啬夫等有组织力量，便是国家警事成型的标志；构成了世界警事史上的第一个覆盖全国的专责警事网络；国家警事力量接受各级行政首长的节制，但业务上有相对的独立性，这就预先防止了"警权"凌驾于"行政权"之上的弊端。作为国家警事的法源《秦律》等，强力地调节了社会各层面的政治法律关系。秦政府依律开展了受理、登录、缉捕、审讯、勘验、搜查、法医检验、封存、惩处等警事活动，且都有文书记录，具法律效力。

汉代形成了国家警事的良性管理范型，为国家警事积累了十分丰厚的经验。汉人明确了德主刑辅、教而后诛的警事原则，向民众灌输守法向善、警事自律的理念，确保了社会面的总体稳定；其时的巡逻、蹲守、耳目、灰线、钩稽、盯梢、登录、记籍、警备、戒严等警事方式方法，至今仍为中外警界所共用。这就形成了一个强固的良性"国家警事管理范型"。这样形成的"国家警事管理范型"，确保了中华民族的长存不断、衰而又起，连三国两晋南北朝那样全局规模上的数百年大动乱都未能使其中断！它型塑了中华各族人民共同的生活方式和社会形态，强有力地发挥出警事的组织功能、凝聚功能、护卫功能。

六朝时期，进入中原的周边民族与原住民一起，在同一个警事管理范型之中，型塑出中华民族共同的生存方式和社会形态。如果说最好最强的警事是能让被破坏的社会秩序迅速康复，那么，世间恐怕再无比六朝警事还能经受长期复杂而残酷的考验的了。同期的罗马帝国，竟然经不住北蛮的一次盲目扫荡，便彻底崩溃，倒退到旧石器时代去了，"中世纪黑暗"历时千年之久。相比之下，秦汉的国家警事之功效何等强大，不言而喻。

隋唐时代，以《唐律疏议》为代表的高度发达的中华法治文明跨上了一个新的台阶，中华法系为警事权提供了法源，治安与禁卫得以全面铺开，并着力培育基层社会"警事自治"与公众"警事自律"的良性民风。隋唐律法以诸法合体、民刑不分为特征，适应了庞大中华社会综合管理、刑礼道迭相为用的客观需要；依法行事的中华警事，有效地捍卫了世界一流的盛唐文明，这是中华国家警事的又一亮点。同时，中华警事又走向境外，使东方各国大受其益。

宋辽金元更进入"中华警事史"的枢纽期、更新期。宋辽首创了世界最早的巡检、都巡检、警巡院、厢公事所的专职警事机构，还有了军巡铺、防隅巡警、消防队的队伍组建，明确了从警者的职官品级、薪俸，警事权责、勤务设施以及奖惩、培训各方面的法规、条例，使中华警事走上规范化自主自觉之路，这是同期全球绝无仅有的国家警事力量。如果世界上有人堪称"警队之父"的话，那么，除了首倡组建警巡院的辽人耶律重元之外，中外无人可当。

到了明清时代，在京师禁卫、要害护卫与城市治安、地方治安、行业管理、涉外管理、刑事执法……各方面都有了进一步的深化与细化，其侦缉、狱审、监管的措施空前严密，而且还在不断更新。明人首创了罢工罢市、游行示威等和平合法斗争手段，知识分子集体干政，集会结社，有的还办起了乡社，出现民众"警事自理"的苗头。清政府则动用体制内外的力量深度介入社会精神文化生活，严控民间思想舆论走向，严控社会团体的有组织活动，在传统警事理念上打下了深深的烙印。一句话，明清之国家警事在每一个领域都有系统性的建树，理应在古代世界警事史上独占一席。在纪元前后各两三千年的长跑中，一直处于强势地位的中华国家警事，其理论建设、制度建设、力量配置、业务模式、行事风格，既丰富多样，又一以贯之，且从未中断；直到十九世纪中叶（清代晚期），中国仍拥有世界四分之一以上的人口，创造了当时世界三分之一以上的财富。[①] 这证明：其社会安全管理能力不容小视，其国家警事体制不可低估。

清末，中华本土的国家警事走向终极，西方近代警治体制开始植入中国机体，这是古老中国实现近代化社会改造的突破口，也让中西制度文明找到了一个合适的接口，于是民间办警、地方政府办警、中央办警风生云起，倒也各有成效。其

---

① 此论乃据《白银资本——重视经济全球化中的东方》一书的统计。该书 159 页提供了一个有力而有趣的数字，很能说明问题："到 1800 年，广州与邻近的佛山加起来有 150 万居民，其数量几乎相当于整个欧洲所有城市人口的总和。"参见（德）安德烈·贡德·弗兰克著，刘北成译：《白银资本》，中央编译出版社，2001 年版。

中，沪湘津鄂等地的社会精英强调本民族应有的警察权，探求中华警事的实践模式，开创了有别于西式的警事体制，虽各有其初生的阵痛与稚嫩，而其历史意义则不容忽视。

民国时期，军、警、宪、特对治安管理的深度介入，是另一种历史印记。

综上所述，无论是正面的还是负面的，都在世界制度文明史、警事文明史上留下了深深的印记，都可以引为当今中国警界的有益鉴戒。

中华人民共和国的当代警事，承担了在一个广土众民的国度里保护优良传统、清扫旧基地的社会改造的重任；它承担了在一个有五千年文明积累的国度里巩固新政权、维护新制度、塑造新国民的历史任务。此任务之沉重和艰巨，世界上没有任何一国可以与之相比。

改革开放以来，中国人最先走出冷战思维，最先提出构建和谐社会、和谐世界的目标，最先倡导世界治理之战略构想，更自觉地吸纳全球警事的新理念、新经验、新模式、新科技，更主动地走出国门，参与国际安全保卫、安全防范任务，接受当代非传统安全问题的考验，走到了世界警事发展的前沿，卓有成效地践行和谐世界的理念而快速提升着自己。其体制、其模式的成形，绝非一日之功，理应在警事史上得到理论阐释。

四、把握好中华警事史研究的学术话语

应该指出：在中华警事史的研究中，把握住中华警学的话语权，有十分重要的现实迫切性。熟悉拉丁语"Politics"之演变史的人们，如能用同样的历史发展进程来反观中国警事史，自然会发现：古代中国具有更为丰富、更有价值、更成序列的警史实践与理论积淀，有丰厚的史迹与史籍等待人们去认识，去梳理，去评价，中国原本就有一套"警事话语"，自成序列，足以用来结撰我们自己的"警事史"。

然而，现实的状况却不能尽如人意。原来，晚清力倡洋务的冯桂芬、黄遵宪、张謇、张之洞等先行者，接受了日本明治学者采用的"警察"这一汉语指称，将西方近代警察制度引入了中国。因着这个缘故，人们便把"警察"视为海外舶来的"洋务"，误认为"中华无警"，把中国史上有没有西式近代警察制度与中华有没有警察事业混为一谈。在这一误读的牵引下，"中国警史"研究的实际对象迷失了，中华警学研究处于失语状态。今天，我们的"中国警事史"建构，一方面要用好西方警学这一不可或缺的参照系，吸纳其成功的理论构架及某些表述方式；另一方面，更要从我国固有的制度文化史中沿流溯源、把握好、运用好我们自己的警事话语。

如果说世界其他古老文明发祥地发生过制度文明的中断，没有留下多少远古、上古尤其是中古、近古的警事记录可供研讨，要他们开展数千年的警事史研究，几近苛求，难以展开；那么，中国警界学人就没有任何理由回避这一研究了。要知道，离开一个完整的、成熟的"中国警事史"的学科建设，则"中国警学"也只能是残缺不全的、向人学舌的山寨仿制品而已，不会有多少真正属于自己的东西。

可喜的是：新时期警史研究的一个亮点是：警界学人与历史界学人一起，把目光投向了中华文明的深邃时空，以无比丰厚的古籍文献资料与考古实物作支撑，开辟出"古代治安""古代狱政""古代消防""古代人口管理""古代禁卫军"等一个个局域性课题，去探索辽阔国土上数千年警事的往世今生，取得了一批不错的学术成果，同时也锻炼出了一支不俗的警史研究队伍。可以说，我们，只有我们中国警界学人，能够提供不同于欧美型的另类警事史。我们，只有我们，具备全面而深入地开展古代警事、近代警事、现代警事、当代警事的系列研究的独特条件。也就是说：我们，只有我们，具备构建独具完整体系之"警事史""警事学"的根本依据与最大可能。

为着澄清对"中华警事史"的太多的误读，为了说明数千年中华警事史上的一些基本经验、基本概念、基本范畴、基本理论，我们就不能不注意就警事、警事文化展开研究，加大理论分量：我们应对世界各地的国家警事、宗教警事作出疏理；我们必须考察中华警事法规、警事体制、警事模式、警事风格；叙述中华警事安全、警事谋略、警事变革、警事业绩；追踪中华历代警事主体、警事设施、警事管理、警事服务、警事功能，以及基层警事自理、公民警事自律等系列史实，从不同层面揭示其间的内在联系，阐明其历史价值，由此构建中华警事学的本土话语体系。这样做，希望能打开世界警事史的学术视野，突破那种把西方近现代警事制度看作世界警事史之全体的学术藩篱，把中华国家警事介绍给世界。

若就历代警事的直接面对社会日常生活、直接面对大众切身利益而言，比起军队、监狱、法院来，它更为普通民众所直接可感；加之中国有丰厚的历史文献资料与史迹文物可供开掘利用，所以，中国警事史理应与中国军事史、中国法制史受到同等的重视，欠缺的只是当代学人理念上的明晰确认与积极梳理之功，以及中国人自己应有的话语体系而已。

五、中华警事史的初步构架

我们将围绕下述主要课题去搜集、梳理、排比历代警事资料，分章分节，按如下层次配置内容：

一讲历代社会生态环境与警事理念。历代警事总是在相应的社会生态环境中展开的，它既是统治的需要，也是民生的需要。为此，历代思想家政治家法学家社会活动家为我们留下了丰厚的警事精神遗产，这是中华警事史的灵魂，自应从基础理论层次上予以阐释。阐释历代刑民犯罪形态，揭示其管理与惩治对策，诸如户婚、田产、继承与家庭伦理上的民事犯罪；诸如劫掠、偷盗、杀人、纵火、投毒、欺诈等刑事犯罪。区分罪与非罪，明确处治对象，规范社会生活，维系民族的生存和发展。

在这一研究中，要突出"警事主体"论：其一，介绍历代警事领导决策主体之警事思想、理论、方略，了解其对警事的组织、指挥、调控情况；其二，介绍警事执行主体，即历代司法执法队伍的组合方式、素质养成、形象风范、督察奖惩、后勤装备与福利待遇的历史沿革；其三，介绍不同社会主体在警事事业中依法行动的意愿；了解特定警事活动中相关社会成员的权利与义务，比如报警、防恐、防毒、防灾，直至报案、作证、揭发、护法、监督之类；其四，关注历代提升社会主体的警事自理能力、警事自律水平的举措。警事主体是国家行政权、警察权的人格载体，其质量、其构成等直接关系到当局执政能力、执政成效。同时，我们也不回避其弊害呈现，如立法司法执法者蔑视人权、蔑视法纪的暴力行为，保甲厢兵寨卒的祸民扰民，宦官劣绅的乱政误国之类。

二讲警事的法律依据。警事是国家司法、执法、护法的行政管理行为，中华警事历来被置于国家行政管理之下。我们将从各期的社会制度、国家大法、政府条令中，提取当期警事队伍成立的法律依据，提取当期警事行为实施的法纪原则，从而揭示一代法律对警事的指导作用；或者相反，反映当期警事对法律的背离与挑战。

警事的法律依据是警事权力的来源，不同历史时段赋予的警事权力并不一样，即使立法内容一致，其对警事实践的制导作用也不一样，这都要用史实来说话。这里要强调历代警事的依法展开。历代警卫、禁卫、守卫、护卫、随卫与稽察、侦缉、巡捕、刑审、狱政、边检、安检、用特、用间、分化、策反、防控、拉网侦查、重点监管、提起公诉等传统作法；历代人户管理、产业管理、城市公共秩序管理、交通运输管理、监狱管理、危险品与违禁物资管理、涉外管理、消防管理、边防管理等；以及人户分类登录、盯梢、钩稽、蹲守、现场勘验、证据搜集、法医检验、囚徒监管、刑事问责等；含警事体制、警事模式、警事形象、警事风格等在内，都有相应的法律法规、格式条令。这是"中华警事"的主心骨。当前，强化制度观念，发展制度文明，需要有这方面的历史研究，期待新的突破。

三讲"警事功能"论：警事有消极防范功能和积极塑造功能。通常关注的是历代警事的禁卫、戒备、防范功能；而今更要关注警事对新型社会秩序的塑造功能与改革功能。此等功能在社会转型期尤显突出，尤显必要。透析评价各期警事对国家、民族、社群的组织功能、凝聚功能、型塑功能、护卫功能，尤其注意警事在动荡分裂时代的功能发挥，揭示中华各族军政集团如何利用警事实现华夏大融合，从而揭示中华民族之所以历经磨难，却能败而不破、衰而复振、崛起而速兴的"基因密码"。其中，特定历史人物、历代政治家、社会活动家与警界、政法界的名流，他们在禁卫、治安、侦缉、狱政等领域的重要创获，在社会管理与社会改造上的独到贡献，各期的特殊警史事件的发生与解决，给予介绍，以垂鉴戒，以示经验。

警事本来就是比军队、监狱、法院更为直接可感的国家刚性要素，其业务内容更为丰厚而多彩，更贴近庶民社会。所以，我们更有理由期待中华警事史与军事史、法制史的研究同等辉煌。笔者本人则奢望搭建一个中华警事史的框架，其学术之源出于国内外警学前辈和当代学者的相关研究；但个人学力毕竟有限，正如刘彦和所言："意翻空而易奇，言征实而难巧。暨乎篇成，半折心始。"本书所写，离笔者的初心相距还很远。这门学科的成熟，显然还需要更充分的支持，需要世界警事学界、警界提供更坚实而厚重的史实支撑与理论基石。可喜的是，当今关注中国警事史的学人越来越多，怀有综合构建中国古代、近代、现当代警事史之志的学人也不在少数，已经"水到"，只待"渠成"了。笔者深信：抛砖定能引玉，成功自有高手。谨馨香以祝。

目 录

第一章　远古警事文化因子与中华警事的探索

人类先祖在群体狩猎与采摘活动中，受到远古神话、历史传说与原始宗教的启诱，表现出对神威的敬畏与对神赐罪罚的戒惧；又通过上古巨型宗教建筑、城居体系作出了生动的物化展示。那是先民对安全生存的渴望和对安全保障手段的需求的物质证明，标志着人类社会"安全管理"的有力启动。

世界各大洲各族先民，都是在虔诚的巫卜文化中接受礼仪教育，在原始宗教戒律的自我规范、自我培训中走向文明的。

第一节　原始社群的安全机能

生物学、人类学知识告诉人们：生物体都有安全防范机能和"康复"机能；而近现代的社会学调查和田野考古又无不证明：文明人类的秩序生活与安全管理，就出发于这种生命本能，起步于图腾崇拜、神灵崇拜，体现为对超人力量的敬畏和对安宁生活的祈求。

一、生物体皆有安全防范机能与康复机能

我们知道，乌贼会喷雾自卫，蛇虫能射毒保身；猩猩与狒狒都有自己的领地，不容他人进入；而所有社群性动物又都有相应的"警事"分工：蚁有蚁兵，蜂有蜂奴，雁有雁奴，专门负责"报警"和"御敌于国门之外"。狼会为避患而大喊

大叫，呼朋引类，实施集体的积极防卫；犬最富"警备意识"，它会吠影吠声，协同出战。它活着，简直就是为了人类的安宁。人类的警事防范活动，大概就是从这类社会化的动物机能中升华而来的。

同样，世界所有有机体也都有受到伤害后的康复机能。在大自然里，任何一个生命体都处在一种"天然食物链"中，没有谁能逃脱被伤害、被吞噬的天然安排；而使自己不受或少受伤害、受到伤害后能迅速康复、重建躯体系统的能力，则决定着该物种、该个体的生存概率。这方面生物界有个很奇怪的现象：越是处于低端的低级生物，自我康复能力越强，失去的肢体可以长出新的来，甚至被截断的躯体还能自我接续；而处于最高端的高级生物"人"以及由"人"组成的"社会"，其受侵害的概率更大，其"康复"措施则是极端复杂的"系统工程"。

一句话，防危除害与健体康复是人类与生俱来的"警事机能"。任何生物体都有安全自卫的本能，狒狒、鸿雁、蚂蚁这类社群性动物甚至有"警事分工"。而人类社会自从形成之日起，就有了安全生存的需要，有了穴居洞处、弹射猛兽的设施；有了栅寨与城池防护。在长期的集体活动中，原始人类日益增进其协作避灾、共同防患的意识和能力，透过原始宗教文化，在神灵崇拜的氛围中，学会区分善与恶、正与邪，学会遵纪守礼地有序生活，懂得什么应为、什么不应为，这就有了行为规范，有了最初的制度设置——私有制：并且日益明确自己的利益边界，从而培育出崇尚文明、向善远害、清污避灾的文明生态——这是人类之所以区别于、并超越于其他任何社会性生物群体的自卫本能之本质所在。人，不仅自身有"防患御灾"的物质手段，有群体有序生存的行为规范，更有内在的"向善戒恶"的精神自律，这才能够不断地走向文明，不断地增进安全系数。这是世界警事文化的内在根因。

二、图腾崇拜：初步厘清社群利益的边界

远古时期，原始群体都有自己的"族徽"或曰"图腾"，原始个体之间的相互认同与识别，靠的就是这种图腾，它是"同族、同血缘、同群落"的人所共有的精神纽带。没有这种精神纽带，就不会有相对稳定的原始群体，也就不会有相对稳定的原始群体的利益。另外，中国先民早就有稳定的姓氏，如羊、牛、马、龙、鹿、林、杨、柳、李、梅、麦、米、丘、岳、陆、谷、水之类，广义地说，这也是一种图腾崇拜，是氏族认同、成员归属的社会纽带。它可以维系族群亲情，维系社群伦理生活秩序；而族群关系的明晰化，便厘清了族群间的利益边界，同时厘清了族群内部各分子的利益边界，即各有自己特定的"位"。从此，群本或个体活动中的应为与不应为，便以这种利益边界为限，安位守常即是生活规矩；进而便有了维护界内利益、严防入侵的举措与设施，便有了界内利益的重建、重构以至强化、巩固、扩张的机制。中国远古时期的姜寨、黄寺、半坡村，周边就有篱笆、寨墙、沟堑之类，那便是对氏族或部落之"核心利益"的一种安全保障设施。核心利益边界得到公认和护卫，不许侵犯，原始警事安排便由此起步。

三、原始群体中的自发权威与有组织力量的产生

在部落社会中，原始人群会各自结合成自治的社群，一个社群通常有 20~50 人，去集体狩猎或采集。社群实行"全民皆兵""全民皆警"的"军事民主化"，其首领是自发产生的：熟悉原始宗教仪式的老人被公推为"司仪"；而狩猎本领出众的人则率领公众狩猎与出征。由社群组成氏族，由氏族组成部落，由部落组成部落联盟，各级首领都是通过自身的模范行为来完成其职责的。中国远古的"禅让制"便是这种原始民主的东方版本。

全球靠捕捉动物、采集果实为生的远古先民，大概也就几百万人，在正常生态下，动植物食材遍地都是，他们并不受饥挨饿。相反，就当时人的生存需求而言，他们有充足的食物，有足够的幸福感，可以"鼓腹而游"。他们感谢上苍赐给了一切。他们还有大量的空闲时间与精力，去过他们并不单调的精神生活；而投入精神生活的资料，则远远超出了他们自身的物质享受所占的比重，那是现代"文明人"所无法想象也无力做到的，这真让现代人羞愧！他们用令现代人无比惊叹的巨型宗教建筑，去记录他们的快乐，去物化他们的憧憬，去展示他们的精神世界——包括他们在有组织状态下调动起来的巨大才智与创造力。这些宗教建造物至今仍能唤起人类对自己曾经创造出的辉煌的骄傲，可是今人却又无力诠释其建构所蕴藏的"科学伟力"。

四、在神灵崇拜中学会区别神与魔、正与邪

全球各地的初民都是"万物有灵"论者，他们感念一切，敬畏一切，戒惧一切，既敬奉天神、人鬼（先祖），又敬畏万物之灵；他们依从威权，祈求超现实的力量的护卫与救助。

各民族的神话，是民族性格、心态、审美意识的根，是人类关于正与邪、神与魔、有害与有益的知识得以世代相传的文化载体。远古神话原是对人类起源与文明演进的一种形象化、人格化的解释体系，它包含着正与邪的斗争、护法与驱魔的内容，这正是人类"警事意识"的萌芽形态。上古历史传说表述了各个古老民族走出野蛮，走向文明生活的历史轨迹，其中有丰富的人类与危害性势力做斗争的故事，有应为与不应为的行为择别，更有"罪与非罪"的行为评价：这便是世界"警事文化"的基因要素。而东西两半球都普遍存在的原始宗教的祭祀礼仪，则是人类从野蛮进入文明社会时，在"神威"召唤下进行的遵礼、守纪、重法的自我训练。

透过神话外衣，原本"野蛮"的人类社会便走向了有序与安宁、文明与高尚。而当人们懂得要从人的生活中排除一切假、恶、丑，必须接受权威管理时；懂得要处置一切危害性因素，必须组建特殊力量去实行戒约之时，"警事"也就出现了。这正是人类警事不同于一切生命体的防卫机能、康复机能的根本区别之所在。

第二节　中国神话的主题：创世靠神力　创业要管理

中国人的甲骨文字回答了一个问题："神"是什么？神是权威，是至高无上的全知全能全断全治的力量。在中文里，"神"字是由"示"与"申"组成的，"示"指敬神献祭的礼仪设施（象征一个祭台）；而"申"就是"电"，在甲骨文

中二字都写成回环状，模拟天空中的电闪雷鸣——它来自上天，倏忽闪现，又归于无形；它有震慑灵魂之威，谁触上它，立刻焦尸毁体，人与草木虫蛇都逃不了灭顶之灾。这是原始人所无法理解、无法驾驭、万分惊奇、万分敬畏的力量！这就是"神威""神力"的由来，它种下了人类驯顺于自然力、慑服于身外之力的精神种子。后世为了统治，为了秩序，搞"神道设教"，"没有神也要造出一个'神'来"，其原因在此。

一、中国的创世神话：不使用怪力

中国先民由此衍生出诸多神话来，有盘古开天地、女娲造人、共工怒触不周山、夸父逐日、羿射九日、驱逐封豕长蛇等系列神话。故事中的"神"，不靠谲怪奇异的魔术，不借用身外无根无据的古怪力量，就创造了"开天辟地""创造人类""免灾除害"的伟大业绩，他们身上闪射着华夏先民的首创精神和警事自为的优良传统。在远古中华神话与历史传说中，对原始社会的安全意识、对社会群体的安全管理有着生动的反映。比起其他民族的神话与传说来，中华远古神话与历史传说更为贴近人类历史进程，更为贴近人的现实生活，没有怪诞离奇的成分，它体现着人自身的智慧与力量。我国先民的神话不是恣意演述的奇闻，没有怪诞荒唐的情节，可在生活中找到其原型。

二、中国的创业神话：自发的管理

在中国创业神话中，有关于有巢氏—燧人氏—伏牺氏—神农氏的自成序列的神话传说，与炎黄舜禹的序列性历史佳话相衔接，充分展现了中华民族"创世靠神力，创业需管理"的明智。我国大地上生活的原始人，在几十万年前就已懂得群体活动、群体自卫、自营家园了，并逐步地学会了构木为巢，穴居洞处，弹射猛兽，钻木取火，抵御干旱，战胜洪水，又懂得了在居住区树栅栏、掘沟堑、筑围墙、加门闩、用吊桥等，一句话，原始人懂得了追求安全有序的生活，掌握了初步的安全防范手段。北京周口店的洞穴、西安半坡村的村寨、河南姜寨遗址，居民点四周都有深沟壕堑，住房排列有序，证明着当时确实存在着自发的秩序管理与安全防范设施。

远古遗迹确证了古代文献相关记载的历史可能性。如:《竹书纪年》中记述着"鲧作三仞之城",以抵御洪水对居民区的袭击的事;《尚书》中写着:尧帝曾派大舜"宾于四门",去管理四门(全城)的交通秩序。《易经》中写着:上古神农氏"日出而作,日入而息,日中为市,交易而退";写着"抱关击柝"(敲梆子,报平安)、"豫之时义大矣哉(预防祸患的意义太重大了)"的生活哲理。《史记·五帝本纪》中也有"黄帝邑于涿鹿之阿,以师兵为营卫"等史料。由此可见,此时部落联盟的"公共权力机构"已经承担起组织社会的有序生产、安排有序生活、抵御洪水猛兽和外族侵害,以保障群体安全生存的任务了。这是中国远古"警事意识"的萌生,它比一般意义上的"政治文化"萌生得还要早些。

第三节　城池与宗教建筑:文明世界的物化丰碑

一、城居与管理:社会生活的有序化

距今四五千年以前,我国大地上也已经耸起了一座座城池。考古发现:今河南、河北、山西、江西、湖南等地,都发现了保存得很好的原始城池的遗址。这类城池一般呈方形结构,墙体用夯土筑成,外陡内斜,便于防守;筑墙的土就取自墙体外围,正好形成环墙的护城河。护城河上还架设了吊桥。城内有贯城通道,城门口有门卫房,这就构成了一套完整的"安全防御设施"。城内的民居与公用建筑,有秩序地分片地安排着,形成坊巷式布局。由此,我们甚至可以看到后世都城"前朝后市""东富西贵"的布局的原始面影;所不同的是其中轴线是贯城通道而非主体建筑。今河南淮阳的平粮台,就是这样的一座古城遗址。湖南澧县

城头山遗址①、山东济南城子崖遗址②，都是远古城池的遗存。

建筑城池这种大规模复杂劳动的成功实施，意味着该群体的组织协调能力很强，标明当时的社会管理、社会组织已经达到相当高的水平，意味着人群有一种对权威的服从意识；又说明他们的语言交际能力和信息传递手段也已经相当发达，否则就不能完成如此巨大工程了。

二、宗教建筑：神威与人力的物化凝定

世界各地的原始宗教建筑，往往比供人聚居的城池出现得还要早，体量更大，造型更精美。那些具有实用价值的城堡，是人类有效的安全防范设施，是人类社会进入文明时代的标志，但存世者远不及宗教建筑之美、之巨、之永久。在世界史上，不论中外，远古建筑中投入力量最多、凝聚智力最丰厚而又能留传后世的建筑，往往是宗教建筑；即便是人居的城池里，也以宗教建筑为地标。真奇怪，人类把"护佑"自己的"神灵"供奉在威严崇高的建筑中，让其享尽人世间没有的快乐，显然不会有实质性的"回报"，只有精神性的寄托；人们却又把现实生活中实实在在的"值勤执法"人员，贬低至社会的最底层而奴视之：有谁会尊重打更报警、除秽清污者呢？

远古人类的社会性群体能量，在宗教建筑工程中得到了淋漓尽致的超常表现。遍布各大洲的史前城池及各种宗教建筑，都以其超大规模、超世设计理念见证着一个事实：原始宗教曾经如此诡异地让人类智慧与体能得到超常发挥，而给科学界留下一个个不解之谜！古埃及王国在第三、第四王朝期间，建造了一座座宏伟的陵墓与金字塔，有的塔高达五六百米以上，以石垒成，有的石料一块就重达483.3万吨，打磨得光洁平整，镶嵌得密不透风。前2600年，胡夫大金字塔建成，狮身人面像建成。从"警事文化"的特定角度去看，很难想象那里没有"秩序管理"的存在，但那是谁在管理呢？又是怎样管理的呢？

---

①　湖南澧县城头山遗址是一处新石器时代晚期遗址，筑城年代距今有6000多年。遗址内发现了世界最早、保存最好的水稻田遗址和中国最大的远古祭坛，被列入"二十世纪中国百项重大考古发现"。

②　城子崖遗址：中国新石器时代的龙山文化的代表性遗址，位于山东章丘市的龙山镇，在武原河畔一片被称为"城子崖"的长方形高地上。

中国 6000 多年前留下的湖南澧县城头崖遗址中，也筑有一个大型祭坛，专用于祭祀风神、雨神、天神、地神，还祭祀与稻作农业相关的大神。中国燕山北麓的塞外群峰中，有一片著名的红山文化区，那是我国原始文明的一个亮点。那儿有个叫牛河梁的地方，6000 多年前建有一座女神庙。女神庙前有广场，四周有围墙，方方正正的，这个布局正是后世中国公共建筑的典型布局。庙里供奉着一群泥塑女神像，其中有一尊彩塑的女神像，与真人同高，鹅蛋脸，黑眼睛，安详而善良。她有一双灼灼有神的黑眼珠，透出了东方女性的神韵美，是我国古老的宗教文化和先民审美能力的美妙结合。可以想象，当原始人群集聚在女神庙前的广场或进庙进行祭祀活动时，是有相应的跪拜祝祷礼仪的，它标志着人类已经走出了蒙昧与野蛮，已经生活在肃穆的礼仪秩序之中了；而所祭拜的对象，没有任何超现实的怪异表征，纯粹是"人"自身的美的写照。中国先民崇拜的"神"，本来就是现实生活中的"人"，是集真善美于一身的"人"：牛河梁女神反映了"人"对自身价值的发现与更高层级的肯定。

这一切，都证明着那些地方早就有大规模有秩序的群体协作劳动与群体祭祀活动的存在。有一点是明确的：只有依靠神威、神戒、神惩，才能做到如此规模的人力调动与持久组合。

第四节　原始祭拜礼仪：人类最初的秩序训练

从原始社会起，就普遍存在着各式各样的祭拜礼仪。这些祭拜礼仪包括献礼、膜拜、祈祷、舞蹈、奏乐等约定俗成的规范性程序，有严格的程式与纪律。它是人类神灵崇拜的庄重表达，也是人类走出无序生活的必经过程，又是先民驯化心灵的演习。它是在极其端庄肃穆的氛围中完成的。它是"野蛮人"对"秩序"的自觉追求与自我训练，是其走向遵礼、守纪、重法的文明生活的艰难蜕变。

一、祭仪：社会生活有序化的自发演练

我们今天已很难想象：在十几万年、几十万年甚至上百万年前的原始生活中，是什么力量把躁动无序的野蛮人组织起来，使之安静而虔诚地膜拜于无声无息的"神灵"之前而完成一系列惊世创举的呢？离开神灵威严，是无法组合"野蛮成性"的原始群体走向文明社会的。想想看，要把一群"野蛮人"组织到庄严肃穆的文化活动中来，需要怎样的"神威"力量！借助于虔诚的宗教仪轨，实践社会行为的规范化、文明化，实现社会契约的权威化、神圣化，这是社会文明进步过程中不可或缺的精神推手。后世"神道设教"的奥秘也就在此。

现在，让我们先来看看原始人的祭祀场面。

世界三大古游牧民族之一的雅利安人，认为用人祭可以表达对天上神灵的最大虔诚，他们以极其庄重的态度拿活人去祭拜众神。献祭之后，全体人员举行轻松的欢宴，毫无"杀人"的歉疚，倒有祭神之后的轻快。中东的腓尼基诸城邦也通行人祭，拿父母最珍视的初生儿作为祭品。

农业社会有了更高的文明，用牲畜肉体或农作物果实来敬献于神灵，则是农业社会的通行风俗。中国古代有敬献猪牛羊"三牲"之说，全猪全牛全羊称为"太牢"，是用于祭天（天神、天帝、神天上帝）、祀地（地祇、山神、河渎之神）的，那是最为隆重的典礼。一般居民的祭祀，则量力而行，"心诚则灵"：只鸡斗酒可以，升米片肉也行，而且不需加佐料；连山坡溪泽中的野菜萍藻都可用于祭祀，因为先祖本来就是"茹毛饮血"、吃这些东西的。这种作法，与用"替罪羊"是同一出发点，却是人类生命意识的进一步升华。到了佛教兴起时，则连"杀牲（杀生）"也取缔了，他们反对对任何生命体"行暴"，那叫"作业（孽）"，会招来报复的。这更显出该教对一切生命体的尊重。

从远古敬神祭鬼的种种礼仪中，人们不难看出人类从野蛮走向文明的历史阵痛。"野蛮"是人类进化的必经阶段，尽管此时的祭祀礼仪中夹有浓重的血腥味。人类毕竟是要进化、要发展的，文明的礼仪终究要完全取代野蛮时代的礼仪，但这是一个漫长的演化进程。血食、血腥、牺牲、人殉，都是野蛮的，但它们又是远古人类文明进步的必经阶段。连这样的"礼仪"都能得到遵循，"秩序"也就随之而生了。

后世人类享受的文明生活，正是"野蛮"的原始人通过这些未必"合理"的祭祀礼仪、禁忌与习俗，用上百万年的时间自发地训练出来的，而随着人类文明的进步，人们不再有无端的禁忌了，也不再用"人祭"了，这标志着"人"的生命意识的觉醒，人的生命价值的提升，人的尊严的被普遍认可。文明世界是不允许用人献祭的，连用像人的木偶去陪葬，也遭到孔子的反对。这也是中华文明发展程度的一个标志。先秦"西门豹治邺"的故事直至六朝"李寄斩蛇"的故事，都揭示了"人祭"的荒唐，都证明中华文明确实达到了高度发展的程度。

秩序社会来自血的奉献，文明生活要靠长期自觉的演练：这便是结论。

二、主祭：通向等级权力

古人祭拜山川大地，是答谢大自然对人类的无限恩典。对此，古人十分重视，所谓"国之大事，惟祀与戎"，把祭祀看得和战争一样，是关系到生死存亡的大事。其相关礼仪，自然非常隆重。沉牲于河川，埋玉璧于山麓，典型地反映了当时人的这一心态。

中国古代的祭祀有"祈"与"报"两种，即所谓"春祈秋报"，春天祈求上苍保证风调雨顺，五谷丰登；秋天报答上苍的辛劳，给了人类好收成。请注意：中国先民的祈报对象，并不全是善的"神"，不全是"好的事物"，也包括能祸害人的魔怪，包括恶的事物，这就有了"祈禳祝祷"一说：开春时祷告各色毒虫猛兽、水怪旱魃火神，祈求它们远离人间，不要祸乱人类；秋冬之季则"报答"它们一年来没有制造新的大灾大难，让人们享有安宁。先民祭祀中的这类祝祷活动，集中表达着人们的生存意愿与生命期求，反映着人们对避恶安良的天真渴望——这方面是不分东方、西方的。

祭祀是全民参与的，然而，必须说明的是：祭祀的主持者，却是要有相应的身份的。"主祭（祭师）"不是人人都可以担当的，那是首领的特权。中国历史上有"绝地天通"的记载，① 不许一般人与天神地祇直接对话，尧舜时代就已经把"主祭权"收归部落酋长一人独占了。由酋长主祭，同时任命祭司来完成相应的祝祷程序。中国人的祭天神、地祇，祭社神、稷神，祭蚕神，民间还祭祀马祖、井神、厕神，等等，都由相应群体中的最有权威者主祭，从天子到各级政府首长，从族长到各种社团头领，最低也是"一家之长"，别人是无权插手的，有些场合还排斥女性的参与。

古代国君，无一例外地都要独享"主祭权"。我国商代国王就懂得集祭祀、征伐、人事大权于一身。神权与王权的统一，正是古代社会的通行规则。在"神治国家"中，主祭权则掌握在各级宗教首领手中，教民们是不得染指的。

第五节　私有制与宗教戒律

早在五六千年以前，氏族、部落、部落联盟的有序管理，便突出地呈现在文明地平线上了。那时，已经有了最初的农牧业生产，有了最初的实物交换，也就有了公共秩序。于是人类便有了明晰个人、群体利益边界的私有制，有了对个人利益与公众利益的安全管理，也即有了"不可奸淫，不可杀人，不可偷盗，不可贪婪"的种种戒律，借神威来护其"所有"。

一、私有制是人类走向制度文明的第一里程碑

有人说"私有观念为万恶之源"，其实这是个似是而非的命题。事实上，通过抢夺而占有食物，是动物界通行的法则；在生活资料面前，人类的占有欲是先

---

① 《尚书·吕刑》篇载："（尧）乃命重黎，绝地天通，罔有降格。"孔颖达疏："尧命羲、和世掌天地四时之官，使人神不扰，各得其序。是谓绝地天通，言天神无有降地，地祇不至于天，明不相干。""天人有相通之道，若显然而通之，以交于天地鬼神之间，则家为巫史矣。故尧命重黎绝地天通。""民渎于诅盟祭祀，家为巫史，尧乃命重黎授时劝农，而禁淫祀，人神不复相乱，故曰绝地天通。"

于私有观念而自发滋生起来的，它毋须以私有制的生成为前提。暴力占有是原始社会的普世生存法则。那时，谁有能力带领群体去狩猎、采集或掠夺，谁就会得到尊重，就有权优先享用优质资源。在掠夺时，人们头脑中根本没有罪与非罪的概念，西方人士把这叫作"丛林法则"，认可弱肉强食，还将其推广应用于文明时代的国家、民族、阶级、集团、个人之间。说到底，占有欲才是万恶之源，是人类欺诈与暴力行为的"原罪"。

不过，野蛮时代的占有倒是有个"度"的：以满足生存需要为限，多余物资即弃之不顾。然而，那些"有权优先享用优质资源"者，久而久之，便会滋生出超额占有、永久占有的欲望，这就有了"归谁所有"的问题，人类于是产生了调节利益的需要。私有制作为调节利益的一种"制度"，是人类走向制度文明的首出标志，是文明社会维护共同生活秩序的最早规则，它给人们对自然物或生产物的占有规定了法定界限，不允许超额占有，不允许侵犯他人的"合法利益"，通俗言之，即"勿偷盗"；而后世的一切家庭丑剧、社会血拼、宫廷厮杀、宗教屠戮、殖民战争，无不是从占有欲出发的血腥"偷盗"，是对合法私有的挑战！

私有制的存在之首要意义就是界定了罪与非罪：凡合乎制度的私有，得到全社会的认可，是合法的，神圣不可侵犯的；凡非法占有则是犯罪行为，受到公平正义的声讨与挞伐。人们反对一切形式的非法占有与建立在非法占有基础上的奢靡挥霍，因为它直接破坏了他人的合法私有之"制"，于是就产生了惩处它的必要，于是人类社会便呼唤执法护法的力量。但是，掠夺者、占有者往往是强者，强者通吃，食色均占，是"丛林法则"的通例；又由谁来维护其"神圣不可侵犯"的合法利益呢？由谁来执行这种惩罚呢？先民只能寄望于神威！

二、戒律：借神威规范自身的思想与行为，实现秩序自律

生活在两河流域的希伯来人中，早就流传着上帝与他的选民的"十条约定"。由此十条戒律的内容可知：戒律不是天上掉下来的，远古社会早就存在乱神怪力，早已存在不孝、杀人、奸淫、偷盗、伪证等不义行为；而且受到全社会的一致否定与共同抵制，这才有戒律产生的必要和戒律生效的土壤。有了这十条戒律，便要严格执行。对于不执行者，便要予以"神惩"。这可视为人类"警事理念"的

萌生。

东方释家"八关斋戒"的主要内容与《圣经·十戒》是叠合的。中国道家戒律的很多内容也与《圣经·十戒》相叠合。由此可知，世间一切正当宗教，无不倡导向善避恶。

戒律，是神灵崇拜在人的现实生活中的落实，是人类心灵轨范、行为轨范的神圣化，因而具有绝对权威，故必须遵守。凡违犯者，无不受到严惩：从教内警告、教内处罚到开除教籍、取缔"人籍"、打入"十八层地狱，使之永世不得超生"。世间有神论者总是期待着"神圣大爱"的降临，故十分注重约束自己来求得"神"的青睐；故强调神谕、律法、契约的有效性、权威性、不可逾越性。戒律在人的精神生活中的投影，便是对权威的顺从、对秩序的信守；而人类的秩序生活，原本就是在原始宗教管理下实现的。

作为一个成熟的宗教，除明确的教旨教义外，必有一套规范的教规教仪，为宗教生活提供规范，不许有任何差池。对于一名信徒来说，改变仪规，就跟改变信仰一样不可饶恕！从这个意义上说，宗教自律也就是警事自律，是信众对自我心态与自身行为的主动禁约管束。变宗教戒律为世人的警事自律，是文明社会秩序管理的开端。

第六节　巫卜文化：人类最初的文化事业

先民的巫卜活动曾在人类文明史上占据了很长一段历史文化进程，是人类社会生活中的一个有普泛意义的告诫方式，一种趋吉避凶的行为方式；而对卜辞的记述，又是上古社会史、生活史、政治史的鲜活记录，是后人无法更改的第一手原版记录。今天，人们不必采信巫术，却不可轻忽远古的巫卜文化。

远古世界各族先民无不有巫卜活动，而且历时久远。这说明它必有自身存在的合理因由。

一、巫卜：传承远古社会的生存知识

中国先民醉心于"龟卜"，钻灼龟的腹甲，看其裂纹走向以卜吉凶；或用蓍草的排列组合对事态的未来作"测算"。诸如此类的巫术，无非是采用天象、事象、物象、意象与祈祷、舞蹈、符文记录等文化手段，示现古人对自然、对社会、对人生的观察与思考，是当时某些生活哲理与主观意愿的艺术结合，尽管采取了粗糙的迷幻形式，但人类迈出的这一步却十分可贵。今天看来，"巫卜"固然是古人"宗教意识"的反映，又何尝不可视为先民从蒙昧时代就已开始的一种试探性的"科学观测"呢？不是吗，占星术就直接导致了天文学的产生，炼丹术为化学准备了基础，风水学为环境评估探路，谶纬学关注着天体与自然界的一切异常变动。再说，古人在普遍信赖占卜的同时，也有"不疑何卜"[①]的理智思索，还有"三人占，则从二人之言"的规定。不疑不卜，顺从多数，并非一味"迷信"。

上古时期，凡事都要依从于"巫"的判断，因为巫是神的代表或人神之间的中介，拥有权威。商周国王身边的巫师，就起着"帝王师""智囊团""咨询委"的作用。远古巫卜，是开启文明时代的使者（后世的巫师之类则另当别论）。

这可以拿中国最古老的文籍作证：夏商周通行的甲骨文，几乎无不是祭祀占卜的忠实记录，关系到当时国家的政治、军事、经济、民生，以至赏功罚罪、诉讼审判。一部《易经》，现已为中外公认的上古精神文化瑰宝，它哪一条不是占卜成果的记录呢？事实上，任一民族的先民无不是这么走过来的，不能笼统而轻率地以"迷信"否定它。

在古代中国，医巫本来是一家，巫早于医。巫在社会基层的活动，是在为百姓提供一扶正祛邪的精神动力与社会服务。巫的驱"鬼"，往往在酋长等上层人士（主祭者）的指导下行动，其本意是为着救人，这是前人的共识。中国古人又以治病之术（上古医巫一体）、卫身之术为要（那是少林拳、太极拳之类的祖源），

[①] "不疑何卜"，语出《左传·桓十一年》。另，《尚书·洪范》篇又有"三人占，则从二人之言"之类的规定，又有"汝则有大疑，谋及乃心，谋及卿士，谋及庶人，谋及卜筮"的说明。证明古人之"卜"，只是一道筹划决策的辅助程序，实际决定的还是人的意见倾向，尤其是要听从多数人的意见。

那是全民热衷的一种"国术"，它有科学合理的成分在。

顺便作个说明：在科学昌明时代，仍然存在的军事巫术（刀枪不入之类）、经济巫术（点铁成金之类）、模仿巫术（招魂显灵之类）等，无益有损，自当清除；而拿致害之术、求爱之术、迷乱之术来谋利伤人，如汉代的巫蛊之祸、《红楼梦》中赵姨娘的作恶之类，本来就在摒弃之列，不待今人去啰唆。

二、祝祷、歌舞与音乐：活力四射的安全宣泄

中外古今不同的祭祀活动中，总要配以不同主题、不同节律的音乐与颂歌、唱词。一般说来，宗教音乐，往往有"安魂"作用：不论你心情多么烦躁，一进入演奏着宗教音乐的殿堂，哪怕只是清唱或吟诵诗篇，人们便会趋向宁静、平和而达至喜乐的境界。"乐（yue）"是诉之于人的心灵的、能激发人的心理共鸣的、能调动人的美感享受的乐音组合，它要凭音律透入心灵去熏染人，而不靠字句打动人，不靠理智去说服人。因此，宗教音乐总以优美亲切、舒缓平和、庄重肃穆的韵律为基调，以趋"静"为特征，这正是宗教用以熏陶人、塑造人的不二法门。今人讲"警事自律"，不妨从"乐教"入手。

当群体性宗教活动向另一个方向发展时，又往往演变为民俗性狂欢，此时歌、舞、乐则是综合进行的，以"动"为特征。显然，这是以娱神活动为名而开展的一种社会群体的自娱活动。《圣经》中的"颂歌"，印度《罗摩衍那》中的史诗，与中国《诗经》中的"颂"，屈原"楚辞"中的《九歌》，以及各地形形色色的"傩戏"，也都一一兴盛于歌舞娱神之中。当初，人类精神生活的丰富性与艺术化，正是通过娱神歌舞来实现的。

从"警事"的特定视角来说，民俗狂欢，是社会群体生命力的纵情挥发，也是"社会潜压力"的一种"安全释放"方式。你若不让"挥发"，不让"释放"，片面强调"纪律"与"秩序"、"管制"与"警备"，在社会大众的"兴奋点"上横加禁锢，妄施高压，其社会效果往往适得其反——这又是"警事文化"研究者所必须清醒认知、积极应对的另一个特殊课题。要知道，"警事"的诀窍在于"警"和"备"，保持清醒、有备无患是关键，而不在于"禁"与"刑"。刑乃不得已而用之，不可示于人。古人懂得这一条，今人不能不明白。

三、文明生活焕发精神力量

在远古人群的蒙昧生活中，一样有情感交流与情感寄托，一样有原始信仰，人们把这称作"原始宗教情结"。可不要小看了这种"原始宗教情结"的动员力量与组合力量，它能把生产力极端低下的人群组织起来，发挥出远远超越于人的生理能量的巨大创造力，超大规模地创造出让今人深感不可思议的人间奇迹来。比如古人为什么一定要跨越高山巨川、长沙大漠而一步一拜地去千里朝圣？古人为什么一定要建造超大规模的神庙神像去膜拜，而自身的衣食住行又宁可简陋得难以想象？离开宗教信仰的驱动力，就是一个无解的谜。

原始宗教调动的这种创造力还具有"普世性"：无论旧大陆还是新大陆，刚刚走出石器时代的先民，无一例外地都留下了祀神敬天的创造遗迹，有的工程之浩大，所含天文、数学、几何、物理、机械力学的知识与技能之高超，连今人也无法想象，难以破解，用"新石器时代""旧石器时代""青铜器时代""铁器时代"之类的"物质"性概念，根本包容不下它们所标示的文明程度。在这一切面前，你不能不为太古先民的精神创造力感到惊异。有人把这些"神迹"说成是"星外文明"，那不过是一种无解求解的托词。

当今人们一讲"文明"，总是讲生产力如何，讲科技如何，似乎物质性的进步就是社会文明的全部了，很少顾及人类精神生活的演变。其实，不研究人的精神信仰，不涉及蒙昧时代就有的图腾崇拜、神灵崇拜，不研究野蛮时代就已通行的祭祀天地鬼神的巫卜礼仪文化，不探讨文明时代社会大众的敬神奉教活动，不解析宗教建筑、宗教艺术对人的文明生存所具有的感召力、对人的灵魂的震撼力，是难以说清人类文明的进程的，至若作为人类制度文明之组成部分的警事文化，那就更无从谈起了。

第七节　华夏警事文化的孕育

中国上古史上的尧舜禹时代，正是中原地区形成"酋邦社会"的时代。其时，社会结构中已经有了管理者与被管理者的稳定分工，"酋邦会议"正在向"国家机器"演进，传说中的尧舜禅让反映了这一历史进程，华夏警事文化即孕育于其间。

一、大舜：高度伦理化的人格样板

传说：尧的时候曾多次召集酋长开会协商、分头处理各邦的公共事宜，其中，帝尧物色接班人的那次会议最为典型。传说帝尧七十岁的时候，觉得自己岁数老大了，得找个接班的，于是召集部落酋长们开会议事，征集意见，物色人选。与会的人各举所知，后来大家的意见渐渐集中到一个人身上：此人是位劳动能手，住于虞渊，名舜（蕣也，美丽的花朵）。他善于捕鱼、精于制作陶器。他出现在哪里，哪里就有一帮人追随他，向他学艺。可是他的爸爸不明事理，后母蛮横，弟弟骄纵，处心积虑要谋害他，家庭环境很差，但他坚持用一颗诚心、爱心来对待亲人，胸无芥蒂，总能化解纷争，转危为安。这样德能兼备的人，虽说身份"卑贱"，但是能担当大任，酋长们一致推举了他，尧说"可以试试"。就交给舜许多具体任务，来测试他的能力、人品与胆略。比如让他到四方去巡行视察，舜"入于山林，烈风雷雨弗迷"，表现出罕见的毅力和才干；尧又让他处置百官中的难事儿，他从不推辞；又让他"宾于四门"，到都城四门去送往迎来，接待宾客，维持秩序，结果各处管得有条有理，"四门穆穆""宾至如归"。这一切，证明了舜确实有很强的管理能力，于是帝尧放心了，很满意地把"帝位"禅让给了舜。

二、禅让：中国式远古民主的探索

尧舜禅让，这是中华远古"民主"的一个典型表现。舜原本是个陶渔之徒，尧让位于舜的过程，实际上是个"民主推举、实地考察"的过程，《尚书》称之为"明扬仄陋"（即公开而透明地推举出最底层的侧陋之人中的优秀人才）。它表达了我们民族对于民主精神和有序管理的呼唤与憧憬。后来舜又如法把帝位让给了大禹。禹也是劳动者中的一位贤能者，是群众公认的领袖，具有"天然的权威"。尧舜的作法，是中国式的民主之源。春秋末期的墨子，写了《尚同》《尚贤》两篇文章，竭力主张从"农与工肆之人"中选其"贤可者"任卿士、做诸侯、为天子。他的理想不是梦，是尧舜们早已实行过的制度，可惜后来这个制度被破坏了，从民间选贤的思想中断了。

"禅让制"是先秦"诸子百家"所一致公认的"存在"，不是某人的主观想象。置诸人类文化发展史，也符合历史逻辑，不管具体情节上有多少后人追加的成分。传说中的黄帝、嫘祖、尧、舜、禹，他们是华夏家园的第一批创业者，是华夏群体的组织者、缔造者，他们都出身"仄陋"，而且是终身劳动者。同样，传说中百工百业的首创者，如后稷、伯益、仓颉、仑琴、后羿、工倕、夔等，本来也都是"仄陋之人"，更是终身劳动者，后来都成了人民心目中的"圣贤"。大舜只是这些先贤往圣的代表，他不是作为孤立的"个人"偶尔出现的。

三、政刑并举：奠定华夏政治秩序的根基

大舜上台后，把尧时参加"议事会议"的制度改变了。依《尚书·舜典》所说：舜把酋长们统统召集起来，重新给以明确分工。经过集体协商议决：让禹当了"司空"，主持平治全部水土；让弃为"后稷"，主管全部农事；任命益为"虞"，负责山林川泽的开发、管理与狩猎；任命倕为"共工"，负责统管百工制作；同时，又任命契为"司徒"，负责教化百姓，改变"百姓不亲""五品不逊"的状态，使公共生活伦常有序；又任命伯夷为"秩宗"，掌尊卑等级之礼；任命皋陶为"士"，士即狱官，负责用"五刑"去惩治"蛮夷猾夏""寇贼奸宄""杀

越人于货"等"犯罪行为"。这说明原始社会后期管理工作复杂化了，"部落义事会议"正在转化为"国家机器"，而惩治犯罪的警事政务也已经提上了正式日程。

《尚书·舜典》说：唐尧虞舜时，就开始对社会实施刑罚管理了：[①]用"象刑"来布告国家大法，政府将对流放或宽宥者按五刑去处治；用鞭刑惩治违纪的官员，用扑打作为教育训导的手段，用罚金（没收财产）作为赎罪之刑；对过失犯罪或灾害造成的损失予以宽赦，而对怙罪不改、坚持错误者必加严刑。据说，大舜本人就曾亲手办了四个大案（殛四凶）："流共工于幽州，放驩兜于崇山，窜三苗于三危，殛鲧于羽山。"不仅悖逆的共工、驩兜被流放了，连未能根治大洪水的"鲧"（大禹的父亲）也受到了严惩，被流放到东海之滨的羽山（在今山东郯城）去了。就这样，大舜对酋邦领导集团中的犯罪分子实行"撤职查办"，或流放，或砍头，绝不手软。他为我国的"警事执法"作了一声有力的预告。

我们注意到：远古时期，炎黄的部落与部落联盟，具有较高的社会文明，从而形成了庞大的华夏共同体。孟子称："舜，东夷之人也"，"禹，西羌之人也"，他们都是华夏大家庭公认的好领袖。中国大地上的历代各族人民，在"以炎黄为共祖"这一基本点上，都是认同的。炎黄成了中华民族内部维系与调节相互关系的重要精神纽带，发挥着持久而又强大的历史凝聚作用。中外神话与历史传说，都反映了人们对秩序生活的憧憬，对神灵权威的崇敬，对天灾人祸的戒备，是远古人类努力避灾远祸之警戒行为的生动再现。

四、夏：中华警事意识的明朗化

夏禹因为有治水的功勋，得到人们的拥戴，被舜选为禅让的对象。然而，大禹登位之时，却借助了身为"士"（狱官）的皋陶的力量。皋陶向与会的酋长们发布命令说：大家都必须拥戴大禹，"不如言，刑从之"！谁不答应，他就要给予刑惩。皋陶的活动证明：历史已经发展到这样的阶段：王权必须通过"权威力量"即"士"（狱官）的惩处权力才能落实，统治者才能享有特殊神圣的和不可侵犯的地位。这正是原始"禅让制"向"传子"嬗变的重要阶段性标志，是借

---

① 《尚书·舜典》原文是："象以典刑，流宥五刑，鞭作官刑，扑作教刑，金作赎刑。眚灾肆赦，怙终贼刑。"

"警事"推动"政务"的一声预告，是远古"神威惩处"走向"刑威惩处"的路标性事件；是中华"神治"走向"人治"的前奏。

1. 夏启的王权意识：征讨与刑罚

前21世纪，夏禹之子启创建了夏朝（约前2033年至前1562年），自号为"王"；任命了掌管武装的六卿，掌管畜牧车马的牧正与车正，巩固了"王权"；却遭到同族的有扈氏的反对，拒绝参加启的登基典礼。夏启大怒，便组建"三军"去"恭行天之罚"，下令全军听从他的指挥，否则"孥戮汝"！他由河南禹城出发，率师千里西征，一举击败了有扈氏。夏启动用暴力手段，即武装与刑惩来保障自己的统治秩序，由此，我们可以看到中国警事的历史大幕被拉开了。

夏朝的刑法被称为禹刑。[①] 夏朝的监狱被称为夏台或钧台。[②] 这里所谓的"禹刑"，当然不是确指某部成文法典，而是泛指夏朝的刑惩案例的总和。另外，夏王发布的各种"王命"，也是重要的法律渊源。《尚书》中说：夏代的刑惩原则是"昏、墨、贼：杀"！对于玩忽职守（昏，昏官）、贪权误政（墨，墨吏）、侵害他人利益者（贼，戕害），实行等价复仇，所以盛行身体刑、生命刑、财产刑。有《孝经·五刑章第十一》的"五刑之属三千"之说，大概是指夏代的五刑所属的犯罪条例多达三千之数。

2. 混乱而浑沌的夏代政治秩序

夏代的政治秩序并不美妙，"家天下"的政权并不安宁。从创立之日起，夏王朝就遇到了来自内外两个方向的骚乱。《离骚》中说：夏启追求享乐，他的五个儿子搞起了内讧，被后羿趁乱篡了权。后羿又被其徒弟寒浞杀了，寒浞又断送在自己的儿子浇手里；浇又被杀。这样延续到夏桀，其暴虐统治遭到广大人民的反对，夏朝便灭亡了。可见，我国第一个政权夏就经历了篡弑频仍的混乱与厮杀，这个时期的政治秩序并不美妙，尚处于混乱浑沌的状态中，尚无必要的规范。

但有一点必须清楚，从夏代起，就推行"家天下"的君权世袭制，所谓"大人世及以为礼"（《礼记·大同》），实行父死子承、兄终弟及之制。这个制度固然是为"私"的，但也有它的长处：西欧中世纪，曾出现过一个"法兰克王国"，又有个"神圣罗马帝国"，都曾是强势政权，却实行"父死诸子分承制"，故君王

---

① 《左传·昭六年》："夏有乱政而作禹刑，商有乱政而作汤刑，周有乱政而作九刑。"

② 《广雅》：狱，"夏曰夏台，殷曰羑里，周曰囹圄，皆圜土"。

一死，诸子就分裂，各自据地为王，然后就是没完没了的兄弟相征讨、叔侄大夺权，再强大的帝国也没了，故西欧总是四分五裂，没法统一。中国则有效地避开了这种祸乱。

第八节　商代对警事管理的探索

继夏而起的是商。商人从远距离经商起家。商人用贝壳作货币，变物物交换为商品货币交换，这是很先进的，当然需要更发达的国家行政管理。

一、商代的国家机器

商代朝廷官制分为两部分：一为王朝外廷政务官，负责处理军国大事；其中有专责保卫王朝和主掌征伐的武官，讨伐叛乱、征伐外邦。有位叫作"妇好"的女子，很会打仗，成为中国历史上第一位留下名字的女将军；二为王室的内廷事务官，负责管理王家内廷事务；其中负责王宫安全的叫"臣"。他严格监视着成千上万的奴隶们的生活、生产活动，维护着邦国内部的秩序。后来"臣"就变成了官员的身份标识了。

商代的政府机构较前代完备而有效，而且有一套内部管理法规。《竹书纪年》上说"祖甲二十四年，重作《汤刑》"，便是明证。

1. 商代的王权意识

商汤灭亡夏桀之后，占有了黄河中下游的广阔地带，势力西达河套、渭水流域，东抵大海，是当时中原最强大的政权，统治中国六百年上下。商王进一步强化了政治上层建筑，强化了王权意识，确立起全国上下都服从王权的政治秩序，从而在国家警事管理方面作出了新的尝试。

商王有极强的王权意识。《尚书·盘庚》篇明确记载着：盘庚明确要求全体臣民，都必须服从他个人的意志，"若网在纲，有条而不紊"，大家都要"勉出乃力，听予一人之作猷（谋划、安排）"。谁不听话，"罚及尔身，不可悔"！在商王身上，集中了国家祭祀、征伐、生产、刑赏、用人的一切权力，不许别人干犯。

王权是历史的进步因素，它标志着国家机器的正式建成。

2. 动用《官刑》惩治三风十愆

商代制定了朝廷官员的职责条例和行为守则，叫作《官刑》（《尚书·商书·伊训》）①，用以惩戒政府中时已泛滥的"三风十愆"：

> 敢有恒舞于宫，酣歌于室，时谓巫风；敢有殉于货、色，恒于游畋，时谓淫风；敢有侮圣言，逆忠直，远耆德，比顽童，时谓乱风；唯兹三风、十愆，卿士有一于身，家必丧；邦君有一于身，国必亡。臣下不匡，其刑墨。具训于蒙士。

这就是说，商政府中，已经有巫风、淫风、乱风的存在，已经泛滥起追逐歌舞酒色、财货游猎、轻慢王法、拒绝批评、朋比为奸等丑行恶德了，统治阶级内部的生活秩序已经相当混乱，到了必须用刑罚来加以规范加以约束的地步，要用规约条令来整饬风纪、维护秩序了。这个问题的提出本身，标志着风纪管理已纳入刑惩范畴，是制度文明的一个自觉。有人说，本篇文字有后人拟作之嫌，但笔者认为：从商代文明的总体水平着眼，用规章条令来整饬朝廷风纪，维护政治秩序，这种办法的发明，大概也不会太晚。

3. 朝有大事，必先卜问

"商人信鬼"（鬼者归也，指返回天国的灵魂。这里指商王历代祖宗的在天之灵，是敬称），国有大事，一定要请巫师向先王问策，预卜吉凶，从而决定方针大计，行为取舍。商代有几位出名的巫卜之士，比如巫咸等人，就为国家出过不少好主意，屈原就很敬重他们。从现存甲骨文记录看，其涉及面极宽，几乎关涉到当时社会生活、政治生活、法制生活、个人生活的方方面面，甚至有对自然现

---

① 《尚书》中的《伊训》等若干篇目，被清代学者考证为"伪书"，认为不足引据。我们则认为：清人之所谓"伪"，是指文字表述之"伪"，非指所反映的历史事实为"伪"；此其一；二，有大量地下文物可证此时中华文明水平，已经达到相当程度，有事实可以互证；三、纵是"伪文"，也成书于千五百年之前，为《史记》所征信，从世界文明史角度看，反映的也是上古历史，不能否定其经典价值。

象的记录。这里就掇拾几个例子来介绍一下它的梗概。因为在今人看来，原文太艰涩，用字很冷僻，故原文字句就从略了，这里只说个大意。

例1."己未卜①：有攸贞：王今月无戾？"这是一条卜问之辞：己未这一天，（君王）有所贞问（测问前景如何）：即大王在本月里能否平安无事？这是一则有具体针对性的发问。显然，发生了某种涉及君王安危的严重情况，故需卜问。但这儿只记下了卜辞，未记下事后应验之辞。

例2."癸卯卜：今日雨？其自西来雨？其自东来雨？其自北来雨？其自南来雨？"这段卜辞内容是卜问当日的天气状况将如何发展。辞语很顺口，读来像吟一首诗，人人能懂，它确证了中国语言文字的传承性。

例3."戊午卜：争水，其驭兹邑：其为我家祖辛②佐王？其家祖乙佐王？"这是直接向先王求助的卜辞。"争水"，两条河都涨水了，又汇合了，形成"争涨相斗"之势。卜问说：这难道是先王的神灵驾临这个城池而来显灵吗？（它可涉及全城百姓的安危呀！情况很危急，故国王请巫师。）向先王致意："我的老祖宗辛、老祖宗乙呀，请您二位辅佐我，帮帮我的忙吧（遏止水势，千万不能成灾）！"

例4. 癸巳卜（原文略）：当天，大王卜问："最近会出现什么异常变动吗？"次日，国王出外打猎，正猛追野兽时，翻车了，驾车的马倒下了，驭手被摔下了，大王身旁的卫士也倒下了……（本条卜辞，前句是卜问句，后句是验辞：果然有异常：真的出了件很危险的车祸。）

例5."王占曰：有祟。八日庚戌……昃，亦有出虹自北，饮于河。"大王亲自占卜，问会不会有不祥的东西出来闹事？到了初八那天的下午，太阳偏西时，果然在北面天边出现了一条彩虹，虹的一头竟然伸进了大河。按：古人一直把虹的出现视为极不祥之物，它一出现，必预示快出大灾祸了！

从现有卜辞看，商人的施政活动中，几乎"每事皆卜"，实际上是每事皆向

---

① "己未卜"：此条出自《殷墟书契前编二》。下文，"癸卯卜"条，出自《卜辞通纂》第375片；"戊午卜"条，出自《小屯乙编》第3162片；"癸巳卜"条，出自《卜辞通纂》第735片；"王占"条，出自《卜辞通纂》第426片。

② 祖辛、祖乙：商王的祖先中名"辛"名"乙"的两个人。按：商代国王是以十天干：甲乙丙丁戊等为名的，故有"太甲""祖乙"之类的称呼。学者据此排出了商代王家的谱系，也使商史的真实性得到了学界的广泛公认。

其"智囊团"作咨询。而负责作卜的"巫",则是当时最有文化的高级精英人士,是富有从政经验的"朝廷顾问"。这表明商王在主观意识上是在"信鬼",即遵从先王的旨意,而实际行为上则是听从他的"智囊团"的参议与决策。看来,商代王权意识虽说已很明确,却未达到"独裁"的地步,卜问的语气是诚恳的、谦敬的,绝无"王霸之气"。毕竟还在"国家"形成的早期。到殷商末年,商纣王便恣意而行了,破坏了他的历代先王的朴实政风。

二、商政府的警事管理活动

商政权很注重对警事管理的探索,有一些行政举措,比如进行奴隶群体的人口登录统计,刑弃灰于道,以奴隶与狗为宫殿门的禁卫,实行严酷的刑惩等,看似很幼稚,也很残酷,却是制度文明发展初期的必有现象。

1. 对俘获人口的统计

商人对奴隶(劳动力资源)的数量统计与秩序管理,在甲骨文献中有不少登录记载,还有关于杀掠争夺劳动人口的争讼活动。陈梦嘉所撰《殷墟甲骨卜辞》中,就收有"八日辛亥,允戈伐二千六百五十六人"之类的系统记录;还有不少关于追捕羌奴、战俘的卜问之辞,如"呼追羌,及""呼追羌,获"等。不要轻忽了这些"数字",只要想想 20 世纪初,非洲还有不少民族无法计量 100 以上的数字,就可以推知商代行政管理能力之强了;没有一种权威与智力,就无法统领成千上万的活生生的战俘或奴隶。

2. 刑弃灰于道

商朝在社会警事管理方面采取了严厉措施,本着"轻罪重罚,以刑去刑"的指导思想,颁布了"刑弃灰于道"的律令:[①] 谁把灰烬垃圾抛洒在街上、大道上,影响公众利益,谁就要受到法律的严惩。商代犯了法是要坐监狱的,监狱设在羑里(羑里),羑里在今河南汤阴县北,据说周文王早年曾被囚禁于此。

---

① 刑弃灰于道:《韩非子》云:殷之法,弃灰于衢者刑。子贡以为重,问之仲尼,仲尼曰:"灰弃于衢必燔,人必怒,怒则斗。斗则三族相残也,此残三族之道,虽刑之可也。"又,《史记》认为是"商君之法"。《盐铁论》注亦云:"卫鞅之法,步过六尺者有罚,弃灰于道者被刑。"笔者采信韩非子之说,因其首发此论。

3. 以奴隶与狗为门禁

商王很重视王室禁卫。河南安阳小屯村商代遗址发掘显示：每座宗庙遗址的大门口，都有成组的被活埋的奴隶遗骸。单门口，每组四具尸体；三联门的，每组七具尸体；他们的首领执一戈一盾，其余均各执一戈。在安阳武官村、侯家庄商王墓遗址中，除发现有执戈殉葬的奴隶外，还有狗。这是我国用奴隶与狗一起负责警卫的最早的实物显示，也证明了先秦文献中关于"以刑余之人值守王宫"的记载的真实性。在西方，古希腊时期，王宫警卫起初也是由奴隶承担的。春秋后期，人们不赞成用"刑余之人"当警卫了，这才逐步改由贵族子弟充任王室禁卫军士，不再使用受刑的奴隶、罪犯或战俘了。其实，蚁有蚁兵，雁有雁奴，以兵卒或奴隶为"警卫"，倒是动物界的通行作法。

4. 严酷的刑惩执法

商朝刑法以严酷著称，尤其是在商代末年。刑，在夏商时期，主要是指身体刑和生命刑，附加人格刑、劳役刑、财产刑等。唾（吐唾沫）、诤（责骂）、宪（公布过恶）、徇（游街）、髡（去头发）、耐（去胡须）、明刑（挂胸牌）之类刑罚，均属对人格尊严的有限剥夺，可归纳为"名誉刑"。至于黥（墨刑，刺额）、斩趾、刖足、劓鼻、剜眼、膑膝、断肢、宫刑，皆为身体刑，均兼有终身剥夺人格尊严的含义，受刑者统谓"刑余之人"，辱莫大焉。至若生命刑（大辟），除常见的斩（砍头或腰斩）、戮（枭首示众）、绞杀（吊、绞）、毒杀（鸩毒、砒霜）等死刑方法外，还出现了醢（剁成肉酱）、脯（晒成肉干）、炮烙等酷刑。炮烙，在铜柱上涂油，下加炭火烤红，令受刑人行其上，最终堕入炭火中烧死。不论何种刑罚，一旦受过刑，即使还能活着，其社会地位、法律地位、政治地位就完了。所以孔夫子才说："齐之以刑，民免而无耻。"在他那个时期，一旦受刑，就再无人格尊严了，也就丧失了羞耻之心。受刑的人多了，社会上甚至王宫大门里，刑徒满目，处处都有刑余之人，让人触目惊心；难怪圣人要力倡废除严刑酷法，要求行"德政"，那是有现实原因的。现今有人不分皂白，胡乱"批判"孔子的讲德政、讲礼治而"反对刑法"，纯是无的乱放矢。

身体刑、生命刑是上古世界的通行法则，不只是某个君王个人的政治品质、政治能力问题，它反映的是人类历史进程中的苦痛，为期很长。经过中外一代代圣贤的强力反对，人类才摆脱了这种野蛮与残酷。

	（幸）	就是古代的手拷、脚拷
	（执）	把手用"幸"拷起来
		把脚用"幸"拷起来
	（圉）	就是关人的监狱
		把人活埋在地穴内
	（劓）	用刀把鼻子割掉
	（伐）	用戈把头砍掉

商代甲骨文中的刑罚字样

5. 边防与道路管理

商代有筑护交通要道的重要举措。商中期的著名臣子傅说，原就是在今山西平陆河南三门峡之间参加筑护东西交通要道的一名奴隶。

此外，商人在周边地区，还普遍设立烽火、戍鼓，运用声光通讯原理，进行边防警备，保证边地安宁。

综上，不难看出，早在四千年前的商时期就已有了警治禁卫安全管理了。

第二章 西周：礼治社会的警事初基

结束了商代的西周统治者已经意识到不能赤裸裸地单纯依靠刑惩手段来维持其统治了，他们开始注意炮制一种理论，用来解释自己能够获得政权的理由，也用来解释自己为巩固政权所采取的各种强制的或非暴力的手段，还用来指导自己的政权建设；后人把这时形成的理论与实践概括为"德政""礼治"，据说其推动者便是周初著名的政治家周公姬旦。

第一节 周公制礼：树立健全的国家观

为着对统治阶级内部实行有序管理，周公在宗法血统观指导下，制定了五等爵制，按五等爵制进行利益分配，使之各得其利，各守其位，各安其分，各辟其疆，各治其民，保持全国稳定的秩序，并形成了一套行之有效的刑罚体系，确立了一套关于刑惩办案的原则、程序、方式等，为"中华法系"的构成准备了现成的"零部件"。

一、国家：对人口、土地、产业作综合管理

中国城池与国外不同，从一开始就发挥着政治领导功能，以城池为中心的行政管理体制由此出现。周代把居民区、居民点划分为"城""鄙""野"三类。住在城邑中的人称为"国人"，住在郊郭的人称为"鄙人"，住在山野的人称为

"野人"。国人与鄙人、野人有不同的政治权力、经济权力，有不同的社会地位。"国人"即城里人，自由民，是"公民"，其核心是贵族，最活跃的是他们中有文化、能射御的"士"，可以"执干戈以卫社稷"，有权知政、议政、参政、主政，在"乡校"读书的士子，就有权"议国政之善否"。鄙人、野人则由土著居民与亡国遗民而来，他们无议政之权。周初曾把"殷民六族"迁于洛阳郊区，分片监管。洛阳城是"一城两制"，殷民的政治经济地位低于周人，受到政治监管，但又高于一般奴隶，享有身份自由。这个政策到周康王时才被取消（《尚书·康诰》），他消除了殷遗民中的戾气，扩大了统治基础。显然，这在周初也是一项社会安全措施。另有大量的奴隶人口，他们是没有"人格"、更无"人权"可言的。他们被组织起来，平时生产，战时上阵；也被当作牛马一样作为交易品、牺牲品、殉葬品来使用。

二、五服说：确立国家行政权力的辐射式结构

西周已有"国家疆土"的理念，以京师"王畿"（周天子的直辖区）为中心，把全部国土依距离远近分为五种，遵循内重外轻的原则，实行辐射式行政管理，依次有"五百里甸服，五百里侯服，五百里绥服，五百里要服，五百里荒服"之称。这"五服制"的原则精神在于：国家由内向外，内重外轻，推行不同的经济文化政策，这就赋予国家行政管理以很大的张力与弹性，增强了中央领导的可操作性，也更易于为周边的"土邦""藩属"所接受，开创了古代国家行政管理的一个独特而有效的治理模式。

今天看来，这"五服制"与"井田制"一样，只是一种理想的"模块化"的表述方式，实践上不可能那么做整齐划一的剪裁与剖分。人们要掌握它的原则精神：国家由内向外，内重外轻，推行不同的经济文化政策，适应了领土国家大一统而又多样化的政治要求。

三、八政说：对国家职能的健全界定

周人提出了"农用八政"的思想（《尚书·洪范》），对国家机器的行政职能

作了健康而全面的界定，其具体内容是：

食：管好粮食生产。食，首指粮食，但不仅是粮食生产。周人对种田、五谷、六畜都很重视。"民以食为天"，这早已是华夏人的共识。中国以农立国，国家历来注重组织农业生产，这天经地义，不可轻忽，不可推卸；否则就"国将不国"了。

货：管理好国家财政与工商业，促进商品流通。这是国家命脉所系。注意："轻商"不是周公的思想，也不是先秦儒家的思想。"日中为市，交易而退"，是自古就被认可的正常生活秩序。（注意：打击商贾是后世法家的主张。）

祀：祭祀宗族祖先与天神、地神、万物之神等。利用宗教神权来强化民族共同体的心灵修持，从而强化统治，是中外民族的共同经验；心理认同是国家凝聚力、组织力、号召力的精神基础，而中国人则将其建立在社会伦理的现实前提之上，重视它，但不使神权凌驾于王权。

司空：主管土木工程。主要是农田水利建设与全国城邑、道路、关寨的建筑。中国土木工程量之大、调集劳动力之众，对全民生产生活影响力之强，举世无双。中国农业体量庞大，正是以国家组织的跨地区跨流域的水利工程与水陆交通作保证的。

司徒：主管土地管理与礼法教化。《尚书》要求司徒"敬敷五教在宽"，营造宽松和谐的社会秩序，这包括有大量警事业务在内。

司寇：主管刑法的制定与刑惩的实施。无庸多言，这是以警事为基础、为主渠道的。凡立法、司法、执法、护法活动，都必须有警事管理的参与、推进、落实。

宾：主管境内外各方面代表人物的礼遇接待和安置事宜，以及相关外交事宜。当时王室对诸侯、诸侯对诸侯都讲究相互的"聘问"与"外交"规范，设有专人负责。搞好外交，是国家立于世界之林的必要条件。

师：掌握全国武装力量。这一条放在最后，它既强调了武装力量的重要性、必要性，是"八政"之一，政府必须负责组建强大的军队，来保卫国家，保卫国民的安全；同时，它也为"军""警"作了准确定位，排在"八政"之末，是不能越位的；不能把军警强调到不适当的地步，这就预先防止了通向"军阀统治""警察国家"的局面。

这八条，概述了国家机器应承担的全部行政职能，它突出食货，不废兵刑，且兼顾了工商礼乐，这实在是国家实现长治久安的根本大计。它比起近人把国家视为"暴力机器"的思想，是一种更为周到而健全的"国家观"，它也为中华警事的准确定位提供了可能。应该看到，中国警权之所以始终没有凌驾于社会之上，始终得以准确定位在国家行政权之内，"八政"序列的深入人心，是一个重要的制约因素。

四、享国论：国家权力归于皇家私享

《尚书·无逸》中载周公之言："呜呼，君子所其无逸！先知稼穑之艰难，乃逸，则知小人之依。""呜呼，我闻曰：昔在殷王中宗，治民祇惧，不敢荒宁，肆中宗之享国七十有五年。其在高宗时，旧劳于外，不敢荒宁，肆高宗之享国五十有九年。其在祖甲，爰知小人之依，能保惠庶民，不敢侮鳏寡，肆祖甲之享国三十有三年。厥后立王，生则逸。生则逸，不知稼穑之艰难，不闻小人之劳，惟耽乐之从……继自今嗣王，则其无淫于观、于逸、于游、于田，以万民惟正之供。无若殷王受之迷乱、酗于酒德哉！"

《无逸》要君王"所其无逸""先知稼穑之艰难""知小人之依"，都是至诚的告诫之辞，且指出了防腐的根本路径：治民祇惧，不敢荒宁；指出了上层人士贪腐的主要表现：过分地超限地淫于观、逸、游、田（田猎）之中。这些话，至今仍有教育意义。周公从巩固姬周政权的角度出发，提出了反腐的理据，历来认为他站得高、看得远，语重心长，被誉为"天下第一家训"。

然而，文中反复出现"×× 享国 ×× 年"之语，却透出了"国家乃王室享用之物"的潜台词。就这么一个"享"字，便足以让历代"天子"有理由"享用其资产，消费其国家"了，这就抵销了百篇"君子所其无逸"的说教。从本篇问世起，一切政治学说，都习惯于把"夺取政权、巩固政权、永远垄断政权"当成称王称霸的核心追求，成为当政集团一切作为的出发点与归宿。周公不经意间把人们领进了"享国论"的阴霾之中！这决定了他的反腐，无论如何真诚、如何得力，也不可能彻底，更无法走出"越反越腐"的怪圈。在"享国论"支配下，凶暴昏庸之君且不论，就是那些开明有为之君，如汉高祖、唐太宗、明太祖等人，又有谁没有腐败的劣迹？谁不把"消费国家"视为当然？这才是历代政权腐败的主根、主因。

《尚书·毕命》中，西周第三任国王周康王（前 1020 年至前 996 年在位）说：

"我闻曰：世禄之家，鲜克由礼；以荡陵德，实悖天道。敝化奢丽，万世同流。"

"世禄之家，鲜克由礼"，三千年过去了，这个判断也不算过时。国家秩序的最大破坏者不在平民，而在世禄之家，千古如此。打蛇打七寸，反腐若不能力反"鲜克由礼"的"世禄之家"，便永远不可能达到目的。西周建国于前1046年，至康王即位还不到30年，此时的"世禄之家"，多半是追随周文王、周武王的军功勋贵，他们已经"鲜克由礼""以荡陵德"了，可见问题之严重。但康王能明晰地认识到病灶之所在，正好证明"成康之治"得来不虚，他的治国方略还是有成效的。

三代从不讳言"世禄之家"的丑行恶迹。中国自有刑罚以来，即将惩贪拒腐列入政府严办之职责。上古文献中反复批判的贪墨、淫风、唯财、唯贿，西周《吕刑》中的"五过之疵"，先秦李悝《法经》中的"金禁"，都是针对官员贪腐受贿犯罪的罪名，并没有所谓"刑不上大夫"一说，毋宁说反腐矛头就是指向"鲜克由礼"的世禄之家的。

第二节 礼：型塑伦理社会 实现警事自律的利器

商代的严酷刑罚，救不了它的危亡。周公（姬旦）便应运而生，他拉开了"以礼治天下"的序幕。古代社会的"礼"，是一个实践性极强的制度性文化体系，它渗透于政治、法律、生产、生活的不同层面，涉及人类生活的方方面面，把古代"礼治"等同于"礼貌""礼仪"，是十分肤浅而片面的理解，应该作全面阐释，它包含了治国之礼与社交之礼两大方面，分明是型塑伦理社会、实现警事自律的利器。

一、礼义 礼制 礼乐 礼法

1.礼义
礼义是修身、齐家、治国、平天下的基本政治思想原则，是订定国家法律、制度、仪轨的指导思想及其理论基础。"礼义"在制度文化建设中起着灵魂作用，制导作用；起着西方所说的"法哲学"的功能。离开礼义，就没有"良法"可言，何谈"法治"或"法制"？

2. 礼制

它是国体、政体以至家庭组织的最高规范，是维系"家庭、社群、国家"持续有序地发展的基本制度。在周代，天子独尊制、封侯建国制、宗法等级制、六卿制以及家长制、户籍登录制、井田制（土地所有制、耕地使用制）、国野制等，都在"礼制"的范畴内。

3. 礼乐

这是创造宽松、和谐、文明化的社会氛围的基本手段，是养成民族的共同心理状态、共同民俗风情的必要途径，是塑造群体特色、加强群体认同的有效机制。在周初，礼乐对于提升人们的人文品德修持、社会生活质量、精神文化消费水平等具有直接的作用。（相关内容可参见《礼记》中的《少仪》《玉藻》《乐记》等文。）

4. 礼法

礼法是国家依礼义原则制订的法律、法规、律例、条令的综合，包括国礼（城市公共安全管理）、野礼（郊野交通及农田垦植管理）、军礼（军营法纪）、官礼（政府组织法）、聘礼（公务员征聘、使用、奖惩法）等方面的礼法规定，条目分明，具体而详尽，奖惩并举，不止于刑罚。

二、礼仪 礼貌 礼教 礼器

1. 礼仪

群体活动的程序性规范与仪容态度，是群体行为方式的规范，也是群体认同的必要手段，不守既定礼仪者将被视为"异己"而受排斥。周公所讲之礼仪，指吉礼、凶礼、军礼、宾礼、嘉礼等一系列宗教性、政治性、世俗性群体活动中的标准仪式与程序。《仪礼》所讲之乡射礼 ①、士冠礼、士婚礼、士相见礼、丧葬礼、祭祀礼等，在社会的上层尤为重视，显得很烦琐；故"礼不下庶人"，许多"礼仪"平民是行不起的；但只要参与集体活动，都必须遵礼守仪，保持严谨的心态。

2. 礼貌

起坐行立、跪拜迎送的姿仪、态度、言辞，要分尊卑、长幼、男女、亲疏等。它的基础是"名分"，是对双方在社会生活中的地位、权利、义务的一种确认方式。比如乙向甲行了"拜师礼"，乙从此就得严守"徒"的本分，勤学好问；甲就得尽其"师"的职责，谆谆诱导。礼貌，是保证人际关系之和乐有序的有效方法，也是息事宁人的手段之一：内部起了矛盾，赔个"礼"就是。

3. 礼教

这是对人的素质教养，含家庭、职场、官府、宗教、社群……各种场合、各种行为方式的教育与养成。它是"人"脱离野蛮、走向文明、获得社会认可的必经之路，在等级社会中尤显重要；在平等社会中，则有赖于自觉、自律、自为。

4. 礼器

礼仪活动中常用以表达诚意、敬意的礼品、器具，含形式化了的冥器、乐器、食器，以及仪仗、礼服、车马规制；还有馈赠之礼品、上交之贡品等类。恰如其分的礼品不可缺少，而铺张奢华与非法转让（行贿受贿）则不在其列。

中华乃"礼仪之邦"，讲"礼"，绝非仅是讲究送往迎来的规矩礼品而已，其

---

① 这里举"乡射礼"为例：讲究礼仪是人类社会从野蛮过渡到文明的必要环节，也是"社会性的人"从一个粗野之人修炼成一位文明人士的必要阶段。中国先民的演习礼仪，至迟始于三千年前的商周之际，故早有"礼仪之邦"的雅称。商周时的"乡射礼"，便是上古一切礼仪的基础。乡射礼是由地方绅士组织的、以刚成年的青年为主体的、通过严格的射击比赛来选拔地方优秀人才的盛典。参与乡射礼，是上古贵族青年进入社会、参与社交、培养绅士风度的必修课。

乡射礼有一整套规范程式，比如射前不同身份的与会者相互如何行见面礼、如何登场、如何就位，都有一整套规矩礼仪必须遵守。又比如宣布典礼开始时要演奏乐曲，先行祭祀，献什么祭品，谁先谁后，如何跪拜唱导，如何敬酒酬酢，都有严格的规定。特别是射前弓箭的选用、检验，箭靶的布置，射箭者的立姿、射姿、执弓、安矢、射出、验射、唱报、捡拾箭矢……这一切的一切，都有严格的程式。最后，射箭成绩的评比手续，更是规范，以确保公平公正；或奖或惩，更有一套程序。一位青年完整地参加完一场"射礼"，也就等于进了一次"礼仪训练班"，让青年人培养出一种绅士风度，进而达到"射唯观德""观德选士"的目的。

射礼是竞争与习礼的奇妙组合。在射礼中，把竞争与习礼组合在一起，是我国先民的一个巧妙设计：射是培养竞争精神，即培养青年的进取精神的；但人人进取而优胜劣汰，又势必引起纷争，于是以"礼"加以节制，从而寻求进取与礼让之间的平衡；这便是"传统文化"的特色所在。

内涵真个是"博大精深"的，非要下一番苦功才能知其皮毛；切不可把"礼"等同于低头弯腰、作揖跪拜之类。

第三节　西周刑禁与成文法

一、超越同态复仇：五刑　五禁

"五刑"是中国上古五种刑罚的总称：墨、劓、剕、宫、大辟，构成了中国早期法律中的刑罚体系。西周时期，在墨、劓、剕、宫、大辟五刑基础上，又增加了流、赎、鞭、扑，合为九刑。与之相配套的有"五罚"。"五罚"是关于"违警罚款"和"以金赎罪"的五个等级。它反映了定罪量刑尺度上的严密化。西周政府以"五刑""五禁"为主干，配之以"五罚"，开展其刑禁·狱审·惩治活动。

"五禁"指宫禁、官禁、国禁、野禁、军禁五类禁止性行为；是维护社会秩序的五大类条例、规章。其中，宫禁是王室宫廷禁卫条例。官禁是官府机关、国家要害部门（如粮仓、军械库）的禁卫条例。国禁是城邑公共生活的禁卫条例，如禁止非时开闭城门、坊门、里门，禁止出入不时，衣服不正，所携非物；禁止宵行，禁止径逾邪行，禁止喧呼鸣叹于市，禁止扰乱市场等。野禁是关于郊野农村的禁令与规约，如禁止非时焚荒，禁止非时砍伐、渔猎，禁止毁损禾苗，禁止围观喧闹国宾，禁止损毁沟渠、道桥等公共设施等。军禁是关于军队、兵器的禁卫管理条例，违禁者交军法处置。

凡尚未触犯刑律而应加以管制、约束、行政处罚的行为，都在"五禁"的范围内。《周礼·小司寇》明确要求："以五禁之法，左右刑法。"古人是把"刑"与"禁"，即国家大法与各方面的管理条例清楚地区分开来的。可以认为：古代的"五禁"，就其功能而言，大致相当于今天的"违警律"或者"警事管理条例"。"禁"是用来"左右刑法"的，是刑法得以贯彻实施的基础工作。

二、制定成文法的第一次大讨论

西周后期，周穆王晚年，召开了一次朝政大会，提出了制定一部"成文法"的任务，颁布了《吕刑》。《吕刑》是周王室关于刑法思想、刑罚理论、刑罚原则的阐述。（此次会议的文本记录，载于《尚书·周书·吕刑》，但《吕刑》本身的法律条文尚未见到。）这次会议，是我国文献中明确记载的第一次立法大会，约在前900年左右，距今三千年了。在会上，周穆王讲明了建立法度的必要性、重要性，又讲了具体的立法原则、立法内容，还论及了实施法律的主要原则、执行法律的方式方法等，讲得周详而明晰。例：

在大会上，周穆王说："吁，来！有邦有土，告尔祥刑。在今安尔百姓，何择非人？何敬非刑？何度非及？（咳，过来！拥有邦国疆土的诸侯们，我来教给你们如何正确用刑。在当今要想安定你的百姓，要考虑哪些人事安排是不确当的？哪些事情虽严肃办理了，却并不合于刑律？哪些设想和策划，还达不到刑律的要求？）两造具备，师听五辞。五辞简孚，正于五刑。五刑不简，正于五罚。五罚不服，正于五过。五过之疵，唯官、唯反、唯内、唯货、唯来。其罪唯均，其审克之！（诉讼双方都到场后，审理的狱官要听取双方的陈述；所有陈述经过验证，若符合事实，就按国家颁发的刑罚去判处。五等刑罚若不适用于本案的话，就按五等经济惩罚的法规去处置。倘若五罚还适用不当，就要追究审判者的五种职务犯过。这五过是：只看官势、私仇报复、内亲插手、财货贿赂、关系托请。五过的罪责与其所出入的罪名均等，将实施反坐。你们可要严肃对待它。）"这段话强调了区别定罪、区别量刑的必要性，对我们认识上古法律思想之健全，是很有帮助的。没有区别就没有政策，对"五刑、五罚、五过"的量刑区分，正是三代政刑走上正确轨道的标志。这一切，为后世的警事活动提供了范型，也为后人的"引经决狱"提供了可遵用的经典文本形态的办案原则与可以类推办案的史例。

众所周知，定制立法是极为严肃而繁杂的工作。我国历史上第一次制订国家大法《吕刑》的朝政会议，是儒家文献中明文记载的立法大会，而我国古代刑律中"八议""五刑""五罚""五听""三刺""三宥"等基本概念，便首次系统地出现在《尚书》中。关于"罪""罚""刑""讼"等立法、司法、执法的基本概念，也在《尚书》中得到了法理意义上的系统阐释，这在世界法制史上也是弥足珍贵的。相对于商代来说，周代国家的刑法管理，是大大地前进了一步；而从世界范围来看，《旧约》也好，《古兰经》也好，《汉谟拉比法典》也好，《罗摩法典》也好，都没有跳出"同态复仇"的原始旧习，而《吕刑》却做到了，这就很了不起。

第四节　周代办案的原则与程序

在决狱施刑问题上，周人要求"慎狱恤刑"，这就与"商政"划清了界限，使西周刑罚管理进入一个新的较高的发展平台。为此，还规范了"五听"程序，明确了"诛心""八议"等原则，指出了国家对"八成"的重点打击对象，这一系列新政的推出，使周代文明进入一个新的发展阶段。

一、慎狱恤刑思想

商代的严酷刑罚是奴隶制刑法的表征；西周建国之后，周公提出了"慎狱恤刑"思想[①]，使国家生活从酷刑黑暗中走出来，营建相对宽松的政刑环境，让社会文明登上一个全新的发展平台。《尚书·康诰》中说："文王克明德慎罚，不敢侮鳏寡。"赞颂周文王"明德慎罚"，不欺辱鳏寡等弱势群体，要求康王也能做到。这是在文王名义下对"慎狱恤刑"的警事理念的首次揭示。

周人对以恤刑为基础的德政很重视。《尚书》全书，反复论"刑"，却绝口不谈"仁义"。在《尚书》的《立政》《周官》等篇中，周公从刑罚思想、刑罚理论的高度，反复叮咛周成王要"慎狱恤刑"，"继自今，文子文孙，其勿误于庶狱庶

---

① 关于恤刑思想，《尚书·舜典》原文是："眚灾肆赦，怙终贼刑。钦哉钦哉，惟刑之恤哉！"对于小的缺点错误或灾害引起的损失，应实行宽免政策；而对于坚持不改、有主观犯罪意图的案犯，则应认真查清其案情，予以严肃的惩处。

慎"。"孺子王矣，其勿误于庶狱"。"式敬尔由狱，以长我王国；式之有慎，以列用中罚"。周公为结束我国自进入夏商奴隶制社会以来的历史，特别是商纣王实施酷刑、乱刑、滥刑以来的历史，作出了不懈的努力，有横截乱流之功。后世所有从警者、决狱者，首先要有"慎狱恤刑"的理念，才能摆脱严刑峻法的羁绊而营造平和的社会氛围与社会秩序。

二、三刺与五听的狱审程序

《周礼》说："以三刺断庶民狱讼。"三刺：再三询问、调查。它的另一种表述是"讯群臣，讯群吏，讯万民"，咨询朝廷群臣，听取群吏意见，征求社会舆论，以便根据万民之意见而实施"上服、下服"之刑。这里说的是三讯并用，要求综合官意民情作为最后判决的依据，因为"民"最清楚案情的虚实。如果民意以为可宥者，减刑可也；其不可宥者，则衡量其情罪之轻重，而"施上服、下服之刑"。对有疑之案，则"泛与众共之，众疑赦之，必察大小之比以成之"。就是说，凡疑难案件，难以处断时，就广泛征求公众的意见，大多数人都认为有疑点时，就应宽大处理，但也必须依案情大小作出恰当的审判结论。很显然，"三刺"是对司法人员偏听偏信、独裁专断的一种预防性措施。

"五听"是对侦缉、预审中采集证词的程序性、技术性指导。《周礼》讲的五听包括"辞听、色听、气听、耳听、目听"五种。据汉儒郑玄解释：辞听为观其出言，不直则烦；色听为观其脸色，不直则赧然；气听为观其气息，不直则气喘；耳听为观其听聆，不直则惑乱；目听为观其眸子，视不直则眊然（茫无目标，空洞无物）。所谓"五听"是要求全面考察、掌握原告、被告双方的言语状况、体态表现、心理变化的表征，进而揭示其隐蔽的要害问题，这在当时已是很到位的严密要求了。

三、如何定罪与量刑：八议与诛心原则

八议又称"八辟"①，指"亲、故、宾、贤、功、贵、能、勤"八种人，他们如果犯了罪，先由朝廷司法部门公议其罪，提出可供选择的处治办法，请示天子，由天子判决后执行，让他们在一定条件下享有免刑、减刑的法定优遇。这是对当政阶层的成员所做的必要让步。它不只是一种消极措施，还是有某种积极意义的。至少，对这些有特殊社会影响的对象作"冷处理"，有利于准确定刑，也有利于稳定舆情，其处治的社会综合效果比简单的"一刀切"要好得多。过去有人认为"八辟是君主独裁的典型，是法律不平等的集中表现"，这是对"八辟"之执行程序不了解而产生的误解，是"为治惟法"论的流毒。

恤刑的一个重要方面就是贯彻"诛心原则"②。周公说：对于破坏等级秩序的言行要"敬明乃罚"。这"明罚"的原则是：人有小罪，若不是过失造成，而又坚持不改，那就"不可不杀"；相反，人虽有大罪，但不属故意犯罪，又知道悔改，那么"时乃不可杀"！一个人，事前无犯罪之主观动机，事后又痛知悔改，虽然有过错，但本质上是好的，就可以从轻发落，给这种人一条悔过自新之路。但前提是"明罚"，他要知"罪"。这就要求首先明确判定其"罪"，并让其"认罪"；然后再讨论此罪该如何惩罚，即如何量刑；可按"诛心"原则去量刑。诛

---

① 八辟：也称"八议"。《周礼·士师之责》说："以八辟丽邦法，附刑罚"。一曰议亲之辟（皇家宗室）；二曰议故之辟（君主之旧知，老交情）；三曰议贤之辟（有德行、有社会影响者）；四曰议能之辟（有道艺才干者）；五曰议功之辟（有大功勋者）；六曰议贵之辟（品官，县令以上为贵人）；七曰议勤之辟（憔悴国事者）；八曰议宾之辟（国家所不以臣子相待者，前代圣贤之后裔、地方代表性人物）。这八种人如果犯了罪，先由朝廷司法部门论议其罪，提出可供选择的几种处治办法，请示天子，反复三轮奏报，最后由天子判决后执行。看来，这是很慎重的、负责任的处治方略。它提出于纪元前1000年前后，实在了不起。

② 关于诛心原则，《尚书·康诰》原文说："王曰：呜呼，封！敬明乃罚：人有小罪，非眚，乃惟终；自作不典式尔，有厥罪小，乃不可不杀；乃有大罪，非终，乃惟眚灾适尔；既道极厥辜，时乃不可杀。"意思是：王说，啊，姬封呀，你可要认真地弄清楚你的惩处措施。人有轻微小罪，但不属于过失，却又坚持下去，他自己行为不合法纪，有这种罪，尽管罪小，也不可不严惩；至若有人犯了大罪，他并不坚持下去，能自行终止犯罪，那只是过失或灾情正好碰上了，形成了那么个后果。既然已完全弄清了他的全部罪责，定下了罪名，"道极厥辜"了，那么，这种人就不必再严惩了，可从宽量刑。可见，"诛心原则"只适用于"量刑"，并不适用于"定罪"。后人扩大理解，以为可以"依心定罪"，那是错误的。

心：追究主观动机，严厉责罚那种有犯罪故意、又坚持不改的人，哪怕其所犯之罪很小。

注意：《尚书》的原文是："乃有大罪，非终；乃惟眚灾适尔。既道极厥辜，时（是，此）乃不可杀。"前提是"道极厥辜"，即追究他的根本罪责，讲明根据其案情性质最高可判定的刑罚；而后考虑其犯罪动机，可从轻量刑者即从轻发落，不必一杀了之。必须交代的是：有人将这条原则概括为"原情定罪"，情，指案情，根据案情定罪，这是对的；情，若仅指"主观动机"，只追究其主观动机来"定罪"，这样的理解就不合乎原文本义了；还有人引申出"原心定罪，断狱之本"的结论，离原文原义就更远了。因为原文讲的只适用于"量刑"，并不适用于"定罪"。它是主张在判定其"大罪""小罪""过失"的罪名之前提下"敬明乃罚"，在相应幅度内考虑量刑的轻重，而非罪名的轻重；否则，岂不成了"出入人罪"的口实了么？这是周礼所坚决反对的，出入人罪是要反坐的。

四、八成：缉奸反谍 明确警事打击重点

《周礼·秋官·士师·士之八成》，是周代颁布的"特案审理条例"。成，戍案，指法定的案例，可供类推办理的大案、要案、新案。这"士之八成"是指由国家"士师"专责主持审理的、涉及国家安全的"八大类成案"：一曰邦酌，即窃取国家行政机密者；二曰邦贼，即阴谋推翻政府者；三曰邦谍，即为敌方刺探军政情报者；四曰犯邦令，即干犯国家政令、干扰政策执行者；五曰矫邦令，即假传政令、冒用威权者；六曰为邦盗，即窃取国家宝藏者；七曰为邦朋，即朋党阿比、破坏法制者；八曰为邦诬，即曲解诬报，掩盖危害性事故真相者。这些罪行必须从重从快审理处决。《尚书》中这样的规定，明确了国家刑罚警事打击的重点对象，《左传》中就记有这方面的大量实例。

当然，国王（周天子）可以通过誓、诰、命等形式来补充法律，也可以凭着自己的意志去改变法律，文献上也有"先王议事以制""临罪议罚"的记载，这说明在实践上周代有法不依、法外施刑、随意定罪的现象也是很普遍的，并非都"依法办事"。这在法律思想还十分幼稚的阶段，也是不足为怪的。上列各项只是就一般情况下的"文本规定"所作的分析。

第五节　周代的宫廷禁卫

周代的禁卫系统按照居、行、守的范围，分为三个部分。

一、王城禁军

其官员被称为宫正和宫伯，不随周王出宫，只负责维护王城宫廷的内部秩序。其具体职责包括：纠察王宫内各官府办事情况及人员增减，制定名册；考核宫中人员的业绩，评价他们的品行，将官吏子弟中淫逸、怠慢、奸诈者，驱逐出宫；平时，按什伍编制集合宫中人员，训导他们礼、乐、射、御、书、数等技能和修养。每天夜晚，宫正要敲击木柝在宫中巡行，检查值班人员是否懈怠，警告预防火灾。都城中如果遇到灾变或紧急情况，宫正将会责令宫中全体臣僚坚守岗位，像平时一样示警巡查。作为纠察官员，宫廷对宫正的要求也很高，宫正对每一名出入宫禁的人员都必须做到辨认无误，对他们出入宫禁的时间作出限定，以确保宫廷的绝对安全。与宫正并立的官员称为宫伯，负责内廷王宫日常宿卫工作。宫伯由贵族子弟担任。他们的身份不是士兵，但也承担了一部分士兵应承担的职责。他们都具备才艺，被选送入宫中，侍从周王，随时听从周王的指令，并办理宫中事务，例如看守花园及官马的豢养所。

二、出巡卫队

首领是虎贲（武贲）。周王出行时，虎贲在周王前后护驾，周王宿在宫外时，虎贲则守卫在行宫周围。周王在宫内居住时，虎贲则守卫王宫。如果国家遇有重大变故，虎贲更是严密把守王宫的各个宫门，确保周王安全。在周王的丧葬仪式中，虎贲也要严守宫门，并参与护送周王的灵柩下葬。与虎贲并列，作为周王室禁卫军的，还有旅贲。旅贲的职责是在周王出行时担任仪仗。周是一个礼仪至上的国家，所以，旅贲很受重视，与虎贲并列。

三、守护隶卒

禁卒不许进入宫内，只在宫外环列守护。与宫正、宫伯和虎贲的身份地位有鲜明差别。巡视宫外的卒隶由被俘获的外族人（奴隶）担任。他们自远方而来，与王宫附近民众无任何关联，能避免他们与当地人结交，而给周宫安全带来隐患。

第六节　周代的社会秩序管理

西周在"德政""礼制"指导下，更注重社会心理调适，实施警事宣教；注重社会层面控制，推出了种种有效的警事约束和刑律惩治举措。此时已经有了萌芽状态的人口管理、市场管理、交通管理、城邑公共秩序管理、危险违禁品管理、消防管理、边防管理等，其综合推进，使西周社会跃迁到当时世界最文明国度之列。

一、人口登录与管理

从《周礼》看，早在周初，政府就设有司民一职，专门负责"登万民之数，自生齿以上皆书于版"。在当时人的心目中，天上有一颗司民星，专司人间民数的存亡。可见登录人口一事，在当时是很神圣的，是深入人心的，是被看成天经地义之举的。甚至武王伐纣时，对俘虏也进行了登记。《逸周书·世俘解》记着：武王得胜归来，入宗庙祭祀先祖，报告战绩，说杀敌"亿有七万七千七百七十有九"，生俘"三亿万有二百三十"人。一亿，即十万人。这总计近四十九万人的登录，在当时可是一项艰巨的统计工程。

《国语·周语上》有关于"宣王料民于太原"的记载，确证了周代进行过人口普查。前8世纪初，西周晚期，周宣王被羌戎战败，丧师失众，恼羞成怒，决定复仇。为了补充兵员，便"料民于太原"。太原，指今甘肃镇原与宁夏固原一带，这里是周部族的早期活动区域。西周政权对这里保持着很强的政治控制力。这是我国历史上第一次有明确记载的、有组织、有领导、有特定目的的人口普查。

按周制，人口管理的具体措施，含版籍登录制、定期逐级汇报制、迁徙制与奖惩制等。司民每年都要登下负责区域里死生男女实数，并按城区人口、郊区人口、旷野人口分别登录，每三年进行一次查核评比，并将民数逐级汇总上报朝廷，由司寇负责将全国人口数向国王汇报。全国人口版籍的汇总资料，则由"天府"统一收管，副本送交内史、司会（kuì）与太宰，作为国家制定各项政策措施的依据。

周人"地著""着籍"之后，是不许随意迁徙的，甚至临时出外旅行也要接受政府的控制。宫殿门、城郭门、关卡、津渡、居住地的坊间门，都有人负责把守稽查，随意出入者要受惩罚。迁徙户如在"国中"或"郊内"迁徙，要有迁徙证明；如迁徙到附近地区，还得由闾伍的负责人亲自送到迁徙目的地，具体介绍迁徙户的情况。如迁徙到更远处，还得发给沿途通行证"符节"，没有通行证件的，要被送入"圜土"，即牢狱中去，视情节轻重强制劳动一至三年。（《礼记·王制》）

二、交通疏导与管理

西周的水陆交通已经形成全国性的网络，并有相应的管理制度与管理措施。前11世纪中叶，周武王在姜子牙等人的协同下，发动了大规模的讨伐商纣王的战争。当时，姬发调集了本国戎车三百乘，虎贲三千，甲士四万五千人，大举伐商；还联合了羌（今甘青川交界处）、蜀（今成都平原）、濮（今湖北西北、四川东北一带）、庸（湖北西北）、彭（湖北房县）、卢（湖北襄樊一带）、髳（河南三门峡一带）、微（陕西眉县一带）等部族的力量，从周都丰镐出发，沿渭水东下，过三门峡，抵孟津，直捣朝歌。周武王雄师大集结和渡渭水、过黄河，是有史以来第一次明确记载的大规模水陆联运，标志着我们的祖先征服黄河的巨大力量和当时水陆交通"联网"的存在，以及水上交管指挥的存在。

周灭商以后，为了加强对中原和东方广大地区的政治统治，采取了经营洛邑等战略措施。《史记·周本纪》载有周公姬旦的话：洛水、伊水与黄河的交汇处，是天下的中心，"四方入贡道里均"。于是兴建了东都洛邑（洛阳）。同时，在京城丰镐与洛邑之间，修筑了宽阔平直的大道，当时号为"周道"。这条大道的建成，为周王朝提供了一条大动脉，把关中与中原最紧密地连接起来了。从丰镐向西部的甘陇延展，从洛阳向东部的齐（临淄）、鲁（曲阜）、燕（蓟城）各地延展，向南部的荆、楚、吴、越延展，形成了通达全国的交通干线。

周人对道路的修筑与护养、对交通设施的配置与维护，都十分重视。据《礼记·王制》篇说，周代的"途制"（筑路规范）是："国中九经九纬：经途九轨，环途七轨，野途五轨。"古制：一轨为八尺，三尺为一米。这样看来，周代京城的主要街道，就有 16.5 米左右的幅宽，环城大道有 13 米左右的幅宽；野外的干线幅宽达九米以上。路面如此宽阔，难怪人们有"王道荡荡"的讴歌了。西周政府还发布有"雨毕而道除""列树以表道"等条令。要求每次大雨之后，必须清理和修整路面；道路两侧要栽上行道树，以便美化大道，并给行旅指示道路的走向。每隔十里，要修一座庐舍，准备好饮水与干草，以便过往人员休整喂马。

西周京郊五百里范围内的交通管理、交通安全，由野庐氏负责。在舟车繁忙堵塞的地方，要负责指挥调度，做到"舟车毂击，叙而行之"。国家官员和外宾所到之处，要负责清道，不许尾随围观；夜间要巡逻，防止事故；要负责稽查过往商旅或官员的通行凭证，严禁携带危险品、违禁品出入境内。周人还规定："道路：男由右，妇人由左，车行中央。父之齿随行，兄之齿雁行，朋友不相逾。轻任并，重任分，斑白不提携。"（《礼记·王制》）这就是说，走路要男女有别，车行中央，这叫"道分三途"。人车分流，也是为了确保交通安全。

另外，关于城市居民生活还有很多警事条例，如：住在公家馆舍里，因失火烧去的公物，不令赔偿；因失火烧毁了借用来的公家车马，也不赔偿，但需办理报销手续。因自家失火而延烧里间门、邦邑门以至城门的，要受罚一盾或一甲以上。私自翻越间门与间里之间的界墙、坊巷院墙都是犯禁的。甚至穿锦绣的鞋、妇女乘坐老年官员的安车，都是明令禁止的。至于盗铸钱、行贿、奸淫、偷盗、劫掠、凶杀、格斗等，更是严厉禁止的。由此可见周代城市生活秩序之井然。

周人还发展了夏商以来的声光通信。从京城到四境，遍设烽火台，一方有警，举烽火相告，八方赴救，很是灵通。同时，街道、城门与关卡实行宵禁，晚上击柝巡逻，防火防盗，报告"平安"。为了实现"礼乐征伐自天子出"，周王室规定各路诸侯应定期或不定期地向天子朝贡，进行会盟，因而在全国又建立了一套邮驿交通设施，以保证通行与运输的方便。官府人员出行，规定"师行一舍，吉行五十"，即部队每天走三十里，常人每天走五十里。当时地广人稀，全国人口也就在一千多万（按：当时全球人口不会超过三千万），道路修筑护养非常困难。这样的速度，在当时已经是很不容易的了。西周一代，在保障在途人员的安全通行、合法通行方面，草创了一些法令与措施，是有其历史意义的。它对于王室实施全国性行政统治，"置邮而传命"自然是一种必要的物质保障。

"周道"是周代最重要的一条"国家级公路"，它横贯东西，由镐京（长安）出发，东过潼关，到陕县、洛阳；然后渡孟津北至"河内"，经今焦作、新乡一线，东去齐都临淄，或从洛阳径直东去，过新郑、商丘而抵曲阜。中国周秦汉唐的经济文化建设，都是沿着这条"中轴线"部署的，它对中原内陆经济的发展发挥了十分重要的历史作用。这一局面，直至大运河开通、沿海经济发展起来之后才被打破，可见交通对于经济发展的命脉作用。

三、制止侵犯官私财物

《尚书·康诰》："凡民自得罪，寇攘奸宄，杀越人于货。"这里说的"寇"指"群行攻劫"，"攘"是窃取他人财物，"奸"是对外的不法行为，"宄"是对内的不法行为。《尚书·费誓》中，也有"无敢寇攘，逾垣墙，窃马牛，诱臣妾，汝则有常刑"的规定。另据《尚书大传》载："决关梁、逾城郭而略盗者，其刑膑……奸宄盗攘伤人者，其刑劓；降畔贼寇，劫略夺攘挢虔者，其刑死。"可见，对于侵犯官私财物的行为，要予以严厉的肢体惩罚直至剥夺生命。"勿偷盗"是中外上古法典中的共同要求。

四、制止淫乱

淫乱是一种妨害风化、扰乱治安的行为，为历代法律所禁止。《尚书大传》："男女不以义交者，其刑宫。"从保障婚姻制度的确立、维护社会风化的目的出发，对淫乱行为判以重刑，直接破坏男女生殖器，是人类早期发展阶段的共通现象。《圣经》甚至要求把淫乱者用乱石砸死，[①] 剥夺其生命权。但须注意：不同时期、不同种族对"淫乱"的界定是不一样的，什么样的具体行为才算"淫乱"，应受何种刑惩，多以当地"习惯法"为基准。比如对婚前性行为，不同文明程度的种族就很不一样。

五、制止酗酒

周初统治者认为：商纣王就是荒于酒德而灭亡的。酗酒，特别是聚众酗酒，会扰乱社会治安，危及民众；司法执法人员酗酒，必然败德误事，危害统治秩序。因此严禁聚众酗酒、严禁官员酗酒，违者要处以死刑。《尚书·酒诰》："群饮，汝勿佚，尽执拘以归于周，予其杀。"惩处十分严厉。在许多宗教戒律中，戒酒与戒色一向被列于同等重要的禁戒范围，几乎是一种国际性禁止条令，原因是"酒能迷性"，诱发犯罪。

六、制止扰乱市场秩序

随着城市商业活动的日趋频繁，对市场的管理也成为警事管理的一项重要内容。周代的市场管理的原则是：拒绝伪劣，不许投机。

在《礼记·王制》中，有一段关于市场管理的禁令："圭璧、金璋，不鬻于市；

---

① 《旧约·利未记》中记载的刑惩原则是"以命偿命，以伤还伤，以眼还眼，以牙还牙"，这几乎是所有古老民族都实行过的"同态复仇"律法。其中"禁淫"条例规定：女子在野外遭强暴，女子无罪；在城里遭强暴而不大声呼救，男女都押到城门口用石头砸死。显然，它反映了人类从野蛮社会的乱交杂交到文明社会的有序婚配，是经过严酷的法纪整顿阶段的。相比之下，中国古代的"宫刑"倒反而显得宽大些。

命服、命车，不鬻于市；宗庙之器，不鬻于市；牺牲，不鬻于市；布帛精粗不中度、幅广狭不中量，不鬻于市；奸色乱正色，不鬻于市；锦文、珠玉成器，不鬻于市；衣服、饮食，不鬻于市；五谷不时，果实未熟，不鬻于市；木不中伐，不鬻于市；禽兽、鱼鳖不中杀，不鬻于市。"这份禁令的目的，既用以维持当时的法纪，维持商品质量标准，防止商人的欺诈；还考虑到了生态状况。其内容今天看来也是十分具体而缜密的，是我国民法很早就很发达的突出标志。

在这种严密管理下，市场秩序能得到有效控制：王室官府的专用品列入违禁品范围不得上市，不合格产品不得上市，不应季节的产品不得上市，贵重商品、贵重消费品不得上市，连生活必需品如衣食之类也不得上市。这在产品短缺的时代可能是必要的，它服务于等级严明的"消费控制"，保证了上层贵族的特权与享受，堵死了"越级消费"的渠道，当然也使市场能有序经营。

再看《周礼》的另一则规定：

市场主管的职责：[①] 负责掌管整个市场的行政管理和度量禁令。具体职责有：将市场管理机构和商品经营单位依序逐个地配置于市场，以便经营；把陈设于市场的不同商品进行分类，以便平衡市价；按国家法律政策禁止高级奢侈品上市，以均衡市场供求；招引行商坐贾投入丰富的商品，以确保市场流通；按照质量标准检测商品，并明码标价以吸引顾客；凭契约合同保证信用，以防止交易的争讼；聘请商业内行鉴别伪劣商品，以消除欺诈；用刑法条款禁止市场暴力、打击偷盗活动；运用国家资金平购平销，来调剂市场余缺……国家维护市场秩序的惩罚办法有三种：小的惩罚是在市场内通报批评一下，中等惩罚则是游街示众，大的惩罚则要当众鞭打。如果触犯了国家刑律，则应送交政府狱官去审判。这里讲的市场主管的职责，同时也是对商贸活动的法纪规范。

《礼记·王制》与《周礼》的上述要求不是孤立的，也不是个人想象出来的。《墨子》《管子·揆度》《齐法十三章·市法》等文献中，都有关于城区市场建制和市场管理的法规性要求，足以说明西周经济发展到一定水平，足以支撑一个跨流域（黄淮—江汉）的民族共同体的强大存在。

---

① 《周礼·地官·司市》原文是：司市：掌市之治教政刑、量度禁令。以次叙分地而经市，以陈市辨物而平市，以政令禁物靡而均市，以商贾阜货而行市，以量度成贾而征价，以质剂结信而止讼，以贾民禁伪而除诈，以刑罚禁暴而去盗，以泉府同货而敛赊……市刑：小刑宪罚，中刑徇罚，大刑扑罚。其附于刑者归于士。

第七节　对西周警事的历史评价

上述西周的制度文明与警事管理的有效展开，对广土众民作了有序管理，使国家行政力量影响到国土范围内的每一个人户，塑造了华夏社会，整合了多民族大家庭，形成了"天无二日，人无二主""四海之滨，莫非王土"的政治理念，使华夏民族树立了"大一统"的国家观，这就为未来列国相争数百年却又终于走向统一扎下了坚实而深厚的思想文化根基，使"民族、国家、社会、天下"成为不可分离的概念，这是世界其他古老文明都没有办到的事，南亚群邦诸国、希腊城邦诸国、两河城邦国家，都没有做到。此无它，因为它们都没有组建覆盖全境的治安行政网络，没有贯穿上下的警事事业。

中华警事具有独特的基因要素与运行模式。西周的制度文明与警事管理的有效展开，尤以"慎狱""诛心"原则与"三刺""五听""八议"规定的确立为要，还有"八成"惩处对象的明确，以及奖惩并举、刑禁区分的司法体系的草创，体现出"礼、法、情"综合运作的东方特色，这就为中华法系的形成提供了制度文化基因与实践示范。

上古的中华警事，是从户籍登录、人口地著、分区管理做起的，经过长期积累，终于形成了一种行之有效的社会警事管理模式。这个模式，以血缘关系为纽带，以人口地著为原则，以人户登录为杠杆，以刑惩为手段，以城市社区的"自治式"管理为基础，着力于培植社区良风美俗，着力于塑造遵礼守法的国民。在这个模式下，实行分级管理，管理到人。它给中国历史以深远的影响，赋予中华警事独特的基因要素。

历史向我们昭示：商周以降，华夏民族以强有力的警事管理，塑造了一个有序的社会，使其文明得到相当程度的发展，产生了强大的吸附同化作用，这应该是中华民族能够持久凝聚、败而不亡、衰而复兴的法治密码。

第三章　春秋战国：三大警事领域的全面启动

前 770 年—前 211 年，中国历史进入春秋战国时期，跨越五个世纪。这个时期，在国家治理与社会管理上，从理论到实践，都充满了活力，体现着十分可贵的历史首创精神。这个时期，各国为求得自身的生存与发展，都在寻求治国的最佳方略，寻求安定民生、稳定政权的最好方案；在处理诸侯群邦的"国际关系"、确保本国安全方面，也积累了丰富经验，不可小视——在春秋无义战、兼并白热化的"国际形势"下，大国小国、强国弱国如何保护自己的利益，是那个时代的严肃课题。

此时诸侯各国带有共性的警事问题是：各国统治集团皆以都城为政治中心，城里人的日常生活与政治生活密切地关联着，于是城市生活秩序中的要害问题，往往就是政治秩序问题，城市管理也就是一种政治管理。而警卫皇室，守护官府，保卫要害部位，也就成了警事管理的核心任务。为了国家安全，在国防线与国内险要地区，诸侯各国都建筑了长城或关寨，既用来防御敌国的进犯，也用于对交通与商贸的管理。

此时政府机构中警事职官的配置方案对后世影响深远，对塑造"华夏礼仪之邦"的形象起了显著作用。管仲在齐国实施的"间伍制"、子产在郑国实施的"大治安"方略，李悝在魏国制订的成文法《法经》，商鞅在秦国推行的"一丁一户"小家庭制与什伍制，以及子贡的亲身做间谍之类，也都为后世警事各领域垂教立范。

第一节　列国警事的法律依据

春秋战国之际，是华夏大地从群雄割据走向大一统的社会转型时期，有无良性法制，至关重要；而能否依法组建一支强有力的司法、护法、执法队伍，更为百务之先。

一、刑禁有别，法制当先

春秋战国时期，人们是把"刑"和"禁"区分开来的，这是春秋战国之际警事法理建设上的一个突出贡献。在《礼记·王制》和《周礼》中，"刑"与"禁"是不同层次的两个概念。刑指刑律、刑罚，用来惩治触犯刑律的严重刑事犯罪；而禁令，则是一种约束性惩戒条例，用来"左右刑罚"，即辅助刑法的贯彻与实施。正如《周礼·秋官·士师》孔颖达疏所说："于刑处预施禁，禁民使不犯刑"，"无使罪丽于（附丽于、加于）民也"。"禁"用来预防犯罪，"刑"用来惩治犯罪，功能是不一样的。

春秋战国时期，各国有形形色色的禁令，这些禁令自然也处于草创期，不可能形成体系，但毕竟为警事管理提供了司法依据，这是可贵的。法令（刑律）与禁约的区别与联系，在战国时已经为人们所认知，这并不奇怪。从商周到秦王嬴政，历时上千年，国家机器的各项职能，已为人们所认识、所了解，因而制订出相应的条例禁令来，正是社会的需要，历史的必然。

春秋战国时期，对闲散游浪者实行必要的警戒管束：凡不事生产、无证通行、扰乱市场、打架斗殴、行为不轨而又"未丽于刑"者，即有"违警"表现而尚未触犯刑律者，便将其"圜土纳之，三年以为期"，即关到土围子里去强制劳动一至三年；并"明刑耻之"，即在胸前挂上木牌，写明姓名与所犯过失来公开羞辱他。这样的管束，可以"不亏财、不亏体"，即不要犯者家庭破财，不必毁伤犯者肢体，而又能警戒改造其人。服刑释放人员回归社会时，仍需服从当地管制，规定"三年不齿于民"，不得参加"乡饮酒礼"等。总之，列国警事之全面开展，有史为证，而且"刑""禁"区隔分明，古人对"警事"是有明晰认识的。

二、晋《执秩》：先秦行政法规的范例

晋国的《执秩》，楚国的《茅门》，齐国的《齐法》十三章，直至魏国的《法经》等，都是我国上古很有特色的成文法，而以《法经》为典范。对此，《左传》《国语》《国策》等书均有记载。

《左传》有"晋作《执秩》"的记载，指晋文公稳固了国内政局后，便急于在国际上争霸。他让国卿子犯为之谋划，子犯说"民未知礼"，当务之急是要从立法入手，建定国家的法制。于是乎晋文公便施行大蒐①，示民以礼。又"作《执秩》以正其官"。由此民听不惑，而后用其力。国力强大了，于是侵曹、伐卫、胜楚、围许……一年之内，四处出击，晋文公成为霸主。《左传·僖二十七年》载："（晋）作《执秩》以正其官。"《国语·周语·晋侯使随会聘于周》也有"晋文公蒐于被庐，作《执秩》之法"的记载。《周礼·宫伯》中也有"以官府之六叙正群吏"的规定。古人说：先尊后卑，各依秩次，则群吏得正；秩次不正，其余皆乱。可见《执秩》是一套"官府组织法"，其专门法规的色彩很强。

三、楚《仆区》《茅门》：先秦安全法规示例

《左传》所说的"楚造《仆区》"，是指楚文王所订的《仆区》之法，内容为"盗所隐器，与盗同罪"等。据《左传》载：楚庄王即位，大造章华之宫，招纳亡人以充实于其中。老臣无宇家的守门奴隶也逃入其中，无宇就去抓捕他。有司不答应，说："到王宫抓人，其罪大矣！"押他去见楚王。王将饮酒，无宇辞曰："天子经略，诸侯正封，古之制也。封略之内，何非君土？食土之毛，谁非君臣？今有司曰'汝胡执人于王宫'，我该到何处去执之？当年周文王之法曰'有亡荒

---

① 大蒐：广泛地、大规模地搜查登录人口、劳力。

阅'，所以得天下也。我楚文王作《仆区》之法，曰'盗所隐器，与盗同罪'，所以他能大拓疆土，直达汝水。今若听从有司，是无所执逃臣也。昔武王数纣之罪曰'纣为天下逋逃主，萃渊薮'，激起诸侯义愤，故能战胜纣王。大王您求霸诸侯而以纣为榜样，无乃不可乎？若以二文之法取之，盗有所在矣！"楚王曰："取而臣以往。"

楚文王作《仆区》之法，其后庄王用令尹蒍敖，择楚国之令典，又从而损益之，有《茅门》之法。至战国时，怀王又使屈原"造为《宪令》"。

据《韩非子·内储说》所载《茅门》之法曰："群臣、大夫、诸公子入朝，马蹄践溜（簷溜，簷下）者，廷尉斩其辀（砍断车辕），戮其御。"于是楚太子入朝，马蹄践溜，廷尉斩其辀，戮其御者。太子大怒，向楚王泣曰："为我诛戮廷尉！"王曰："法者，所以敬宗庙、尊社稷也。故能立法从令，尊敬社稷者，社稷之臣也。焉可诛也？"于是太子乃请罪。

又一日，楚王急召太子。楚国之法："车不得至于茅门。"天雨，庭中积水，太子驱车至于茅门。廷理曰："车不得至茅门，你犯法了。"太子曰："王急召，不得待。"遂驱之。廷理举殳击其马，败其驾。太子入朝，对王泣曰："庭中多潦，驱车至茅门。廷理曰'非法也'，举殳击臣马，败臣驾。王必诛之！"王曰："前有老主而不逾，后有储主而不属（属，私下投靠、私下结交），是真吾守法之臣也。"王大喜，乃益廷理爵二级，而开后门出太子。

顺及：韩国法令中，有道禁止"越城"之令，是对不从城门进入而翻越城墙者进行惩罚的条令。《韩非子·外储说左下》载：梁车为邺令，其姐前去看望他，至邺，天色已晚，城门关闭了，她"因逾郭而入"，而"车遂刖其足"。

这几则故事都说明：先秦各国都注重立法治国，取得了显著成效。不过，这些法律，都带有从奴隶社会承袭下来的血腥气，这是历史的局限，怪不得当时的立法者们和执法者们。

四、《齐法》十三章：系列性专门法规的出现

山东临沂银雀山出土的《齐法》十三章告诉我们，齐国对于城防与交通管理，均有明细的法律规范。《齐法》中有系列性的专门法规，如《守法》《市法》《库

法》等。齐用法律形式规定了城墙的建筑规格，防卫设施，作战时的戒严办法，城内商业市场的配置、方位、规模等，从国库守护到市场警事管理都有相应的法律规范。

《守法》规定的城郭规格是："万乘之国：郭方十七里，城方九里，城高九仞，池方百步。千乘之国：郭方十五里，城方五里；城高七仞，池方八十步。"这就按等级制规定了城邑的面积、城墙高度与护城河的面宽与水深。按规定城上还要修筑工事："五十步而一楼……二百步而一出楼，三百步而一进行楼。"出楼下有"隔"，用以射击攻城之敌的后续部队。进行楼则用来远视城下及城外。当敌人攻城时，城内连老弱妇孺也动员起来，女子负婴而备勤，实行军民总体战。城内所有官私财产、房屋家具，均得征用，不听令者斩。敌人发起进攻时，城内"杀鸡狗无令有声"，实行严格的戒严，城中"行者皆止"。

《齐法·守法》中还明确规定：战争中，军官、伍人及随从兵卒不得任意通行。出入要有法定旗章标志，而且应原班人马出入，否则处斩。这样的战时规定，适用于所有百姓，它也就是战时的警事条例，体现出从严管理的精神。先秦典籍《墨子·号令》篇，也有战时"城上道路，里中街巷，皆无得行，行者斩"等系列规定，可见这类法规，是对当时实践的法律提炼。

城市警事管理，还体现在街道管理，即居民日常生活秩序的管理上。当时，据苏秦说：魏国大梁（开封）城"人民之众，车马之多，日夜行不绝，辚辚殷殷，若有三军之众"。齐国"临淄之中七万户……甚富而实，其民无不斗鸡走狗，六博蹴鞠。临淄之途，车毂击，人肩摩，连衽成帷，举袂成幕，挥汗成雨"。"楚，天下之强国也，地方六千余里，带甲百万，车千乘，骑万匹，粟支十年"。（《战国策·苏秦为赵合从》）在如此繁华的都会里和如此繁忙的大道上，没有交通管理，是不可想象的。

《齐法·市法》规定"为市之广狭小大之度，必令称邑"。市场的规模要与城邑的规模相称，并且"必居邑中"，以便利于百货财物的流通。每个市场都要有市墙，与普通居民区分隔开来。"外营方四百步，内宫称之"。商贾在市场内必须划地分区，按指定列肆（摊位）交易，所占列肆的大小，要根据商品的精粗贵贱由市管人员统一安排。市管人员即市长、市啬夫，要管理场地、划分列肆、平抑物价、核查货物伪劣、核查度量衡的准确与否，要管理市场债务、合同等，维护市场治安，如禁止哄抬物价、垄断交易与结伙哄抢、行凶斗殴之类，还要负责征收摊位税、商品税。如此具体的公共秩序管理，欧洲在近代警制产生以前，是不可想象的。

五、李悝的《法经》：成文法的规范化

前 403 年，魏、赵、韩三家瓜分了老牌霸主国晋国，史称"三家分晋"，历史进入战国时期。三国为了加强国力，都进行了旨在稳定政权的变法改革，其中以魏国最为成功。当时，随着"奴隶"被承认为"人"，"民"阶层崛起了，其法律认可与法律保护的问题也就提上了国家的议事日程。顺应这个要求，魏国的司寇李悝，承担了使国家成文法规范化、法典化的历史任务。他"集诸国刑典"，制作了《法经》六篇。《法经》是我国历史上可以确证的第一部初具法律体系的大法典。它是在吸收郑的《刑书》、楚的《宪令》、韩的《刑符》、齐的《齐法》基础上形成的。它以"王者之政莫急于盗贼"为指导思想，[①] 形成了以《盗法》《贼法》《囚法》《捕法》《杂法》《具法》为体系的法典结构，把侵犯私有制、侵犯王权、危害社会秩序、危害人身安全的行为定为犯罪，将如何惩治犯罪定为国家法典的具体内容。可惜，我们已经见不到《法经》全文了。但它奠定的法制基础，在魏国产生了深远的积极影响，使魏国发展成战国前期最强大的国家，则史有确载。而且，后来商鞅又拿着这部《法经》去了秦国，帮秦孝公实行了成功的变法。《法经》的精神在现今可见的《魏户律》和《秦律》中也都有体现。由下列条文可以窥其一斑：在《杂法》中，"不廉"指贪财受贿；"淫侈"指荒淫奢侈；"逾制"指器用超过了等级规定；"借假"指男子寄宿于女子家，即为"外夫"。（秦始皇《琅琊石刻》中也有"夫为寄豭，杀之无罪"的规定。豭，公猪也，到处配种。）《杂法》中还有"窥宫者膑，拾遗者刖"的规定，有"博戏，罚金三币"

---

① 《法经》有《盗法》《贼法》《囚法》《捕法》《杂法》《具法》六章，已成体系：《盗法》是关于侵犯公私财产所受惩处的律条；《贼法》是有关危及政权稳定和人身安全的惩处律条；《囚法》又名"网法"，是有关审判、断狱的律条；《捕法》是有关追捕逃犯的法规；《杂法》是关于"盗贼"以外的其他犯罪与刑罚的规定，主要是"六禁"，即淫禁、狡禁、嬉禁、徒禁、金禁、豭禁等。《具法》是规定定罪量刑的通例与从轻从重之法律原则（相当于现代刑法典的总则），起着"具其加减"的作用。因其早已失传，对它的介绍，依据的是《晋书·刑法志》的记载。

的规定；《魏户律》中更有这样一条："至今以来，贾门逆旅，赘婿后父，勿令为户，勿予田宇。三世之后，欲仕仕之。"分析这一条可知：当时魏国法律是歧视商人、旅店主人、入赘女婿以及后父等几种人的，不允许他们登录正式的户籍，不分配给他们相应的土地和房屋。按：春秋战国之际，各国都普遍实行一种"换土易居法"，称作"辕田法"：把国有土地房屋分成三等配发给居民。每隔三年，国家将各户耕地、住房收回，调整更换一遍，借以求得上、中、下三等土地与房舍的公平使用。按魏国法律，这几种人都无权获得国家分给的土地与住房；要经三代人之后，才可以与其他庶民一样"欲仕仕之"，享有"公民权"。反过来看，可见一般老百姓在法律规定上是享有"欲仕仕之"的权利的。上述限制商贾的律条及其执法精神，后来的《秦律》都沿袭下来了。自从有了《法经》，国家警事管理就有了自己的法律依据，其基本精神就是维护私有制，保卫王权；其基本原则就是"不别亲疏，不殊贵贱"和"轻罪重罚"。

李悝《法经》是春秋以来各国法典的集大成，又是此后两千年间我国160余种法典的最初样本。魏国在战国前期是举足轻重的大国、强国，跟李悝的努力是分不开的。另外，从产生的时代来看，《法经》与罗马《十二铜表法》都产生于前5世纪。《法经》是李悝为魏文侯师时编纂的，李悝的生卒年月在前455年至前395年，可以推定《法经》诞生于前5世纪下半叶；而《十二铜表法》是于前450年制定完毕、在前449年公布的。两者具有同等的历史价值。

第二节　先秦的社会调查与国情统计

对社会基本情况与动态动向的调查研究，是先秦人士十分重视的警事基础工作，时人均认为是"强国安民"的必要措施。

一、先秦对社情调研的高度重视

《周礼·秋官·小行人》明文规定：代表王室到各地去的"使者"，要认真做社会调查，其基本内容有五大方面：

"其万民之利害为一书；其礼俗、政事、教治、刑禁之顺逆为一书；其悖逆、暴乱、作慝、犯令者为一书；其札丧（严重伤亡事故）、凶荒（严重灾荒）、厄贫（极其贫困）为一书；其康乐、和亲、安平为一书。凡此五物者，每国辨异之，以返命于王，以周知天下之故。"

意为：第一，考察调研并登录各地生活与生产资料状况，研究万民的社会生活环境、生存条件的利与害，形成一份"调查报告"；第二，考察调研各地礼俗、政教、刑禁的贯彻执行状况，有无阻力，并予以登录；第三，研究社会犯罪现状、治安现状，有无触犯刑律条令者，要登录各种犯法犯罪构成而"为一书"，形成"专题报告"；第四，研究社会状况的恶化表现及其因素与发展趋势，分天灾、人祸、荒芜、困穷等项，一一予以登录；第五，考察良性秩序下的社会福利与社会保障；考察营造和乐安宁社会的具体要求。总的说来，要求各地把上述五大主题调查清楚，各为一"书"（即各为一份"调查报告"，并形成"汇报大纲"），定期向周天子汇报，以使天子能够详知天下大势，以便制定对应政策。

上述周代"小行人职责"的几条规定，是我们的祖先在2500多年前提出来的，全都事关国家安全与社会治安。周王室要求能"周知天下之故"，而且每一项都要求有文字记录，包括数量说明。看来，我国古人对社会治安状况有非常集中的关切。对比一下：近现代欧洲发展起来的"社会统计学"之基本内容也是：社会生活条件统计（含环境统计、人口统计等项）；物质生活统计（含社会福利和社会保障统计之类）；社会秩序和安全统计（如违法犯罪统计、灾害事故统计之类）；政治活动和社会活动参与统计（如党派社团组织情况、社团活动开展情况之类）。

二、列国的国情统计

我国在 2500 多年前的春秋时期，争霸中的各国无不重视"社会生活条件统计"，无不重视对人口、土地、赋税、车马、粮食、刍草的记籍与核查。在春秋首霸的齐国，国相管仲就把社会调研规定为各级官员就任时的首务。他明确提出的从政纲领"国轨"，就是以"计农事""计六畜之产"为中心展开的。在他的"治国七法"中，"正、象、法、化、决塞、心算、计数"都很重要，他说："尺寸也，绳墨也，规矩也，衡石也，斗斛也，角量也，谓之'法'；刚柔也，轻重也，大小也，虚实也，远近也，多少也，谓之'计数'。"他说：一个政府，"和民一众，不知法不可；举事必成，不知计数不可"。管仲把统计与行政如此有机地结合起来，说明他有高度的统计自觉，难怪他会要求所有的行政长官，其到任的第一件事就是"问"，就是向辖区作社会调查。在《管子》的《问篇》与《枢言》《八观》等篇中，都反复强调了这种社会调查的重要性与必要性。其《问篇》就提出了七十多个问题供调查用，而且每个问题一般都要求作量化说明，涉及政治、经济、军事、文教、治安、生产、生活、民风、民情等各个领域，其中有：

问：独夫、寡妇、孤穷、疾病者几何人也？

问：邑之贫人债而食者几何家？

问：理园圃而食者几何家？

问：士之有田而不耕者几何家？身何事？

问：外人之来从而未有田宅者几何家？

问：外人来游在大夫之家者几何人？国之子弟游于外者几何？

问：一民有几何人食也（一个农夫能供应多少人的口粮）？

问：男女有巧技能、备利用者几何人？

问：国所开口而食者几何人？城粟军粮（战略物资）其可以行几何年也？

问：处士修行，足以教人，可使率众、莅百姓者几何人？吏之急难可使者几何人？

问：男女不整齐、乱乡子弟者有乎？

问：人之所害于乡里者，何物也？

问：所捕盗贼、除人害者几何矣？

若夫城郭之厚薄、沟壑之浅深、门闾之尊卑，宜修而不修者，上必稽之。问执官都者：其位事几何年矣？所辟草莱有益于家邑者几何矣？所筑城郭，修墙垣，绝通道，扼门关，深沟防，以益人之地守者何所也？所捕盗贼除人害者，几何矣？

这类问题，都直接关系到一个地区的警事管理状况。能作这样的普遍调查，即使在今天，也是有意义的。

齐国如此，另一大国楚国也抓住了"统计"这一兴国的"牛鼻子"。《左传·襄公二十五年》载：楚国司马蒍掩，按照执政令尹子木的要求，在这一年里，完成了全面登录全国山林、泽薮、川原、皋隰之数的任务，他还弄清了各地兵甲器械的总数。他日夜奔波，"度山林，鸠薮泽，辨京陵，表淳卤，数疆潦，规偃潴，町原防，牧皋隰，井衍沃，量入修赋"，"赋车籍马"，"赋车兵、徒兵、甲楯之数"，真是不辞劳苦，用上了一切统计调查手段，亲自去度（核实）、鸠（召聚）、辨（分类）、表（标示区别）、数（测算数据）、规（规划）、町（丈量地亩）、牧（清查畜牧）、井（登录人户）、量（计量收获）、赋（征缴税役）。楚国就是在这样的艰辛创业中振兴起来的。

秦国是战国七雄之首，它完成了统一全国的大业。秦之强盛是从"商鞅变法"开始的。商鞅要求调查的社会状况很实际，仅关于人户登录的就有"十三数"，即十三项指标。这就是：境内仓口数，人口总数，其中的壮男数，壮女数，病弱数，老人数，官员数，士子数，"以言说取食者"数，商贾数，马数，牛数，刍草数。这十三项指标所反映的，正是国家在平时能够组织利用的生产力，战时能够统一调遣的战斗力，反映着国家实力及其发展潜力、发展趋势。可以说，在商鞅的头脑中，有一套"社会调研的指标体系"。他不满足于一般地知道人口数量，而要求通晓反映人口质量、人口构成、人口关系的一组有机数据。他是有科学头脑的。

我们说：先秦时期，国家统计与社会调研已全面启动，这可一点也不夸张。那是一个激烈竞争的时代，每个统治集团都深明掌握国情国势的极端重要性。把警事的基层基础调研工作做扎实，古人在纪元前就为我们作出了榜样，作出了示范，我们还能要求他们什么呢？

第三节　警事领域之一：列国禁卫警事的启动

春秋战国时期，各国纷争不已，都想破坏、动摇、改变对方的政权，各国朝廷、政府机关、要害部门的安全形势始终都很严峻，安全禁卫工作得到高度关注。为此，各国都积累了相应的经验，这些经验又得到了诸如《墨子》《荀子》《商君书》《韩非子》《吕氏春秋》《礼记》等著作的书面总结；尽管还没有体系化，在各国的表现方式也不尽一致，但对于草创时期来说，它已经相当进步了。

一、列国的安全禁卫人员

设在京师的朝廷（中央机构）、宫廷（皇室所在）、兵器库、粮仓、达官府第、太府（国库）、少府（皇家私库）……都是国家要确保其"万无一失"的要害地点，自然会禁卫森严。不过，很奇怪，据《周官·大司寇》说，这么要害的地方，原本都是以"刑余之人"为门卫的："墨者使守门，劓者使守关，宫者使守内，刖者使守囿，髡者使守积。"墨则黥其面，无害于守御，故使之守王朝之宫殿门；劓则截其鼻，亦无害于守御，故使之守王畿之关门；宫则绝其人道，若宦官之类，故使之守宫内；刖则砍其足趾，还可以看管园林，故使之守苑囿。惟王族子弟无宫刑，不翦其类，仅髡之，而罚于至隐之地，故使之守仓库。这在《左传》等先秦著作中，有举不胜举的例子。这和古希腊各城邦国也一样。后来恐怕出了不少问题，这才不敢再用"刑余之人"了。

1. 晋的亲兵卫队

春秋早期，晋文公重耳长期流亡在外，秦穆公派人护送他回国夺权，形势很不稳定，吕郤等人竟纵火烧了王宫，重耳仓皇出逃，杀手搜索不到他，就一直追杀到河上，被秦穆公诱而杀之。重耳偷偷地在王城会见了秦穆公。秦穆公为示两国友好，亲自把女儿嬴氏交给重耳带回，随赠亲兵卫士三千人，"为晋纪纲之仆"，负责重耳王宫与都城诸门户的守卫，"为纪纲"，即做首领、当顾问，把持着晋的禁卫兵权。可见晋文公登台时，本国无可信用的兵力，连贴身近卫都交由秦兵来为之"纲纪"了，直到组建成上、中、下三军，这个问题才算解决。

2. 楚建亲军"两广"

《左传》载："楚子为乘广三十乘，分为左右。"十五乘战车为一"广"，一广有一百二十五名步卒随从之。左右两广，负责白昼护卫王宫：右广从鸡鸣时起，值勤到日中；日中至天黑，由左广受而代之；夜间则由亲兵近卫军轮替值宿。

3. 赵国公卿庶子"愿补黑衣之数"

《战国策·赵策》载：左师触詟求见赵太后，请允许让他的小儿子"得补黑衣之数，以卫王宫"。战国时，负责禁卫王宫者，皆用卿大夫之庶子（长子以外的儿子）。《礼记·文王世子》载"公若有出疆之政，庶子以公族之无事者守于公宫"。让庶子宿卫王宫，是其常职。"守门奴"（阍人）原是卑贱者的行业，现在成了公卿子弟谋求的地位，可见这个世道真的变了。

汉代学者王充说："吏衣黑衣，宫阙赤单。"说明其时宫廷的禁卫士卒的制服都换成绛色的了，而禁卫官的制服仍是黑色的。

二、《周礼》存录的警事执行主体

西周时代，政府已在发挥警事行政管理的职能，相关官吏有明确的分工。至迟成书于2200年前的《周礼》一书中所记载的上古各政府机构中与警事相关的职责分工如下：

司寇：专司全国刑事狱讼与定制立法之责。

司民：掌登万民之数，就是执掌户籍登录与管理、考评。

司市：掌巡市，主管市场秩序，"察其犯禁者与其不物者而搏之，执市之盗贼以徇，且刑之"。

司稽：维持社会治安秩序、稽查异言异服、来历不明者，拘捕与惩罚盗贼。

禁暴氏：在公共场所、交易市场中纠正和制裁斗殴、争抢食物等不法行为。

掌囚：管理监狱；掌戮：执行死刑。

野庐氏：管理道路交通秩序，"舟车毂击，叙而行之"；做到人车分流："男由左，女由右，车行中央"；另，周代讲严格的等级"途制"，要求"车同轨"。道路有"国道"（国家级主干道）、"御道"（君主专用道）、"驰道"（高级快速通道）、"驿道"（国家邮路）、"大道"（郊野之干道）、"街道"（城区之干道）的功能区别，各自皆有相应的交通管理条令。

司烜氏：负责防火，检查宵禁情况，纠察失火、纵火的犯罪。

司关：防止人员与货物的偷渡。负责抱关击柝，巡逻警夜，防火防盗。击柝，即敲梆子报平安，查察火警盗警。

司门：负责城门检验、维护城门地带之公共秩序。相传当年大舜就曾"宾于四门"，使"四门穆穆，宾至如归"。宋胡瑗撰《周易口义》论及《易卦·豫卦》时说："重门击柝，以待暴客，盖取诸'豫'。"所谓治平之世，不能无奸宄之人，是故圣人用其两木相击，昏夜之间，击其声以为之警备，使其奸人暴客不能逾越也。（按：英国伦敦城是到18世纪，才配有十数名"守夜人"的。）

调人：负责调解民间纠纷。这也是民间警事自理的一种努力。

第四节　警事领域之二：列国治安警事的启动

战国时期，治安领域的基本警事工作，都已提上了日程，并积累了相应的经验。这里主要介绍一下列国的交通管理、商贸管理、旅舍管理、关隘管理、山林管理、消防管理等方面的一些举措。这些举措都是在列国纷争的条件下实施的，因而又带有"国际警事"的色彩。

一、水陆商贸与交通警事：以《鄂君启节》为证

国家历史博物馆中珍藏着一套《鄂君启节》，铜质，竹节形。上有文字，标明是楚怀王二年颁发给鄂君的一份"水陆联运符节（凭证）"。鄂君，楚国的一位名启的公子，封于鄂（今湖北鄂州一带）。此"节"于1957年发现于安徽寿春（在淮北，曾是楚国晚期的国都），计五件；它证明了楚国水陆交通与商贸业的高度发达。鄂君启组建的简直就是一家大型私人"商贸公司"，它覆盖了江湘淮汉的水陆商贸。

《鄂君启节》分为水节、陆节两种，分别用于水运和陆运。一式两份，一由运主持有，一交关津负责人收管。查验时，两相"符合"方可放行。节上载明通行路线、货物装卸口岸、运载数量、品种、应交税款或税物；规定禁运品种、限量，不许逃税漏税；关津亦不得漏查瞒报。

这支庞大的水陆运输队，有船一百五十艘，车五十乘，每乘配马四匹，载货二十担，一次能运货一千担。他有权在楚国办水陆联运，运营范围遍及楚境各水陆干线。大致说来，从楚国国都郢（在今荆州北，有水道通长江）出发，北上去襄阳、邓、南阳（宛）与方城；出境可北去洛阳；西北沿丹水出武关，可去咸阳；或沿汉水去汉中，与秦人通商。东北走陆路出黾塞去许昌、新郑，沟通汝颍淮泗一带，直达淮阳、商丘等地，北与燕、赵、齐、鲁通商。从国都郢出发东去，或从南阳东去，都可以到达寿春，再沿淮入海，由滨海线北上琅琊、临淄，通齐、通燕；陆路也可去徐州（彭城）、曲阜，通鲁、通曹、卫。从国都郢出发，沿江东去，直下芜湖、太湖，可与吴越通商。

在大江以南，经国都郢或鄂城间的水道南下，有四条水路：一是过洞庭沿沅水西去

鄂君启节

辰阳、淑浦,直指夜郎,通黔、通滇;三是过洞庭南下,沿湘水到青阳(长沙)以远,直指岭南;三是过彭蠡泽(今鄱阳湖)沿赣水南下,直指闽粤;四是经江汉东下"三江"去笠泽(太湖、五湖)、去会稽。

不难想象,鄂君启的运营规模有多大,它可以反映战国时期我国水陆交通与贸易的发达,也能证明广大国土上秩序管理的超前、有序。

二、公办馆驿与私营旅舍业的警事

我国很早(不迟于西周早期)就有了宾馆、旅舍、驿站的设置,而且是公私并举的。

西周以来,政府用于接待国宾、安置在途使节的处所称之为"馆""候馆"。其规格很高,能提供优裕的食宿条件和安全保障,还提供出行用的车马。西周政府为了给在途公务人员提供食宿交通条件,在水陆干线上每隔一定距离,还设有驿站或"传舍",用于接力传送政府公文、公物、军备、贡品等。传舍里备有足量的马匹、刍草、干粮、车船、人夫等。各地情况不同,承担任务有别,也就有不同名称,通常把徒步递送称为"徒传",骑马递送称为"遽传",或叫"邮传"(有接力递夫等全套服务)、"邮驿"(有递夫、车马)。也有叫"置"(有客房)、"遽"(有轻车急递)、"驿"(有马匹)、"委"(有马料草)、"亭"(每隔五里一座,可以歇脚饮马)的。

史载:西周初,姜子牙来到齐地。这儿有两个号称"贤者"的人却不肯奉行政令,不与政府合作,他就决定杀了这两个人。消息被周公知道了,认为不妥,连忙派人"乘传赴齐"去制止。后来姜太公还是把这二人杀了。春秋时,秦国派兵偷袭郑国,路上被郑国牛贩子弦高知道了。弦高一面"乘遽"急报于郑,一面向秦军献上牛群,说是"犒劳秦师",实是延迟其兵。结果秦军白忙了一场,回师时还遭遇晋军的伏击,被全歼了。此时,国家办的"驿""馆"是无偿服务的,非营利性的。

先秦还有一种非营利性的"私人招待所",由有权势有威望又有财力的贵族开办。战国时著名的"四公子"(齐之孟尝君、赵之平原君、魏之信陵君、楚之春申君),外加秦之吕不韦、燕之太子丹,都曾大量"养士"甚至"养死士"(肯为之卖命的人）。这些"士"总有点特殊能耐，会装"鸡鸣"也行，会搞"狗盗"也行；什么也不会，嗓门儿特大也算有个"特长"。他们住在专设的"客馆""客舍"中，其人也就叫"舍人"，叫"食客"了。孟尝君有"食客三千"，蔺相如就当过"舍人"。孟尝君办的"客舍"最有规模，分为下舍、上舍、代舍、幸舍、谨舍几等，就如而今的宾馆分级一般。谨舍的食客待遇最好，食有鱼，出有车，居有侍女，但一定要有特殊"贡献"，往往要"以命相报"。燕太子丹养大侠荆轲去刺杀秦王，就是以命相报。

至于营利性的私人旅馆，据现在所知资料，第一家恐怕要算是周初姜太公赴任投宿的那家"逆旅"了。"逆"是"迎而止之"的意思，"逆旅"就是"迎客处"，就是"旅馆"。

三、列国的城门禁卫

春秋战国时期的警事管理内容丰富，《左传》《国语》《战国策》《吴越春秋》及《晏子》等书中有大量实例。这里，我们只就其时的城门禁卫情况勾画一个概貌：战国时，各国的都城都发展成本国的政治、经济、文化与交通的中心，各国又都有一批工商业都市，呈现出一派经济发达的繁荣景象，也就成了敌对势力进攻的重点。战国初年，齐之临淄，赵之邯郸，魏之大梁（开封），韩之洛阳，秦之咸阳，楚之鄂城、宛（南阳）与寿春，都是当时的繁华城池，也就为各国的警事管理带来了从未见过的繁难。《战国策·齐策》载：临淄七万户，"人肩摩，连衽成帷，举袂成幕，挥汗成雨"。《魏策》载：大梁、新郑之间，"人民之众，车马之多，日夜行不休已，无以异于三军之众"。"人驰马驱，不待倦而至"。可见当时交通繁荣的一般情况。在这种历史条件下，城防设施与国内交通管理，就成了国家禁卫安全的又一项重大事业。

四、关寨的建立与国际警事

关卡，是国家安全的第一道防线，动辄牵涉国际关系。《易经》上早有"抱关击柝，以待暴客"的记载，说明春秋以前关卡就有宵禁巡逻的制度。春秋战国时期，各国互相征伐，战事不断；为着保卫本国的安全、为着便于向敌国进攻，各自展开了修城防、筑关隘的大规模土木工程，并屯驻重兵予以把守。各国都任命职官，配备隶役，进行稽查戒备。所以周游各国的孟子有"入国先问禁"的经验和"关市稽而不征"的要求。《左传·昭公二十年》载：晏子说服齐王"毁关去禁，薄敛已债"，可见齐国腹地也已经遍设关卡，不仅是在边防线上了。

先秦时期，综合《左传》《国语》《战国策》及《吕氏春秋》《淮南子》等书的记载，重要的关塞有：

秦国：郑所塞（在陕西华县东）、龙门关（在陕西龙门山）、函谷关（在河南灵宝）、郒关（在河南洛宁）、蓝田塞（又名峣关，在陕西蓝田）、武关（在陕西商洛）、陇关（在甘肃陇县）、萧关（在宁夏固原）、焉支塞（在甘肃山丹）等。这些关塞，布建于秦的四境。秦国"僻在西隅"，而关口众多，可见其"边防意识"的超强。秦人爱引进人才，但凡外籍"客卿"到秦国来当官的，都要过"关"受"检"，甚至要查验车子上有无"骚马虫"之类（一种寄生在车马上的害虫，会传染疾病）。

燕国：令疵塞（在河北迁安）、居庸关（在河北昌平）等。

赵国：井陉关（在河北井陉）、句注关（在山西代县）、挺关（在陕西榆林），高阙塞（在今内蒙古五原）等。赵国势力远届河套地区，与北方居民交往多，所以有"胡服骑射"之举。

韩国：虎牢关（在河南成皋）、轩辕关（在河南登封）等。

齐国：阳关（在山东泰安南，用于防鲁、压鲁）。

楚国：鲁关（在河南鲁山）、冥塞、大隧、直辕塞（均在河南信阳）、符离塞（在安徽宿州）、昭关（在安徽含山）、九疑塞（在南岭山头）等。

人们要通过这些关口，十分不易。当年，伍子胥逃离楚国，投奔吴国，在过昭关时，一夜愁白了头发。齐人孟尝君不愿意继续留在秦国，借鸡鸣狗盗之徒之力，赚得函谷关关吏深夜开关放行，保全了性命。

综合来看，当时关塞的功能大致有三：其一，设关尹、司关等专职官吏，配备驻屯兵，常年守卫国土，防御敌军进攻。其二，商旅行人通过，检验其符传（身份证明）后才能合法放行。其三，征收国际过境商品税。其中，稽查商旅是其经常性的功能。

　　说到国际警事，在春秋战国动乱频仍、灾患迭起之时，无疑是个沉重的课题。大致有三个层面上的事要做：

　　首先，通过国际会议商定保证国家安全的框架协议，要求与会国贯彻、遵守；久之，成为国际惯例。最著名的例子是"葵丘之盟"：春秋时，齐桓公全力阻止了北方戎狄和南方荆楚对中原国家的侵犯，安定了周王室的"天子"地位，于前651年，邀集鲁、宋、卫、许、曹等诸国君主，在宋国的葵丘（今河南民权）会盟，由他本人主持，周襄王特派卿士宰孔莅会，并赐齐桓公祭肉，承认他的霸主地位。这次盟会，商定了我国历史上最早的一份"国际条约"。条约规定：凡与会的同盟各国，都要和好互助，不得乱筑堤坝、壅塞水流；不要阻碍粮食流通；不得废黜太子；不得以妾为妻，让妇人参与政事；不得擅杀大夫等"五禁"①。另有春秋时晋文公称霸之盟。前632年四月，晋文公在城濮之战中大败楚师，五月，邀诸侯于郑的践土（今河南荥阳）相会，并召周襄王到践土来接受朝拜，行献楚俘之礼。周襄王命文公为诸侯之伯。晋文公率齐、鲁、宋、蔡、郑、卫诸侯结盟，史称"践土之盟"。盟约规定，结盟各国协力辅助王室，不得相互侵犯。这次会盟，确立了晋文公的霸主地位。

　　其次，国际警事支持，警事合作，尤其是在"兴灭国，继绝世"和举办重大国际活动之时，要动用联合的警事力量。比如前述晋文公重耳在外流亡十八年，归国即位后遇到各种政治势力的抵拒，事变迭起，为了保证重耳新政权及其本人的安全，秦穆公为之提供"纲纪之仆"三千，全面接管晋国宫廷禁卫事宜。

　　最后，国家间要确保"人质"、使节和其他公务人员的安全，要确保合法商人、旅客、游学游历之士的合法通行，为他们提供安全保障。关于"人质"：当时，各诸国间互有交往，要缔结条约，为了取信于对方，往往要派君主最亲信的人（比如王子、王孙）去对方国家当"人质"，一旦违约，这"人质"就会遇到大麻烦；而人质又往往成为政治斗争的筹码，在刺客、侠士横行的年代，其日常

---

　　① 五禁的原文是：毋遏籴，无曲防，无以妾为妻，毋易树子，无专杀大夫。这"五禁"的提出，为春秋各国制定了行为规范，稳定了刚刚形成的春秋国际新秩序。此后，晋文公、宋襄公等也都召开过这种树威定霸的国际会议。这"五禁"的内容，涉及与会国家的内政，涉及与周王室的政治关系，影响深远。其中除"毋遏籴，无曲防"确有利于人民，应予充分肯定外，其他几条都是"霸王条款"：诸侯若想废太子、杀卿大夫，甚至换老婆，都得听命于周天子，不许自由行动；这就是齐桓公的"尊王"。其实是要各国听命于他，而放弃内政上的"主权"。

安全也大意不得，必须严格戒备。《左传》《国语》等史书中的例子举不胜举，这里就不再赘述了。

五、山林管理与消防管理

"消防"含"防"与"消"两面。消防管理的重点对象是政府机构、城市居民区、粮仓、军械库等要害部门；同时，上古森林覆盖面特别广，草原辽阔而丰茂，因而山林草地也是防火灭火的重点。

《老子》说"天下之大宝曰生"。对生命、生态的重视是我国先民的传统认识。史书记载：4000多年前的帝舜时期，虞官伯益有丰富的生物学知识，把山林川泽草地管理得很有条理，使草木生长得很茂盛。夏人有"早春三月，山林不登斧斤，以成草木之长；川泽不入网罟，以成鱼鳖之长"的明训，这是"圣王之制""王者之法"，人人必须遵守。荒山野地、林薮积草都是地利之所在，是财富的出源地，因而都是保护的对象。西周建立了虞衡制度。虞：虞部、虞衡，是管理山林川泽的政府机构，由虞师总管山林川泽之政令，虞侯管理湖草，贮备薪柴等。这是世界上最早的环境保护的国家机构。后来发展成虞部下大夫、虞部郎中、虞部员外郎、虞部承务郎、虞部主事等整套班子，由山虞、水虞、兽虞、野虞等专管着山林、狩猎、湖泽。2003年，陕西宝鸡农民发掘出一批青铜器，其中有一个很大的"逨盘"，其主人就是名"逨"的虞氏贵族。该盘的铭文，历述文王以降，这家贵族历代协助十一代周王管理全国山林川泽的功勋。此为考古史上迄今发现之最长铭文，有三百七十余字，铸于周宣王时期，证明了虞衡官存在的历史事实。

春秋著名政治家管仲认为山泽林木有重要的价值："山林菹泽草莱者，薪蒸之所出。"《荀子·王制》有同样的要求："修火宪，养山林薮泽草木鱼鳖百索，以时禁发，使国家足用而财物不屈，虞师之事也。"《月令》也规定"二月无焚山林"，可见这已成为先民的共识。

第五节　警事领域之三：列国执法警事的实施

战国时期，随着有关警事管理的法律和措施的逐步完善，对违反警事管理行为的处罚手段，也有了一定的变化。中国古代警事的执法领域的一个突出特点，就是行政处罚与刑事处罚融为一体，没有严格的区分，但有明确的轻重之别，"慎刑论"者是不主张动辄行刑的，尤其是反对滥施"肢体刑"。从《礼记》《史记》及《七国考》等书的有关记载看来，战国时期的警事处罚方式主要有以下几类：

一、名誉刑：谇、髡、遁、宪

通过谇（当众责骂）、髡（去须发）、遁罚（巡游，游街示众，"以明刑耻之"）、宪罚（用文字公布过失情节，通报批评）的方式予以警告，或用"坐诸嘉石""拘于圜土"的方式进行戒饬惩处。这些办法"不亏财，不亏体"，即被惩对象不必亏损其家财，也不至伤害其肢体，同时又可起到一定的教育惩戒作用。这是"名誉刑"，定期或不定期地剥夺受惩者的名誉，使其为社会所排斥。

二、财产刑：赎刑与罚金（赀刑）

罚金和赎刑都属于财产刑，即对轻微犯法、违反警事管理的行为，处以一定金额的罚款，或勒令其缴纳一定数额的金钱以抵消其过错。《法经》有条规定"博戏，罚金三币"，即搞赌博要受罚款的惩处。《韩非子·外储说右下》载：一次，秦昭王生了病，每个坊里出八头牛为昭王祈祷免灾。昭王得知此事后说：这样做，"非法也，人罚二甲"，即每人都罚缴两领衣甲。这项处罚虽然有点不合情理，但贯彻"法制"的意图则是明确的。倘若无"财"可"罚"，则纳于圜土，交给司空罚做苦役来折抵。

赎刑与罚金（赀刑）的区别，就在于"罚金"是依法判处缴纳相应金额的处罚，而"赎"则是允许缴纳一定的财物用以抵充依法判处的罪名。身份不同，赎罪的范围也不同。一般的百姓，只有黥罪以下才允许"赎"。比如有人撬窃未遂，比照既遂量刑，再减轻处罚，所以允许赎罪；而如果有人以盗窃为目的，却损坏了别人的东西，而盗窃未遂，便处以赀刑。

三、拘役刑：徒刑、迁刑

徒刑是一种罚做苦役的"劳役刑"。从《国策》及《史记》的有关记载看，其种类大致有"城旦"和"城旦舂"、"鬼薪"和"白粲"之类的体力劳作，从事者有"隶臣"和"隶臣妾"、"司寇"和"舂司寇"，以及"候""下吏"等名目，比较复杂，大致以所服的劳役种类相区别。战国时被处以徒刑的罪犯，通常也就被称为"刑徒"了。刑徒要穿土黄色囚服，有的还要加手铐脚镣。

迁刑是一种相当于流放的刑罚，不过在当时它是一种比较轻的处罚手段，对国家来说，有"开边""实边"的作用。《史记·商君列传》载：秦民初言令不便者，有来言令便者。卫鞅曰"此皆乱化之民也"，尽迁之于边城。商鞅把当初议论他的新法后来改而赞同他的新法的人，统统送到边远地方去了，不让人民"议政"。这种"迁刑"，一直沿用到清中叶才有所改变。

徒刑与迁刑往往同时使用，变成"易地拘役"，后世的充军、流放、徒刑、迁徙等，皆由此而来。

四、身体刑（肉刑）：鞭、笞、劓、刵、刖、剠、宫等

肉刑是对严重违反警事条例的行为进行的处罚，主要适用于盗、贼等犯罪，有刵手、砍趾、剠目、断足等酷刑。在《法经》中，有"窥宫者膑，拾遗者刖"的规定，在其他一些史料中，也可见大量刖、劓、刵、剠、宫等肉刑的适用案例，体现了当时刑罚惩处的严酷性。

五、生命刑（死刑）：斩、绞、枭、裂等

死刑是对触犯刑律者的最为严厉的"生命刑"。战国时期，执行死刑的方式多种多样，最为常用的有戮、磔、弃市、枭首、腰斩、烹、车裂等。商鞅就是被车裂而死的。对于特别严重的罪行，不仅本人要被处以死刑，而且还要"夷其三族"。不过，生命刑已不是用于"警事"的惩罚了。

总之，战国时期的警事处罚，在手段、方式上，体现了复杂多样和残酷无情的特点。兵法家孙膑在魏国被去了膝盖骨；向楚王献璧的和氏被砍去了双足，是典型的酷刑之例。

六、连坐：牵连不是无边的

株连，有血族亲属株连、邻里地域株连、官员职务株连等。春秋战国时，各国动辄执行"夷其三族""诛灭九族"之刑，牵扯进来的往往没有边际，任意性很强。若从"立法思想"这个层面来看，明确界定"株连罪"的具体范围，总比泛泛而言的株连三族、九族等，要强一些。商鞅时，推行"小家庭制"，两个成年男子，无论是父子、兄弟关系，还是叔侄、甥舅关系，一成年就必须分门立户，各负其法律责任。这样一来，当执行"株连"时，惩处对象的身份范围就比较容易认定了，不至漫无边际地惩处人。这是早期法制建设的一个进步举措。至于废除株连，还远不是当时所能提出的法制课题。

第六节　一代人物的警事贡献

春秋战国时期，涌现出一批政治革新家与实践家，如齐国的管仲、郑国的子产、魏国的李悝、秦国的商鞅、田齐晏婴、楚国屈原等人，他们从各自面对的国情出发，切实解决本国实际问题，为古代警事建设作出了突出贡献。管仲的四民分居制、间伍制，郑子产的"大警事"思想及其卓越成效，李悝创制的法典《法经》，商鞅的什伍制、户籍制与联保、联防、连坐措施，都为我国警事体制的形成奠定了基础。除前已介绍的之外，现补充一些资料。

一、管仲的四民分居与间伍制

考察春秋的基层警事，可从齐国入手。春秋时期首先强盛起来成为霸主的诸侯是齐桓公，他任用管仲为相，进行改革。管仲是春秋初期著名的政治改革家，他的警事方略是：狠抓社会整合，从改革齐国的地方行政结构、改变官制入手，调整了齐国的社会基层组织，实行"四民分居"，搞兵农合一；又推行间伍制，对居民实施封闭式管理；发展农业、工商业，把社会的稳定建立在发展生产的基础上。管仲把这一切概括为"定民之居，成民之事"。

1. 改革行政体制，成民之事

商周以来，地方行政采取"分土封侯"制，天子只直接统治王畿（京城近郊五百里以内）地区，王畿以外便分封给诸侯，各建邦国。邦国君主直接统治本国的都城，其余国土分配给卿大夫，作为采邑。卿大夫在采邑属地里，依靠"士"来直接统治劳动人民。这样形成了天子—诸侯—卿大夫—士的统治结构。在这种分封制下，诸侯享有封地内的行政、军事、外交、经济、文化等全部权力，俨然一个"独立王国"。卿大夫对于邦君也是一种松散的从属关系，也容易形成"独立王国"。管仲执政后，对地方行政体制进行了改革。《国语·齐语》与《管子·大匡》都记载着：管仲将齐国国都临淄分为三部分：即三个工乡，三个商乡，十五个士乡，计二十一个"乡"。城市居民按身份职业分片居住，手工业工人世世代代居于工乡，商人则世居商乡，士与农则永远居于士乡。十五个士乡又划分为三个片，每片含五个乡。这三个片内，以户为单位，五户组成一轨，设轨长一人；十轨为里，设里有司一人；四里为连，设连长一人；十连为乡，设乡良人一人，由卿大夫担任。每家出丁一人为甲士，一里有甲士五十人，组成一小戎，由里有司率领，配备战车一辆。一连有甲士二百人，称为一卒，由连长率领，备四辆战车。一乡有甲士二千人，四十辆战车，称为一旅，由乡良人（卿大夫）率领。五旅组成一军。临淄有十五个乡，共组建三个军，分别称中军、上军、下军。中军由齐桓公直接统帅，上军、下军分别由齐的上卿国氏与高氏率领。京都以外称作"鄙"的广大国土，则划分为五个"属"（五大政区）。三十户为邑，十邑为卒，十卒为乡，三乡为县，十县为属。全国分为五属。属由属正主管一切行政。因此，由下而上，就形成了邑有司—卒帅—乡帅—县帅—属大夫（属正）的五级地方统治网络，覆盖整个齐国。这样，齐国四十五万家农户就各有定居点，各有统属，不得随意迁徙了。这是后世郡县制的最初形态，是管仲对地方行政管理的创造。在"领土国家"的意识形成之初，他这样做很有意义。他自己说这样做的目的是"成民之事"，促进社会的有序发展。管仲将这个制度称之为"叁其国而伍其鄙"，把寓兵于民的制度称为"作内政而寄军令"。

对于都城各乡和五鄙官员的配置，他不搞单纯的氏族血统继承制，而是实行举荐的方法。具体作法是：每年"正月之朝"，由齐桓公亲自召集各乡乡大夫、各属属帅（属正），让他们将辖区内"居处好学，慈孝父母，聪慧质仁"者，"有拳勇肱股之力，秀出于众"者，都一一推荐上来，"遂使役官"（派其到官府去服务），以便"历试其能"（随时记录考核其事功效能），考核优秀者逐级提升，给以俸禄酬劳，称为"三选制"。与此同时，齐桓公又让乡大夫与属正定期汇报辖区内"不慈孝""不长悌"及"骄躁淫暴，不用上令者"，进行惩处。这样挂行的结果，便是形成了一种良性社会生活秩序，"匹夫有善可得而举，匹夫有不善可得而诛"，"罢（疲）士无伍，罢女无家"，社会生活走上了轨道。这是对社会基层警事的有序管理，成效卓然。

2. 推行间伍制，强化居民管理

为了更切实地把老百姓固定在土地上，使人人地着，世世地着，管仲还在齐国推行了一套"间伍制"。其办法是：城邑居民户，不允许自择地建住宅，必须统一住进国家建的"间"中，一间有二十五家至上百家的住户。间设间门，以供出入，由间有司负责按时开闭。凡不从间门出入，或不按时出入间门，或非法携带与身份不符的物件出入，或"衣服不正，圈属群徒"结伙吵闹的人，间有司都有权稽查并随时举报，即使是各级官长（贵族）的家庭成员及其属役宾客，连犯三次，也要惩处。实行这种间伍制之后，国家对人户的管理就一直落实到每家每户了。这在春秋战国那个大动荡时期，显得更为重要。管仲认为"州里不隔，间门不设，出入无时，早暗不禁"，就会发生攘夺、盗窃、攻击、残贼等扰乱社会秩序的事件，所以要严加管束。在社会基层政治管理方面，管仲是颇有开创性之功的。

二、郑子产的"大治安"思想与实践

春秋中后期的警事，可以郑国为例。郑国地处中原腹心地带，东有强齐，南临劲楚，西近猛秦，北接大晋。时值春秋中晚期，列国争霸达到白热化的程度。郑子产在这么一个弱小而内乱不止的国度里执政达二十多年（前543年—前522年），其所取得的突出成就，反映出春秋中后期，中小国家的警事特色。

1. "必先安大"的警事方略

郑国地处中原腹心地带，齐秦楚晋四强争霸，兵祸必结于郑；四强为了争霸，又都在郑扶植自己的代理人。子产执政之前，郑国始终处于周期性公族内讧之中，每隔八九年就发生一次动乱，政治秩序混乱不堪。前578年，发生公子班之乱，结果"七穆当政"；前570年，郑僖公被权臣杀死；前563年，郑简公被劫持，发生"群公子之乱"；前554年，公族子孔勾引楚兵攻入郑都，造成"纯门之难"；前543年，又发生"伯有之乱"。此乱平定之时，子产登台执政。他所面对的是"国小而逼，族大宠多"的严峻形势。据《左传·襄公三十年》载：为了缓解国内矛盾，郑子产采取了"安定国家，必大焉先"的警事方略。首先采取措施，稳住势力最大的公族伯氏，然后便着手进行政治经济的改革，"使都鄙有章，上下有服，田有封洫，庐井有伍，大人之忠俭者从而与之，泰侈者因而毙之"。这里的"都鄙有章"与"庐井有伍"，显然是整顿基层社会秩序的有力措施。不到三年便大见成效，国家政治走上了轨道。他还大胆地开放舆论，"不毁乡校"，让士人"朝夕退而游焉，以议执政之善否"。在四强凌逼、内讧不已的国度，敢于开放舆论，充分证明了子产对于自己的内政外交的足够信心，他终于使郑国振兴起来。在他当政期间，郑国再也没有发生周期性内讧，可见他的警事方略是成功的。

2. 周到细致的警事对策

在发生重大自然灾害的情况下，尤见郑子产救灾防乱的警事措施的得力与严密有序。《左传·昭公十八年》载：当年五月，宋卫陈郑四国同时发生严重火灾。在出现火灾朕兆的时候，有人曾要求子产祭天求神来"禳灾"，子产拒绝了；在第一次火灾高峰过去之后，又有许多人请求子产禳灾，他又拒绝了。他说："天道远，人道迩，非所及也。"他不相信所谓天意神意能左右人间祸福。但在救灾过程中，他对"人事"的部署却是极端认真、极端周到的。比如：火灾一发生，他就委派司寇实行"戒严"；不让新的外宾入境，警戒府库，严防火险；命令司马司寇率队控制火场，全力扑救；命令城下居民五人一伍，登城防守，日夜警戒，以备不测；命令郊县征集人丁，准备调用；派专人日夜巡行于宫城内外，派专人负责疏散、转移宫内人口与国家宝物；又派遣特使向各国通报灾情，预防有人趁火打劫；宽免受灾地区的赋役，发放救灾物资等。子产在突发性巨大灾难面前的警事对策，既最大限度地控制了灾情，保证了国内的安宁，又预防了可能发生的外患。他在古代警事史上留下了可贵的记录。

3. 注重国家的法制建设，政策上宁猛勿宽

首先"铸刑鼎"，把国家刑律铸在大鼎上。大鼎，在当时是国家法权的象征。此事比后来魏国李悝变法著《法经》早了一个世纪。它对于稳定政局，维护社会秩序，起了重大作用。其次，子产刑律的指导思想是"猛"，即体现轻罪重罚的原则。他的理论是："夫火烈，民望而畏之，故鲜死焉；水懦弱，民狎而玩之，则多死焉：故宽难。"后来孔子加以发挥，提出了"宽以济猛，猛以济宽。宽猛相济，政是以和"的思想（《左传·昭二十年》），对我国古代警事法理产生了深远影响。子产实行猛政，有一例可以说明：子产当政后，公族中又有人制造动乱，子产将主谋者的尸体"弃于市"，并加以"明刑"，即在木板上写明罪人的姓名及其罪恶，让众人都来唾弃他，相当于后世发布的"死刑布告"。这在当时是史无前例的。《周礼》规定：贵族死罪不公开行刑，不公开"弃市"，更不会处以"明刑"。那是为了维护贵族总体的"威望"。子产这样做，用他自己的话说："见不善而诛之，如鹰鹯之逐鸟雀也"，是毫不留情的。子产治郑，是"大治安"思想的成功实践。

三、商鞅的警事实践与警事思想

秦的警事是战国警事的代表，商鞅活动于战国前期（约前390年—前338年）。他在秦孝公的支持下，两度主持变法，使秦国从僻处西戎的一个小国一跃而成为渭水流域的大国，为秦国后来的发展打下了坚实的基础。商鞅是秦国崛起的助产士。他的一切活动，都包含着培植社会秩序的重要内容。商鞅在秦国推行的警事管理，对于全国统一后的警事秩序的确立，起了先驱示范作用。他所草创的警事体制，他所提出的警事措施，他所概括的警事法理，后来在全国范围内都得到了推广与应用。

1. 什伍制下的联保联防与连坐

商鞅变法，是从推行什伍制入手的，即是从改革社会基层结构入手的，这是社会警事管理的基础。前361年，商鞅二十九岁，他带着李悝的《法经》来到秦国，力劝秦孝公变法，得到信任，于前359年开始了变法活动。其第一通变法令便是"令民为什伍，而相牧司连坐"。商鞅对于社会警事管理的重视，就体现在"相牧司连坐"五个字上。原来，商鞅入秦之前，在秦孝公的主持下，秦国已制定了"为户籍相伍"的法令。前372年，商鞅在原有政策的基础上加以强化，突出了警事管理的核心要求。

商鞅规定：孩子生下来之后就要登录；成年之后要"傅籍"，承担赋税、徭役与兵役；逃亡死亡要"削籍"；迁徙要"更籍"；登录不实的本人受罚，四邻受罚，里典也要受罚。为此，他明确了立户标准，实行小家庭制：户口登录是以户为单位进行的，所谓四境之内，丈夫、女子皆有名于上。生者著，死者削。（《商君书·境内》）然而，如果保留商周以来血族聚居的大家庭制，那么户口登录将不胜其难。所以商鞅先令"民有二男以上不分异者，倍其赋"，又令"民父子兄弟同室内息者为禁"。这样，一家有两个成年男子（身高秦尺六尺五寸以上者），无论是父子还是兄弟、甥舅，均应分居立户。对于户口管理来说，明确立户标准，无疑是一种根本性的措施。

在"相牧司连坐"的制度下，一家失火、失盗，四邻、伍保、里典均有责任前往救助，否则受罚。如：贼入甲室，贼伤甲，甲号（呼号）"寇"！其四邻、典、老（即里长与伍长）出皆不存（不在家），不闻号寇。问当论不当论？四邻审不存，不当论。典、老虽不存，当论，因是其职责所在。（《秦墓竹简》）这样严厉推行联保联防连坐制，对于确立国家警事秩序是有利的，却被司马迁批评为"商君寡仁恩"，贾谊也说他"资性刻薄"。

2. 改革地方行政体制：上计与集权

在整顿了社会基层的秩序之后，商鞅着手改革地方行政体制。前340年，秦国迁都咸阳，"并诸小乡聚集为大县"。县设一令，另有一丞。时秦国共有县三十一个，后来发展到四十一个。县以上设郡，形成两级地方行政管理体制。这样，商鞅建构了全国警事管理的行政网络。根据有关资料，秦国自下而上的地方与基层的警事负责人是：伍有伍老，里有里典，乡有乡啬夫，县有县令，郡有郡守。郡县制是对分封制的否定，郡县制下的社会警事管理，是对诸侯邦国制及其采邑制下的警事管理模式的否定与扬弃。从此以后，全国范围内的警事，就可畅通无阻地由中央统一部署、统一管理了。为了及时准确把握各郡县、各乡、各里的警事状况，秦国还实行了一套上计制度。《商君书·禁使》载："吏专制决事于千里之外，十二月而计书以定，事以一岁别计，而主以一听。"这说明春秋时代，秦国已在实行上计制度了。所谓上计，即地方政府每年向中央汇报一次本地粮食丰歉、土地垦殖情况，地方财政与地方治安、地方警事情况，而且必须要用具体数字来说明。国家根据上计内容来决定官员的升降任免等。这是强化中央集权制的一条重要措施，有利于警事管理的落实。

3. 以刑去刑和弱民愚民的警事思想

商鞅在警事法理的研究上，也有特殊的贡献。首先，他认为社会需要治理，人群需要法制。他说："民丛生而群处，乱，故求有上也。然则天下之乐有上也，将以为治也。"（《商君书·开塞》）人类从一开始就乐于由"上"来进行治理，否则就会"乱"。"上"凭什么来治理呢？凭法。"法令者，民之命也，为治之本也"。

（《商君书·定令》）为此，他主张"法与时移""以刑去刑"，"圣人不法古，不修（循）今"，"胜法之务莫急于去奸，去奸之本莫深于严刑。故王者以赏禁、以刑劝。求过不求善，藉刑以去刑"。（《商君书·开塞》）为使其刑禁能畅通无阻，商鞅又公开提出了"以吏为师""弱民""愚民"等一整套只讲严刑、不许百姓议政的极端措施。他说："有道之国，务在弱民。"（《商君书·弱民》）认为老百姓"朴则弱""弱则轨""轨则有用"。要怎样做才能使民"朴"而"轨"呢？商鞅认为只要用严刑峻法来推进其崇本抑末的国策，让老百姓都去务农，就可以使百姓永远愚昧质朴而守法了。他在《商君书·垦令》中提出：国家征收粮食税，就可以迫使农民世守其业而不变更，农民世世务农而不贵学则愚，"愚则无外交，无外交则国安而不殆"。这是"愚民政策"。他又要求"废逆旅"，取消各地的旅舍。他认为没有旅舍，人们就不出游了，"奸宄、躁心、私交、疑农（蛊惑农人）之民不行"，国家就安定了。他还要求"重刑而连其罪"，这样，"褊急之民不斗，狠刚之民不讼，怠惰之民不游，费资之民（坐食之人）不作，巧谀恶心（险恶居心）之民无变"，国家就发展了。他又规定"使民无得擅徙"（私自迁移户口），"重关市之征"……商鞅提出的这些主张，在他执政期间，大都付诸实行了。据《史记·秦本纪》与《商君列传》载：商君之法"行之十年，秦民大悦，道不拾遗，山无盗贼，家给人足。民勇于公战，怯于私斗，乡邑大治"。他为秦国制定的这些政策措施，他所提出的法制主张，大都在秦国得到了贯彻、继承和发展，终于促成了秦的统一大业。商鞅是先秦国家警事的构建者、实践家。

第七节　活跃的先秦间谍活动

春秋时期，著名的军事理论家孙子曾说："明君贤将，能以上智用间者，必成大功。"（《孙子兵法·用间》）我国古代的政治家、军事家、谋略家，无不重视对间谍的使用，也无不重视反间谍活动的开展。

先秦用间十分活跃，凡生间、死间、乡间、反间等，无所不有，无所不用，而且都取得了骄人的"成绩"。间谍与反间谍活动，侠客、刺客、特务活动，从来都是共存的，侦破、拘捕以至利用间谍、特务，理应列入古代"警察"的业务范围。

一、间谍溯源

中国最早的间谍活动出现在夏商时期。史载：商汤为了灭夏，事先派近臣伊尹去夏任职，暗地侦缉夏桀的国情政情。

商代末年，周文王姬昌长期生活在商都朝歌，对纣王的喜怒嗜欲了如指掌，对商政权的君臣矛盾洞若观火，于是一面向纣王奉献美女、珍宝、骏马，一面积善累德，使"诸侯皆向之"。商朝末年（前 1066 年），周武王姬发出兵伐纣，也是先派间谍到商都朝歌察看国情。探子回来说：坏人执政当权，昏乱极了，武王认为时机未到。不久，又有人来报：好人全被斥逐了，武王认为时机还未到。直到报称：百姓闭口不敢说话了，武王这才发兵，一举灭了商朝。

春秋战国时期，各政治军事集团之间，都进行着频繁的间谍活动，猎取对手的政治、经济、军事、外交情报，而不论对方是否是自己的同盟、战友，于是形成了中国古代历史上间谍活动最为活跃的局面。

二、用间于国际斗争

间谍活动，首先用于战争。齐人田单用间，是这方面的一个成功范例。前284 年，燕兵在乐毅统率下攻齐，拿下齐城七十二座，仅剩即墨与莒两个小城了。在这危急存亡之秋，即墨百姓推举出田单来领导抗战。田单一就任，便派人去燕都行间，大造乐毅在齐"养兵自重，威高震主，野心很大"的舆论，促使燕军临战易帅，从根本上破坏了燕军的进攻态势。同时又派人混入燕军，策动燕军大掘齐人祖墓，借以激发齐国百姓同仇敌忾之心。最后，田单胜利了。田单是一位深谙用间之道的"民选将军"。

间谍活动，还用于改变对方的政治方略。战国时秦赵大战，秦兵在白起带领下攻克了赵国的长平，坑赵卒四十万之众，又继续进军；锋芒所向，山东六国无不震恐。赵国便请出著名策士苏代，让他到秦国行间。苏代带上厚礼，潜入秦国，私见秦相范雎，说："现在白起立下了不世之功，眼看要位至三公了，下一步再立功，就会爬到您的头上去了！"范雎一听，立刻去见秦王，下令白起撤军。苏代此行，凭几句话就化解了赵国的灭顶之灾，是成功行间的又一例。

用间，又是推进基本国策的重要手段。秦王嬴政亲政之后，一门心思要统一全国。然而，当时天下仍是"非秦而楚，非楚而秦，两国交争，其势不两立"（《史记·张仪列传》）的形势，胜负尚未可知，况且山东各国正搞"合纵"，这对秦是极为不利的。这时，谋略家尉缭来到秦国，对秦王说："我劝大王不要吝啬金钱宝货，用来收买各国权要人士，至多花上三十万金，山东六国就会被一一攻破了。"秦王听了尉缭的话，派张仪使楚，离间了齐楚之交，排斥了力主抗秦的屈原等大臣，并诱使楚怀王离楚入秦，把他软禁起来，从此楚国一蹶不振，再不能与秦抗衡了。秦王又派人至赵，先后离间了赵王与大将廉颇、李牧的君臣关系，结果廉颇被斥，李牧自杀，秦兵乘势节节推进，赵国陷入灭顶之灾。又派人至魏，离间魏王与信陵君的关系，结果信陵君被罢帅，山东六国联合攻秦之师立刻溃散。同时，又派人去齐国，收买齐相后胜。此人因"多受秦间金"，就一批又一批地遣送门客出使秦，为"齐秦通好"奔走。秦人不惜重金豢养这批人，使之回国后包围齐国朝廷上下，使齐人放弃任何武备，不肯出兵帮助楚、魏、韩、赵、燕抗秦，不敢在国际上伸张正义，还跟在秦人后面鼓吹什么"秦齐联手安天下"，自以为是"东方大国"，能与秦平起平坐；结果自我孤立，天下没有一个友邦。最后，待到秦灭燕之后，便移兵向齐，大军进抵齐都临淄城下，没有人报信，齐王仍然一无所知。于是秦人兵不血刃，就把春秋首霸、立国几百年的齐国灭亡了。这是春秋战国时期用间规模最大、时间最久、成效最显著的一例。

三、行间是政治斗争艺术的较量

国家用间，有势力的私人也用间。著名的战国四公子便都是用间的能手。齐之孟尝君，楚之春申君，赵之平原君，魏之信陵君，都喜欢招揽天下之士，门下食客达数千人之多，这些人被按等级分居于传舍、幸舍、代舍、谨舍中，享受着一级比一级高的待遇。有的人金钱美女可以随意享用，当然，他们必须为主子干事。这方面典型的例子莫过于信陵君用间了。有一次，公子信陵君正和他的魏王一起下围棋，北方边境报警，说是赵王亲率大军进犯魏境来了！魏王吃惊不小，立刻停止游戏，下令召集群臣议事。信陵君笑笑说："不打紧，咱们还是玩儿吧。赵王不会来进攻的，他不过是打猎而已。"于是二人继续下棋，但魏王怎么也放心不下。过了一会儿，北方来了报信人，说："赵王是打猎的，没有进犯边境。"魏王心疑，问信陵君说："你怎么会知道赵王的活动呢？"信陵君平静地回答说："我手下有那么多门客，有人能探得赵王的秘密。赵王的一举一动，赵国朝廷上不知道，我都能知道。早上的事，用不着到晚上，我全都掌握了！"他说得兴起，魏王一听，除了佩服信陵君的能干外，不免为自己捏一把汗："信陵君能掌握赵王宫中的情况，难道就无法刺探本王我王宫中的情况吗？"从此添了戒备之心。后来信陵君"窃符救赵"，矫命杀死魏国大将晋鄙，就说明信陵君对"内"果然也是用间的。（《史记·信陵君列传》）

贵族公子用间，有才干的士，本人也去行间。春秋后期，齐国大夫田常专权，可又怕其他大夫反对，故想以伐鲁来树立威信，转移国内矛盾。孔子识破了田常的阴谋，为了使鲁国免遭攻击，急忙召集众弟子说："夫鲁，祖坟所在，父母之国，不可不救。今吾欲屈节于田常救鲁，二三子谁为使？"孔子弟子子贡自请出使，以保孔子夫子祖坟的安宁，去充当"生间"的角色。

子贡作为使节在各国间进行了一系列的离间活动，终于保住了鲁国。第一站，他首先到了齐国，见了田常，说："鲁国城低池浅，狭窄贫瘠，君主愚蠢，大臣无用，打胜了也没多大价值；而吴国墙高城厚，粮草充足，兵精器重，现在正在发展势头上。您应当首先去攻打吴国，教训教训它！"田常听后，问是什么意思，子贡又说："您现在内部有难办的事，应先攻打外部强敌。您先攻软弱的鲁，就算攻鲁胜了，也不能成为您骄傲的本钱呀，也不能显示您带兵的功劳呀！这对您可是很不利的呢！而攻吴，则没人指责你的过错。带兵的大臣一出马，也没有人敢和你争权了。那样，您就成为齐国的唯一主宰了。"此言正中田常下怀。子贡又说："我去让吴国北上救鲁，您就去迎战吴国。送上门来的蠢货，不打白不打。"田常听后，十分高兴。然后，子贡就到了吴国，告诉吴王说："您不是要当霸主吗？作为霸主，是不允许有强敌与自己对抗的。现在齐要伐鲁，正是您树立威信当霸主的大好时机呀！拯救鲁国而陷齐国于困境，可以安抚众诸侯。您应去讨伐无道的齐国，并威服强盛的晋国。这样就树立起霸主的威信了！"他又向吴王表示："为了免除吴王您的后顾之忧，我自愿去说服越王，让他派兵来与您共同伐齐。"吴王高兴地答应了，立马起兵北上攻齐去了。

子贡又跑到越国，见了越王说："您是知道的，吴王这人很残暴，而今国内动荡，现在又带兵北上，吴城空虚，正是您报仇的大好机会！"于是越王就派大臣文种去见吴王，表示愿意出兵联合伐齐；其实是伺其空虚，取而代之。最后，子贡又到了晋国，让晋人乘吴人伐齐之机，出来收渔翁之利，结果齐国战败，大伤元气；越国亦乘机从后方偷袭吴国，结果不费力地拿下了吴国，杀死了吴王夫差和吴太宰伯嚭，复了仇，还称霸于东南。期间，鲁国始终置身局外，成了旁观者；而晋国则趁机捞了一把。子贡很好地完成了老师交给他的任务。(《孔子家语》)

先秦用间，又常常伴之以行刺。信陵君窃符救赵，击杀了本国的前线统帅晋鄙；吴公子光让刺客将匕首藏于鱼腹之内，借端鱼上台之机杀了吴王僚，取得了王位。燕太子丹为防止秦的侵燕，派荆轲刺杀秦王，事不成，死于秦，等等。

四、间谍特务活动是有效的，然而也是有限的

首先，其有限性源于本身的绝密性、诡秘性、个体活动性。唯其如此，在组织实施过程中，稍有不慎，往往全盘皆输，反受其害。而且如果没有强大的军政实力作支持，没有总体战略上的正确性，再巧妙的用间也会失败。说到底，用间的成功与否，取决于所服务的事业是否具有正义性，否则，即使有暂时的局部成功，也必将引来日后的惨重失败。例如：春秋时秦晋联军围郑，郑国倾危，派老臣烛之武行间，说退了秦军，拆散了秦晋之盟，保卫了弱小的郑国。秦国留下三位军事人员"助郑守城"，这三个人便时刻窥探郑国国情，向秦汇报。后来秦穆公根据所获情报，决定发兵袭郑，劳师袭远，结果，郑人有备，三名间谍被驱逐出境。晋国截获了秦军动向的情报，在崤山脚下打埋伏，截击秦军，打了个漂亮的歼灭战，虏其三帅。可见，为非正义事业服务的用间，归根到底是无效的。

总之，间谍与特务不可乱用，不能不重视它，又不可依持它。尤为重要的是，对于敌方的用间，一定要保持高度的警觉，要用高超的斗争艺术去击破敌人的阴谋。

第四章　诸子思想中的警事文化

　　以官府为主体，以国民为对象，融政权与族权为一体的行政管理模式，在中国沿袭了数千年。它也就决定了中国国家警事的管理模式。既然官府是指挥决策主体，那么，负责管理的职官就很容易滑向与民众对立的一面，因而保持警事工作中的良性施政风格，要求警事从国家长远利益出发，考虑民众的需求，就显得非常重要了。先秦诸子围绕警事的这一核心问题，作了多层次、多角度的深入思考，许多命题具有世界性超前价值。同时，诸子中的绝大多数不仅是坐而论道者，而且是能起而行之者，连老庄也时刻关注着社情—政情的变化，随时作出自己的判断，故诸子所论证的警事理论、警事方略，所提出的警事方案、警事措施，也都能从先秦政治实践中找到其原型，从后世的警事活动中看到其影响。

第一节　先秦儒家关注警事

　　先秦儒家提出了"民本观""礼法论""慎刑论"，为中华警事作了先期理论铺垫，同时也对警权的使用作出了限制性规范。

一、先秦儒家为中华警事设定了临民模式与亲民风格

　　孔子在《论语·泰伯》中说："民可使由之，不可使知之。"民可以启发、可以教化，能供你统领、供你役使，"可使由之"；但"民"又是愚昧的，"不可

使知之"，只能管住他们，使之按圣贤的意志办事。这是孔子给"民"的政治定位：永远是被管理、供支配的对象。这样建立起来的管理模式，自然是、也只能是以官府为主体、以国民为对象的"临民模式"了。所谓"君临天下""以道临民""为民父母"云云，说的都是以官"临"民。这个模式所形成的"官本位"意识，给人们留下了沉重的历史包袱。要真正建立以民为本、以民为主体的警事模式，决非古代社会所能办到。孔孟的进步在于重视民心民利，要求官家树立好的政治风格，"其身正，不令而行"。《论语·雍也》问："博施于民而能济众，如何？可谓仁乎？"《宪问》说：君子"修己以安百姓"，希望司法执法者率先做出榜样，为社会作出优良示范。

既然官府是管理主体，那么，负责管理的职官们的亲民的施政风格就非常重要了。孔子认为：其第一要件是"官"心中要有"民"，《论语·尧曰》："所重：民，食，丧，祭。"在国家治理和社会管理中，"民"是举足轻重的，其次才是粮食以及丧、祭之类。人和是万事之本。其第二要件才是"官"要像个"官"。《论语·颜渊》："政者，正也。子帅以正，孰敢不正？""子为政，焉用杀？子欲善而民善矣。君子之德风，小人之德草。草上之风必偃。"《论语·雍也》："居敬而行简，以临其民，不亦可乎？""务民之义，敬鬼神而远之"。这是孔子为官府的行政风格树立的一个样板。"敬鬼神而远之"，奠定了中国警事的基调。

再一个要求就是摆正"刑"的位置，这对处于"执法者"位置上的人尤为重要。以"临民姿态"去"严格执法"，必然会产生负面效果。《论语·为政》："道之以政，齐之以刑，民免而无耻；道之以德，齐之以礼，有耻且格。"孔子认为：用行政力量去规范，用刑罚手段去惩处，都是必要的，不可或缺的，但并不能从根本上解决问题。用道德教育加礼制规范，才可以使老百姓从思想灵魂上拔除犯上作乱的根苗，才能塑造安分守己的良民。《孟子·尽心》："仁言不如仁声之入人深也，善政不如善教之得民也。善政，民畏之；善教，民爱之。善政得民财，善教得民心。"仁言，指政教宣传；仁声，指雅颂之乐；善政，指明法审令，不伤民力；善教，指礼乐教化，风移俗变。孔孟的警事方略是：以德教为前导，加之以刑法；治心为上，防范为先，刑惩随之。

《荀子·富国》也明确指出："不教而诛，则刑繁而邪不胜；教而不诛，则奸民不惩；诛而不赏，则勤励之民不劝。诛赏而不类，则下疑俗险而百姓不一。"

二、先秦儒家谈警事活动

孔子当过鲁国的司寇，有警事实践。《论语·为政》："攻乎异端，斯害也己。"孔孟都严厉要求清除标新立异的奇谈怪论，免得危害人心，开我国"以言论定罪"的先河。《论语·颜渊》："听讼，吾犹人也；必也使无讼乎？"孔子说：审理诉讼案件，我跟别人一样，都得依刑律办理，都希望公平断案。我的目的不在于审理了多少案件，而在于通过自己的努力，去消除纷争诉讼的社会根源，从而实现社会的公正与和谐。警事管理为的就是"防范"，"必也使无讼乎"，更是警事管理的工作目标。为此，凡经常性的警事业务，如防盗，防火，警巡，护卫，管理交通，惩治非违，救灾扶弱，保护生态，倡导良风美俗等，孔孟都很关心。现择其要者缕述如下：

1. 警巡护卫

《易·系辞》："重门击柝，以待暴客，盖取诸《豫》。"《孟子·公孙丑》要求"关市讥而不征"。《礼记·王制》要求"关执禁以讥，禁异服，识异言"。讥：稽查，是对"异服""异言"之人，对一切身份不明、形迹可疑者所进行的检查处置。关于禁卫、警卫、护卫，《周礼》中也有非常具体明细的规定。比如："小宰"全面负责"王宫之政令，凡宫之纠禁"；掌管朝廷祭祀、朝觐、会同、宾客之戒具；军旅、田役、丧荒等的警戒法规与安排；发现违制、违法、违纪者，视情节轻重依法纠治。

顺便说明：把安全巡查列入政府行政业务范围，在中国有悠久的历史，至迟始于西周。英国政府组织城市安全夜巡，则是13世纪以后从曼彻斯特城开始的，全城仅数十个巡夜人而已。

2. 人户管理

《周礼·小司徒》："五家相受相和亲，有罪奇邪则相及。"把人户一五一十地组织起来，让百姓"安土重迁"，紧紧依附在小块土地上，像《孟子·滕文公》所要求的那样，"死徙无出乡，乡田同井，出入相友，守望相助，疾病相扶持，则百姓亲睦"。国家把土地和人口统一管理起来，使国家行政管理一管到底，正是中国社会长期稳定不变以至保守僵化的一个重要因素。

3. 道路交通安全

《礼记·王制》对道路修筑的规格、质量，对道桥及行道树的管理、维护等，都有条例可供依循。此外，《礼记·王制》又明确了通行要求："道路，男子由右，女子由左，车行中央。父之齿随行，兄之齿雁行，朋友不相逾。轻任并，重任分，斑白不提携。"《周礼·小司寇》规定："凡道路之舟车繫互者，叙而行之""禁野之横行径逾者""稽禁行作不时者，不物者""掌宿息井树""掌修除道路"。《周礼·小司马》要求："御晨行者，禁宵行者、夜游者。"这大概是世界上最早的"交通安全管理条令"了，其对社会秩序干预之深且细，举世无双。

4. 对社情动态动向的调查研究

这也是先秦各国十分重视的事。《周礼·秋官·小行人》规定：代表王室到各地去的"使者"，要认真作社会调查："其万民之利害为一书，其礼俗政事教治刑禁之逆顺为一书，其悖逆暴乱作慝、犯令者为一书，其札丧凶荒厄贫为一书，其康乐和亲安平为一书。凡此五物者，每国辨异之，以反命于王，以周知天下之故。"周知各地的社会现状与动向，是进行警事管理的基础。古人显然很明白这一点。

三、对基层治安管理的求实要求

社会警事管理方面，荀子在《王制·序官》中有具体要求：司寇（国家的司法主管）要"抏急禁悍，防淫除邪，戮之以五刑，使暴悍以变，奸邪不作"；太师（国家的音乐主管）要"修宪命（国家礼乐大法），审诗商（审订诗歌的宫商乐律），禁淫声，使夷俗邪音，不敢乱雅（提升精神生活）"；治市（市政主管者）要"修坟（采）圃（清理坟地与厕所），易道路（修治维护道路），谨盗贼（谨防偷盗与劫掠），平商律（平抑物价），以时顺修（交通住宿设施），使宾旅安而货财通（方便商旅）"；虞师（山林湖泽的主管）要"修火宪（制订并实施防止山林火灾的法令、措施），养山林、薮泽、草木、鱼鳖、百蔬，以时禁发（按节令时序，禁止非时采伐渔猎），使国家足用而财物不屈"；乡师（地方主管）要"顺州里，定廛宅，养六畜，闲树艺，劝教化，趋孝悌，以时顺修，使百姓顺命，安乐处乡"。这最后一条最重要：地方官要保证一方平安，先要理顺州乡里伍的地方行政关系，要明定人户的住房与地产，指导百姓养好六畜，搞好多种经营，掌握种植技艺。还要躬行教化，涵养朴素民风，使人人趋于孝悌；这样使百姓乐于服从国家管理，安享太平。在这里，荀子没有发表什么高言大论，只从衣食住行说下去。

四、司法执法人员要严格守法护法

《荀子·大略》要求："有法者，以法行；无法者，以类举。"法律有明文规定的，照规定执行；但社会生活是复杂多变的，任何法律都不可能覆盖一切违法现象，法律无明文规定的，就要"以类举"，即运用案例法去类推处置。《大略》还论及"国法禁拾遗，恶民之慣以无分得也"。据考查，当时，诸国法律中，都有关于禁止捡拾公私遗失物、遗留物的相关规定，要求捡到东西后，须在规定期限内向官府报告、上交，否则，"准盗论"，即按盗窃罪科刑。荀子说这是为了让百姓"守分"，防止养成非分取物的习惯。只要非分之物不取，非分之想不生，民风就自然纯厚了。

第二节　道家对警事的理性思考

儒家把人分为"治人者"和"治于人者"两大类，是用政治眼光看人；墨家把人看成是生产者和消费者两种角色，是用经济眼光看人；法家把人看成是奖惩的对象、刑法管制的对象，则是用刑法眼光看人。唯有道家，特别是庄子，对人、人格、人生价值、人的自由意志作了"人"的观察，从而作了独特的理论阐述。

一、道大、天大、地大、人大：尊重生命

老子说"域中有四大，道大、天大、地大、人大"。人是世界的主体，最为

宝贵；同时，草木虫鱼土石砂粒，也都和人一样，各有其"生存"的理由，有存在的价值，不容蔑视，不容否定。老庄认为：在"道"面前，不仅人人平等，而且万物平等；在"道"面前，不论人有多么严重的形体缺陷，其生命都是宝贵的，其作为"人"的自由意志更是美的。这种理论，对于中国人的人格定位和人格塑造，起了深远的影响；对于从警者如何执业为民，也有深刻的启迪作用。考虑到中国社会刚从奴隶制中走出来，社会思潮中并不把奴隶当"人"看待，那么，老庄对人的价值的高度重视，就具有"历史启蒙"价值了。

二、老庄对古朴社会的向往：宁静质朴

《老子·八十章》："小国寡民，使有十百之器而不用，使民重死而不远徙。虽有舟舆，无所乘之；虽有甲兵，无所陈之；使人复结绳而用之。甘其食，美其服，安其居，乐其俗，邻国相望，鸡犬之声相闻，民至老死不相往来。"庄子对此又有发挥，《庄子·天地》篇说："至德之世，不尚贤，不使能，上如标枝，民如野鹿（在上者如树枝树杈自然地伸展着，老百姓如地上的野鹿自然地奔走着）。端正而不知以为义，相爱而不知以为仁，实而不知以为忠，当而不知以为信，蠢动而相使不以为赐，是故行而无迹，事而无传。"在古朴社会里，人们行为端正却并不意识到它合乎"义"，互相关爱却并不意识到这就叫"仁"，诚实憨厚不知道是"忠"，言行适当不知道合乎"信"，一切的互爱互动都那么原始、那么自然，谁也不意识到这是在帮助谁、赐予谁。因此，也就不可能留下什么印迹，用不着有什么记录，一切都是那么古朴、自然，合乎"大道"。

《老子·三章》："圣人之治，虚其心，实其腹；弱其志，强其骨。常使民无知无欲。"老子这么说，其本意是要回复到原始古朴社会去，让老百姓能吃得饱，体魄健壮地活着，用不着为生活而焦虑；但它却被统治者解释成"愚民政策"而遵奉着，还要不时地花样翻新。老子主张"愚民"？这是怎么一回事呢？原来，如《老子·十二章》所说："五色令人目盲，五音令人耳聋，五味令人口爽，驰骋田猎令人心发狂，难得之货令人行妨：是以圣人为腹不为目，故去彼取此。"过多的物欲以及为满足物欲而发展起来的机巧智术，使"人"愈来愈丧失其作为"人"的本真，一天天走向了自己的反面，"异化"成自己的对立面了，所以应

该"返朴归真"，所以要"愚民"，"使民常无知无欲"。这是其一。其二，如《老子·三章》所说："不尚贤，使民不争；不贵难得之货，使民不为盗；不见可欲，使民心不乱。"老子认为，只要泯灭差别、泯灭智慧，社会就安宁了。可是社会发展的客观进程是不会停止的，老子的这一方案自然无效，但我们不能怀疑其善良动机。《老子·六十五章》明确主张："古之善为道者，非以明民，将以愚之。民之难治，以其智多。故以智治国，国之贼；不以智治国，国之福。"这又表明：其"愚民"主张的政治指向，依然是当权者。他是在要求当权者自身放弃"以智治国"，放弃用权谋机巧来对付老百姓，因为你欺诈百姓，百姓将百倍地还击你，其后果十分严重。因此，他说"以智治国，国之贼"。而后代统治者恰恰相反，接过"愚民"二字，挖空心思去当"国之贼"去愚弄百姓，这与老子所说的"愚民"，从动机到手段到目的都不是一回事。

三、爱民治国，能无为乎

《老子·十章》："爱民治国，能无为乎？"这是老子"无为而治"主张的最初表述。注意：老子讲的"无为"，是与"爱民""治国"联系在一起的。为"爱民"而"无为"，那么他所指的"有为"，就是他早就指责过的"国贼们"的"以智治国"，也指他所批评的"以德礼仁义治国论"。老子"爱民治国"口号的明确提出，在先秦文明史上、在我国思想史上都是第一次。《老子·三十七章》说："道常无为而无不为。"这是老子治国思想的总纲。"无为"，就是一切顺应自然，任何政治举措，都应该在条件成熟的情况下去做，决不能强制推行个人的主张，人为地谋求某种利益。同时，一旦条件成熟，就应该"无不为"，顺应自然，做好一切，必然获得"天下之本利"，这就叫"无为而无不为"。"无为"正是为了"无不为"，"无为"才能实现"无不为"，有所"不为"才能"有所为"，"有所为"又是为了实现最后的"无为"，这便是老子的"无为论"。有人把"无为"单纯地理解为拱手垂裳、无所事事，显然是一种曲解。

《老子·五十七章》："天下多忌讳，而民弥贫。民多利器，国家滋昏；人多技巧，奇物滋起；法令滋章，盗贼多有。"这是对烦政苛法严刑的否定。《老子·六十章》："治大国若烹小鲜。"烹小鱼不能翻搅，搞管理不在于折腾。三天一个主意，两天一个办法，尽折腾人，是搞不出名堂来的。这是治国的诀窍。后来王弼发展了这个思想，认为上面不清廉，法令越多越密，下面投机取巧者就会越来越精明，国家也就越来越乱，社会就越来越不安。在上者"无欲无事"，在下者自然能"归于清静"。这似乎也是一条至理名言。

《老子·七十三章》："天网恢恢，疏而不失。"老子的本意是："天网恢恢"，人世的一切都在无边的天网笼罩之下，而天网是"疏而不失"的，谁也别想侥幸。照他的说法，上天能不争而胜，不言而应，不召而来，不谋而成。既然天网解决了一切，"人网"就不必张扬了。这是他大倡"无为"的又一个原因。他是针对当时的严刑峻法而发的。这话现在还在用，但其意思却转移了，变成"一切为非作歹的人，到头来总会受到惩罚"。

《老子·七十四章》："民不畏死，奈何以死惧之？"据说，明太祖读了这句话之后，废除了极刑。而老子当年说这句话，是针对政烦刑重而言的，他警告当局，不要轻率用刑；否则将自食其果。这又一次表明了老庄对"刑"的否定态度。

四、净化心灵，提升人的精神素养

诸子百家中，唯有老庄把"警事"明确地和"塑造人"相联系。如何看待"人"，如何对待每一个生命体，包括那些肉体上、精神上有残缺、有问题的个体，构成了人类哲学意义上的终极关怀。在老庄那个时代，诸子已经在思考："人"是什么？奴隶、平民有没有人的资格？"人"要不要有自己的自由意志？对这些问题的回答，构成了老庄学说的重要内容。

《老子·四十七章》："修之于身，其德乃真；修之于家，其德乃余；修之于乡，其德乃长；修之于国，其德乃丰；修之于天下，其德乃普。"这又是一种"修齐治平"说，与孔孟一样，老庄也把治国的根基放在家庭单位上。个人和家庭管好了，天下国家自然会安宁。将血缘伦理关系高度政治化，把治国与管家密切联系起来，正是中国历代思想家、政治家们一贯的思维方式。在小农经济时代，家庭是一个集人口生产、物质生产及消费、教育为一体的单位，从家庭做起，不失为警事管理的一道良方。

庄子讲过"至人、神人、圣人"的人生理想，但他也明白那是无法实现的，于是，他为现实生活中的普通"人"如何活着，又另外开了一套处方。《庄子·盗跖》："人上寿百岁，中寿八十，下寿六十。除病瘐死丧忧患，其中开口而笑者，一月之中不过四五日而已。天与地无穷，人死者有时，操有时之具而托于无穷之间者，忽然无异于骐骥之过隙也。不能悦其志意、养其寿命者，皆非通于道者也。"庄子借"盗跖"之口，宣扬了人的自然生命具有至高无上的价值。"人命关天"，与人命相比，一切忠孝节义，一切功名事业，在老庄看来，都是无足轻重的。把人的自然性命看得如此重要，在先秦惟有道家。

第三节　墨家的非攻思想与战时治安

墨子认为，天下最大的祸乱灾害就是战争，其次是列国诸侯的奢侈挥霍。这两项是对社会生产力的最大破坏，是对社会财富的最大损耗，是对天下万民饱暖生息权利的最大剥夺，所以他力倡非攻非乐、节用节葬。墨子还特别留心"战时警事"，并做了专题讨论。

一、尚贤，从农与工肆中由民来选官，官选天子

《墨子·法仪》载："百工从事，皆有法度。今大者治天下，其次治大国，而无法所度，此不若百工之辨也。"墨子认为不以法度治天下，是一切混乱的病根所在。他所说的"法度"首在尚贤尚同。"尚贤"，要求从天子到诸侯到乡长（州长）、里正，都"选贤任能"，由民众自下而上地逐级推选产生，不搞亲亲贵贵；"尚同"，要求全国上下把自己的一切言行一切是非标准，都逐级地"上同"，直至天子，确保全国臣民与天子在思想上的完全一致，以使全国步调一致。

《墨子·尚贤》说："国有贤良之士众，则国家之治厚；贤良之士寡，则国家之治寡。"只有贤者才能治国，贤者愈多，国愈能治好，因而他主张从"天子"

起，就"选择天下贤良辩慧之人"任之；天子的助手、朝廷的三公、卿大夫们，也应该"选贤良"以任之；各地诸侯与其卿士、乡长，以至里正，一律"选贤任能"。那么，怎么才能产生众多贤者呢？他有一番美妙设想："然则众贤之术，将奈何哉……必且富之贵之，敬之誉之，然后国之良士亦将可得而众也。"他认为只要国家高度尊重并支持贤士，贤才就会辈出，"虽在农与工肆之人，有能则举之。高予之爵，重予之禄，任之以事，断予之令"，就不愁没有人才可用。他又提出：选用人才有一条原则，那就是"以德就列，以官服事，以劳殿赏，量功而分禄。故官无常贵，而民无终贱。有能则举之，无能则下之。举公义，避私怨，此若言之谓也"。决不能"亲戚则使之，无故富贵；面目佼好则使之"。因为"面目佼好，岂必智若慧哉？若使之治国家，则此使不智慧者治国家也。国家之乱，既可得而知矣"。显然，墨子的"贤人政治"方案是对世卿世禄制下的贵族政治的否定。墨子主张从根本上改造它。

《墨子·尚同》："选天下之贤可者立以为天子。天子立，以其力为不足……以天下为博大，远国异土之民，是非利害之辨，不可一人而明知，故划分万国，立诸侯国君。诸侯国君既已立，以其力为未足，又选择其国之贤可者，置立之以为正长。"这样，从天子到里正，都是"选天下之贤可者任之"，保证级级皆贤，这是治国的根本。

二、非攻：反对侵夺，也拒绝为不义者固守

在攻战问题上，《墨子·非攻》论述得很深刻：军旅一起，必废民之耕稼、树艺、收获、敛藏，百姓饥寒冻馁而死者，不可胜数；军用甲盾、戈矛、竹箭、帷帐、车乘、牛马之碎折靡弊而不返者，不可胜数；其道途遥远，饥寒疾疢、丧师失地而死伤倒毙者不可胜数。战争一开，千里之地，数百万人，血肉纷飞。入人之境，必刈其禾稼，斩其林木，隳其城郭，湮其沟渠，毁其房屋，夺其牺畜，焚其祖庙，又杀其万民，迁其重器……墨子问道：这种不仁不义、伤己害人的事，为什么还要做下去呢？再拿统治者的骄奢挥霍来说吧：不仅活着的靡费无度，就是死了，还要厚葬：棺椁必重，葬埋必厚，衣衾必多，文绣必繁，丘垄必巨。如此，必虚其府库，然后金玉珠宝比乎身，车马戈剑鼎鼓埋于地，还要数百数十地

杀殉！这是对社会财富的最无耻的浪费。民生艰难，祸根就在这里。《非乐》篇云："仁者之事，必务求兴天下之利，除天下之害，将以为法乎天下。利人乎即为，不利人乎即止。且夫仁者之为天下度也，非为其目之所美，耳之所乐，口之所甘，身体之所安。以此亏夺民衣食之财，仁者非为也。"墨子考虑问题的出发点与其归宿，都是"万民之利"，把"民"看得如此之重，诸子中惟此一家。

《墨子·备梯》中，墨子对他最得力的弟子禽滑厘说："有一种懂得防守之术、却不知爱民之道的人，凭着一点算计，就轻率地应敌，却终于身死国亡。这教训不可不记取。"墨子认为爱民之道比防守之术更重要，不爱民的君主是没有资格谈论防守的。墨子又说：所谓"非攻"，是反对以强凌弱；所谓"助守"，是助正义者，防止侵害：这都是有原则的。君主如果轻率地玩弄攻防伎俩，必定祸国殃民，带来严重灾难。在春秋战国兼并战争白热化的条件下，墨子这一理论是有针对性的。

三、墨子对"战时治安管理"的规划

春秋战国之际，战乱不休，墨家坚决反对不义的侵略扩张兼并战争，而十分用心于防守，特别是帮助小国弱国的防守。《墨子》书中，对于敌人的进攻手段，如各种水陆器械：高车、云梯、铁钩、冲车、高垒、飞楼以及运用水淹、穴城垣、掘地道等手段来攻城，都设置了有针对性的防御设施。这些防御设施，运用了几何学、声学、光学、机械学的原理与技巧，精妙无比，出神入化，并且取得了显著效果。这里仅举其关于战时警事管理的一些条规、办法，以见其思虑之周、法规之严。其精神与内容，可与《齐法》十三章相比美。

1. 保民

首先是"保民"，也叫"坚壁清野"。《杂守》："先举（首先查明）城中官府、民宅、室署，大小调处（将大小宽窄事先调查配置好）。葆者（入城求保之人），或欲从兄弟、知识（旧相识，老朋友）者，许之。外宅粟米畜产财物诸可以佐城守者，送入城中。事即急，则使门内。民献粟米布帛金钱牛马畜产，皆为置平价，与立券，书之。""寇近，亟收诸杂乡金器若铜铁，及它可以佐守事者；先举县官室；居官府。不急者（闲置的、储藏的），材之大小长短及凡数〔各类物资

的总数），即急先发（立刻首先征发调用）；寇薄（敌人迫近了），发屋伐木（征发民房、砍伐树材）。虽有请谒（请托求情），勿听（不能允许）。"《号令》篇也要求："去郭百步，墙垣树木小大，尽伐除之；外（郊外）空井尽窒（填塞）之，毋令可得汲也。外宅室尽发之，木尽伐之；诸可以攻城者，尽纳城中。令其人各有以记之。事已，各以其记取之。事为之券，书其枚数。不能尽入，即烧之。毋令客（敌人）得而用之。"

2. 防乱、防叛、防内奸

《号令》："火蔓延燔人（烧死人），断（砍头）；诸以众强凌弱小，及强奸人妇女，以喧哗者，皆断（一律砍头）。""吏卒民无符节（官吏、士兵、百姓，没有通行证件），而擅入里巷官府，吏、三老、守闾者失苛止（失职，不加禁止），皆断。诸盗守器械财物，及相盗者，值一钱以上，皆断。""诈为自贼伤（自残）以避事者，族之（株连灭族）。""若欲以城为外谋（通敌）者，父母妻子同产（兄弟姐妹）皆断。左右知不捕告，皆与同罪。""誉（宣扬）敌少以为众，乱以为治，敌攻拙以为巧者，断。客主人（敌我之人）毋得相与言，及相藉（相依仗、相借势）；客射以书（敌人用箭射来书信），毋得誉（不得宣扬）；外示内以善（敌人向我方表现其优势或伪善），毋得应；不从令者，皆断。禁毋得与矢书（不得向敌方射送书信），若以书射寇犯令者，父母妻子皆断，身枭城上（本人悬首城墙示众）。有能捕告之者，赏之黄金二十斤"。《迎敌祠》："巫卜……其出入为流言，惊骇恐吏民，谨微察之，断罪，不赦。"《号令》："严令吏民，毋敢喧嚣，三聚（三人必须列队），并行（二人必须并行），相视坐泣，流涕若视，举手相探相指，相呼相挥，相踵相投，相击相摩以身及衣，乃非命（都是无视军纪之举）也，而视敌移动者，斩。伍人（同伍之人）不得（不能及时掌控上述动态），斩；得之，除（破获了通敌之情，则免于追究）。"《号令》："伍人（同伍之人）逾城归敌，伍人不得（不能破获），斩；与伯（百夫之长为伯）归敌，队吏斩；与吏归敌，队将斩。归敌者，父母妻子同产皆车裂；先觉之，除（预先掌握情况的，免予追究）。"规定是十分严明的。

3. 严控通行出入

《杂守》："守节出入：使主节（让负责符节的人）必疏书（一定要一一登记），署其情；令着其事，而须（等待）其还，报，以参验之。节出，使所出门者（守门人）辄言（当即说明）节出时操者名（掌管符节的人的名字）。"《号令》篇："（城中）分里（里巷）以为四部，部一长；以苛（仔细稽查）往来不以时行、行而有它异者，以得其奸。吏从卒四人以上有分守者，大将必予信符。大将使人行，守操信符。信（符）不合，及号（口令）不相应者，伯长以上辄止之（扣留他），以闻（汇报于）大将。当止不止，及从吏卒纵之，皆斩。诸有罪，自死罪以上，皆及父母妻子同产……猝有警事，中军急击鼓者三，城上道路，里中巷街，皆无得行；行者斩。"又："门者及有守禁者，皆"毋令无事者得稽留止其旁。不从令者戮。""擅离署，戮（擅自脱离岗位，杀）。""

4. 人口登录

《号令》："县，各上（登录汇总）其县中豪杰若谋士，居大夫重厚（有财有势）口数多少。"

5. 防火灭火

《号令》："诸灶必为屏，火突（烟囱）高出屋四尺，慎毋敢失火。失火者斩；其端（故意）失火以为事者，车裂。伍人不得，斩；得之，除。救火者无敢喧哗。及离守绝巷救火者，斩。"即擅离岗位去救火者也要严惩。

6. 巡逻放哨

《号令》："长夜五巡行，短夜三巡行。""号（口令）：夕有号（夜间通行有口令）。失号（对不准口令），断（杀头）。"

墨子的战时警事，内容极丰富，这里仅是略举数例而已。

墨家学说来自现实，又服务于现实。然而，墨家不懂得：统治秩序是统治阶级的秩序，数千年的秩序，都只能是剥削阶级统治集团所认可、所推行、所维护的秩序。他们的"兼爱""尚贤""非攻""非乐"主张，并不能满足统治者不断膨胀的更大更多的利益需求，因而也就永远不可能成为剥削阶级警事思想的理论基础。这就决定了墨学在整个封建社会的长期沉寂。

今天，不少国家的法律制度中有规定：战时警事中，有权采取以下必要的行动：一是强行控制战略物资，严防资敌助敌；强行制伏企图抵制的物主；二是征用交通运输工具，运送前线急需物资和严重受伤者；三是为挽救本人或其他人的生命，占有必要的药品或食物；四是将受到安全威胁的人作出适当安置；五是未经许可进入民宅或建筑物，拿取可用于救生的设备，以进行救援或保护工作等。

当然，现代应急权力是法律赋予警事活动的，只有在特殊情况下才能行使的权力，必须遵循合法性、合理性和权力保护原则，在日常警事活动中是不允许滥用的。

第四节　法家对警事法理的思考

社会生活的有序状态，一是靠法律规范，二是靠伦理调节。中国古人十分重视纲常伦理。一般说来，人们总觉得"三纲五常"是儒家提倡的；殊不知它是法家概括出来的，法家更重视它。在法家的政治伦理学说中，"三纲"思想下的君权至上论尤为突出。这是韩非提出来的。

一、三纲五常与为治惟法

韩非认为：君主的权威是绝对的，它凌驾于整个社会之上，全国臣民都必须服从，不得有任何侵害与动摇。《韩非子·忠孝》说："人主虽不肖，臣不敢侵也。""尧为人君而君其臣，舜为人臣而臣其君，汤武为人臣而弑其主、刑其尸"，都是"犯上作乱"，应该绝对禁止。他要求"忠臣不危其君，孝子不非其亲"。他试图通过强调君权，来确立国家政治生活的有序状态；同时以君权为样本，推及整个社会生活，建立社会生活的有序状态。又强调："臣事君，子事父，妻事夫，三者顺则天下治，三者逆则天下乱：此天下之常道也。"他甚至讥讽"孔子本未知孝悌忠顺之道也"。因为儒家的"忠"是有条件的，先秦儒家没有将忠君推到绝对化的地步，韩非则把"三纲"提到了前所未有的高度。韩非主张君主用权术威势去驾驭人、控制人，直至消灭人，包括兄弟、妻妾和子女，更不必说大大小小的文臣、武将、说客、侠士，及那些主张礼乐、诗书、孝弟、守仁义、非兵、贞廉的"六虱""五蠹"们了。他把这些防范措施叫"备内"！（《韩非子》中的《人主》《八奸》《备内》《奸劫弑臣》等篇）

那么，君主又如何施展其权威呢？靠刑法。如果说儒家的"忠孝"说教主要靠舆论鼓吹的话，那么，法家则是靠严刑峻法来强制推行的。《心度》断然主张，"治民无常，为治唯法"，认为道德仁义之类对于治国都是无益甚而有害的，《制分》说只有"法"才"通乎人情、关乎治理"。他所说的"法"，指的是严刑峻法。维护绝对君权的"三纲"和严惩臣下"犯上"的法禁，是法家治国的"法宝"，是法家警事法理、警事思想的要害与核心。后世统治者口头上很少赤裸裸地宣扬这一套，但实践上却是切切实实地施行着、发展着这一思想的。有人称法家要"法治"，显然是误解了商韩。

二、警事立法的方针：法与时移，禁与能变

《韩非子·制分》说：道德仁义之类对于治国都是无益甚而有害的，只有"法"才"通乎人情、关乎治理"，故他对警事立法看得很重。他提出了"法与时移，禁与能变"的口号："治民无常，为治唯法。法与时移则治，治与世宜则有功。故民朴而禁之以名则治；世智而维之以刑则从。时移而治不易者乱，能治众而禁不变者削。故圣人之治民也，法与时移而禁与能变。"（《韩非子·心度》）应该说，"禁与能变"四个字，是一条很重要的警事立法的方针。法家努力从理论上为新兴地主阶级的登台提供辩护，力争新兴势力的政治地位与社会地位的法律确认，力争有利于地主统治的社会关系和社会秩序的确立与稳固，并无情打击一切妨害、干扰、破坏这种努力的反对力量。在法家心目中，在一个治理得很好的国度里，应该是一切皆断于法的，即"垂法而治，国富兵强"。

值得注意的是，在"法与时移"的同时，法家人物还注意到一般的社会警事管理问题，提出了"禁与能变"的口号。法和禁，在先秦典籍中，前者通常是指国家大法，可以涵盖各种禁令，而后者通常是指一些具体的条例、条令、规章，其中包括今天所说的"警事法"或"警察法"在内。随着时势的发展，上有政策，下有对策，国家出台的新政多，老百姓的针对性活动也必然增多。于是，"上"就必须用新的手段来对付"下"。新的生活现象层出不穷，那就必须有新的法规禁令来加以规范。法家的社会管理主张最贴近现实政治的需要，因而主张随时修订颁布新的法律和禁令。韩非子主张"禁与能变"，显然是切合时宜的。在《说疑》篇中他又进一步提出："太上禁其心，其次禁其言，其次禁其事"，要求

从思想、言论、行为上对人民实施全面的制约和规范，从而实现统治者所需要的"秩序"。

三、警事管理的基本准则：无功不赏，小过必究

韩非说："夫惜草茅者耗禾穗，惠盗贼者伤良民，今缓刑罚、行宽惠，是利奸邪而害善人也。此非所以为治也。""赏无功则民偷幸而望于上，不诛过则民不惩而易为非，此乱之本也。"（《韩非子·难二》）因此他主张赏功诛过。《七术》中举了一个"诛过"的实例：商代有一则"刑弃灰于道"的条令，有人觉得这样做太严厉了。韩非借别人的口说："不！弃灰也应该严加惩罚。因为公共场所，风起灰扬，必将污人而引起纠纷，妨害警事。不弃灰是人人可以做到的，受惩罚是人人所不愿意的；用人人可以做到的事去避免人人不愿受到的罚，有什么不好呢？再说，只要坚持这样罚下去，人们就不犯轻罪了，也就不犯重罪了。"韩非以此说明，"轻罪重罚"的结果是"重罪不至"，他把这叫"以刑去刑"。《外储说右下》还记有一个"不赏无功"的实例：当年，秦国发生了饥荒，大臣请求开放国有园圃，让老百姓自取菜果充饥。秦王不答应，说：按我们秦国的法令，有功才能受赏，无功不得受赐。此园一旦开放的话，就等于让有功无功者都能受赏，都去争抢，这是取乱之道。如果说中国历史上曾有过某种形态的"警察政治"的话，在"轻罪重罚""告奸受赏"政策下实现的"警事"，便只能是那种高压恐怖下的警事了。同时，法家主张，赏功责过，也要严格按现行法令条规办事，不能按个人是否受益来决定，即"法不容情"。有这么一件事：一次，韩王午休，被主管饮食的侍者发现了，他连忙给盖上一条被子。韩王醒后查问此事，主管衣服的侍者未及发言，前一侍者便争先回话："大王，是我给您盖的被子！"韩王当即下令将二人各打五十大板！理由是：前者越权，后者失职，按职务条例，二人均应受到处罚。

四、警事管理的着力点：社会层面控制

在法家心中，君主是唯一的警事管理主体，政府不过是其任意取用的警事工

具，广大臣民都是警事客体、控制对象。"权制独断于君"，君把臣民视同强敌，要施行一套愚民、制民、胜民政策。在商韩看来，"六虱""五蠹"都是要严加控制的对象，是危害君权稳固、国家安宁的祸害：一是"儒以文乱法"，他们惑乱舆论，动摇人心，妨害法制的贯彻。要管制这些人。二是"侠以武犯禁"，他们带利剑、聚徒属，犯五官之禁，和政府作对，当然要控制起来。三是"游说之士"，他们纵横驰说，朝秦暮楚，往往借外力以成其私。应予打击。四是"宦御亲近之人"，他们狐假虎威，招权纳贿，结党营私，淆乱纲纪。因其在君主身边，危害尤烈，更应严控。五是"工商游食之民"，这些人造假售劣，囤积居奇，奸利欺农，游走生事，因而也在严控范围。法家人物认为，只要使儒（知识分子）、侠（游侠刺客）、宦（宫廷亲信）、士（政府吏员）与工商，都处于皇帝的高压控制之下，社会也就安宁了。实际恰好相反。当商君限制工商之时，他本人已"作法自毙"了；当秦始皇"焚书坑儒"之时，他的天下也就不稳了。

第五节　从警事文化视角透析百家主张

先秦百家尤其是儒、墨、道、法及兵、农各家对国家警事方略、警事管理的系统论述，加上《周礼》《礼记》《仪礼》《左传》《国语》等经典文献的记述，为中华法系规范下的中华警事提供了周全而多侧面的理论支撑与实践示范，为大一统政权结构提供了理想蓝图，对启动期的中华国家警事作了制度性的总结。它们的存在，证明着我国有悠久的、无限丰富的、无可比拟的警事文化资源。

本期，儒家创建了德政学说，希望建成"路不拾遗、夜不闭户"的安宁社会，这八个字至今仍是人民"安全感"的最好尺度、有效指标；道家在抨击现存秩序的基础上，憧憬着"甘食美衣、安居乐俗"的古朴社会，至今仍是人们"幸福感"的有效底线；墨家提出了尚贤尚同的"贤人政治"方案，力图消除普遍存在的大欺小、强凌弱、众暴寡、诈欺愚，以刀剑水火毒药相攻击的混乱与丑恶，向往人人相爱、人人勤俭的、从"农与工肆之人"中层层推举各级政府首脑的平等社会。

这一思想，至今仍具普世价值。法家打出了"以法治国"的旗帜，要求"法与时移，禁与能变"，致力于建定法纪、确立纲常，向往法制严明的秩序社会，它至今仍不失为警事管理的纲领性提示。

其中，民本思想起了尤为强大的支撑作用。围绕这个问题，孔子论述了"君君臣臣父父子子"的秩序观，老子设想了"爱民治国，能无为乎"的顺时而为论；孟子论述了"民贵君轻"的民本说，荀韩庄列均指出"人为万物之灵"说，确认了"人的价值"；管仲大讲"士农工商，国之四民"，大倡四民分居；商鞅力倡耕战，都把"民"，特别是"农民"放在重要位置上。总之，百家都认识到了民的重要与人的价值，使现实社会从远古"奴隶不是人"的意识中走出来，"解放"了人口的绝大多数，把建立警事管理制度提上了日程。尽管各家的论述重点不一，具体目标有别，而为创建强大稳定的统一政权作思想理论准备却是一致的。他们为国家警事活动指明了着力方向，从而也就规范了东方的警事风格。

肯定人的价值，是警事的出发点和归宿。《荀子·王制》："水火有气而无生（生命），草木有生而无知，禽兽有知而无义，人有气有生有智亦且有义，故最为天下贵也。"重视生命，因而要管好生命，护好生命，这是出发点。《荀子·强国》："故人莫贵乎生，莫乐乎安。"重视生命，就要满足生命的基本要求，保证其温饱，保证其安全，这应该是警事的核心任务。《荀子·君道》篇说："法者，治之端也。"他把"法"与"治"紧密地联系起来；《左传·宣十二年》"军卫不撤，警也"。它把"警"与"军""卫"密切联系起来。这么看来，先秦人已经抓住了警事的要害：通过法律与警力，谋求国家政治秩序的稳定与民众生活秩序的安宁。任何把"警事"与"民生"割裂开来、对立起来的想法与作法，都应该受到批判与抵制。这一切，在世界警事思想史和中国警事思想史上，都应该占有突出的位置。

就社会治理而言，我们对法家思想的研究尚欠深度。比如说，真正危害国家安全、危害社会安宁、危害国家法纪的主要负面因素，并不存在于社会基层，恰恰存在于现行体制下最大的获利阶层、最大的既得利益集团内部。它们才拥有无限扩大所得利益的意愿和攫取更大利益的必要手段，它们才会发现现行体制、现行法规的薄弱环节而利用之、攻击之，从而败坏法纪，蛀蚀国本。历代兴亡，都证明了这一点。韩非子们所说"五蠹""六虱"之类，正是针对这个问题而言的，却始终未能引出足够的结论，从而纠正国家警事矛头始终向下的总特质。这样，并不能真正解决社会治安与上层动荡的根本问题。举个小小例子：先秦违反宫廷禁卫的兵卒，被处死的何止千百，可是他们从未闹腾出个什么名堂，绝大多数都为无心之过；可是，能利用宫廷禁卫制度生事发难者，又何止一二？闹事起衅者谁非贵族？谁非现行体制下的获利者？法家，名声不好听，说的却是大实话。小人物从来闹不出大浪来，成大浪的必定是上层统治集团的"异己分子"。连秦末、汉末、隋末、唐末、元末、明末、清末的农民大起义，之所以起到推翻旧政权的作用，都是因为有原有"贵族精英"的参与。

至此，国家警事应该保护谁，防范谁，难道还不清楚吗？

第五章　秦代：中华国家警事体制的奠定

　　前 221 年，秦王嬴政灭掉了东方的最后一国——齐，统一了中国，立即着手建设一个中央集权制的帝国政权，布建国家警事。秦朝确立了朝廷（中央）—郡县（地方）—乡里（基层）的三级行政管理体制；在基层普遍建立"亭"，承办基层治安警事；它规定了全体国民的行为准则与行为模式，明确了国家各级各类警事管理人员的职责与行为规范，明确了警治禁卫安全工作的具体业务。凡要害禁卫、户口登录、交通管理、缉盗防奸、城市宵禁、消防环保、边防查禁、关卡与旅舍管理、工程保卫、社会面控制、监狱管理及刑徒看管押送等业务都已上马，几乎涉及后世警事的各个领域。秦代每项新政都以警事为前锋。

　　秦人具有法制传统，从商鞅变法起，秦国对全体居民的所有政治生活、社会生活以至家庭生活，都一直贯彻"一断于法"的原则，依靠法、律、令、制来规范人的言行。商鞅变法之后，经十年努力，据《史记·秦本记》说，即已做到"道不拾遗，山无盗贼，家给人足，民勇于公战，怯于私斗，乡邑大治"了。荀子亲自到秦考察，他入境观其风俗，发现这里"其百姓朴，其百吏肃然，其士大夫不比周，不朋党；其朝廷听决，百事不留，恬然如无治者"。（《荀子·强国》）给了高度评价。秦始皇在极短的时间内，在军事胜利的同时，推进了国家法令的统一，实现了货币与度量衡的统一，实现了全国文字的统一与书体的革新；他还北筑长城，南开灵渠，在腹地大修驰道，使全国各地之间通过发达的水陆交通有机地结成一体，强有力地疏通了华夏文明的血脉，将华夏文明的覆盖面有效地拓展到岭南、塞北、陇西与滇黔巴蜀。看来，秦的警事是很有成效的，这是一个典型的"法制国度""秩序社会"。

　　秦人的刑侦破案工作，无论是侦破的策略方法也好，刑事技术也好，法律程序也好，都包含着不少科学成分，尤其是现场勘验、法医检验、审讯活动方面，居世界前列。秦代制度文明为中华的国家警事体制打下了根基，保证了大一统的实现。

第一节　秦代的警事理念：建定法度，为治惟法

秦始皇推行一种"为治惟法"的政治管理，将国家一切活动都纳入法制轨道，要求"一断于法"。（《史记·秦始皇本纪·秦刻石》）为着迅速确立帝国政治所需要的政治秩序与社会秩序，他明令平毁原东方各国境内的城寨关隘，搜缴各国兵器，迁徙六国贵族于关中，竭力实施对各种反秦力量的强力控制，从而开创了一个强大的帝国政权。

秦始皇一建国，就特别提出"大圣作治，建定法度"的治国方针。他明令全国"以吏为师，以法为教"，强制进行法的教育。他认为，这样做可以"矫正民心，去其邪辟，除其恶俗"。（《云梦秦简》）这就把国家管理推上了"为治惟法"论的道路。他将《秦律》颁行全国，亲自巡视各地，每到一处，必宣布国家大法，张扬国威，注意从法律上、文化上、经济上统一全国的生活模式。

秦王朝实行中央集权制，组建了以"尉"职官员为主干的、覆盖全国的警事管理网络，主持着各级各地的警事。秦中央设有太尉、廷尉、中尉、卫尉等职官，地方有郡都尉、关都尉、骑都尉、农都尉及县尉、部尉等尉职之官。"尉"字由"尸示寸"组成。尸：主持之义；示：公示公告之义；寸：分寸尺度法度之义。郡尉县尉可与郡守县令分开办公，相对独立。这些尉职机构之间，没有直接的上下统属关系，并不形成独立的警治系统，而是组合在各级政府之中，由相应行政首长主持其事；这是中国警权从未膨胀到凌驾于行政权之上的主要约束性因素（与西方"警察国家"不同）；但在业务上，朝廷的中尉，指挥着京城的都尉；各郡的都尉，节制着各县的县尉；都尉与县尉，又对乡里的游徼与基层亭的治安业务有统筹管理之责。因而可以说，在军警一体、政刑不分的行政体制下，警事职官在业务上享有一定程度的相对独立性。这种独立性，正是秦帝国的急政暴政

得以推行的组织保证。

秦始皇的活动，从积极的方面看，为国民提供了一套完整的警事规范，使全国上下都做到"举措必当，莫不如划"。（《史记·秦始皇本纪·秦刻石》）统一思想，统一言论，统一行动，建立起与帝国政治相适应的社会治安秩序。这一切，对于我国的历史发展来说，无疑起了巨大的强固作用。

第二节　秦代三级警事网络的布建

秦代实行中央集权制，确立了朝廷三公九卿制、郡县长官负责制的官僚政体。国家的警事职能，也就相应地解剖为朝廷、地方与基层三个层次，交予各级政府去经管。其承担警事禁卫的职官，也相应地分为三个层次：宫廷禁卫与京师治安的责任机构；郡县地方警事机构与关塞等要害地区的安全禁察机构；乡里基层的治安警事机构。秦代开创的朝廷禁卫官制与全国三级警事网络，为后世所普遍继承，故这里作个总体介绍。

一、秦中央政府中承担警事的职官序列

1. 国家元首皇帝

他是全国最高行政首脑，享有绝对权威，"天下之事无大小，皆决于上"。（《史记·秦始皇本纪》）当然有权主宰国家警事。

2. 中央（朝廷）

由丞相与三公、九卿及列卿组成，为最高行政机关。

丞相：朝廷百僚之长，总揽政务，也是全国警事的最高责任长官。吕不韦、李斯、赵高都曾任过此职。

国尉（太尉）：军政首长。秦国大将白起与尉缭都曾任过此职，主管国家军事与警事，郡县之尉职官员也受他的节制。

御史大夫：仅次于丞相。其职责为辅佐丞相，监察百官，兼管要案审理，追讨大奸巨猾。秦始皇时的坑儒事件，东郡陨石上刻字"始皇死而天下分"之案的侦察工作，秦二世杀害大将蒙毅等事件，均是由御史大夫经办的。

九卿：分为①奉常：掌宗庙礼仪。②郎中令（光禄勋）：全面负责宫廷禁卫，是皇帝的亲信官。③卫尉：掌宫门的卫屯兵（禁兵），主管皇城的治安与禁卫。卫尉的属官有卫士令、仆射、公车司马令等。卫尉属下有禁卫军，分头进行宫廷内部的警卫和宫内墙下的巡视。巡视军卒白天列队巡逻，夜间警备不测。至于宫外禁卫则由中尉负责。④太仆：掌管皇室车马。⑤少府：掌皇室财务与供养。⑥宗正：掌理皇室宗亲的名籍与福利。⑦廷尉：主管全国的警事与刑法，并领导中尉。李斯曾任过此职。中尉主持京师的街道、城门、市场、府库、禁苑等一切场所的安全禁卫。⑧典客：掌理民族事务与外交礼仪。⑨治粟内史：掌管全国财政。

列卿：分为①中尉（后改名为执金吾）：掌管京师地面的治安，巡警奸猾，统领武库禁卫事宜。在警事职官体系中，此职极为重要。②将作少府：掌宫城内的建筑修缮与工程管理。③詹事：掌皇后与太子宫中之事，包括宫内安全。④主爵中尉：掌列侯的爵禄事。

说明：透过著名的荆轲刺杀秦王案，可以看出秦代宫禁军卫士的职责有严格限制。秦代是一个惊心动魄事件不断发生的王朝，特别是宫廷政治事件颇多。因为禁军直接担任宫廷的保卫任务，所以这些事件，常有禁卫军官牵涉其中。比如前238年，嫪毐发起的宫廷政变案中，统管宫廷禁卫军的卫尉就参与了叛乱。皇帝最亲信的力量最容易挑起最危险的祸乱，这也带有普遍性。

二、秦代地方郡县的警事职责

1. 郡守

一郡之长，负责全郡政事，包括警事。其佐官与属官有：

郡监御史：朝廷委派之监察官。

郡尉（即郡都尉）：专掌武事与禁察搜捕盗贼；凡武装训练及巡逻、缉捕等警事事宜，均由他主管；并负责指导节制郡属各县的警事业务。

郡丞：郡守在政务上的主要助手，率领其所属郡府功曹，分头承办全郡的文书、政务、刑法、狱讼等各项事务。

分部尉：事务繁杂的大郡，分为若干个"部"，由分部尉（如洛阳北部尉之类）分头负责本部的警事业务。

2. 县令（县长）

掌一县政务，包括警事。其佐官与属官有：

县尉：掌本县武事，主管军事训练，征集兵员力役，巡捕盗贼，逮捕人犯；业务上受郡尉（都尉）节制，称作"承望都尉"。

县丞：掌一县文书、刑狱事宜，率县功曹承办县内文书、刑法、狱讼事项；另外还配有仵作、牢头等隶役，分头承担出现场验尸、看守牢狱等责。

秦代郡县地方警事，由郡守县令负全责，他们是由皇帝直接任命的"命官"。郡县机关各部门的吏役，由郡县之长官自行聘用，国家也给相应的薪酬，并依"积劳日"进行考勤，决定其升降任免。

三、秦代基层乡里的治安职责

《秦律》规定：国家实行郡县制，县以下的基层是乡。乡下又分成里、什、伍。乡设乡啬夫、乡三老、游徼及若干乡佐（又名部佐），共同管理一乡政事与治安。在秦代，乡官由县令任命，有薪酬（唐代以后变成隶役，取消了薪酬）。乡三老掌教化；五千家以上之乡添设一名"有秩"（有俸禄的人），以辅佐乡三老。乡啬夫负责征收赋税，受理狱讼。游徼负责巡禁捕盗，维持本乡治安。里设里正（后来为避秦始皇的嫌名之讳，改称为"里典"或"里啬夫"），什、伍则设什长、伍老等，负责所在区段的治安事宜。另外，族有族长，家有家长，他们也都承担着相应的管理任务。

在县警事官吏县尉的指导下，乡长、里典等直接承担本地一切治安事故的行政责任。从《秦简》看，凡防火、防盗、巡察、捕亡、勘验、封守、清理户籍、管束社会闲散人员等，他们都要出场出面，负责到底。为此，秦代亭长，往往找强横有力者担任。刘邦早年"不事产业"，放浪强横，他就当上了"泗水亭长"，曾押送徒役从彭城到咸阳服役。为保证巡徼、求盗等履行其警事职责，《捕盗律》规定："求盗勿令送逆为它。令送逆为它事者，赀二甲。""求盗"是专职，不得令其送往迎来，做其他杂事；如果专职警事人员承担了非职务活动，则追究其上司之行政责任，罚金为"两副甲胄"。

秦代为了强化基层警事，除上述乡里什伍总管外，在驰道、津渡、城门等冲要之处特设有"亭"的建制。城区街道有街亭，都门之外有都亭，城门口有门亭，政府机关有府亭，市场有市亭，边防线有戍亭，津渡口有津渡亭，交通干线与远郊、山村有乡亭，"大率十里一亭"。项羽乌江自刎前，有位乌江亭长劝他回江东去待机再起，这就是重要关津设有"亭"的证明。不同的亭，有不同的具体业务，但各亭都建有亭舍，负责治安警事。市亭、都亭等还建有亭楼，以便伺察。各亭均要负责责任区段、责任场所内的巡察警戒和追捕盗贼等事项。每亭有亭啬夫负全责，亭校长主管本亭范围内的武事或丁壮的军事训练；又有亭夫多人，管开闭扫除等内务。有一批亭卒执行上级交给的各项差遣，如迎送官员、邮递公文、查验过客、押送要件；在游徼率领下，亭卒要在辖境内巡逻警戒，求盗要执行缉捕追逃、取赃报案等任务。为保障亭的正常活动，大的亭还要养马、种地，可按律征用当地夫役。亭长要选孔武有力、粗识文字、善用五种兵器之人；执行任务时，身穿特殊制服——赭衣，手执"二尺版"，以示有权"依律令抓捕人"。

亭无权审判罪犯，抓到罪犯后，应将犯人和赃物一并解送县廷，由县廷处理。在管辖区内发现案情后，无论是自己发现的，还是居民检举的，亭都有责任将案件发生的时间、地点、控告人的姓名，以及其他有关细节，记录下来，立即报告县廷。《睡虎地秦墓竹简·封诊式》中有两则亭长向县廷报告案情的文书，反映出报告书要写得详细、具体。现抄录一则（译文）："市南街亭的求盗某甲捆送男子丙，还有马一匹，是杂色母马，右眼有病；另有丹黄色帛面夹衣，有帛里，领和袖有宽大的缘边，还有鞋一双。丙盗窃了这匹马和衣物，今天在亭旁发现，于是将丙捕获送到。"

亭的工作还有盘查过往行人和调解民事纠纷。秦代的吏民外出，需要带着有关机关发的通行凭证，经过关隘渡口或住宿客舍，都要出示通行凭证。设在驿道、关津的亭，有权盘查、验示行人的证件。

可以看出，秦代警事，从朝廷开始到郡县地方、到乡里基层与关津要塞，都有吏员负责。这就形成了覆盖全国各地各社会层面的警事网络。人民的一举一动，都在警事治安职官的监理之下。这是秦朝统治的根基。

第三节　秦代警事管理的法律依据

秦始皇在统一全国的过程中，前方军队推进到哪里，就把秦的法律推行到哪里，军事统一与法律统一相辅并行，使统一大业顺利进行。他相信，只要"治道运行，诸产得宜，皆有法式"，全国上下就能达成"欣欣奉教，尽知法式"的大好政局。(《秦刻石》)全国统一之后，他又亲自主持了《秦律》的修订，使之成为帝国法典，并于始皇三十四年（前 213 年）向全国颁布。他很懂得警事对于塑造"法制社会"、塑造"诚朴黔首"（使庶民诚朴）的功能。他在帝位的时间仅有十年，51 岁时就一病不起，却有效地推进了国家的军事统一、行政统一、法律统一、文字统一、车轨统一、度量衡统一，以至社会思想的统一，这是很不一般的，它夯实了两千年大一统的基石。

1975 年冬，考古工作者从湖北云梦睡虎地秦墓中发现了一批竹简，经整理，总题为"睡虎地秦墓竹简"，世称"云梦秦简"。这批秦简，便是秦皇统一法制的实证，也是秦人法制传统的结晶，是一个法律文献的宝库。

一、《秦律》：警事活动的权力法源

《睡虎地秦墓竹简》中，有《秦律杂抄》《秦律十八种》及其附录的《魏户律》（两条）、《封诊式》《法律答问》《为吏之道》等，全是珍贵的法律文献。另有《编年记》《日书》（甲、乙两种）、《语书》等相关资料。这些法律文献直接保存着秦国法制的原生态文本资料，是我们今天研究秦代警事法律的最好依据。其中，《法律答问》就律文理解与法律实用作了明细的说明，共有一百九十条之多；《封诊式》对执法的各个环节，如"穴盗""封守""鞫狱""讯狱"等的操作原理与操作规程作了权威规范，并提供了各式"爰书"（法律文书）的制作样本。

就《云梦秦简》所见之材料看，《秦律》内容极其繁富，大致可分为以下五

大类：

关于职官的推选任命考核及职务管理与职事章程的，有《置吏律》《除亡律》《除弟子律》《效律》《内史杂律》《传食律》《行书律》《游士律》等。

关于户籍与赋税徭役的，有《田律》《傅律》（关于户籍登录的法律）、《徭律》《戍律》《关市律》《金布律》《仓律》《藏律》《厩苑律》《牛羊课律》《公车司马猎律》等。

关于兵刑方面的，有《军爵律》《中劳律》《敦表律》《尉杂律》《捕盗律》等。

关于工程监理、技术管理的，有《工律》《工人程》《均工律》《司空律》等。

为保证《秦律》准确实施而配套颁发的、同样具有法律效力的有《法律答问》《封诊式》《为吏之道》等。

又有临时颁发的各种条令，如《焚书令》之类。

看来，秦皇是认真实施了"一断于法"的原则，且都有"成文法"作规范，难怪后人要指责《秦律》苛繁，多如牛毛。如《行书律》中规定：邮递公文，接到文书邮件时，必须记录好邮件的来历和收发的时间，及时汇报，并作为事后查验的凭据。邮件如丢失者，应随时报告。官奴婢、老弱者及不可信任的人，都不能当邮递人员。有关政府征召、辟举人才的文书，接件时要申报；应到而未到的，应随即追查原因。[1] 从这条关于传递公文的律条，即可见《秦律》规范的严密程度。又如《法律答问》中规定：[2] 身为士伍的某人，偷了人家一只羊，羊颈有条绳索，值一钱。那么科刑时是否要论盗羊索的罪呢？回答是：此人主观上是为了盗羊，所以牵走了羊，连带就用了系羊的绳索。议罪时，不应以超过盗羊的罪来论处他。《秦律》对国人的行为规范及官府量刑规定之苛严到了如此细密的地步，真让人惊异。不过，这也看出，事事"依法行事"者，未必就有好的社会效果。

---

[1] 《行书律》的原文是："行传书、爰书，必书其起及到日月夙暮，以辄相报也。书亡者，亟告官。隶臣妾、老弱及不可诚仁者勿令。书廷辟，有曰报，宜到不来者追之。"

[2] 《法律答问》的原文是："士伍甲盗一羊，羊颈有索，索值一钱，问何论？甲意所盗羊也，而索系羊，甲即牵羊去。议：不为过羊。"

二、重视对社会的法制宣教，重视对执法人员的道德教育

秦皇本人认为执法就是爱民，能执法就是美德。所以，其《泰山刻石》《琅琊刻石》《会稽刻石》中，就不乏道德教育的话。在秦代，道德是作为法的从属性工具存在的。离开法，道德也就无从谈起了。这里摘抄两三段《为吏之道》的原文，以供研讨。

"凡为吏之道，必精洁正直，慎谨坚固。审悉无私，微密纤察，安静无苛。审当赏罚，严刚无暴，廉而毋刖，毋复期胜，毋以愤怒决。宽裕忠信，和平毋怨，悔过勿重。慈下勿凌，敬上勿犯，听闻勿塞"。即官吏为人要廉明正直，有棱角、坚守原则，大公无私；不要苛刻扰民，要赏罚恰当，有威严但不要轻易伤害别人；不要总是期求压倒别人，不要感情用事，不在愤怒时作出决定。要宽容大量，忠于职守；不怨天尤人，不要重复已犯过的过错。这里说的是为官原则、为吏轨范。如能做到，自然合乎国家的需要。如果说儒家讲求"正直""忠信""不迁怒""不贰过"等，纯粹是对道德修养的提倡；而秦人讲的"悔过勿重""毋以愤怒决"等，则完全出于法律责任的考虑。这是很不相同的。

"审知民能，善度民力，劳以率之，正以矫之。反赦其身，止欲去愿"。即要求准确把握百姓的能量、能力等。对这句话的解读，不能光从字面上看，要与秦皇的实践相联系，放在秦人的话语体系中去理解。秦皇称帝之后，仅用十个年头，修长城、筑驰道、开灵渠，平毁六国城寨，开发岭南地区，还建咸阳城、修骊山墓、制兵马俑……不知耗费了多少民力！据考，统一后的全国人口也就一千五百万上下，劳动工具很简单，但奇怪的是，这些浩大工程都一一按期按质按量完成了。要知道，《为吏之道》所要求的"审知民能，善度民力""劳以率之，正以矫之"等，绝不是一般的泛泛号召，而是一项有明确指标的、充分量化了的法定要求。这可以从《秦律》中的《工人程》《中劳律》《徭律》等篇章中得到印证。秦皇是怎么"善度民力"的呢？原来，《工人程》及《徭律》中都有规定：秦皇将工程总体先逐级分解，每段任命一位"度者"（总工程师、工程师），由"度者"提出工程计划书《爰书》，计算出用工用料用时用财及其质量指标等，逐级核定汇总上报，最终由始皇亲自审批，再以《命书》形式下达任务，然后按计划考核。

所建工程凡无故提前或误期者都要受罚。如一年内墙垣坍坏而质量不合格者，需推倒重来，由"度者"负行政责任，由工程的全体参与人员负工时责任。惩罚是严酷的。此外，秦皇又制订了《中劳律》，规定国家各级官员吏役，每人每日有法定工作量，完成一个定量即记一个"积劳日"，定期考核评比，优者"赐劳"一日一旬一月不等；劣者"罚劳"一月一旬一日不等。一年结算，三年考评，作为升迁留任或降职去职的法定依据。始皇对自己也严格要求，每天工作"不中程不得休息"，依程限规定干活，非常辛苦，所以他五十一岁时就去世了。请注意："可操作性"正是法家主张的传统特色，一切要求都以相应法律来保障其落实。对于秦的法制文献，我们都应作如是观。

第四节　秦代警事：刑事侦审的依法启动

虽然国际上的刑事侦查和刑事检验制度是在 19 世纪末 20 世纪初才建立起来的，但并不等于说刑事侦查工作始于此时。中国是世界上应用法医学最早的国家，从现存文献中最早可追溯至先秦时期，秦代已经相当发达。

秦时案件侦破一般由县级负责。从《封诊式》里的《贼死》《经死》《穴盗》《出子》等篇章可以看出，凡有人报案后，都无例外地要由"令史"和"牢隶臣"前往现场，进行勘察和侦查工作。"令史"和"牢隶臣"是秦时县级的专门刑侦人员和兼职刑侦人员。在乡一级，设"游徼""害盗"两种专职刑侦警事隶役。这说明当时的刑侦工作是有一定组织机构和工作人员开展专门性工作的。

一、从《封诊式》看秦代刑事执法人员的设置

在《云梦秦简》中，与侦查学、预审学、法医学关系密切的是《法律答问》和《封诊式》等书，其中尤以后者为要。《封诊式》的"封"是指查封；"诊"是指诊察、勘验、检验；"式"是指律条的格式和程式。顾名思义，《封诊式》就是

一部关于查封与勘验程式的书籍。它共有二十五篇文章，其内容除了有关审理案件、审讯人犯等的一般性规定外，还汇集了诸如凶杀、盗窃、逃亡等类型的刑事案例。在有的案例中夹叙夹议，讲解了有关破案的规程和方法。《封诊式》不仅是当时具有约束力的"刑事侦查工作规则"，而且也是中国迄今为止发现最早的刑侦专著。通过《封诊式》可以概括地了解秦朝刑侦破案人员的设置情况、现场勘查工作、刑事技术工作和审讯工作的状况。

秦时，全国分为中央与郡、县以及乡、亭、里三级行政机构。案件的侦破工作一般是由县级负责进行。从《封诊式》里的《贼死》《经死》《穴盗》《出子》等篇章可以看出，凡是性质不明、人犯不明的案件，都无例外地要由"令史"和"牢隶臣"前往现场进行勘查和初步的侦查工作。"令史"是县令的属官，"牢隶臣"则是一种在牢狱里服役的官奴隶。既然每一次现场勘查和初步的侦查工作都是由"令史"和"牢隶臣"进行的，那么可以推断："令史"和"牢隶臣"就是秦时县级的专门刑侦人员和兼职刑侦工作人员。在乡一级，据与《封诊式》同时出土的《法律答问》和《秦律十八种》记载，有"游徼""害盗"两种专职刑侦治安官吏。"游徼"，《汉书·百官表》载：乡有游徼，"徼循禁贼盗"；"害盗"又称"宪盗"，也是一种负责捕捉"贼盗"的官吏。据《法律答问》中"害盗别徼而盗，加罪之"一句看，"害盗"可能受"游徼"领导。在亭一级，则设有"求盗"。《汉书·高帝纪》注引应劭云："求盗者，亭卒。旧时亭有两卒，一为亭父，掌开闭扫除；一为求盗，掌逐捕贼盗。"《封诊式》中的几则案例也表明，"令史"和"牢隶臣"在勘查现场时一般都有"求盗"参与。"求盗"还负有及时向上一级报案的职责。这说明当时的刑侦工作是有一定组织机构和工作人员负责的专门性工作。

二、从《封诊式》看秦代的执法活动

《秦律》中对各级警事执法人员的职责与义务有明晰的规定，对其执法原则、活动内容、活动规程都有相应的法纪约束。

1. 读法：宣讲律令

《秦律·尉杂律》规定：地方负责读法官吏有责任定期向朝廷相关部门（比

如御使府）查阅有无新法新令颁布。《内史杂》规定：各县要通知设在本县各地的都官，抄写该官府应遵用的律令。各级法官法吏，自己要精通熟悉法令，遗忘一个罪名，"各以其所忘之法令名罪之"，十分苛严。法吏们要负责及时向辖区公众读法、讲法，正确解释法令，从而让民众"皆知所守"，依法办事；还应满足民众知法懂法的请求，求而不答者要受"赀刑"（罚金）；而且每次问答都得"各为尺六寸之符，明书年月日时，所问法令之名，以告吏民"。这"符"一式两份，一份由吏交机关存档备查，一份交百姓保管备用。百姓在法制生活中，则应"以吏为师，以法为教"，不得听从法律以外的任何言论，诸如道德裁判、风俗裁判、经义裁判，都不能代替国家法律裁判。

2. 诣和告：报案

在《云梦秦简》中，居民向官府报案、请示称为"诣"，这是公民的责任；相关执法吏报案或汇报工作称为"告"，是其分内之事。如《封诊式》载：男子甲自诣，辞曰："士伍，以乃月不识日去亡，毋它坐。今来自出。"即男子甲自行到官府自首，交代的是："本人是士伍身份，在这个月的某一天逃亡出去，没有别的犯法活动。今天前来自首。"又载：某里里典甲来告："里人士伍乙经死其室，不知其故。即令令史某往诊。"即某里的里典来告："本里有个士伍身份的乙在家里上吊自杀了，不知何故。当即派令史某人前往察看。"另，《法律答问》载有一事："有秩吏捕阑亡者，以畀乙，令诣。约分购。问吏及乙各何论？当赀各二甲，勿购。"即一名拿着国家薪金的"有秩吏"（秦代乡级官吏也有官俸），在执行职务时截获到一名逃亡犯，却私下交给了乙，让乙去官府报告，以便请功邀赏，约好了均分所得奖金。问这种情况如何对该吏及乙判罪。回答是：依律应判罚金各二领衣甲之价，且不发给奖金。

3. 诊：侦查与现场勘验

现场勘查包括现场勘验和现场访问。现场勘验又包括痕迹勘验、尸体检验及人身检查等内容。以《穴盗》篇为例：现场勘查，首先是观察了解现场所处的位置和环境；其次是勘验出入口的位置、形态、大小，以及痕迹状况、物品的分布和特征，尤其是与出入口相关的出入道路的痕迹与物品，现场中心的物品布局、陈设，及受破坏情况，痕迹与物品的分布情况、特征；并考虑提取物证与否。接着向事主和邻居了解与现场及案件有关的情况。现场勘查笔录上须记载当场参加人员、案由、勘查过程及勘查结果。

又如对"经死"的现场勘验。《封诊式·经死》要求：县府接报有人自杀了，县令史当即约同牢隶臣与死者本里里典、伍老和死者的血亲一起出现场。到现场后，令史独自到尸体边亲自验视，首先仔细查看吊索的环扣痕迹，重点察看绳索的终端，如有圈束痕迹，应察看死者舌头出与不出，再查看头足离绳索终端和地面各有多少距离，是否有屎尿流出；然后解开绳索，放平尸体，注意口鼻有无出声"叹气"的样子（上吊自杀必然有郁气吐出；而他杀移尸者则不会"叹气"），看脖上绳印处是否有瘀血，看瘀痕形状是半圈还是满圈，试验死者之头能不能从索套中脱出；若不能脱开，即解开死者衣服，全面检查其身、头及发髻中有无异痕异物。如果舌不伸出、口鼻无叹息声、索痕处无瘀血或满圈瘀痕、绳扣紧死而头不能脱，那么，这种"自杀"就很难认定了。自杀的人必然先有缘故和表现，要查问其同居家人，来综合判断其死因。这一切诊视勘验完成后，要制作一份《爰书》，供判案用。

《穴盗》中有关现场鞋印的记载表明，秦朝已经把鞋印用于分析案情、刻画犯罪特征和物证鉴定。在勘验现场时很注意在出入口、来去道路等部位寻找鞋印。这显然是为了分析判断罪犯在现场的活动轨迹及其逃跑的方向。但是秦朝对鞋印的运用并没有仅限于此。《穴盗》中记载，现场入口"外壤秦綦履迹四所，袤尺二寸，其前稠綦袤四寸，其中央稀者五寸，其踵稠者三寸，其履迹类故履"。文中另一处提到鞋印时，也将鞋印的大小称为"广袤"。秦朝的现场勘验中对鞋印的校验不仅限于何处有鞋印，而更重要的是研究鞋印本身的特征——鞋印的长度、宽度（把宽度分为三个部分进行测量），各部位的花纹磨损特征，鞋印反映出的鞋的新旧程度等。显而易见，这种研究的目的有两个：一是用于刻画罪犯的特征，查找和通缉罪犯。因为研究鞋的长短、宽窄不可能不考虑到与此紧密相关的穿鞋人的身高、体态情况，这就为查找和通缉罪犯提供了人身特征。同时，鞋印所反映出的鞋本身的特征也是查找罪犯的一个重要线索。二是用于物证鉴定。尽管当时的鉴定工作无论在定量上还是定性上，甚至在鉴定方式上，与现代意义的鉴定都无法相比，但严实的证据鉴定意义还是存在的，因为无论是以鞋为线索查获了罪犯也好，或以其他途径查获了罪犯也好，破案过程中怎样也少不了这样一个步骤，那就是要把在现场发现的鞋印的特征与初步查获的嫌疑人的鞋的特征加以对比和鉴定，否则，勘查现场时对鞋印反映出的鞋底花纹的磨损分布状况和鞋的种类、新旧程度的勘验和记载就失去了意义。虽然这种比对和鉴定可能只是在文字描述（或文字描述加主观印象）与作为嫌疑客体的鞋这一实物之间进行的，或者是在被保留的现场鞋印与作为嫌疑客体的鞋在现场的鞋印旁边制取的样本之间进行的——即或当时不一定像今天这样对现场足迹加以提取和对作为嫌疑客体的鞋制取样本，然后在两者之间进行科学的分析，但决不能由此而否认其带有证据鉴定的性质。固然，当时的鞋印研究工作只是初步的、粗糙的，但已包含了科学的成分。这在当时已经是十分了不起的事情。需要进一步指出的是，当时对鞋印既然有所研究，可以推断对鞋印以外的其他类型的脚印也肯定会同样重视的。

总之，秦时侦查已经非常重视痕迹技术的研究和运用，其所研究和运用的种类和范围也不仅限于以上几种。这里只是根据现存资料对这几种痕迹的检验加以阐述。

4. 检验：对伤残人员、病体、死体的法医鉴定

众所周知，我国宋代的《洗冤集录》是世界上第一部法医学专著，足以证明我国法医研究是世界最先进的。实际上，秦代法医工作早已具有一定水平了，当时就有活体检查和尸体检查。不过，当时还没有专职的法医，法医工作由勘查现场的"令史""牢隶臣"承担起来，对于女子的活体检验则由"隶妾"进行；必要时，也邀请医生作法医鉴定。

当时的法医检查工作有活体检查和尸体检查。活体检查，如在审理一起斗殴引起的流产案件时，为了查明真相，由"隶妾"对流产人进行活体检查，案例明确记载了外伤流产和流产胎儿的检查和鉴定方法。又一个活体检查案例是有关麻风病的鉴定，鉴定过程中对麻风病的病症有十分详细的记载。

反映尸体检验的案例有两则：一则是对机械性损伤死亡的无名尸体检验，另一则是对自缢死尸体的检验。对于无名尸体的检验内容，包括了对尸体的位置和姿态的观察、衣着的检验、伤痕形态和大小的检验、血迹的检验、尸体损伤处对应的衣着破损情况的检验以及尸体身长、肤色、发长、疤痣病理状态等身体特征的检验。检验结果还从伤口的状态推断出了凶器的种类。

对于女子的活体检验，则由"隶妾"进行，即由女性检查人员负责。《封诊式·出子》提供了一则检验某女性被殴流产的例子。女甲送来一团用布包裹着的

凝血状物体，称是遭邻妇丙殴打时流产的六个月胎儿。县府令史当即作了检验，并以《爱书》记录下来：经仔细察看血块状物，有从手指至手肘的长短，但难以判明是胎儿；便投入一盆清水中轻漾之，看出胎儿的头、身、手臂、手指、脚、大腿以下到脚、脚趾，都已像人，但看不清眼睛、耳朵、鼻子和性别。从水中取出，又呈凝血状。于是确认是流产胎儿。又专派"隶妾"检查女甲的阴部，看其流血及伤情，确认该流产胎儿为其人因伤而出。特报告检验结果。这是负责的而又非常人性化的专业性举措。

5. 查封：封存嫌犯的财物与家产

《封诊式》载有一则"查封书"，即《爱书》的式样。其大意是：根据某县之县丞某某所来公函，要求查封在案受审之某甲的家产、妻、子、奴、婢、衣物、家具、畜产等。现经查计得甲之室、人情况登录如下：

一栋堂屋、两个房间，各有门户。屋子全用瓦盖，木结构齐全。门前有桑树十棵。其妻某已逃亡，未见面接受查封。其子女：大女儿某，未嫁；小儿子某，刚十五岁。家仆，男奴隶某；家奴，小女子某。有公犬一只。又依律查问当地里典某人，以及甲之同伍某人等，对其严肃交代："甲是否还有其他应在封查范围内的房产与人头？若使甲得以脱漏，不给登录封存，你等要负法律责任。"某人等均一致证实："甲应查封者全部在此，没有别的应查封的了。"于是就把已封的甲之室、已见的人交付里甲某人等，着安排同里之伍人轮流看守。等待县府通知。谨报告如上。

可见，当县级法吏到基层执行任务时，相关乡里什伍负责人必须到场，承担取证任务，并承担法律责任。

6. 鞫：取证词，调查犯罪史

《封诊式》载有一则法律文书，内容为：敢告某县主：男子某有鞫辞，由我负责来通知某县的主管：男子某某在案受审时交代说："本人是士伍身份，家住某县某里。"请查实其姓名、身份、居住地，了解其所犯之罪过，曾有什么前科，有何罪赦，有无避税逃役情况，情节怎样，什么时候发生的，审验过没有，请派熟悉情况者，前去依法封守其家产。当抄报者，请逐项抄报。谨此告知贵县。[①]

[①] 原文内容是："士伍，居某县某里。可定名事里，所坐论云何，何罪赦，或覆问无有，几籍亡，亡及逋事各几何日，遣识者以律封守。当誊，誊皆为报。敢告主。"

了解案犯有无犯罪前科，取得地方政府的权威证据，是十分重要的一个断案环节。秦律规定：警事管理者有责任提供所有证据、资料，注意到了"断案要有证据"，"基层有义务提供证据"这一狱审环节，非常可贵。

7. 讯狱：审讯，不提倡刑讯

众所周知，采取刑讯逼供的方式审讯人犯是古代社会办理案件的一大特点。秦朝时期，刑讯逼供也是法律允许的，但可贵的是统治者并不鼓励和提倡这种方式的运用，相反，他们对刑讯逼供给破案本身带来的危害已经有了初步认识，当时对刑讯逼供是有一定限制的。《封诊式·治狱》认为"能以书踪迹其言，毋笞掠而得人情为上；笞掠为下"。可见当时是把认真分析口供的内在矛盾，从而弄清客观真相的方法作为审讯的上策，而把刑讯逼供（拷打、恐吓）作为审讯的下策甚至是败策。即便这种下策的实行，也是有条件的。《讯狱》："诘之极而数诎，更言不服，其律当笞者，乃笞掠。"也就是说在犯人被诘问得理屈词穷仍一再欺骗，屡次改变口供且拒不服罪的情况下才实行的。

《讯狱》详细而又明确地规定了审讯程序，把审讯分为三个步骤：第一步，不加干涉地让犯人陈述全部案情，并对犯人的口供加以书面记录。第二步，在犯人陈述结束以后，对供词中的漏洞和矛盾进行诘问，同时允许犯人辩解，然后对辩解中的漏洞和矛盾再进行诘问。第三步，如果犯人无理狡辩，拒不服罪，就进行刑讯。但实行刑讯时，必须制作记录说明刑讯原因、笞掠多少。

当然，这三个步骤并非是固定不变的，前两个步骤显然是必要的，而第三个步骤则是有条件的，是在犯人无理狡辩、拒不认罪的情况下才实行的。若犯人态度老实，从实坦白，口供和辩解合情合理，则没有必要进行第三个步骤。

《讯狱》中的审讯三步骤不仅仅是有关审讯程序的规定，而且也反映了审讯的策略性。从第一和第二步骤的具体内容和相互关系可以看出，之所以把审讯分为这两个步骤，其原因之一就是为了使犯人在供述中多暴露一些矛盾，以便于分析和利用矛盾，用迂回包抄的方式进行审讯，不给犯人以退路。《讯狱》中有这样一句话："凡讯狱，必先尽听其言而书之，各展其辞，虽知诎，勿庸辄诘。"显然，"勿庸辄诘"是为了待矛盾暴露得更充分时，更好地"诘"，"诘"得更有力，"诘"得更有效。这种迂回包抄、利用矛盾、分析矛盾的审讯策略一直为今天的审讯工作所沿用。

8. 捕亡：缉捕现行犯、潜逃犯、越狱犯、隐匿犯等

秦代，一切犯罪而后逃亡的人都在"捕亡"之列，不论其是否受过审判、有无罪名。据《法律答问》载：凡县丞以上的国家命官、任官都有义务随时参与捕盗；官府得委派专责吏役（即"有秩啬夫"）防盗、侦缉和追捕人犯；同时，国家高额奖励民众参与捕亡，捕得一名"刑徒"即可得其随身财物，国家另奖给捕亡者金二两（黄铜二两）。再就是严惩纵盗、藏盗；责罚不尽义务去救助受害人者、不尽力尽责支持执行公务的捕盗人员者。《法律答问》有一例："捕亡完城旦，购几何（赏金有多少）？当购二两。"意思是：逮逋到一名逃亡而已判"完城旦"之罪的人，赏金多少？答：依法应赏金二两（黄铜二两）。又载："夫、妻、子五人共盗，皆当刑城旦。今甲尽捕告之。问甲当购几何？当购人二两。"意思是：一户的丈夫、妻子、儿子五人共同盗窃，依法都判了"刑城旦"之罪。现某甲将其全数捕获来告。问应给他多少赏金？答：依法照所捕人头，给予每人二两黄铜。这在当时是很高的奖励。

9. 检验：对在途人员的身份查验

《秦律·游士律》规定："游士在，无符，居县赀一甲，岁终责之。"意思是：有位游说之士没有符传（无通行证件），所居留之县应受罚金处罚，交一领衣甲之价。年终核计时，要追究县的行政责任。法律规定：商旅在途，过关历卡，投宿借住，都必须接受查验，包括查验其身份、行走路线、所携物品是否合法等情。不查或查不实，双方均负法律责任。

10. 备警：战时对全体军民实施警事强控制

秦在军事统一全国的进程中，往往发布"备警令"。《大事记》记载了南郡的一次备警活动：秦始皇十九年，准备南攻楚国，于是"南郡备警"。《法律答问》说："誉敌以恐众心者，戮。"意为：夸说敌人力量以动摇军心者，杀！从严不贷。备警期间，一切言行都是从严监控的。

鉴于历史文献的限制，我们对秦朝的侦破工作尚不能有一个全面的认识和论述。尽管如此，通过以上几个方面，仍然可以对秦朝的刑侦破案工作有一个大致的了解。总之，秦朝的刑侦破案工作无论是侦破的策略方法也好，刑事技术也好，都包含着不少科学成分，其中一些内容仍为今天所沿用。不过，秦代所有执法活动中，唯独没有"调解"一说，它是彻底执行了"为治惟法"的法制观的。

第五节　秦代的安全禁卫与交通管理

在我国警事史上，由中尉率领的卫戍部队，是国家组建的第一支自成序列的专职安全禁卫力量，内部结构分工合理，功能齐全。后世虽有这样那样的变革，称谓也五花八门，但基本精神、基本架构是一以贯之的。这也是"中华警事史"特别悠久的一证。

一、安全禁卫力量

1. 宫廷禁卫

秦朝廷由卫尉负责禁卫工作，其属官有卫士令、仆射、公车司马令等。卫尉属下的禁卫军分为宫廷内部警卫和宫内墙下巡视。负责宫内墙下巡视的军卒，白天在宫内排着队列巡逻，夜间则警备各种不测。通过著名的荆轲刺杀秦王案，可以看出秦宫禁军卫士职责的严格限制。

事后，秦王并没有处罚、责难负责殿堂守卫的郎中令及其下属，而是对接待宾客作了新规定：宾客上殿见秦王时，被人用匕首或短剑瞄准两腋，以防其有不测之心。

2. 出巡护卫

除皇帝宫殿内的安全警卫，皇家宫殿外的巡徼之外，秦帝国京城地面的卫戍警备和皇帝出行时的安全防范，均周到而细密。秦代由中尉负责皇宫以外的京城警备。他"掌徼循京师"，主要任务是巡察京城，禁备盗贼，维护治安。

中尉的另一项重要执掌是：皇帝出行时，他要率兵充任护卫及仪仗队。具体任务包括在车队前为皇帝开道，行进中保卫皇帝安全，返程时下令开宫门，送皇帝入宫。皇帝出行时，为保证皇帝在各种复杂情况下的安全，有一些严格的安全规定：

一是做好出发前的安全准备，要做好保密工作。

二是皇帝出行的警跸制度。凡是皇帝将要进入的地区，都要实行警跸。"警"是戒肃，由左右严加警卫；"跸"就是清道，禁止其他人行走，凡不躲避皇帝车队的称为"犯跸"，要受到很重的处罚。在没有火药兵器的古代，"警跸"时将闲杂人员一概驱散赶远，与皇帝车队保持相当距离，是保障安全的一项有效措施。皇帝出行时，各种性质车辆的有序排列，称之为"卤簿"，这当然有仪仗的因素，但更大程度上则是出于安全的考虑。"卤"，大盾也，有护卫的含义。为了保证安全，陪同皇帝同乘一车的人叫参乘（骖乘），直接护卫皇帝。参乘者一定是最可信任的人。

三是能随时采取应急措施，对皇帝安全负有重要责任。如秦始皇"亲近蒙毅，位至上卿，出则参乘"。（《史记·蒙恬列传》）走在皇帝前面的车辆称为先驱或前驱，是九辆蒙着虎皮的战车，上面有全副武装的战士。先驱以下，皇帝乘舆的前后左右，则被属车环卫着。属车也称副车，按大驾和法驾的不同，或八十一乘，或三十六乘。副车为乘舆的屏障，冲突副车，也是干犯皇帝的犯罪行为。

四是驰道专行制度。秦始皇筑驰道，宽五十一步，中央三丈，只有皇帝的车驾才能通行，其他臣民只能行两边的辅路。平时也不许任意横绝驰道。规定等级森严的行道制度，既维护了皇权的尊严，也保证了皇帝出行的安全。

五是遇警大索。皇帝出行过程中，凡是对其安全构成侵犯的，则为"大逆"之罪，要严查严办，这就是"大索"，即长时间大范围地搜寻犯罪者。如《史记·秦始皇本纪》载：秦始皇二十九年（前218年），他"东游至阳武博浪沙中，为盗所惊，求弗得，乃令天下大索十日"。

秦代京城警事的另一项任务是保卫皇家陵墓和宗庙的安全，要求重兵看护和责任官员定期巡视。

秦始皇开了历代皇帝与皇室禁卫的先河，后世则愈益强化、愈益苛严，也愈益讲究声势豪华了。

二、驰道、邮驿的建设与通行待遇

在交通管理方面，秦政权也有详密的法律规范。秦帝国对道路尤其是驰道的管理，对车马等交通工具的管理，对在途在外的旅客、商人、使者的管理，对于旅舍邮传的管理，均有非常具体明细的条例规定。其管理效益之明显，从驰道本身的修筑完成及长城、灵渠等艰巨工程的按期完工上可以看出来，从秦始皇本人的连续五次大巡游能安全进行上也可以看出来。

秦始皇在称帝的第二年（即前220年），便下令修驰道，十年便修成了沟通全国的交通干线。秦始皇每次出行，千军万马，浩浩荡荡，沿途允许百姓围观，项羽、刘邦、张良都曾杂在围观群众中看热闹，项羽因而起誓道"彼可取而代之"！刘邦因而艳羡说"大丈夫居宜如是"！张良则派勇士椎击秦始皇，不巧却击中了副车。秦皇多次出巡，其人身始终是安全的。这说明秦皇的禁卫工作与交通安全管理措施都是到位的。

对于邮驿与亭的使用，同样有明细的规定。《秦律》规定，制止非法通行，保障合法行旅的食宿需要与安全。国家公务人员与平民出外，均要凭符传证明其身份。凡迁徙者，要带名籍。商贾要交验身份证件，还要纳税，取得"市籍"后才能合法经营。官员出差，凭符传向国家邮驿领取相应的伙食等。旅馆凭旅客身份证件接待，无证游民不许接待。若有伪造符传者，凡未发现而放行的路段一律查办。秦代在驰道线上，每隔十里有一座亭，负责接待过往官员，供应食宿条件与保证人身车马的安全。

关于驿传待遇的享用，《秦律》有明细的规定。其《行书律》《传食律》便是相应的单行法规。如《传食律》规定：御史府属员出差，每餐供应精米半斗，酱四分之一升，另有葱、韭菜、菜羹之类；五等爵级以上者，另行定量供应肉食，供马料草。其随行人给糙米半斗，赶车仆夫给三分之一斗糙米。凡有爵级者，二至四级的给精米一斗，酱半升，马料草半担。至于卜、史、寺、府等员，则配给糙米一斗，并予盐和菜羹。老百姓则自备路粮，服役者也应自备路粮。凡驿传吏不按规定发给，出差人不按规定领取者，都要受到惩处。在《行书律》中，明确规定公文在途的时间，各驿传要有到发登录，并检验真伪、破损、丢失情况，随时上报；规定不许用隶臣妾、老弱病残与政治上不可靠分子传递文书物品；为了保密，还规定不同文书用不同字体签发，还有加封泥、印信等保密措施。外籍人员入境，要进行防疫检查，要消灭车上附着的骚马虫之类的寄生虫。《秦律》的烦琐苛细程度，由此可见矣。

第六节　秦代的警事罚法及其弊害

这里试从秦代的警事状况、警事业务来介绍秦的警事罚法，分析其弊害。当然，这里仅是就文本分析来讲的，实践形态还有待进一步考辨。

一、《秦律》认定的犯法现象之繁杂

荀子曾说过：秦国，"其生民也狭隘，其使民也酷烈。劫之以势，隐之以厄，狃之以庆赏，蹴之以刑罚；使天下之民，所以邀利于上者，非斗无由也"。（《荀子·议兵》）在这种情况下，犯规违警直至触犯刑律，就是在所难免的了。在"轻罪重罚"的原则下，人们一举手一投足都可能犯"罪"而遭惩。凡社会治安中的"不稳定分子"，《秦律》均视为"贱民"，是警事管理的重点对象。在秦统治者眼中，凡战俘、逃犯、罪犯、罪犯家属、私门臣妾奴婢、国家隶臣妾、刑徒、谪戍之人、迁徙之徒，以及赘婿、后父、事末业而贫者，等等，都属于"贱民"范围；连同贾人、以言说取食之游士、恶吏、废吏，等等，都被视为治安秩序的破坏者，商鞅称之为"乱化之民"，《邮驿律》中称之为"不可诚仁者"，都是要从严戒备，从严惩治而绝不能予以信任的人。这里列举秦代的一些违警犯法现象，以窥一斑。

1. 逃役

秦代男子十六周岁开始服兵役和劳役，服役期间，须自备衣粮和常规兵器，负担很是沉重，而且要限时到达，误期即予严惩，因而就有逃役现象。《徭律》规定："失期三日到五日，谇；六日到旬，赀一盾；过旬，赀一甲。"还规定：服役期间如果逃亡，则"黥为隶臣"或"刑为城旦"。陈涉起义时说："秦法：失期者斩！"那就更加严酷了。

2. 为盗

《秦律·盗律》对侵犯财产罪特别详列，因为这是最普遍的罪行，是私有制下警事管理中最大量的社会负面现象。就犯罪主体来说，《法律答问》187 条中，有求盗盗、公士盗、士伍盗、臣妾盗之类；就被盗对象而言，有子盗父、父盗子、奴盗主之类；就侵害对象物而言，有盗人牛、马、羊、猪、衣、丝、钱币、桑叶，还有占骗孤寡，盗人祭具、印信，盗移界碑、界石等。这些罪行的量刑准则，《秦律问答》都立专条作解答，可见情况是严重的。李斯曾对秦二世说："关东群盗并起，秦发兵诛击，所杀亡者众，然犹不止。盗多，皆以戍（戍守）、漕（漕运）、转（转输）、作（作业，如筑城、建宫殿之类）事苦，赋税大也。"承认了"盗多"的社会现实，也指明了它的政治、经济根源。《云梦秦简》连"盗采人桑叶，赃不盈一钱""贼入甲室，贼伤甲，甲号（呼）寇""有贼杀伤人冲术（交通大道）"等情都作为典型案例记下，可见《秦律》的苛细程度和社会"犯罪"现象的无处不在了。

3. 盗铸钱

《封诊式·盗铸》条记着：某里士伍甲乙二人，缚住男子丙丁及其新铸的 110 钱和两盒铸模来报案。盗铸钱，是一种严重犯罪，自然要从严惩治。

4. 应予管束的行为

《语书》中说：对私斗、拾遗、私徙、游食、非时砍伐林木，还有投递匿名信、巫蛊、户籍报不实、向大街丢弃秽物、灰烬等各种不良行为，均视为违反治安秩序而予以惩办；官吏"知而不举"，甚而"养匿邪僻之民"，更要严加追究，严加管束。

5. 废令

法律规定的公民义务、职官职责，凡应作为而不作为者均称为"废令"，法律予以惩戒。如路上捡拾到公私财物，必须在规定期限内上交或上报，否则"准盗论"，即作为盗窃论罪而减一等量刑。又如，邻居失火失盗，四邻明知而不报、不救，均要受罚；里典、伍老是职责所在，即使不知情，也要受罚。又，遇见官吏追捕逃犯而不协助者，罚；"有贼杀伤人冲术，偕旁人不援，百步中比野，当赀二甲"。意为：遇见大街上有贼杀伤人而不救止，一百步内的人都要受惩，比照野外伤人判罚两领衣甲。这是很重的处罚。

6. 犯令

不应作为而作为称为犯令。比如：酤酒：《田律》规定："百姓居田舍者，毋敢酤酒。田啬夫、部佐谨禁御之。有不从令者，有罪。"去署，即擅离职守。如：《秦律》规定见烟冒火起者，必须前往扑救，或报告当方典老、循徼等，但"守库吏"在任何情况下不得脱岗，一脱岗就犯"去署"之罪。诬告：《法律答问》载："甲告乙盗牛、若贼伤人。今乙不盗牛、不伤人。问甲何论？端为，为诬人；不端为，为告不审。"故意诬陷人称"端为"，要反坐；非故意的错告则判罚金。区别论处。擅杀子：《法律答问》载："今生子，子身全也，无怪物。直以多子故不欲其生，即弗举而杀之。当何论？为杀子。"不肯养活健全的新生儿而处死他，作"杀子"论处，应该黥为城旦舂；若婴儿肢体残缺、有异物，杀之，则不作杀子论。

二、《秦律》中的治安罚法之苛刻

秦代治安惩罚的手段与名目繁多，有时一罪同时适用多种罚法，如"黥为城旦舂"，又是"黥"又是"城旦"又是"舂"，严酷有加。这里举其要者略作介绍，至若触犯刑律的严重犯罪，需判枭斩、腰斩、车裂、凌迟等的重刑犯罪的惩处，就不在此论列了：

1. 谇

责骂羞辱，警告。谇，让人向其脸上吐唾沫，一种轻微的名誉刑。形式上罚得很轻，但因为要"记录在案"，此人即终身背上"有前科"的包袱了。例一：《秦律十八种》称："御史发征，乏弗行。赀二甲；失期三日到五日，谇。"朝廷御史下令：国家征发役夫，不肯应征者罚二甲；应征而误期三日至五日者"谇"。例二：《秦律答问》载："甲贼伤人，吏论以为斗伤人。吏当论不当？当谇。"意为：法吏把"贼伤人"误判成"斗伤人"，该不该给吏惩罚呢？应该，这是重罪轻判。依律给予"谇"的责罚。

2. 循

公布过恶，巡游示众，作严重警告。例如在市场上哄抬物价者，就给以循罚。循罚时胸前要挂牌，写明其姓名和罪过。

3. 赀

罚款，通常以甲、盾的价值来计量；或用罚劳作、罚戍边来冲替。《效律》："衡（器）不正，十六两（一斤）以上，赀（罚钱）官啬夫（领薪俸的法吏）一甲；不盈十六两到八两，赀一盾。"又，前述偷采人桑叶不值一钱，"赀徭三旬"，是用三十天的强迫劳动来充罚。交不出钱者，还有用"赀戍"的，即以限期守边来充罚。

4. 赎

用出钱的办法来赎已判之刑。这需有两个条件：相应身份；按不同的罪名付给不等的金（黄铜）、钱（钱币）或布（一"布"幅宽八尺，广二点五尺，钱十一当一布）来赎。也可以用服劳役、守边境来折算充抵。

5. 饿

专门用于惩罚不守狱规的囚犯，只供应正常定量的三分之一，使其饥饿。这也是一种身体刑。

6. 耐

又称"完"，剃去胡须、鬓毛以羞辱之，但保存头发。如《秦律杂抄·傅律》载：隐藏已达服役年龄者的户口不报、病残登录不实，或未老报老，已老不报，则"典、老赎耐"，判其里典与伍老耐刑，剃掉他们的胡须，但允许出钱去赎。《法律答问》："或斗，啮断人鼻，若耳、若指、若唇。论何也？议：皆当耐。"意为：斗殴时咬伤对方耳、鼻、唇、指等，皆受"耐"罚，即剃去他的胡须、鬓毛。

7. 髡

剃光头发，其辱重于耐刑。古人说："身体发肤，受之父母，不可毁也。"故把剃去胡须、鬓毛、头发，均视为污辱祖宗，"不齿于人"，失去了"公民权"。

8. 黥

墨刑，额上刺墨痕，使其终身受辱。

9. 笞

鞭打责辱。如《秦律十八种》载："城旦春折毁瓦器、铁器、木器，为大车折輮，辄笞之。值一钱，笞十；值二十钱以上，熟笞之。"

10. 迁

强迫迁居。这比流放刑在性质上要轻。《秦律杂抄》："五人盗……不盈二百二十（钱）以下到一钱，迁之。"意为：五人共偷不满二百二十钱，哪怕只有一钱，也全部外迁。"故大夫斩首者，迁"。大夫本人被执行了死刑，其亲属也要迁居边荒之地。

11. 没、籍没

没收犯人的家产，包括家内奴隶为"籍没"。《法律答问》："夫盗千钱，妻所匿三百。可以论妻？妻智夫而匿之，当以三百论；不智，为收。"意为：若妻明知是赃款，则按"盗三百"论罪；若不知是赃款，就依"没"论处，给以"没收"的处罚。

12. 收孥

《史记·商君列传》记载说：秦人"事末利及怠而贫者，举以为收孥"。意为：因经商谋利或懒惰而至于贫穷者，政府处以籍没之罚；严重者没收罪犯之妻妾子女家人以至亲友生徒为奴为婢，取消其"良民"户籍，使入于"贱民"之列，叫作"收孥"。

13. 城旦

在严密监视下罚做筑城、挖沟等苦力称为"城旦"。《法律答问》有"求盗盗，当刑为城旦"的规定。如城旦在服役期间逃亡，捕获后"黥为隶臣"。

14. 舂、白粲与鬼薪

在监视下罚舂粮食，罚做筛白米、择白米的劳作或上山砍薪柴。

15. 隶臣妾

罚为公家当男奴、女奴。这种人往往是罪犯家属或战俘之类。所谓隶臣，即终身在官府做奴隶。女性称为"隶妾"。

16. 连坐

因与罪犯有血统关系，或乡里关系、职务关系等牵连坐罪而受罚。所谓"盗及诸它罪，同居所当坐"。同居，指血缘亲属而同居同财者。这是亲属连坐。"尉计与尉史即有劾，其令、丞坐之"。意为：属吏有了案子受弹劾，其主管上司要连坐，这是职务连坐。《傅律》有云：在登录户口时，如不当报"老"（即未满法定的六十岁）时即报"老"，或已老而不报，不论是冒报还是漏报，均作"蒙骗政府"论，判"诈伪"罪，本人罚两领衣甲；所在之里典、伍老不论是否知情，凡不予报告者各罚一领衣甲（价值）；其同伍之人每户罚一面盾。以上人犯，全部迁徙到边远地方去。可见牵连受惩者之多、惩罚之重。

17. 削籍

削去名籍、宦籍，注销其公民（士伍）身份或官吏身份，剥夺其相应权利。
（《游士律》）

《秦律》贯彻"轻罪重罚"原则，只要有犯罪故意，不论实施与否，一律判罪；即使小奸、细过、微行，也不放过。如《法律问答》载："或盗采人桑叶，赃不盈一钱，皆赀徭三旬。"意为：偷得了价值不足一钱的桑叶，要罚三十天的强制劳动。又，"甲盗，赃值千钱。乙知其盗，受赃不盈一钱"，二人也同等论罪。《贼律》中规定：拔人胡须、提人发髻，只要对方感知到疼，就构成犯罪，一律按"伤人身体"论罪，与用针刺人、用剑截髻一样，应服"完城旦"之刑。查《秦简》，这类大体相当于"警事罚法"的惩罚手段，非常的多，真的是"秦律多如牛毛"。

总之，秦的警事处罚是严酷的、苛细的，而且均以身体刑为主，任何微罪细过一旦受罚，终身肌体残损受辱，没有人格，没有悔过机会，这不能不激起愈益强烈的社会反感，酿成社会不安与动荡。治而不安，治又何为？

第六章　汉代：国家警事体制的巩固

前 206 年，强秦垮台了。陈胜、吴广领导的大起义，砸碎了秦朝统治的政治构架，表现出大无畏的历史冲击精神；但它却以"张楚"为号召，也就是为早已灭亡的楚国复仇——这标示出它无力设计新的政治蓝图，无力构建新的政治体制，无力将社会推上新的发展轨道。于是，它退出了政治舞台。乘风而起的楚国贵族项梁项羽的造反军，倒是歼灭了秦王朝的军事实力，但项羽浸沉在春秋战国以来"强者为王"的惯性思维中，自满自足于"霸王"的强势地位，把恢复昔日诸侯争霸的旧秩序作为本集团的政治目标，同样无法让社会向前跨进一步，却造成了六国旧有势力纷纷复活的态势。他无力推进社会的改造，甚至无力再造一个一统政权，于是"蓦地烧天蓦地空"，成了历史上的匆匆过客，只是为别人留下了一片劫后的瓦砾场。

这片瓦砾场，是在经历了春秋战国四百年分裂动荡之后，饱受秦帝国十五年急政暴政之苦，又承受了六年楚汉相争那全国规模的大厮杀、大损耗，"天下共苦战斗不休"，汉初，只剩下区区八百万人口，于是社会经济陷于全面崩溃，文化事业更是一片荒漠；社会意识中积淀下来的只有苦难与无奈，争强与斗狠。这样，真正结束旧时代、开辟新时代、创建大一统新王朝、实现社会生活的全面变革的艰巨任务，便历史地落到刘邦集团的身上了。

前 202 年，从泗水亭长（也就相当于一个"派出所所长"而已）起家的汉王刘邦称帝了。这个集团的基干力量来自基层，破坏旧秩序是其共同愿望。消灭项羽之后，总结历史教训，改善政治体制，寻求大一统帝国的新的实践模式，推动整个社会生活的有序整顿，无疑是其当务之急。

在"汉承秦制"的大框架下，刘邦及其继承者完善并强化了具有相对的业务独立性的警事管理行政体制，它仍由朝廷的太尉、卫尉，京师的中尉（执金吾）

牵头，由地方郡国的郡尉及关都尉、骑都尉、农都尉、分部尉及县级的县尉为主干，以基层乡里的啬夫、巡徼、亭长为基本队伍，构成覆盖全国的警事网络。（《历代职官志》《汉会要》）这是中华警事成型的组织保障。经过前后四百年的努力，汉人走出了一条在开发民智、开发经济、讲究思想道德建设基础上强化警事管理的路子，因而能比秦代创造出更高的社会文明。

中华文明在汉代发展到了它的一个高峰，第一流的文明孕育了第一流的警事，第一流的警事保卫了第一流的文明。

第一节　强化国家警事的时代背景

一、汉初形势严峻

草创之初的汉家政治，一时还走不出秦末战祸的历史阴影，它面临着极其严峻的局势：

1. 经济凋敝

经秦末战争与楚汉相争，天下共苦战斗不休，其时全国人户只剩下秦代全盛时的十分之二三。据推算，当时广袤的中国大地上，只有八百万人口！而汉中央政府直接控制的土地，也仅仅只有汉中、关中及中原的部分地区而已。这里恰恰是承受历史灾难最为深重的地带，人口也不过四五百万。那个时期，九州之内，人烟稀少，而且很穷，穷得"自天子不能具钧驷，将相或乘牛车，齐民无盖藏"。国民经济已经全面崩溃。要使社会恢复生机，谈何容易！汉政府只能"无为而治"，听任百姓自己去舔楚汉相争撕裂的伤口。当时，关东转输运至关中的粮食，照《汉书·食货志》说，"岁不过数十万石"，养活朝廷官兵都很艰难，况论其余？以至于文帝上台多年后，贾谊还焦急地说："今汉兴三十年矣，而天下愈屈，食至寡也……自人人相食至于今若干年矣。"

2.异姓王生事

汉初，太行山东西、济水南北、淮河两岸、江汉左右，实际上都控制在协同刘邦举兵反秦、灭项的各家"异姓王"手中。韩信、张耳、英布等军事强人，一个个自成体系，都跟项羽一样，承袭着春秋战国四百年积淀下来的"强者为王"的惯性思维模式，向往着各据一方称霸争王的旧秩序；且往往与境外势力相勾结，此起彼伏地闹着新的分裂割据。在这种事实上的"独立"态势下，"大抵强者先反"，成了必然事态。贾谊在《亲疏危乱》中讲：从刘邦称帝起，"其后十年间，反者九起，几危天下者五六"，"高皇帝不能以一岁为安"，真可谓"汲汲乎殆哉"！

3.强敌压境

北方强敌匈奴从秦代以来就不断南侵，形成了"亡秦者胡"的严重态势，惹得秦皇费心费力地去修万里长城来抵挡。汉初，匈奴乘中原凋敝之机，加上侯王们的招引勾结，将其军事势力直逼太原、陇上一线，连刘邦亲征也招架不住。前200年，刘邦就被困于平城七天七夜。内忧外患的交结，使初生的汉王朝岁无宁日，动荡难安。稍有不慎，全盘倾覆。

刘邦称帝后的几年里，对内政建设、经济恢复、民生改造等，一时还无从措手。虽有一幅建国的草图，却难以实施。势单力弱的汉家朝廷，也只能"无为而治"了。指导思想上的"无为而治"和政治实践中的"汉承秦制"相冲撞，国家政治体制与政权建设只能在无尽的困惑中摸索前行。

二、汉初的"与民休息"

汉初，统治集团标举"清静无为"的黄老思想，以便"与民休息"，施行政策注意顺应民心，不在条件不具备、不成熟的情况下强力推行"新政"，尽力让社会安定下来。吕后当政时期已有一定成效，而这方面最成功的是汉文帝。他当政后，陆续明文废止秦以来的肉刑、除诽谤妖言之令、除收孥相坐之令、除盗铸钱令、废出关用传令等，营造出一种宽松的政治空气；他推行"三十税一"的最低税率，用心培植农业生产力，滋养社会健康发展的元气，取得了显著成效。然而，事情总有它的两面性。在这种宽松氛围中，刘恒的伯叔子侄们、那些"同姓王"们在迅速地蓄积着自己的实力，毫无忌惮地膨胀着政治野心；同时，随着社会经济的发展，也就自然地伴生出一批批地主豪强、奸商巨贾，这些人一面巧取豪夺，一面拼命寻求政治庇护。新的经济势力与地方政治权力的勾结，便蕴酿成新的政治冲突和社会矛盾，于是中央跟地方在权力的分配与再分配上又生成了另一场尖锐斗争；而匈奴南下的势头又一直未得到有效的遏止，其兵锋一度直达长安城下，形成凌压汉王朝的严峻态势，文帝曾不得不去长安东门外勒马桥头，面对面与匈奴单于谈判，以屈辱的条件求其退兵……国势如此，不能不引起政治家、思想家们的深切关注。总结强秦兴亡的历史教训，改善和强化中央集权的政治体制，寻求营建大一统封建帝国的新的实践模式，推动整个社会的有序发展：化解危机，缓和冲突，便是当务之急。

三、贾谊《治安策》：社会改造方案

前 179 年，年轻的代王刘恒登基称帝（史称汉文帝），他大力推行"与民休息"的治国方针，把精力放在发展中原经济上。其智囊团之一的贾谊，奏上了《治安策》，为他制订了一套社会改造方案。

1. 完善政治体制、改造生活秩序

贾谊同时提出了完善政治体制、改造社会生活秩序的双重历史任务：他抓住了"建久安之势、成长治之业"的根本。他认为这是国家治安的双轮，必须齐推并进。

汉文帝刘恒登基时，便重用贾谊，任之为博士，认真听取其治国安民之策。贾谊当即献上一策：尽快让诸侯王"离京就国"，即让被册封的诸侯王们，远离京师而分散到各自的封地去，以减少他们对朝廷有效行政的牵制与内耗，从而突出中央的权威，稳定朝廷特别是文帝本人在国家政治生活中的核心地位。就这样，贾谊以超常的政治嗅觉，洞察政局的深层变化，对潜在的政治危机作了深切的剖析，提出了切实可行的处置方案。为此，他写出了著名的《过秦论》三篇，论述"攻守之势异也"的观点，要求朝廷上下清理从历史上遗留下来的"争天下"的思维定式，使之变为"安天下"的革新方略，提出"牧民之道，务在安之而已"。他又撰写了《治安策》，上书"论定制度、兴礼乐"，促成了一系列的制度变革，

努力堵塞诸侯王僭越篡权的缺口，改变社会风尚。

对汉初的"无为而治"，一般人都评价为"良政"，而贾谊独独揭示出这种"无为"方略所酿成的社会隐患之严重，揭示出当政集团面对深重灾祸却又束手无策的无奈！他的眼光是锐利的。他适时地提出了社会改造的伟大工程。

的确，经济发展并不自然地带来社会进步，如不加以强力规范，必致权钱交结，道德沦丧，骄诬淫逸，浊水横流，而大奸巨猾，便会由此滋生。这样下去，还谈什么治安！他连续发表了《道德说》《无蓄》《忧民》《藩伤》等文，将社会改造提上了日程。他借上书之机，提出了以礼行法的治安术。

在澄清国制的同时，贾谊急迫地提出了社会改造的严重课题。《贾谊新书·时变》篇尖锐地指出了当时世风恶化的严重程度：

"今者何如……胡以孝悌循顺为？善书而为吏耳；胡以行义礼节为？家富而出官耳；骄耻偏而为祭尊，黥劓者攘臂而为政。行惟狗彘也，苟家富财足，隐几盱视而为天子耳。唯告罪昆弟，欺突伯父，逆于父母乎？然钱财多也，衣服修也，车马严也，走犬良也。矫诬而家美，盗贼而财多，何伤！欲交，吾择贵宠者而交之；欲势，择吏权者而使之；娶妇嫁子，非有权势，吾不与婚姻；非有贵戚，不与兄弟；非富大家，不与出入。因何也？今俗侈靡，以出伦逾等相骄，以富过其事相竞。今世贵空爵而贱良，俗靡而尊奸富；民不为奸而贫为里侮；廉吏释官而归为邑笑；居官敢行奸而富为贤吏；家处者犯法为利为材士，故兄劝其弟、父劝其子，则俗之邪至于此矣！"

这是一个拥有钱财就拥有权势也就拥有一切的社会，有了钱，可以不要伦理，不讲道德，骄诬淫逸，行若猪狗；有了钱，可以获得权势，为官为吏，出官行政，安富尊荣，甚至"隐几盱视而为天子"！为了钱，可以攀富欺贫，窃盗攘夺，行奸卖爵，无所不为。政风民风窳败至此，必然带来严重的社会治安问题。因此，《贾谊新书·瑰玮》惊呼道："世淫侈矣，饰智巧以相诈利者为智士，敢犯法禁、昧大奸者为识理，故邪人多而日起，奸诈繁而不可止，罪人积下众多而无时已。君臣相冒，上下无辨，此生于无制度也！""故不可不急速救也"！

2. 以"币制改革"牵动社会改革

社会改革，一要抓经济，二要抓道德，不能偏废。当年的贾谊就从事着这个浩繁的工程，他对社会改造的急切呼唤，突显了他的清醒与洞见。

汉文帝时，国家经济有了重要发展，政坛一派欢欣气氛，而事实上，货币制度是汉政权的一个严重祸胎，它成了贾谊此时特别关注的焦点。

原来，文帝五年，"除'盗铸钱'令，使民放铸"。即废除了国家垄断"铸钱"、不许民间私造的法令，允许民间放手造钱，使一些人率先富裕起来，以促进物资流通，让整个社会活跃起来。在这个法令下，拥有江淮下游富庶之区的吴王刘濞，竟以诸侯身份"即山铸钱，富埒天子"，进而滋长起背叛中央之心。又有个邓通，不过是皇帝的一名亲信侍臣，竟也以铸钱而"财过王者"。一时间天下都是"吴邓钱"，搅得国家财政极度荒乱。

另一方面，政府在"使民放铸"的同时，又严防掺假，禁绝在铜钱中掺以铅铁而牟取暴利，下令各地"敢杂以铅铁为它巧者，其罪黥"，用严刑峻法来禁止任何掺假行为。然而，"私铸钱"这个行业本身，原就是以牟取暴利为目的的。国家允许私铸钱而不许掺假取巧以牟利，事实上根本做不到。这一来，"放铸"本身，就成了诱民犯罪的陷阱。其结果是"盗铸钱如云而起"，于是"善人怵而为奸邪，愿民陷而之刑戮"，闹得黥罪繁集，系囚满路，法禁数溃，人情汹汹。贾谊指出，如此继续下去，后果不堪设想。

然而，简单地"禁铸"又怎么样？那是行不通的。办法只有一个：用"法钱"取代私钱、假钱，即由国家垄断钱币的铸造、储藏与流通；由国家调节物价，调剂有无，舒解社会病痛，抑制豪强奸贾。另外，集中全国财力，还可以办几件大事、要事。为此，他上了《谏铸钱疏》，痛陈国家允许私铸钱对社会造成的严重弊害，在我国财政史上首次提出了"法钱"这一科学概念。他严肃地论证了由国家统一操控货币的生产、流通、储备对国计民生的极端重要性。他的"法钱"建策虽未能立即被采纳，但他的"法钱"思想，则成了历代理财家的不易真经。

第二节　汉代警事的法理依据

　　西汉初年，面对凋零残破的社会，刘邦毅然摒弃周朝的"封侯建国制"，而选择了"汉承秦制"的路线，实行中央集权的统治，以"三公九卿"为核心组建朝廷；推行郡县制，编织起覆盖全国的行政网络。同时，他向社会宣布"废秦苛政""与民休息"，扬弃秦王朝的苛政暴政，给了动乱社会以恢复生机的可能。就这样，刘邦称帝的十年之间，搭建起了一个新的大一统中央集权的政治框架，初步规划了汉帝国的发展蓝图。吕后随着主政十六年，"衣食滋植，盗贼是稀"（司马迁语），社会开始走上了复苏的轨道。

一、汉初的立法活动

1. 与秦民约，法三章

　　这是刘邦初入咸阳时下达的命令，主要精神是"除秦苛法"，使苦于苛法的秦民顿时有"解放"之感。不过，这只是群众集会时的一种口头的临时约定，还不能视为"国法"（此时刘邦尚未"立国"）。事实上，秦代的"挟书令"及各种"肉刑"，是到惠帝、文帝时才先后下令正式予以废止的。又，《秦律》为六章，"法三章"便意味着废除了"杂、具、捕"三章而保存了"盗、贼、囚"三章，保存了维护统治秩序与公私财产权、生命权，决不能仅仅理解为宽大无边的"杀人抵命，不杀人不追究"。

2. 萧何《九章律》等

　　《九章律》是萧何在汉政权建立后，为繁重的社会治理任务而定的汉朝第一部国家大法，开后世建国即立法的良好先例。他在李悝《法经》的"盗、贼、囚、捕、杂、具"六章的基础上，加上"厩"（厩牧）、"兴"（军兴）、"户"（户婚）三篇，是为"九章之律"；其"户律"规范了婚姻、户籍、赋税等。这三章的加入，在法史上具有重大意义：厩牧的要害是养马，马是战略物资，在与匈奴战中尤为急需；兴，指组建国家武装，并严禁个人擅兴兵力。这直接关系到国家安危，尤其在汉初异姓王、同姓王蠢蠢而动之时；而户律规范的是婚姻、户籍、赋税等，这正是国家实施行政管理、民事管理的日常基础工作，其重要性自不待言；在汉初经济调弊、人户凋零（中央掌控的全国登录人口只有八百万）的情况下，尤为紧要。

《晋书·刑法志》上说："汉承秦制，萧何定律，除参夷连坐之罪，增部主见知之条；益事律兴、厩、户三篇，合为九篇。（其后）叔孙通益律所不及，傍章十八篇；张汤《越宫律》二十七篇，赵禹《朝律》六篇，合六十篇。又汉时决事，集为《令甲》以下三百余篇。"至此，国家法典形成了系列，奠定了中华法系"诸法合体、律例并用"的特色，适应了多民族大一统领土国家的治国需要。

二、董仲舒讲"独尊儒术"，搞"引经决狱"

汉代前期，为统治阶级生产精神产品的思想家们，已经在进行着儒、墨、道、法、阴阳等各家学说的糅合融会工作。陆贾、贾谊开其端，叔孙通、公孙弘致其用，董仲舒总其成，完成了对先秦儒学在理论建设与世俗应用两个方面上的改造工作，实现了先秦儒学的当代化，发展出"新儒学"来，为"德主刑辅"的治安术提供强大的理论支持。

1. 独尊儒术

汉代警事的成型，突出地表现在警事法理的健全化上，表现在警事官员配置的制度化上，以及警事管理经验的配套化上。汉代明确了"独尊儒术""德主刑辅""霸王道杂之"的警事指导思想与法理基础，力倡"引经决狱"，形成中华法系的一种典范性实践模式，使"独尊儒术"的思想在法纪生活中也得到了有效落实。汉代吏治特别强调明法教育，朝廷大批名吏、能吏就出身于基层法职。汉代在各种警事事业领域中，涌现了一大批善于管理、敢于管理的官吏，积累了诸如记籍、灰线、耳目、跟踪、奖励告密等具体警事经验，主要得益于"儒术"。

所谓儒术（有别于"儒学""儒道"），是儒家治国平天下的法术、门道、经验、原则、方略的总和，是可以直接指导刑事狱案工作的原则和应依循的程序，有很强的可操作性，决不是指廓大而空的仁义说教、高头讲章。

历来对"独尊儒术"说存在着理解上的误区，一是把"儒"和"法"分割开来，对立起来，搞得就如"牧师"与"刽子手"的区别一般，其实不然；二是把"独尊儒术"说跟"霸王道杂之"说等人为地区隔开来，似乎儒家"清高"得只会讲仁义道德、忠孝纲常，而反对刑惩。论者看不到儒家也讲"礼法"，且首先系统地论述了"罪""刑""法""典"与"三审""五听""诛心""八辟""肆赦"等政刑问题；正是儒家经典为中华法系奠定了理论架构；他们也看不到大倡"独尊儒术"、大讲仁义道德者正在办"引经决狱"的实事，并不搞空言大论。

汉人正是在独尊儒术的"话语场"中办理警事的，《汉书》所说"霸王道杂之""以经术润色吏事"，正是汉代从政儒士的专长。

2. 君子重刑狱

在刑狱问题上，董仲舒一变孔孟羞言决狱的迂执态度，《春秋繁露·精华》公然声明："折狱而是也，理益明，教益行；折狱而非也，暗理迷众，与教相妨。教，政之本也；狱，政之末也。其事异域，其用一也。不可不以相顺，故君子重之也。"他还联系预防犯罪来论述这个问题。《春秋繁露·俞序》中说："绝乱塞害于将然而未形之时，《春秋》之志也"，"爱人之大者，莫大于思患而预防之"。在实践上，他发明了"《春秋》决狱"的模式。并以多条案例说明他是如何本着《春秋》精神来决狱的。他崇奉《春秋》，也正是他把最"神圣"的经义拿来处理最"世俗"的刑务。这就意味着他在寻求一条将"廓大而空"的孔孟之道用之于社会实践的道路。

经过从贾谊到董仲舒几代人的努力，终于完成了先秦儒学的"当代化"。班固在《循吏传》中称赞董仲舒"通于世务，明习文法，以经术润饰吏事，天子器之"。董仲舒之所以大讲"儒术"，其实是用来"润饰"其刑狱吏事的！

3. 引经决狱的实践

"引经决狱"又称"经义决狱"，或曰"《春秋》决狱"，它其实是一种"案例法"的扩大应用。汉朝是有律可依的，但如果遇到法律没有明文规定，同时又无适当的判例可以比照执行时，则可以引用"《春秋》经义"去附会法律，作为断案的依据。这一制度为董仲舒所创，受到朝廷的重视。它有两种情况：一是引用经文中关于决狱的理论、观点、原则、程序去判决当前的狱案；如律条与经义有抵触，则依经义断之；二是赋予经传所记的具体史事、历史掌故以法律效率，作为"成例"来进行类比、类推，去判决当前的狱案。

以经义决狱，从古就有，《尚书》《易经》《春秋》（含其"三传"）、《礼记》及《论》《孟》文字均可引用。因为经文提供的是法理基础、法理原则，自然高于可随时修订的王朝法律以及诏、令、制、敕等。在审判实践中，它往往比引用律条更切合社情民情，但也容易导致任意比附、随心上下之弊。

有这样一个实例：汉景帝时，廷尉上报狱囚情况，其中有一个案子：防年的继母陈氏，杀害了防年的父亲，防年因而杀了陈氏。法司依律文"杀母以大逆论"判以绞杀。景帝觉得不妥，但又碍于律无明文。正踌躇间，时武帝年才十二，为太子，在帝身边。景帝遂问他该怎么办。小青年勇敢地回答说："夫'继母如母'，明不及母；缘父之故，比之于母。今继母无状，手杀其父，则下手之日，母恩绝矣；宜与'杀人'同，不宜'以大逆论'。帝从之。"（《通典·刑法》）

武帝是引经文"继母如母"的话来断案的。通常的理解是：事奉继母应如事奉生母一样孝顺；作为法律用语，在处理母子的法律关系上，是说继母与生母有同等法律地位。那么，防年杀了继母，按律就得"以大逆论"；但在本案中，这么判的话，人心不服。所以十二岁的刘彻（武帝）对经文作了令人信服的诠解：首先，既说"继母如母"，就说明"继母"本来不是"母"，是因为父亲的关系，才视之"如母"的；其次，继母杀了父亲，她本人在下手之时，等于已自动宣告与父亲脱离关系。这样，她也就失去了"继母"的名分，不能享受作为继母的法律保护了，所以防年无"杀母罪"，跟一般的杀了"人"一个样。在本案中，双方都在"引经决狱"，但各自理解不同，所取不同，判决也就不同。可见引经决狱的任意性较大；而此案最后的论决，则比较切合人心。

西汉中期，董仲舒等人提倡以"《春秋》大义"作为司法裁判的指导思想，凡是法律中没有明文规定的，司法官就以儒家经义作为裁判的依据；凡是法律条文与儒家经义相违背的，则儒家经义具有高于现行法律的效力。从此，"《春秋》决狱"成了法定的决狱程序，不仅是一种例行办案传统了。

董仲舒断狱的案例曾汇编成十卷《春秋决事比》，在两汉司法实践中经常引用。后世遗失了，现有史料中尚存五个典型案例：

甲无子，拣弃婴乙为养子。乙长大后杀了人，甲把乙藏起来。按律，藏匿犯人要受重刑。但《春秋》提倡"父子相隐"，他们是父子关系，故甲不能被判罪。

（今按：《唐律》已明确规定"父子相容隐"不属犯罪；此意今已为世界法学界所吸收，直系亲属有"沉默权"。）

甲送子乙于人，儿长大，甲说："你是我子。"乙一气之下，打了甲二十棍子。按律，"子殴父，处死"。董仲舒认为甲未抚子，父子关系已经断绝，故乙不应处死。（今按：这是从事实出发去量刑，用《春秋》大义"调节现行伦理法条规，有积极意义。）

父与人口角斗殴，彼以刀刺父，子以棍相救，误伤其父。官判子殴父重罪，按律处死。董仲舒认为子之动机非殴父，应予免罪。（今按：古语"断案必以情"，此"情"指"实情"，非仅指作案动机。西汉时法条尚未细化到明确区分"故、过、误、失"，故考虑"诛心"原则，有其历史合理性。）

女之夫坐船淹死海中，无法找到尸体安葬。四个月后，父母将此女改嫁。按律，丈夫未埋葬前，女子不能改嫁，否则处死。董仲舒以女非淫荡，亦非私作主，应予免罪。（今按：董仲舒很讲人性。不要以为《春秋》决狱"就一定是顽固保守的"卫道士"。以上数例，正好说明他的执法是宽缓仁恕的。）

某大夫随帝打猎，猎获小鹿一头，使之带回。半路碰见母鹿，子母哀鸣。大夫怜之，放归小鹿。帝拟以抗命论。时帝病，意大夫心地良，免其罪，还想提拔他。董仲舒认为：当初帝猎小鹿，大夫未谏止，违背了《春秋》"不擒幼小"之义，有罪；释放有功，可以赦免，但不必提拔。（今按：此条正好说明：不能以决狱者个人的一时喜怒判人之有罪或非罪。）

由此看来，董仲舒提倡的"《春秋》决狱"并不是"唯动机论"，他也强调要充分考虑事实。他将儒家宽仁思想带进司法实践之中，区分"故意"与"过失"，对拘守严酷律条有一定的调节作用。但由于各人对经义的理解有差异，实践中如何类推也具有主观模糊性，扩大了断案者的主观判断的影响力。至于后世法官罔顾事实，任意断罪，造成冤假错案，就不能把责任推到董仲舒身上了。

汉代明确了"独尊儒术""德主刑辅""霸王道杂之"的警事指导思想与法理基础，力倡"引经决狱"，形成中华法系的一种典范性实践模式，使"独尊儒术"的思想在法纪生活中也得到了有效落实。

汉人正是在独尊儒术的"话语场"中办理警事的，《汉书》所说"霸王道杂之""以经术润色吏事"，正是汉代从政儒士的专长。

第三节 汉代警事管理体制

汉代的警事开展得极有成效，国家警事体制已经成型，完善了朝廷—郡县—乡里的"三级警事管理体制"，建成了以尉职官员为主干的覆盖全国的警事安全管理网络。首先，朝廷与京师一级，有太尉、廷尉、中尉、卫尉之设，分头主管全国警事，主管朝廷的、宫廷的禁卫安全，主管京师地面的警事管理；特殊的是：汉代都市社会面的治安管理中，有巡街御使、城门卫的设置，这是对秦代城市警事的新发展。其次，郡县地方则有郡尉、县尉及关都尉、骑都尉、农都尉、分部尉等各色"都尉"之设，负责郡县地方及要害地点的安全防范与警事管理；最后，社会基层除乡啬夫、乡三老及游徼、里典之外，还有"十里一亭"的建置。"亭"的一项重要职责就是缉捕盗贼、维持地方治安。

汉代郡县"长吏"由中央政府直接任命，郡县官吏依照国家颁布的统一法律行使对所辖区域的统治权，其中最重要的是刑事司法权。两汉具有司法职能的郡府官吏主要包括：郡太守、郡丞，有治狱、断狱、谳狱之权；对重大恶性刑事案件的处断，"郡"有比较大的权力。郡属吏有都吏、卒史、毋害吏、督邮、决曹、贼曹掾、书佐等。

两汉的县具有对普通刑事案件的侦查、检察、审判、执行权。具有刑事司法权的县府官吏主要包括县（道）令、长，县丞，县尉及县的属吏令史、狱史、尉史、士吏、官啬夫、牢监、求盗、贼捕掾、盗曹掾、乡啬夫、亭长、游徼、乡佐等，他们都是"有秩"的，即拿薪俸的。汉代县长吏的设置一般情况是每县设一名令（长）、一名县丞、二名县尉（左尉、右尉）。

一、汉代郡级政府的警事分工

表1　汉代各级政府的警事分工

郡守（太守）			本郡长官，负责全郡政务，含本郡警事。由朝廷考核，皇帝任免
甲	尉职命官	卫尉	率领禁卫军，主管皇室与宫廷警事。由朝廷考核，皇帝直接任免
		中尉	率领屯卫军与巡街御使，负责京城警事。由朝廷考核，皇帝任免
		郡尉	主持一郡警事、负责安全保卫，领导县尉工作。可代行太守之责
		王国中尉	主管王国宫廷警事，一切安全保卫、守卫、随卫，武装训练事宜
		属国都尉	主管属国警事，负责禁卫管理、安全保卫、守卫、随卫，武装训练事宜
		关都尉	设于重要关口，主管警事管理、安全禁卫、武装训练事宜
		骑都尉	设于屯骑兵营，主管警事管理、安全保卫、武装训练事宜
		农都尉	设于屯垦兵营，主管警事管理、安全保卫、武装训练事宜
		分部都尉	设于重要政区之各部，如洛阳有"北部尉"，主管本片警事事宜
	郡级官佐	郡丞	主持本郡日常政务。郡守的辅佐职官，由朝廷考核任免
		长史	主管本郡府的兵事。郡守的辅佐职官，由朝廷考核任免

续表

			功曹	负责组织人事
乙	右职官员		五官掾	负责礼宾事宜
			督邮	代表太守巡察各属县，掌握治安、人口、交管等方面的事态
			上计吏	负责向朝廷汇报本郡土地人口、农业收成及本地警事等郡情动态。有相应指标，必须作量化说明
丙	郡府属吏与属员	列曹职员	户曹	负责人口赋役的征收与财政管理
			比曹	负责户籍的登录、稽核、评议
			田曹	负责土地稽查、核定，农田管理
			水曹	负责农田水利，城市道桥管理
			漕曹	负责漕运管理、航运管理
			法曹、集曹	负责邮驿、公共场所管理
			金曹、仓曹	负责财务、仓储管理
			贼曹	负责治安警巡
			决曹、辞曹	负责狱审事宜
			兵曹、尉曹	负责军事活动、农闲训练与管理
			医学官	负责医疗卫生、教育管理
			散吏	临时聘用、委派
丁		门下亲近吏	主簿	太守的咨询、参议
			计室	太守的簿书、会计
			门下督盗贼	郡府内部的安全保卫
			府门亭长	郡府机关所在地的警事巡查
			书佐、小史	聘用办理文书杂务，任府院杂使

注：汉代县府机构比照郡府而加简化，办理对口业务；下设乡、里与亭，负责一方警事。兹不赘述。

二、强化并改善警事行政网络

汉代都城长安在行政上设立有"三辅"：京兆尹、左冯翊、右扶风。三辅各特设都尉一职，在都尉之下有街亭、市亭、门亭，这是基层警事的承办单位，每个亭都设有亭长，受都尉的业务领导。

表 2　汉政府与警事责任相关之职官表

	朝　廷	京　师	郡（国）	县	乡　里
政府首长	丞相御史大夫	京兆尹右扶风左冯翊	太守（国相）	县令（长）	乡啬夫乡三老里正
主管警事的职官、吏员	太尉廷尉	京辅都尉左辅都尉右辅都尉	都尉、郡尉、关都尉、农都尉、骑都尉	县尉游徼	亭啬夫（亭长）
承办警事的官佐、吏员	中尉卫尉率尉	巡街御使左街御使右街御使	督邮、上计吏、比曹、户曹、贼曹	列曹上计吏	亭校长求盗
警事基层组织	郎将军	禁兵更番隶役	驻屯兵更番隶役	弓手隶役	亭卒隶役

汉代郡县官佐属吏在其司法执法活动中，要遵循国家法制去履行职责，不得私行妄为。比如在汉代的"告"制（受理诉讼）中，"告"的主体包括受害人及其直系亲属，案件的知情人，"有罪先自告"者。司法官吏首先必须对"告"的主体进行严格审查，对于子告父母，妻告夫，奴婢告主、告主父母妻子之案不得受理；对没有达到法定年龄者、正在服刑期间的刑徒的"告"亦不予受理；县司法官吏"听告"后，应即采取"案验"及"捕系"等刑事侦查措施，也即调查、取证、核实案情、现场勘验、法医检验及捕捉案犯等；而对"诬告"和"告不审"者要依法追究其刑事责任。否则叫失职，要受到弹劾检举。"劾"一般要经过复

杂的"案验"过程。

汉代法律规定惩治郡县官吏的司法渎职罪，其罪行构成包括：毋告劾而擅覆治、劾人不审、轻罪重劾、以投书言系治人等；审前郡县官吏的司法渎职罪包括：弗觉知、不胜任、知不告劾、弗言县廷、弗能得、遇盗贼而逃、逗留等；刑案审理中郡县官吏的司法渎职罪包括：擅移狱、不直、纵囚、弗穷审、失刑、风吏杀人，漏泄案情等。由此可见，汉代已经把包括"警事主体"在内的郡县官佐吏员的"监督追责"制提上了日程。

第四节　世界上最早的基层警察机构：亭

世界上最早的警察组织，一般都认为是 1829 年英国内政大臣罗伯特·皮尔建立的伦敦大都会警察。实际上，我国的秦汉时期，在县以下的基层就设置了警察组织——亭，类似于今天的派出所；亭内的亭长、亭卒也是世界上最早的制服警察。这比伦敦大都会警察至少要早 2000 多年。

一、亭的性质：基层警察机构

亭最早出现是在战国时期，是一种设置在城门和边境地区的军事组织。《墨子·旗帜》《战国策》中的《魏策》《韩策》以及《韩非子·内储说上》提到城门和边境设有"亭"。随着秦统一战争的进行，这种设置在城门和边境地区的军事组织逐渐遍及全国，并演化成为一种基层行政组织。汉帝国的建立者刘邦在秦朝就担任过泗水亭的亭长，他是历史上最出名的亭长。

亭是与乡里不同性质的行政系统，是专门"逐捕盗贼"的基层警察机构。20

世纪 90 年代，随着江苏省连云港市"尹湾汉简"[①]的出土，学者根据尹湾汉简的《集簿》中关于东海郡县、乡、亭、里数字的记载，认定亭与乡、里没有隶属关系。亭是县政府派出常驻乡的机构，直属于县令最主要的掾属——功曹。这与现代派出所的性质，完全一致。

秦汉时期，基层警察组织有亭和游徼两种。两者都是县政府派出，主要的职责都是专主逐捕盗贼。汉代的识字课本《急就篇》"斗变杀伤捕五邻，亭长游徼共杂诊"注云："亭长，一亭之长，主逐捕盗贼。游徼，乡之游行徼循，皆督察奸非者也。杂，犹参也。诊，验视也。有被杀伤者，则令亭长与游徼相参而诊验之，知其轻重曲直也。"意思是：基层发生了打架斗殴、伤人死人的事件，就要把邻居控制起来，请亭长、游徼一起来"杂诊"（现场勘查和询问）。这段话既然是记在识字课本中，显然说明，基层斗变杀伤的案件由亭长、游徼专门负责是当时的常识。

不过，亭和游徼虽然同是基层警察，但两者在数量和勤务方式上有显著的不同，作用也有很大的区别。亭普遍设置于基层，亭长、亭卒也常驻基层，亭有固定的办公地点——亭舍，从文献材料来看，亭舍往往有高楼便于瞭望，有多处房间，大的亭舍如东汉洛阳的"都亭"，甚至可以容纳 5000 人的军队；而游徼在基层的设置并不普遍，有些基层不设游徼，并且游徼的作用在于"游"，即到基层巡逻，不是常驻基层；更重要的是，在基层，亭的数量远远超过游徼。据《集簿》的记载，西汉晚期东海郡 38 县，170 乡，688 亭长，82 游徼，2972 亭卒，每乡平均有 4 个亭长，17.5 个亭卒，而游徼不到 0.5 个，甚至有 14 个县和侯国没有游徼，因此，就基层治安而言，亭的作用更为重要。也可以说亭是秦汉时期基层最重要、最有特色的警察组织。

---

① 东海尹湾汉简：1993 年出土于江苏连云港市东海县温泉镇尹湾村西南约 2000 米的高岭汉墓（6 号墓），是我国迄今发现最早、最完整的郡级行政文书档案。它是反映西汉末年政治、经济、军事及社会生活等方面的宝贵资料。其中，木牍有《集簿》《东海郡吏员簿》《东海郡下辖长吏名籍》《东海郡下辖长吏不在署、未到官者名籍》《东海郡属吏设置簿》《永始四年武库兵车器集簿》《赠钱名籍》《礼钱簿》《神龟占·六甲占雨》《博局占》《元延元年历谱》《元延三年历谱》《君兄衣物疏》《君兄缯方经中物疏》《君兄节笥小物疏》以及"名谒"等，十分珍贵；另有竹简《神乌博》《元延二年日记》《刑德行时》《行道吉凶》等。下文很多数据即采自学者们对此汉简木牍的研究，恕不一一交待了。

二、亭的设置

亭设置的地点非常广泛，市场、城门、关津、边境、交通线、屯田地区、城内、乡村分别设有市亭、门亭、津亭、燧亭、邮亭、都亭、农亭、乡亭（野亭）。其中，市亭、门亭、津亭、燧亭、邮亭、农亭类似今铁、交、民、林、新疆生产建设兵团等行业系统的派出所，而都亭、乡亭则是按照行政区划设置的基层派出所，类似今公安派出所。这里只介绍都亭、乡亭的设置情况。

亭有辖区，叫作"亭部"，类似今派出所辖区。按照汉代统治者的设计，亭部的大小，就是所谓的"十里一亭"，即长、宽各 10 里的区域，汉代 1 里约合今 0.425 公里，这样的一块区域约合今 17.2 平方公里。由于亭长、亭卒主要是通过巡逻亭部来负责治安，按照汉代军法"日行二十里，吉行三十里"的速度，这个大小是比较适宜的。不过，"十里一亭"只是一个理想设计，具体的设置要考虑各地的实际情况。例如，西汉后期，政府统计的全国土地面积是 14513 万顷，约合今 6675980 平方公里；全国有亭 29635 个，平均每个亭部为 225 平方公里；东海郡 688 个亭，大致每个亭部是 32.7 平方公里；首都长安面积是 970 顷，有亭 120 个，平均每个亭部 0.323 平方公里。一般说来，人口密集、经济发达、政治地位重要的地区，亭部就小些，反之则大些。

辖区内的民众，称为"部民"。虽然，汉代各地"亭部"大小相差悬殊，但每个亭管辖的"部民"数却大体相近。西汉末年，长安平均每个亭管辖 2051 人；东海郡是 2031 人；而全国平均是 2011 人。大致都在 2000 人左右。因此，虽然汉代有"十里一亭"的说法，但亭的设置很可能不是按照面积，而主要是按照人口聚集的情况设置。今天派出所的设置，人口也是一个主要的指标。

三、亭内人员的构成及待遇

亭有亭长，负责一亭的事务。亭长是由县令任命，要经过试选和试用。《汉书》记载刘邦少时不事产业，及壮，试用补吏，才当上泗上亭长的。试用不合格的，是要罢免的。西汉官至九卿的王温舒，试用为亭长，几次都不合格，"数废"。

值得注意的是，亭长的身份是官吏，属于最低级的"佐史"级官。亭长作为官吏，享有官吏的权力。一是有俸禄，月俸八斛。据考证，西汉"佐史"的月俸折合为钱，大约为600～900钱；二是有象征官吏权力的官印——"亭印"；三是有合法的休假，汉代称之为"休沐"，除法定节日外，五日一休。

亭内的其他人员，史料中有不同的名称，如亭公、求盗、亭父、亭卒、亭佐、亭校长、亭掾、弩父、行亭掾等。实际上，亭内人员除亭长外，分为两类，一是亭父，负责内勤和接待；二是求盗，负责缉捕盗贼。两者统称"亭卒"。据尹湾汉简，东海郡688个亭，亭卒2972人，每个亭平均4.3个亭卒。因此，一亭加上亭长不过五六人。

亭卒虽不是官，但每月也有"卒月值"。东汉施延"家贫母老……后到吴郡海盐，取卒月值，赁作半路亭父，以养其母"。可见，"卒月值"是可以勉强两人生活的。根据居延汉简，边地亭卒每月可以从官府领取3.3石（斛）粮食（合今70斤），每年还可以领取衣物（或置衣钱）；配偶及未成年子女每人每月可领2.16石（约合今44斤）。据考证，汉代成年人月食粮食数为1.5～1.8石。因此，亭卒除去食粮外，每年还有近20石的剩余。而一般农民之家庭，《汉书·食货志》提到年收入不过百石，除去各项开支，所剩无几。因此，亭卒的待遇较之农民要好些。

四、亭长亭卒的考核升迁

汉代对于官吏有严格的考核升迁制度，亭长作为基层从事警察工作的官吏，也不例外。汉代的考核升迁制度主要有察举和积功劳两种。所谓积功劳，包括劳和功两种。干一日活，有一日的劳；劳积累为功；每月、每季、每年对个人功、劳多少进行考核，区分殿最，积累到一定的功劳，就可以升迁。居延汉简就有"亭长最"的考核记录。汉代察举的标准大致不出四条，史称"四科取士"，大致是道德行为、儒学修养、明达法令、从政才能，但主要偏重道德行为和儒学修养。由于亭长、亭卒工作性质的限制，很难通过察举的途径来升迁，只能通过完成日常琐碎的工作，积功劳来升迁。大致而言，由于西汉重积功劳，东汉重察举，因此，西汉时期不少亭长、亭卒通过积功劳升迁至三公九卿，相当于现在的总理和部长；而东汉时期，由亭长升至三公的仅有施延一人，且其升迁不是因为工作干得好，而是因为他孝顺老母亲，并且"明于五经"。

五、亭长亭卒是制服警察

亭长亭卒有专门的制服。《会稽典录》载东汉荆州刺史谢夷吾巡行属县鲁阳县，有亭部民告亭长强奸，鲁阳县令断为"和奸"。谢夷吾切责说："亭长，诏书朱帻之吏，职在禁奸，今为恶之端，何得言和？"意思是：亭长是皇帝让身着朱帻的官吏，其职责是禁止奸邪的事情，现在故意做出如此恶事，怎么能说是通奸呢？古代社会对于服饰有严格的身份、等级规定，二十四史的《舆服志》有明确的记载。按照汉代的规定，亭长只能是着朱帻。所谓朱帻，即是以土红色的布包头。东汉郑玄又说"亭长着绛衣"，即身穿黑红色的衣服。因此，土红色的包头巾、黑红色的衣服，就是亭长专有的服饰。而亭卒也有专门服饰，身着红色衣服。因此，亭长亭卒也称得上是世界上最早的制服警察了。

六、与亭相关的法律制度

秦汉的亭规模较大，亭长在官吏队伍中占有较大的比例。据文献记载，西汉后期，全国官吏十三万二千八百零五人，亭长二万九千六百三十五人，约占百分之二十；东汉中叶，官吏十五万二千九百八十六人，亭长一万二千四百四十二人，约占百分之八。秦汉的统治者非常重视亭的建设，为确保亭履行警察的职责，制订了诸多的法律制度。

亭长随身配备弓弩、戟、楯、刀剑、甲铠五种兵器和小鼓；"执二尺板以劾贼，索绳以收执贼"，即有权逮捕和收审犯人。平时亭长带领亭卒在辖区巡逻，有权盘查过往行人，拘捕可疑人员，遇到现场反抗，可以格杀勿论。西汉末年王莽专权的时候，大司空士夜过奉常亭，亭长盘问是否有符传（通行证），大司空士以马鞭击打亭长，亭长将其斩首。王莽称赞说"亭长奉公"。但亭长对于被拘捕的人员无处置权，只能临时安置在亭的监狱，称为"犴"，相当于现在的拘留室，送交县里处置。

秦汉还规定：亭长不能纠正本部强盗，正法；亭长犯法加重处罚；亭长、亭父要负责过往官员的饮食住宿和保卫工作，但是专门负责捕捉盗贼的求盗不要迎来送往（"求盗勿令送逆为它"）。同时，为督促民众配合亭的警察工作，汉代还特别规定了"部落鼓鸣"制。即亭长有事击鼓，基层的官吏和民众都要出来协助亭长工作。东汉应劭《风俗通义》卷九就记载汝南阳县西门亭发现死人后，"亭长击鼓会诸庐吏，共集诊之"。"部落鼓鸣"对于民众来讲，是一个很重的负担。西汉后期，有一个叫贡禹的官吏给皇帝上疏说，影响老百姓生计的有七种情况（"七亡"），其中之一就是"部落鼓鸣，男女遮列"。意思是：老百姓听到鼓声，以为是有盗贼来了，男女老少都丢下手头的活，跑出来追捕盗贼。可见汉代"部落鼓鸣"制度执行得很严格。

更重要的是，汉代郡县一把手要负责亭的维护，并将亭修缮与否列为对郡县一把手考核的内容，以此督促地方一把手重视亭的建设。《汉官旧仪》记载汉代的上计考核制度时说："官寺乡亭漏败垣墙，阤坏治所……不称任，先自劾，不应法。"意思是：亭和郡守衙门一样重要，一旦出现建筑损毁的情况，郡县一把手就是不称职，考核之前要先弹劾自己不合格。

事实上，亭的确在汉代发挥了重要作用，即使在动乱年代，亭也颇为统治者所信赖。光武末年，单臣、傅镇起义，东海王建议不要急攻，"宜稍延缓，令得逃亡。逃亡则一亭长可以擒矣"。东汉末年，天下大乱，贾诩告诫董卓部将"诸君若弃军单行，则一亭长可以束君矣"。

七、亭在中国警察史上的地位及意义

亭是中国历史上乃至世界历史上最早的警察组织。秦汉的亭，是县府派出常驻乡里的基层警察机构，有辖区，有部民，有工资待遇，有制服，有考核，有武器配备，也有专门的法律制度保障和约束其执法。类似当今派出所。亭长、亭卒称得上是世界上最早的制服警察。

亭是中国近代警察制度的来源之一。由于亭专职警察组织的性质，因此，清末在建立近代警察制度之时，曾将秦汉的亭作为重要的参考，并不是单纯地照搬西方。例如，1905 年，袁世凯在天津试办四乡巡警，在基层建立近代警察制度之时，曾宣称其所建立的警察制度，一是模仿西方，二是模仿汉亭。该年 8 月，袁世凯曾上报朝廷说：四乡巡警"远稽汉代乡亭之职，近师日本町村之法"。①

两汉四百年的稳定，与汉代重视亭的建设有密切关系。

第五节　长安城的"街市分离"建制

一、周秦京师建筑体制

汉代沿用周秦以来的"街市分离制"来修建京师长安城。按《礼记·曲礼》的说法："君子将营宫室，宗庙为先，厩库次之，居室为后。"作为京师建设，其特殊要素是：一是以宫殿为主干的皇居建筑系统；二是以庙坛为主干的礼制建筑系统；三是官府建筑系统，包括政府机关、朝廷官员的府第以及要害部门，如府库、粮库、兵器库、建材库之类建筑设施；另有宫馆、楼台、苑囿之类；四是城防设施系统，含宫城、皇城、京城的墙体建筑，护城河的开掘，驰道、桥涵的修筑，水井、灌溉渠、泄水道、消防道等公用设施；五是坊里民居系统。以坊、闾、里为单位的封闭式民居体系，士农工商的坊巷民居，包括商铺、手工业作坊在内。

二、汉长安城的建构体制

汉代长安城内，完全依仿秦代咸阳城的建制，在萧何的统筹指挥下建成，更为壮丽；所不同的是，对高级消费都会所需的宫馆、楼台与大型坊市较秦重视了。汉代，居民区与商业区同样严格分开，实行"坊市分离"制。居民住在一个个由坊墙包围的"坊"里，居民户不得向大街开门，坊门由专职人员把守，按时开闭。全长安一百六十个坊，"屋室栉比，门巷修直"，堵塞隔断所有坊里间的邪径偏道，不准翻越墙头，不许在街上"群行嚣呼鸣叹"；坊里不得进行任何商贸活动，入

---

① 朱寿朋：《光绪朝东华录》第五册，中华书局，1984年，第5394页。

夜实行"宵禁",不许私自上街、出行;也不允许在未经许可的情况下动用火烛。商贸市场集中在指定的几个坊里。市坊设坊墙,中设"当市楼",有市长等管理人员主管市场的行政与治安。要按时营业,商贾不得走街串巷叫卖。这一城居体制,一直维持到唐代安史之乱后才被打破。

三、长安城的封闭式静态管理

汉武帝时改中尉为执金吾,为列卿之一,由其直接领导京辅都尉、左辅都尉、右辅都尉的业务活动。另,皇帝出巡时,其威严盛大的仪仗队,即由中尉所率领之"骑"组成。骑,穿丹黄色衣,出行时尤为引人注目。其属官有中垒、寺互、武库、都船(狱)令等,分别负责京城门的守卫、启闭、稽查任务,分头管理在交通要道口、官府门外的约禁任务,国家兵器库的守卫禁察任务及水牢的管理任务。中尉的属官还有京辅都尉、京县县尉之类,分片巡察地方治安,缉捕盗贼,戒备非常,纠察嫌疑,梳理街道交通,执行宵禁。晚六时至次日晨六时之间,禁止居民无"符传"通行,禁止未经申报的用火。逢节日或皇帝恩准的特殊日期,开放夜禁,允许百姓上街游乐,称作"金吾不禁",那是老百姓稍稍开心的日子,平时是被禁锢在坊里内不许任意活动的,执行一种以坊里封闭为特征的"静态管理"。自古京师难治,汉代的长安与洛阳尤称难治,因此人选颇费思量。执金吾威风,执金吾好弄权,执金吾的工作也难做。西汉时,郅都、宁成、减宣、王温舒等有名的酷吏差不多都是由此起家的。

第六节　汉代的户籍登录

秦代户籍登录的程序、内容、法律要求等,为整个古代社会的户口管理提供了基本模式。汉承秦制,汉代户籍是秦代户籍的继承与完善。

一、汉代的各式记籍

户口登录的内容与秦代相比，没有多大变化，但"记籍"的类型繁复了，种类增多了，为各种专业甚至专题服务的记籍出现了。汉代商人有市籍，宗室成员有名籍，官僚有宦籍；地方官员为着警事目的，还可以在辖区搞各式记籍，如东海郡就有登录本地豪猾、黠吏、奸邪罪名的记籍。仓库、厩苑有簿籍，连牛马兵器都有登录号，载入帐籍。可以说汉代记籍已经体系化了。

二、汉代人口资料

可惜的是，笔者迄今没能见到汉代户籍的原样，但从史书上可以得出汉代人户与土地登录的统计结果。（见图 1）

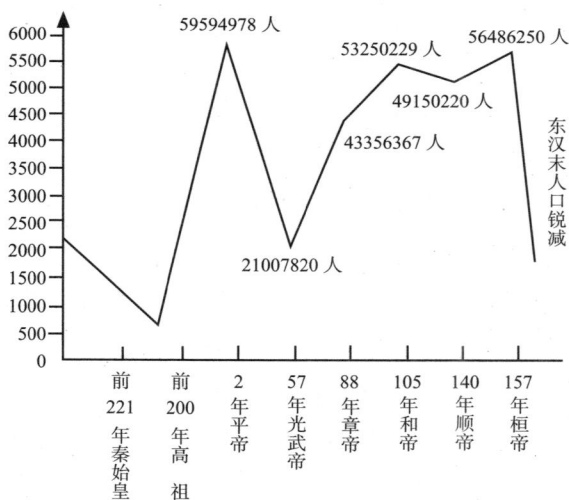

图1　汉代人户与土地登录统计情况

说明 1. 资料来源：《汉书·地理志》《后汉书·郡国志》《晋书·地理志》。
　　 2. 秦始皇、汉高祖时的人口数字为推算数。

2 年，全国人户登录数为：59594978 人，12233062 户，符合一般规律：人户相比约为 5 比 1。这个人口水平，连唐代都没有突破。

三、汉代户籍的登录过程

汉政府对户口的登录与管理十分重视，有一套具体制度。首先，在户口管理方面，实行分级管理。在基层，汉代五家为伍，十家为什，百家为里，十里为乡。相应地设有伍长、什长、里长；乡设乡三老、有秩与啬夫。伍长、什长、里长与乡啬夫们要具体管理户口，户口的申报、登录、迁徙，由乡啬夫们办理。凡欲变更迁移户籍，需完成本年度更役、赋税任务，并在迁移证明中写清楚。汉政府规定，每年秋后（夏历八月，公历九十月之间），以县为单位核查人口。全县居民都要按期到县廷接受审查。县令要对每一个登录的人逐一审视、核实。《后汉书·江革传》载：江革因母亲年老受不了路途颠簸，每年县里核查人口时，他就自己在辕中拉车，不用牛马，把母亲平安地送到县廷，登录审查阅视之后再拉回家里。老乡们都称他是"江巨孝"。可见当时全国上下对于户口登录工作的重视。各县登录审阅完毕后，要进行总计。《后汉书·百官志》："秋冬岁尽，各计县户口、垦田、钱谷入出、盗贼多少，上其籍簿。"县报至郡（王国），郡（王国）再委派上计吏至京师汇报，"天下郡国计书，先上太史令，副上丞相"。（《汉书》所引《汉仪注》）因此，汉代人口、土地、钱谷收入、警事状况这四大项，政府均有系统的资料保存着。应该说明，有了这四大项，对一个地区的发展状况也就有了评价的基本依据了。正因为史官参与保管这类资料，所以《汉书》《后汉书》对汉代不同时期土地人户数字及其地域分布，都能清清楚楚地作出记录，甚至精确到个位数。尤其令人惊讶的是，144年、145年、146年，东汉顺帝、冲帝、质帝走马灯式地相继在位，政局变化很大，而这三年的统计数字仍然很明细。（见表3）

表3 144年—146年的土地、人口情况

顺帝建康元年（144年）	垦田：6896271顷56亩194步	人：4973055口
冲帝永嘉元年（145年）	垦田：6957676顷20亩108步	人：4952418口
质帝本初元年（146年）	垦田：6930123顷38亩；	人：4756677口

说明：本表内容见《汉书·地理志》引伏无忌统计数。

可以看出，这期间国家直接控制的人口与耕地数字能具体到亩、到步，到户、到人，说明当时尽管皇帝换了又换，各级行政机构却始终在不断运转、正常工作，维持着很高的行政效率。这是对汉家朝廷执政能力的一个有效检验。

汉代仍然执行"上计制度"，各地户口、田土、钱谷、治安动态汇报到朝廷后，经统一整理汇总，要上报皇帝。皇帝每隔三年接受一次汇报，届时要举行隆重仪式，以示重视。汉武帝就曾在封泰山时亲自"受计"，又曾在明堂、甘泉宫等地"受计"，可见其重视程度。光武帝刘秀曾于建武十六年（40 年）因"度田不实"处死河南尹张某等十余人，宗室竟陵侯刘隆也一度被捕下狱，免为庶人，因为他派遣的上计吏不肯如实汇报河南与南阳的垦田数。"河南帝城（国都）多近臣，南阳帝乡多近亲"，这些近臣、近亲（皇亲）们争相占有的土地，其所依附的人口，地方政府是无法确切掌握的，上计吏自然也就无法如实汇报了。而光武帝的这次惩处，却是向全国表明了帝国政府希望准确掌握土地人口的基数这一强烈要求。事实上，不仅是帝城帝乡，各地的人口土地数字，都不可能是真正准确的，尤其是在发生战争、天灾与动乱的时期和地区，不可能有很准确的统计数字，后人只能知其大概而已。

汉代的户籍，根据社情掌控的需要，分为不同的类别：民政户籍、赋役户籍、身份户籍（民籍、宦籍、市籍）、警事户籍（有"受奖"或"前科"记录等）。汉政府规定，每年秋后，以县为单位核查人口，全县居民都要按期到县廷接受审查。县令要对每一个登录的人逐一审视、核实，称之为"貌阅"。

第七节　多样的警事模式与警事经验

在警事执法方面，汉代一些地方长吏积累了不少有用的经验。仅《汉书》里就记载了黄霸、赵广汉、韩延寿、张敞和尹赏等一大批"循吏""能吏""酷吏"处治地方警事的许多成功经验，如记籍、钩稽、类推、跟踪、耳目、灰线、奖励告密、分化瓦解、一网打尽等，同时也反映出他们不同的执法风格。为了京师治安这个大局,汉代能吏是敢于执法的。他们不仅敢于得罪权贵,摧折豪强,作风凌厉,廉洁奉公,勤苦奉职,甚至敢于阻止皇家成员的"非法行动"。归纳他们的办法:一是依靠基层,掌握社会动向;二是建立警事档案,使"县县有记籍";三是大刀阔斧惩治奸恶,绝不容情;四是利用灰线、耳目等侦缉技术手段,及时破案等。从他们身上可以看到"守文好儒""严酷威猛"及"奉法循理"的司法风格;"奉法循理"的司法风格是儒家思想由理论走向实践的具体体现。汉代循吏"奉法循理"的司法风格表现为:以德为本,礼、政、刑综合治理;宽猛相济,事从中道,执经达权,法理结合,情法兼顾等。当然,也有贪污受贿、因缘为市、以杀伐立威者,有玩弄法律、任情生杀、舞文巧诋、深文罗织者。

一、张敞的以盗治盗

张敞为京兆尹时,长安九市偷盗特多,害苦了商贾,连着几任京兆尹都处置不了。张敞上任后,向长安父老作调查,得知偷盗团伙各有首领,他们平时总是以一副温厚长者的面貌出现,其实坏事都出自他们之手。张敞弄清情况后,便召见这些"长者",一一揭发其罪孽,责令他们戴罪立功。这些人因知无法逃脱罪责,便请求张敞给他们大小一个"职务",然后分头回家召集偷盗,设酒宴庆贺。小偷们闻讯都来致贺,等他们喝醉后,全数收擒,审明之后罚以重金。长安市中一时偷盗绝迹。巧用"以盗治盗"法,精明而不苛暴,张敞之法可取。(《汉书》本传,下同。)

二、尹赏以虎穴坑盗

尹赏为长安令时,长安出现职业杀手,闹得全城死伤横道,桴鼓不绝。尹赏一上任,便安排户曹掾史与乡吏、亭长、里正、父老、伍人一起,纷纷举报长安中轻薄少年恶子、无市籍的商贩、做坏事而鲜衣凶服者,全都登录到籍簿上,共得数百人。这一天,他召集长安吏,发车数百辆,在全城分行收捕,全加以"通行饮食群盗"的罪名。尹赏亲自查阅,每十人留置一人,其余悉数赶入"虎穴"中。数日后打开一看,皆互相枕藉而死。所留之人中有魁首宿贼,也有故吏良家子失计追随轻黠之徒而愿自改者,就免其罪责,令其立功自赎;肯尽力且有成效者,便亲用之为爪牙。这些人追捕甚精,比一般公差厉害多了。各地来京的亡命之徒惊散逃走，再也不敢窥长安了。

按：尹赏用从重从快法，把全城偷盗一网打尽，手段凶残；又收用其间某些人为爪牙，以盗治盗，用心诡诈，跟张敞的出于善良不同，故被称为"酷吏"；但他能收拾乱局，也不无可取之处。

三、赵广汉离间朋党

赵广汉为颍川太守时，当地吏俗喜欢抱团，朋党为非。广汉便选取其中可用者一二名，使其背地接受任务后放出。每当案发，便可查知凶手名姓，当即依法惩罚。事后，广汉又故意漏泄其语，说是某人报的案，某人提供了线索，让他们互相怨咎，再也抱不成团了。他又教郡吏做了一批告密箱，等有告发信，他就把告发人的姓名去掉，而假托为某豪杰大姓子弟所言，使得强宗大族互相仇视，奸党散落，风俗大改。

又，赵广汉为京兆尹时，治郡中盗贼，注意搜集情报，对闾里轻侠的根株窟穴所在，无不清清楚楚；对吏役受贿取利，哪怕铢两纤微之奸，他也完全明白。一次，有几个长安少年，聚在一处穷里空舍中，谋行劫。话还没说完，广汉已派人来将其尽行捕获了。

按：赵广汉善用耳目与灰线，这很有用。他以挑拨离间法分化瓦解团伙，偶尔用之，倒也有效；但一直用下去，使"吏民相告讦"，则未必是好事，这不是值得推广的经验。

四、尹翁归善用记籍

尹翁归为东海太守，郡中吏民，谁贤谁是不肖子，他都知道；谁是奸邪，谁有罪过，他也尽知之。属县各有专用记籍，分类登录基本情况。他亲自处理政务，一旦有事故，他总是沉着应对，一点不张扬，表面上很宽松，很平静。等到那些黠吏豪民稍稍懈怠时，他就按登录情况，到各地收取之，审问其罪行，有至于判死刑的。以一儆百，吏民皆服，人人恐惧，改行自新。

尹翁归守右扶风时，奸邪罪名属县各有记籍。一旦盗贼发其比伍中，尹翁归当即召其县长吏，告知此案是谁主使，彼案是谁策划，教使用类推法，去追踪盗贼，行动总能有收获，无有遗脱，人尊为神。

按：尹翁归善用"记籍"，平时做好基层基础工作。一有案子发生，便能指示手下人到某坊某里去捉拿，"有的放矢"，十拿九稳，难怪会被人尊之为"神"。

五、龚遂劝民卖刀买犊

渤海郡年年受灾，官吏却加紧横征暴敛，百姓再也不能忍受了，处处都有人起而造反。换了几任太守，都镇压不下去。皇上听说龚遂有能耐，就召见他。一见面，见他是个瘦小的老头儿，很不称意，就问："要是让你去渤海，你有什么办法？"龚反问："您是要我去镇压呢，还是去抚慰百姓呢？"皇上说："请你老人家去，当然是抚慰了。""那就好，请放手让我去做，定然让您满意。"他匹马上任，郡里派兵到郡界上来迎接新长官，龚立即令其撤回；并且发出告示："本郡全是良民，只因前任不知体恤民苦，弄成现在这个样儿。从即日起，凡放下刀兵、手执犁锄者，一律是良民，各自安居去罢！"全郡立刻平静下来。龚遂又巡视各处，劝民种菜蔬、养猪羊，等等；见到佩剑的青壮年，就劝其卖刀买牛，当个好农民。不过两年，渤海郡就变得富足安宁起来，天子特予表彰。

六、文翁以文治蜀

武帝时，文翁就任为蜀郡守，很注意开发民智，养育人才。他遴选出郡县小吏中"开敏有才"之人十余名，派往京师，从太学博士受业，"学习律令"。他宁可减省政府开支，也要拿出钱来购买土特产，让上计吏带进京师馈送给老师博士们。几年后，这些开敏有才之小吏学成归蜀，用为郡县有头面的要职，协助文翁治好了蜀郡。后来汉武帝推广文翁模式，各地均建郡学。这是儒生们所艳称的史例。其实小吏们的所学，"律令"才是重要内容，并非纯是儒家的"五经"。

七、黄霸勤力治颍川

黄霸"为人明察，又习文法"，颇会干事，汉宣帝特任命为颍川太守。他一上任，立即选派郡吏向全郡官民宣布诏令律条，"令邮亭乡官皆有条教"，普遍设置父老、师帅、伍长，劝以为善防奸、耕桑蚕织之道。他的管理，"米盐靡密，初若烦碎"，但坚持推行，不到两年，收效显著。由于他能"力行教化而后诛罚"，治绩考核为天下第一。他的经验可以概括为，儒术宣传开路，法令执行随之，因而大见成效。

黄霸少学律令，善于办案。在颍川时，有富室，兄弟同居，其妇都怀孕了。长妇胎伤，流产了，她隐瞒了情况；弟妇生了男孩，她即夺为己子，论争三年不决。黄霸就使人抱儿于庭中，对妯娌俩说："谁取到手就是谁的！"长妇夺之甚猛，弟妇恐伤了小孩，情极凄怆。黄霸一见，叱其长妇曰："你贪家财，一心想得儿，就根本不考虑有所伤害，下手很猛。这情况再明白不过了！"长妇乃服罪，即还弟妇儿。（此条亦见《风俗通》）

按：黄霸的这个故事，后来被改编为传奇剧《灰栏记》。

八、召信臣开发南阳

召信臣治南阳，"为人勤力有方略，好为民兴利"。他在南阳修了不少水利工程，灌田多至三万顷。渠闸修成后，他"为民作均水约束，立于田畔，以防纷争"。他下令"禁止嫁娶奢靡……府县富家子弟好遨游、不以田作为事，辄斥罢之，甚者按其不法，以示好恶"。这一切，都是在开启民智，开发国土。他提供了在实行法治的基础上推行教化的一个好例。

九、韩延寿外儒内法

韩为东郡太守时，治城郭，收租赋，先明布告其日，以期会为大事，吏民敬畏他，都向他靠拢。又置（乡）正、伍长，相率以孝悌，不得舍奸人。闾里阡陌一有非常情况，官吏总能及时闻知，奸人莫敢入界为非。其施政一开始好像挺琐碎，后来吏无追捕之苦，民无棰楚之忧，人人悦服。

按：这是一则礼法并用的实例。韩的示范行为，带出了一方良好政风。

十、王球任司隶校尉

《后汉书·王球传》载：汉灵帝时，宦官王甫、曹节等肆虐弄权，正直官吏王球说："若得为司隶校尉，决不轻饶此辈！"司隶校尉是专职京师地面警事管理的朝官。后来王球果然做了司隶校尉。他一上任，即捕获王甫等宦官，将其击毙于刑杖之下，并陈尸于夏城门，揭榜大书"贼臣王甫"。京师为之震慑，豪右一时屏声，洛阳秩序立刻安稳下来。

汉代国家的警事禁卫安全力量，在各级政府相关部门的通同操作下，对社会实施综合治理。在诸多警事领域中，皇室禁卫强化了，基层管理强化了，城市公共秩序也建立起了相应的管理模式。至此，我国古代警事成型了，有了成熟的体制与相对健全的法理。

东汉张衡在《西京赋》里，曾将汉代警事总结为十六个字："徼道外周，千庐内附；卫尉八屯，警夜巡昼。"意思为：汉代京师禁卫严密紧凑，肃穆森严。徼道：巡徼查察的径路，即执勤线路（环绕于四周）。庐：这里指卫屯兵的宿营处、窝棚。护卫兵士的窝棚一个连一个，力量配置得当。卫尉八屯：由朝官卫尉统领的、驻守于京师各个城门的有八支禁卫部队（轮番执勤），分区屯驻。"警夜巡昼"，即"警巡昼夜"，或曰"昼夜巡警"。这在修辞学上叫作"同义反复，交叉见义"，不能机械地理解为"夜里警戒，白天巡逻"。警：警备，警觉，警戒；巡：巡视、巡察、巡逻。如果说"警察"强调的是静态的"守望"，那么"警巡"强调的则是"巡视"的动态勤务方式，是一种运动中的警事模式。所以后世说到警事活动时，一般都用"警巡"二字。

第八节　对汉代警事的文化透析

汉代以人口管理为主干的基层基础工作、以要害禁卫为核心的政治保卫工作，积累之宝贵经验，影响深远。国家为了对人口实行有效的政治管理，首先把人口有序地组织在一个相对稳定的社会机体之中，建立一个自下而上的管理网络，举世无双。

汉代一些地方长吏积累的侦破经验，迄今仍然有效：如记籍、钩稽、类推、跟踪、耳目、灰线、奖励告密、分化瓦解、一网打尽等。

名吏、能吏们屹立乱流，不惧风险的护法精神尤为可贵，大智大勇地与社会黑势力做斗争的事迹尤为感人。总之，汉代警事有功于国家大一统秩序的确立，有功于中华民族品性的塑造。

汉人进一步走出了一条在开发民智、开发经济、讲究思想道德建设基础上强化警事管理的路子，因而能比秦代创造出更高的社会文明。但任何军政法令，都会"历久弊生"，它也逃不脱这一趋势。这也可从汉成帝河平年间的一道诏书中看得出来："今大辟之刑千有余条，律令繁多，百有余万言。奇请它比，日以益滋。自明习者不知所由，欲以晓喻众庶，不亦难乎？徒以罗元元之民，夭绝无辜。岂不哀哉！"他的这一段话，是典型的儒家"恤刑"言论，然而在这道诏书之后，汉家律令科比条目，有增无减，而且官吏们分条破律，巧诋罗织，舞文弄法，流毒更深。这是传统法制所不可避免的弊端。

汉初政治家思想家们一面张扬仁义，搞礼乐教化，一面施行刑律制裁，搞帝王专政。汉文帝自己"本好刑名之学"，却下令征用儒生。那位出名的汉武帝，一面"罢黜百家，独尊儒术"，一面欣赏"好黄老言"的汲黯，夸他"治官民好清静"，却被汲黯讥刺为"内多欲而外施仁义"，真所谓"儒术尊而不独，百家罢而未黜"。还是宣帝说得好："汉家自有制度，本以霸王道杂之，奈何纯任德教用周政乎？"由此可见，西汉的思想家们和政治实践家们，从不搞纯粹的儒家或法家那一套，而是如《史记·论六家要旨》所说："采儒墨之善，撮名法之要，与时迁移，应物变化。"

另外，我们从秦汉警事的成败中也分明看到：古代社会的治安，是由统治集团主管的；而破坏这种秩序的力量，恰恰就是统治集团本身，这是一种阶级的、历史的真实。短命的秦王朝自不必说，西汉中期以后，直到东汉灭亡，社会治安始终呈现出严重不稳状况。刺客侠士到处活动，地痞流氓为非作恶，职业杀手活动猖獗，偷盗集团此灭彼起，方士神巫胡作非为，帮闲食客造谣惑众……社会渣滓与统治阶级中最黑暗的势力汇集为一种反社会力量，以向社会作恶为快，以向无辜行凶为业；而反社会活动猖獗之时、之处，恰恰就是在国家政权失控、半失控的环节上，是在各级官吏有意无意地纵容包庇下进行的，这就是汉代警事，尤其是京师警事的症结所在。看来，要想实现政权稳定、社会良性发展，眼睛光向下是不行的，政权内部的消极腐败力量才是祸根。这一点，尤其值得关注。

第七章　六朝警事：中华国家警事的深化

3 世纪至 6 世纪，中华民族各部分在大迁移中，实现了相互融合与沟通。原先住在周边地区的少数民族大量内迁，他们通过学习汉文化，迅速改变本民族的生存状态与文化结构，认同炎黄共祖，这就为汉文化拓展了广阔的空间。此时，各政权各自分立着，又互相征讨着，但都采用秦汉政治—法律体系，以"国家再统一"为施政目标，这是中华民族得以持续发展的法制密码。

六朝时期，尽管国土分裂，战乱频繁，民生艰难，但科技文化的总水平还是超过了两汉。农学、医学、数学、地理学、天文学的成就，都超越前人；舞蹈、雕塑、绘画、书法艺术都取得了历史性突破。这个时期，国土开发、产业开发也都达到了新的规模，它对异质文明的包容吸纳之规模与深度，它改造提升人类精神生活的成效之卓著，都是人类文明史上所罕见的。这一切无不展示出中国人的顽强生命力、创造力。于是秦汉时期形成的国家警事模式，更充分、更有力地展示出它的巨大融合力、凝聚力。

六朝的纷争动荡，提出的社会警事问题更多、更尖锐、更复杂，也更迫切地需要适时解决，以维护社会的安全，以求得政权的稳定。这样，各军政集团必然要致力于警事方略的研讨、警事法理的建树、警事制度的建立、警事措施的实行，随之而积累起丰富的警事经验，从而为隋唐新的大一统政权实施更高层次上的警事管理打下深厚的根基。

第一节　六朝：多民族的华夏共同体的塑造

本期，出现了第一个占有整个黄河流域的民族政权苻秦（氐族），第一个统一了大北方的民族政权元魏（北魏）。它们都成功地推行了一套"汉化"的立国方略，从而长期地与南方的汉族政权"分立"着。生活于南北对峙政权下的广大汉族人民，则在与境内外少数民族的共处中，实现了生活方式上、文化艺术上、习俗风情与心态上的大幅"胡化"。这种双向靠拢的秩序形塑，创造了人类文明史上异族相融共进的奇迹，中华文化在动荡中复兴了，到隋唐时就又再度崛起了。

三国两晋南北朝时期，除了西晋有一段短暂的统一外，我国始终处于分裂动荡之中，为期四百年之久。然而，中华文明经受住了这一严峻考验，仍然保持着自己的发展势头：我国中原以外的周边地区得到了更大的发展，恰恰是在这四百年间，中华民族体现出举世无双的生命力、融合力与凝聚力、向心力。其间，周秦两汉以来形成的共同民族心理素质与管理文化，无疑起了强大的纽带与黏固作用。就管理文化来说，魏晋南北朝时期，无论哪个政权，都十分注重人口的登录记籍与管理，它们每夺得一块地盘，必先"收其图籍"，即把土地与人口册籍收管起来；十分注重城市安全秩序的管理，借以确保政权基础的稳固；十分注重交通管理，借以发展不同政权之间的经济文化往来；十分注重在秦汉法制基础上的法理建设，使秦汉警事在特殊历史条件下得到了多方面的充实与提高。其中删繁就简的《泰始律》，体例明晰的《北齐律》，为隋唐的法制建设奠定了基础。

综观六朝治安，自有其历史特色。宏观地看，尽管政权更迭频繁，许多少数民族先后入主中原，政治差距很大，但大多都认炎黄为共祖，从文化上、从意识形态上加以认同；在政治体制上，各政权都实行州郡县三级管理体制，保持了秦汉以来治安行政的传承性，因而各不同政权甚至对立政权之间，在警事领域内，保持了相互沟通、相互对接的历史融通性。这是古代社会秩序破坏了又能重建的社会文化与政治基因，是各族各政权能最后趋于统一的社会历史机制。

第二节　六朝乡里基层的社会治安管理

一、汉代乡里治安的延续

终三国两晋南朝之世，其乡里基层组织，皆如秦汉：五户为伍，伍长主之；二伍为什，什长主之；十什为里，里魁（正）主之；十里为乡，乡三老、有秩与啬夫、游徼共同管理，由乡三老主之。每县三千户以上置二乡，五千户以上置三乡四乡。乡官是县令的佐官。乡三老、有秩由郡任命；乡啬夫、游徼由县任命。游徼是专职警事工作人员，在乡里缉捕盗贼。这时，仍然有亭的建制。亭是在县尉的直接指挥下专管地面治安的。设有亭长、亭侯及求盗等隶役。亭长多由退伍老兵担任，他们熟悉业务，有军事常识，较便于警事行动。

二、元魏的"三长制"

北朝不一样。元魏政府则在基层推行三长制：社会面上以五户为邻，设邻长一名；五邻为里，设里长一名；五里（或四里）一党，设党长一名。邻里党合为"三长"，负责清理人口，催征赋税与当方治安。在城区则有"三正"：比正（管五户）、闾正（管一个坊、里）、族正（管四个里），由他们管理所属人户。外设"隅老"四名，由闾、里自行推举，义务服务，分头负责坊里四边的警事巡查等事务。（《通典·食货》）这是一种民间自治的治安力量。当值的隅老不算公务人员，国家并不给补贴或豁免徭役之权。若就其发动民众自理治安秩序来说，应是一种创举。

三、庄园坞堡的"自治治安"

六朝的国家警事，是由政府负责，通过行政、警治、禁卫力量来实施管理的。这就有一个前提：政府必须是强有力的。在政府未能控制、失去控制或不想控制的地方和环节上，警事秩序就无法依靠政府行政力量来维持了。魏晋六朝的政权常常处于动荡之中，地方政府常面临解体，在此情况下，社会秩序自然会陷于混乱之中。然而，一个社会要想维护自己的存在，就总得依靠自身的安全机制，在政府失控的环节上发挥作用。六朝豪族世家就在一定意义上起了这个作用。

1. "庄园"是自办治安的自治单位

我国从东汉时期起，庄园经济就发展起来了。庄园是一个综合单位：它以农为主，兼营工商，不仅有大田作业，还经营园圃林圃，甚至花圃药圃；不仅生产自家所需的粮食和各种农副产品，还有大量粮食和特色产品，供养着庞大的国家机器、庞大的军队、庞大的城市人口，承担着庞大的水利工程和城市建设的需要，承受着巨大的兵燹之灾和水旱风虫病疫之灾。在古代社会，庄园是农业经济的脊梁，也是农业社会的保障机制。它不仅能组织大农业的规模生产，且具有相应的人口组织机能、教育机能与武装自卫的机能。当然，汉代的庄园"自卫"，通常仍在地方政府的监控之下。到晋代永嘉之后，中原陷于兵火之中，豪强势力乘时而起，纷纷占山立寨，筑土围子，建坞堡，搞私人武装，逞雄一方。南方的门阀庄园趁中央、地方权力分散、动荡、削弱之机，也适应战乱时代力求自保的客观需要，大办"侨置郡县"，聚族而业，烟火连接数百十里，在国家体制外搞行政自理；世家大族在"自卫"的名义下扩张势力，在势力范围内建立其本身所需要的"秩序"，其"自治治安"也就畸形地发展起来。

2. 庄园有能力自办治安，也常常背离社会治安

有这样一件事：北魏末，"盗贼蜂起"，行旅极不安全。时冀州世家大户李元

忠①,拥有很高威望,能保证冀豫一线的行旅安全。有一次,一支五百人的退役戍卒队伍路经赵郡,便登门请求他的庇护,送上绢匹作为酬谢。李元忠答应了,他委派向导,打上"李府"旗号,在队前引路。沿途遇有截道的,只要声言一下"是李府的客人",对方便乖乖地让道,退避唯恐不及。这五百名退役军人自然是顺利通行了——人们不妨仔细想想:连五百人的退役戍卒尚且要向李元忠求助,那么,单身行旅又该如何?当时的社会治安形势之险恶可想而知了。六朝时这类世家大族的活动方式,其自治自卫能力,已经溢出了它本身的安全需要,而能商品化地投向社会、供应社会需求了。从根本意义上说,豪门是特定时期、特定条件下的一方社会治安秩序的维护者、营造者,又是国家警事的挑战者、破坏者。

祖逖的事,更能说明这一点。东晋政权建立后,祖逖率家族人口数百名南下避难,在金陵扎下根来。他本人胸怀大志,有闻鸡起舞、誓灭北虏的佳话流传于世。他拥有一支私人武装,平日无事,常到江面上去劫掠商旅,于是祖氏家族便暴富起来。有一次,祖逖曾亲自过问家丁:"昨夜曾南塘一击否?"南塘,南京城外的一个江滨商埠,江面上商船如织,中外商旅在此集聚,有远自波斯湾来的"胡商",很是繁华。石崇、王恺等巨富,多半是靠截江夺货而致富的,截夺之处集中在荆州、江州与金陵一带的江面上。东晋主政的丞相王导,明知其祸,却不敢过问,当有人要他处置这种非法活动时,他托词说:"江水湍急,不免鱼龙混杂,泥沙俱下;金陵都城,八方来集,藏龙卧虎,积污纳垢,中间不免有些麻烦。但若没有鱼龙,那还会是首都吗?"真是千古奇言。

结论:在政治秩序动荡时期,社会上各种宗法的、宗教的、地域的、行业的势力就会抬头,发挥其对于社会治安的正面的或负面的作用。

---

① 《北齐书·李元忠传》:李元忠,赵郡柏人县人。少厉志操,粗览史书及阴阳数术,以母老多患,乃专心医药,研习积年,遂善于方技。性仁恕,见有疾者,不问贵贱,皆为救疗。家素富实。其家人在乡,多有举贷求利,元忠每焚契免债。乡人甚敬重之。魏孝明时,盗贼蜂起,清河有五百人西戍,还,经南赵郡。以路梗,共投元忠,奉绢千匹。元忠唯收一匹,杀五羊以食之。遣奴为导,曰:"若逢贼,但道李元忠遣送。"奴如其言,贼皆舍避。

第三节　六朝警事的法律依据

六朝时期，又有一批政治家与学者，进行着刑名法术之学的理论研究与社会应用，有不少创获。在警事法理的应用与研究上，曹操、诸葛亮、杜预、张斐、葛洪等人，都各有特定的贡献。

一、警事法理有新收获

曹操年轻时，曾任洛阳北部尉，负责汉末京师洛阳北部地区的警事。他一上任，便修缮四门，造五色棒，四门各悬十余根。有犯禁者，不论其势力多大，一律棒杀之，京师豪强敛迹，再也无人敢于犯禁了。曹操一从政，便表现出他的警事才能。曹操"揽申商之法术，该韩白之奇策"，他为政的指导思想是"治定之化，以礼为首；拨乱之政，以刑为先"。（《魏志·高柔传》）因时制宜，迭用刑礼，对于结束汉末大动乱，将黄河流域的社会重新引上秩序轨道，起了重大作用。他令出法随，用信赏必罚来推进教化，用"清识平当，明于宪典"之人来推进法治建设。又，东汉以来，绑架人质的事件频频发生，因人们顾及人质安全，却反而使劫持人质成风。曹操便著令："自今以后有持质者，皆当并击，勿顾质。"此令看起来有点"冷酷"，却取得了"由是劫质者遂绝"的良好效果。（《三国志·魏书·夏侯淳传》）此后中国社会的人质问题就不再尖锐了，与曹操下的这道制令有关。

《三国志·蜀书·诸葛亮传》介绍：诸葛亮治蜀，"抚百姓，示仪规，约官职，从权制，开诚心，布公道……善无微而不赏，恶无纤而不贬……政刑虽峻而无怨者，以其用心平而劝戒明也"。他认为"宠之以位，位极则残；顺之以恩，恩极则慢"，不若"威之以法，法行则知恩；限之以爵，爵加则知荣"，从而形成"恩荣并济，上下有节"的政治秩序。在警事管理方面，诸葛亮之突出表现在处理民族关系方面。汉代以来，蜀汉民族关系一直是国家政治中的一个重要课题。诸葛亮以"心战为上"，七擒七纵西南夷的民族首领孟获，使之心悦诚服。诸葛亮在战胜之后，并未驻军留守，而是选用当地能人，进行自治；并超拔其英杰，参与蜀中大政。孟获本人就很受重用，任蜀汉御史中丞，负责纠弹监察。在民族矛盾空前激化的魏晋南北朝，诸葛亮的思想和实践是很有启发意义的。

晋武帝鉴于汉法的苛烦，命贾充、杜预、羊祜、郑冲等名儒重臣修成《泰始律》，对秦汉以来的律文进行了一次清理，删繁就简，编为二十章，体系严整，文字简约。《晋律》二十章的篇目是：刑名、法例、盗律、贼律、诈伪、请赇、告劾、捕律、系讯、断狱、杂律、户律、擅兴、毁亡、卫官、水火、厩律、关市、违制、诸侯，计六百二十条，再加上"令"二千三百余条，一共近三千条。后来张华、张斐、刘颂等人，又结合实施情况，加上注释疏解，成为六朝时代沿用最久的一部法典，直到齐梁时期也无改易之举。《泰始律》制成后，西晋政府采纳张华等人的建议，"抄新律诸死罪条目，悬之亭传（传，驿站），以示兆庶"。利用亭传对社会进行法制宣教，是秦汉以来的惯例，晋代君臣自然是懂得其功用的。

二、张斐论罪名认定和罪名适用

在警事的理论建设方面，西晋的杜预和张斐都作出了可贵贡献，而张斐特别值得一提。张斐，晋武帝时任明法掾，参与注释《泰始律》。在律法原理与律文适用方面，作过比较深入的研究。《晋书·刑法志》收入了他的《进律注表》，他论列道："知而犯之谓之故。意以为然谓之失。违忠欺上谓之谩。背信藏巧谓之诈。亏礼废节谓之不敬。两讼相趋谓之斗。两和相害谓之戏。无变斩击谓之贼。不意误犯谓之过失。逆节绝理谓之不道。陵上僭贵谓之恶逆。将害未发谓之戕。唱首先言谓之造意。二人对议谓之谋。制众建计谓之率。不和谓之强。攻恶谓之略。三人谓之群。取非其物谓之盗，货财之利谓之赃。"

明确了这类立法司法术语，在警事执法过程中，就能有所依循了。它对于维护法律的统一与权威，显然是十分重要的。然而，社会生活是纷繁复杂的，无论怎样详尽明细的法律，都不可能穷尽一切违法现象。何况违法犯罪人员还要千方百计地钻法律空子，伪装自己的行为呢？因此，在执法过程中，如何准确地理解律文、适用律文，便是一个更为关键的问题。张斐对此也作了辩证的思考，"慎其变，审其理"是他对法律适用提出的指导性意见。他说："卑与尊斗，皆为'贼'"。① "斗之加兵刃水火中，不得为'戏'，戏之重也；向人室庐道径射，不得为'过'，失之禁也；都城人众中走马杀人②，当为'贼'，贼之似也；过矢似'贼'，戏似'斗'；斗而杀伤傍人，又似'误'……如此之'比'，皆无常之格也"。"不承用诏书③，无'故、失'之刑，当从赎；谋反之同伍，实不知情，当从刑"。"（律有）'八十非杀伤人，他皆勿论'，即诬告谋反者反坐；'十岁不得告言人'，即奴婢捍主，主得谒杀④之"。"'殴人，教令者与同罪。'即令人殴其父母，不可与行者同得⑤，重也"。

　　综上不难看出，张斐在法律适用上，是十分强调维护封建伦理秩序的。凡侵害君上利益者，一定要从重惩处；而侵害一般人的利益，则可以从轻；凡直接违背封建律条的明文规定者，一定要从重惩处；而律无明文时，则要权衡轻重，随事取法，以理断之。守法而不拘法，明法更要明理，便是张斐执法思想的特征。他认为："通天下之志唯忠也，断天下之疑唯文也，切天下之情唯远也，弥天下之务唯大也，变无常之体唯理也。"意为：忠于国家利益是法律的制定与执行的最高原则；而依法律条文断罪，从深远利益考虑，从大处着眼，明理而权变、随事以取法，则是法律适用过程中的行为准则。看来，他的刑法理论具有较高的逻辑性和科学含量，使得司法活动对于界定概念、区分不同主观心理和犯罪行为有章可循，操作简便。此外，他的司法审判理论也具有相对的科学性。他还认为犯罪行为的客观活动会影响犯罪者的主观心理并且显现于外表形色，以此作为判断犯罪嫌疑人是否有罪的辅助依据，丰富了西周以来司法审判察言观色的"五听"制度，对法制建设和律学研究构建了新的思维方式。研究张斐的律学成就，对于现代法理学以及相关法学研究都具有重要的意义

---

　　① 贼：杀伤人。非指盗窃钱财。

　　② 走马杀人：在街路人多的地方快马飞奔而杀伤路人。

　　③ "不承用诏书"句：不实行、不落实朝廷诏令的要求，就应严办，不存在"过""失"的问题；因为诏令必须无条件执行。

　　④ 谒杀：报告上司备案，无需审理，即可直接杀之。

　　⑤ 行者：过路人，毫不相干的人。

应该承认，张斐的这般思考，是符合实践要求的。张斐的研究，反映了也代表了晋代法学研究的新水平。

三、《北齐律》：引入十恶大罪 明确法纪规范

魏晋以后，南北朝各政权中在法学上有较大成绩的是北齐。《北齐律》是《泰始律》的进一步简约，只有十二章，九百四十条，这就完成了汉魏以来国家法典由繁而简、由杂而清的改革。在罪名规范上，《北齐律》明确强调"十恶大罪"，以打击危害皇权、破坏宗法等级制的罪行。

十恶大罪是：谋反：以各种手段反对皇权（皇帝），反对国家统治的犯罪活动；谋大逆：损毁皇家陵墓、宫阙、宗庙的犯罪行为；谋叛：背叛本国、投奔敌对政权的犯法行为；恶逆：谋杀、殴打长辈亲属的逆伦行为；不道：残杀无辜、肢解尸身的凶残行为；大不敬：侵犯君王的尊严，如名讳之类；不孝：不赡养父母、祖父母者；不睦：侵害血亲利益者；不义：侵犯师长、尊长者；内乱：家族内部的奸私行为。后世的"十恶不赦"便由《北齐律》而来。当然，这"十恶"也就是社会治安管理中必须从严监理、从严缉拿的十大重点"任务"了。它的明确，使法典规定高度简约，易于为底层社会所理解、所接受，操作性也较强，所以具有广泛的群众性，进而内化为民众的一种品行操持，一种伦理规范。

综上可见，警事法理的周延化与警事任务的明晰化，正是六朝警事法理研究的主要收获；而推动这种研究并使其成果得以凝定为律法的力量，恰恰来自动乱社会的需要，由汉化的少数民族政权完成的。后世的金、元、清政权都起过类似的作用，其"法律伦理化"倾向均超过了汉族统治者。

四、律法教育提上了议程

南朝齐的廷尉、江左相孔稚珪于永明九年（491年）上表说："今律文虽定，必须用之。用失其平，不异无律……律书精细，文约例广；疑似相倾，故误相乱；一乖其纲，枉滥横起。法吏无解，既多谬僻，监司不习，无以相断。则法书徒明于帙里，冤魂犹结于狱中。"要解决熟悉法律、正确适用法律的问题，就必须让

司法、执法官吏学习法律。

但现实的情况是，司法人员无律学修养，即使执法人员很明白也无济于事："今府州郡县，千有余狱，如令一狱岁枉一人，则一年之中枉死千余矣……致此之由，又非但律吏之咎。列邑之宰，亦乱其经。或以军勋余力，或以劳吏暮齿，犷情浊气，忍并生灵；昏心狠态，吞剥氓物；虐理残其命，曲文被其罪，冤积之兴，复缘斯发。狱吏虽良，不能为用。"

造成这种现象，原因是多方面的："寻古之名流，多有法学；今之士子，莫肯为业；纵有习者，世议所轻。良由空勤永岁，不逢一朝之赏；积学当年，终为间伍所嗤。将恐此书，永坠下走之手矣。"

为解决这个问题，孔稚珪建议："今莫若高其爵赏，开其劝慕，课业宦流，班习胄子。拔其精究，使处内局；简其才良，以居外仕。方岳咸选其能，邑长并擢其术，则皋繇之谋，指掌可致；杜郑之业，郁焉何远……臣所奏谬允者，宜写律上，国学置律学助教，依五经例，国子生有欲读者，策试之；上过高第，即便擢用，使处法职，以劝士流。"

他的意见得到了肯定，但当时并未实行。到唐代"开科选士"，才在国子监开设了"明法科"，专门培养律学人才。在这方面，孔稚珪的倡首之功，不应被泯灭。

第四节 六朝警事的展开

一、六朝警事新举措

六朝警事领域是一个充满活力的领域，在警事实践上多有创获。大体说来，北方政权突破性首创性的成分较多，而南方政权的保守性传统性的成分则更为突出。

1. 缮固城池，谨守城门

六朝战争频繁，城防尤为重要。《三国志·吴书·吴主传》：三国时，东吴孙权下诏"诸郡县治城郭，起谯楼，穿堑发渠，以备盗贼"。城墙是城池的屏障，要修得坚固。十六国时，赫连勃勃甚至下令"蒸土筑城，锥入一寸，即杀作者"。（《晋书·赫连勃勃传》）之所以要"蒸土"，据说是为了防止日后虫卵孵化、树种发芽毁了城墙，可见其用心深刻。城墙之外，还要开挖护城壕沟。《晋书·石勒传》：后赵石勒时，"城隍未修，乃于襄国筑隔城重栅，设鄣以待之"。古代城池连称，有水的护城河为"池"，无水称"隍"。城门是城邑咽喉，上有谯楼（又称望楼），平时瞭望城门内外，战时为指挥之地。城门定时启闭，夜晚禁止任何人出入。遇有紧急，必须有相当一级官府发放的通行证件，否则不能放行。《晋书·元帝纪》：西晋末年，司马睿要逃离邺城，开始"夜月正明，而禁卫严警，无由得去"，好不着急；但不久"雷雨暴至，微者皆弛"，才得逃脱。

2. 巡徼城中，禁断夜行

三国两晋的城邑之中仍实行街巷、市里分隔封闭的管理方式。居民住宅在"里"中，周围封以高墙，出入经由里门，里门晨启晚闭，有专人管理。城中设置街亭，大的都邑每街一亭，小的县邑最少有一街亭。晋代县令属官中有亭长一职。亭长的任务就是监视行人，禁备盗贼，处理警事事件，维护街区秩序。当时，全国各地城邑普遍实行宵禁制度，夜晚禁止不预先申报的无故行走，否则以奸人对待。由警事官员组织巡行，"有犯夜者，为吏所拘"。

3. 击鼓报警，实施戒严

北魏孝文帝时，李崇创立了悬鼓报警的制度，从此各州县治所所在城市，就都"置楼悬鼓"了。隋唐的街鼓之制，就是由此而来的。以鼓声统一号令城郭门、坊里门、市场门的启闭，有水火劫盗又可以鸣鼓集众援救之。隋唐严密的城邑警事体系多源于北朝制度。城中用钟鼓报警，便是一例。当没有统一的计时器、没有电话可用之时，这实在是一个好主意。中国城市的"晨钟暮鼓"传统，源于此。

在非常时期，为了维护京城治安，当时还经常采取一项紧急措施，即实行"戒严"。《三国志·魏书·贾逵传》注引《魏略》：曹操欲征吴而大霖雨，三军多不愿行。太祖知其然，恐外有谏者，教曰："今孤戒严，未知所之，有谏者死！"

这"戒严"并非警事戒严。《晋书·褚裒传》："（后赵）石季龙死，裒上表请伐之。即日戒严，直指泗口。"这是警事戒严。这时全城严密警戒，增设警卫，加强巡察，限制人员和车辆通行，对奸人组织搜查。中国古代作为警事措施的"戒严"，是从郑子产救火灾开始的，《墨子》书中有明晰记载，而在魏晋时期被普遍施行。

二、强化思想意识管理，重视对宗教的利用与控制

曹魏禁止"诽谤""妖言"。《三国志·魏志·高柔传》载：魏文帝规定："有妖言辄杀，而赏告者。"这叫作"妖谤赏告之法"。还禁止民间私自讲习图谶、内学，禁止私藏兵书。除官府规定可以祭祀的神灵外，禁止民众受巫祝迷惑，祭祀怪力乱神，不然就以"执左道论"。这是防止扰乱人心，危害统治。晋代禁止民众私学天文图谶，有犯者最初判二岁刑，后又严其制，罪至诛死。这是中国式的"排斥异端"。

秦汉之后，"天人感应、君权神授"的学说成为巩固皇权的精神支柱，在社会矛盾尖锐时，反对力量也会利用天象的变化鼓吹"天命改授"。于是天文学成了一门官方的政治学问，要尽量避免民间染指。《北史·魏本纪三》：北魏孝文帝太和九年（485 年），"诏禁图谶秘纬及《孔子闭房记》，留者'以大辟论'。又诸巫觋假称神鬼，妄说吉凶，及委巷诸卜非坟典所载者，严加禁断"。控制舆论正是为了控制政权。《北史·魏本纪四》：北魏宣武帝永平四年（511 年），"诏禁天文学"。孝明帝熙平二年（517 年），"重申天文禁，犯者以大辟论"，处罚得很严厉。禁书禁学，历来是古代警事的惯技。当然，将汉代疯狂一时的谶纬之学加以禁绝，倒也未尝不是一件好事。

南北朝时期，中国本土的宗教道教有了新发展，佛教传入中国后更迅速风靡全国，产生了严重的社会问题，带来了严重的社会危机。正如范缜《神灭论》所言：在佛教的狂风迷雾之下，人们宁可倾家荡产去求僧拜佛，动辄向和尚捐赠上千石的粮食，却不肯怜惜穷困，照顾孤老。在佛教荒诞言辞的引诱下，人们抛弃儒者的服装，披上僧人的袈裟，以致骨肉分离，子嗣绝灭，士兵得不到补充，官府中吏员缺额，粮食被僧众吃光，财富被寺院耗尽。特别是坏人充斥，劫盗横行。所有这些，对国家的行政、风俗、人口、生产、军事、财政等都带来恶果，要制

止祸害，就要禁止佛教。但是，不仅南朝，就连北朝皇帝和权贵也大部分笃信佛教。佛教的发展，使寺院集聚了大量财富和土地，也分割了国家人口。于是北魏太武帝拓跋焘和北周武帝宇文邕相继发动了"灭佛"事件。他们坑杀僧侣，烧毁佛经、佛像和佛塔，迫使数百万僧人还俗为"编户"，没收大量寺产"送归官府"。《北史·魏本纪二》：北魏太武帝于太平真君五年（444年），"诏自王公已下至庶人，私养沙门、巫及金银工巧之人在其家者，皆遣诣官曹。限今年二月十五日，过期不出，巫、沙门身死，主人门诛"。两年后，又"诏诸州坑沙门，毁诸佛像"。《北史·周本纪下》：周武帝"断佛道二教，经像悉毁，罢沙门、道士，并令还俗。并禁诸淫祀，非祀典所载者，尽除之"。这两次全国规模的灭佛活动，连同后来唐武宗的灭佛斗争，佛教史上称之为"三武之难"。

三、强化伦理纲常，把婚姻家庭管理纳入法制条规

地方官员还注意礼义化民，强化等级礼制，从思想上禁锢人们的反抗情绪。如晋代在地方普遍立社，用春秋两次致祭社神的方式，团聚民众，以宗族之情掩盖和消弭阶级对立。这种"立社"的办法，让人联想到明代搞的"十家牌法"，要求民众定期集会，公开检查自己和身边亲人有无过错，保证恪守忠孝伦理。为了维护封建纲常伦理，在婚姻方面南北朝法律也有严格规定。一是禁止同姓之婚，犯者以"不道"罪惩处。北周还禁娶与母亲同姓的妻子，扩大姓氏禁忌的范围；同父姓与同母姓一例禁止，就不会有姑表亲姨表亲了，对后代健康是有益的；二是禁止逾越社会等级的婚姻。如《魏书·高祖纪》：北魏时对"皇族贵戚及士民之家，不惟氏族高下，与非类婚偶"，都"为之科禁"。三是禁止乱伦。如《魏书·安定王传》：北魏安定王之弟拓拔愿平"坐裸其妻王氏于其男女之前，又强奸妻妹于妻母之侧"，被当局处以"不道，处死，绞刑"。

南北朝法律还禁止毁坏坟墓。《魏书·高宗纪》：北魏规定"穿毁坟垅，罪斩"。掠卖人口罪也适用于亲属之间。《通典·刑之五》：北魏规定："卖子，一岁刑；五服内亲属在尊长者死，卖周亲及妾与子妇者流"。意为：卖亲生子女为奴隶的，罪处徒刑一年；假如所卖为五服以内的尊亲，则犯死罪；如果所卖为儿媳、妾及其他同类亲属，则处流刑。同样，如果买人口者明知其为良人，也有罪处刑。

如《魏书·刑罚志》：北魏冀州阜城民费羊皮因"母亡家贫，无以葬，卖七岁子与同城人张某为婢"，结果费羊皮因"孝诚可嘉"，被皇帝赦免；而张某因将该女孩转卖，处"刑五岁"。

由于佛教的流行，北魏除设太常，置太常卿、太祝令等职官外，还"立监福曹，又改为昭玄，备有官属，以断僧务"。（《魏书·释老志》）这是中国古代王朝设官处理佛教事务之始。北魏孝文帝太和十七年（493 年），还曾诏立《僧制》四十七条。

另外还有禁赌、禁斗殴、禁私盐、禁酒之类的条例，这里就不再列举了。总之，北朝的警事条令，贯彻着革除陋俗、趋向文明的基本精神，对促进民族融合是有积极意义的。看来，警事的开展对民族融合、除旧布新，也是不可缺少的。

三国两晋南北朝时期，除了西晋有过一段短暂的统一外，我国始终处于分裂动荡之中，为期四百年之久，政府掌控的人口，不足西汉后期人口数的三分之一，晋武帝时，仅一千六百万人。然而，中华文明经受住了这一严峻考验，仍然保持着自己的发展势头：恰恰是在这四百年间，我国中原以外的周边地区得到了更大的发展，中华民族体现出举世无双的生命力、融合力、凝聚力与向心力。其间，周秦两汉以来形成的共同民族心理素质与管理文化，无疑起了强大的纽带作用与黏固作用。就管理文化来说，魏晋南北朝时期，无论哪个政权，都十分注重人口的登录、记籍与管理，它们每夺得一块地盘，必先"收其图籍"，即把土地与人口册籍收管起来。

第五节　六朝的户籍管理

三国两晋南北朝时期，除了西晋有过一段短暂的统一外，我国始终处于分裂动荡之中，为期四百年之久，政府掌控的人口，不足西汉后期人口数的三分之一，晋武帝时，仅一千六百万人。然而，中华文明经受住了这一严峻考验，仍然保持着自己的发展势头：恰恰是在这四百年间，我国中原以外的周边地区得到了更大的发展，中华民族体现出举世无双的生命力、融合力、凝聚力与向心力。其间，周秦两汉以来形成的共同民族心理素质与管理文化，无疑起了强大的纽带作用与黏固作用。就管理文化来说，魏晋南北朝时期，无论哪个政权，都十分注重人口的登录、记籍与管理，它们每夺得一块地盘，必先"收其图籍"，即把土地与人口册籍收管起来。

一、六朝户籍制的新发展

动乱年代的户籍，是国家警事方面的严重课题。失去户籍，即失去国家管理的对象，失去国家大政赖以制定的基础。因此，六朝时期各族各统治集团，都高度重视人口管理，把户籍登录看得十分重要。

1. 对户籍功能的确认

这一切，都得益于汉末魏初思想家徐干对于户籍管理的重要性的论述。徐干在《中论·民数》篇中说：户籍是"警事之本"，如果"户口漏于国版，夫家脱于联伍，避役者有之，逋逃者有之，捐弃者有之"，则必然出现不良警事状况，"奸心竞生，伪端并作"，"小则盗窃，大则攻劫。严刑峻法，不能救也"。他阐述了"民数周，为国之本"的道理，认为："民数者，庶事之所自出也，莫不取正焉：以分田里，以令贡赋，以造器用，以制禄食，以起田役，以作军旅，国以之建典，家以之立度。五礼用修，九刑用措者，其唯审民数乎！"徐干的见解，为六朝正反经验所证明，是传统的中国式户口管理制度的理论说明。此后历朝历代对人口、对户籍的管理便愈加自觉、愈加重视了。

2. 不同功能的户籍

六朝簿籍品类繁多，各有专用。有所谓"士籍"，用来登录世家门阀，包括其父、祖、曾祖三代的官品爵级，要夹注各人的任职年月，详明记载任职诏令的颁发年月，防止私家造伪。"民籍"，用于登录一般民户，要求写明户主及家属姓名、性别、年龄、身体状况，夹注其服役、征赋、功罪情形。这是政府直接控制的纳税人户籍，自然十分重要。"吏籍"，是在各级政府任职者的名籍；"兵籍"，世代行伍、谪戍之人和"带甲将士"的名籍；其中"带甲将士"而参与改朝换代、有建国功勋者特颁一种"勋籍"，可以获得较多的特权。"客籍"，世族之家的依附人口的记籍。"僧籍"，僧尼的专门户籍，他们是不纳税、不服役的。另有"杂户籍"，登录各种工匠役户的名籍，以便管理。

二、"收其图籍"的战略意义

三国时，魏灭蜀，刘禅投降，他便专派尚书郎李虎到魏都送上士民簿，"领户二十八万，男女口九十四万，带甲将士一万二千，吏四万人"。交出户籍，是表示彻底投降，接受对方政治管理的必备手续。

晋灭吴，大将王浚"收其图籍，领州四，郡四十二，县三百一十二，户五十二万三千，吏三万二千，兵二十三万，男女口二百三十万"。征服一地，必须"收其图籍"。民族地区没有图籍者，则需造籍上报，其征服之功才能得到认可。单纯的"攻城略地"，不算"王者之师"。

（上述数字见《三国志·注》延兴元年条与天玺四年条。）

前秦苻坚攻克前燕都城邺时，"坚入内宫，阅其名籍，凡郡一百五十七，县一千五百七十九，户二百四十五万八千九百六十九，口九百九十八万七千九百三十五"。这样的战利品，使苻坚心花怒放。（《晋书·苻坚载记》）

表 4　三国两晋南北朝人口统计表

年代	政权	户数（万户）	口数（万人）	资料来源
263	曹魏	66.3423	443.2881	《晋书·武帝纪》
263	蜀汉	28.0000	94.0000	《册府元龟》（卷四百八十六）
242	孙吴	52.3000	240.0000	《通典·食货》（七）
280	西晋	245.9840	1616.3836	《晋书·武帝纪》
316	前赵	××	19.0000	《十六国春秋·辑补》
370	前燕	245.8969	998.7935	《晋书·载记》
464	刘宋	90.6870	468.5501	《通典·食货》（七）
589	陈代	50.0000	200.0000	《北史·隋纪》
519	北魏		500.0000	《通志·食货略》

550	东魏	200.7966	759.1654	《魏书·地理志》
557	北齐	330.2528	2000.6886	《周书·武帝纪》
580	北周	359.9604	900.9604	《册府元龟》（卷四百八十六）
609	隋代	890.7546	4601.9956	《隋书·地理志》

攻灭一个政权，必"收其图籍"，这是从《左传》与《史记》以来都有明文记载的。

三、六朝对户籍文本的超常保惜

各政权对土地户籍的重视，还可从下述资料得到证明：《晋令》规定："郡国诸户口，黄籍，皆用一尺二寸札。已在官役者，载名。"连名籍的长短规格都以法律形式予以规范。南朝宋元嘉中，光禄大夫傅隆，年过七十，"犹手自书籍，躬加隐校"，即亲手抄录户籍，亲自认真核对审查。南齐萧道成命虞玩之、傅坚意负责审定全国籍簿，严厉打击籍簿上的巧伪者，使其谪赴淮河戍边。一度搅得人心惶惶，直接激起富阳人唐寓之的起义。梁武帝时（503—527），名臣沈约奏请清理户籍，指出：京城尚书下省所属左民曹，保存着东晋初咸和三年（328年）以降二百年间的户籍副本，"此籍精详，实宜保惜"。同时，尚书上省的库籍也保存着南朝宋文帝元嘉（425—453）以来一百年间的户籍正册。元嘉以后的户籍则"奸宄互起"，不可依用了。在那动乱频仍、政权更迭如走马灯的年代，国家档案库竟能完好地保存全国户籍数百年之久，而且可供"依用"，值得"保惜"，真让人莫名惊叹：古人对户籍重视如此，竟比改朝换代看得还重！这也是中华国土上政权更迭改组不断，而政府行政运作依然循轨而行的标志之一。

这一大批历代户籍中，有刘宋明帝、废帝时扬州等九郡所上的"四号黄籍"：

泰始三年丁未年（467年），未字号黄籍；

泰始六年庚戌年（470年），戌字号黄籍；

元徽元年癸丑年（473年），丑字号黄籍；

元徽四年丙辰年（476年），辰字号黄籍。

可见三年造一次户籍的制度，即使在动荡激烈的刘宋末期也是坚持了的。《晋书·石勒传》说：后赵曾委派右常侍霍皓等大员"巡行州郡，核定户籍"。《开元释教录》说：后秦户籍周全，曾用四十纸民籍来测试佛经翻译专家佛陀耶舍的记忆力。南燕建平年间，委任尚书韩𣵿"巡郡县隐实，得荫户五万八千"。为了这次户口清理，南燕政府还派其车骑将军慕容镇统率骑兵三千，"缘边严防"，禁止百姓逃亡出境。由此可知：中国历代各族政权，无论其处于怎样动荡的政局下，又不论其文化背景、种族背景、地域背景如何，统治地域大小、时间长短，无一例外都十分重视土地与户籍管理。难怪，在这样的背景下生活的高僧法显，当他西游进入中印度（中天竺）时，发现那里"无户籍官法……欲去便去，欲住便住"。让他感到特别新奇，特予记载。①（法显《佛国记》）

当时的户籍法，不同政权有不同内容，大致上是：由乡里基层查对人户，进行登录，报送县令（长）。县里不加检核，即汇总封缄后报送州郡，州郡加以查对核实，发现隐漏差错，给予"却籍"，发还重审，并给予当事人相应的惩处，比如削籍、罚金、服役等。州郡将审核过的籍簿报送朝廷。正本存尚书省，副本存左民曹。

同时，为了限制门阀特权，政府还特设"谱局"，编制世族谱牒，使"家谱"行政化，成为与户籍相参证的重要依据。《通典·食货》：晋太元中，有贾弼者，曾广泛收集十八州一百一十郡士族谱，进行排比校正，"专心治业"，写成七百一十二卷《世族谱》，正本存尚书秘阁，副本存左民曹。"该究精悉，当世莫比"。贾弼的子孙"世守其业"，直至南齐时仍在从事这项繁难至极的工作。

---

① 法显于晋义熙中，自长安游天竺，经三十余国。还到京，与天竺禅师参互辨定，以成是书。书称："凡沙河已西，天竺诸国王，皆笃信佛法，供养众僧……从是以南，名为中国（中天竺国）。中国寒暑调和，无霜雪，人民殷乐，无户籍官法。唯耕王地者，乃输地利。欲去便去，欲住便住。王治不用刑，罔有罪者。但罚其钱，随事轻重。虽复谋为恶逆，不过截右手而已。王之侍卫左右，皆有供禄。举国人民，悉不杀生，不饮酒，不食葱蒜。唯除旃荼罗。旃荼罗名为恶人，与人别居，若入城市，则击木以自异。人则识而避之，不相搪突。国中不养猪鸡，不卖生口；市无屠行及酤酒者。货易则用贝齿。唯旃荼罗猎师卖肉耳。自佛般泥洹后，诸国王长者居士，为众僧起精舍供养，供给田宅园圃，民户牛犊，铁卷书录。后王王相传，无敢废者，至今不绝。"

四、六朝户籍内容及其巧伪

六朝户籍的具体式样我们今天已见不到了。北朝的户籍，从敦煌发现的西魏户籍残卷中可知，其登记内容为：

其一，户主的姓名、出生时间、年龄、身份和户等。如"户主王皮乱，乙巳生，年伍拾玖，白丁，课户：中"；"户主刘文成，己丑生，年叁拾玖，荡寇将军，课户：上"。其二，家属姓名、出生时间、年龄、与户主关系，包括出嫁女的婚配状况。如"妻那雷处姬，辛卯生，年叁拾陆，丁妻"；"息男安庆，丁巳生，年拾壹"；"息女女亲，辛丑生，年两拾柒；中女，出嫁某郡民某某"等。其三，人口总计。包括已死亡和出嫁的人口，还要在现存人口中分出不课（免赋役）和课见输（纳租调）的人各有几口。其四，该户交租调的粮、草、布、麻的数量。其五，受田的数量及田亩所在方位。其六，作为家庭资产的奴婢、耕牛数量。

除这些内容外，家庭成员的犯罪及处罚情况也会载入籍注。北朝普遍规定，"经为盗者，注其籍"；"盗贼及谋反大逆，皆甄一房，配为杂户，悬名注配，一身永配下役"。这里户籍的警事功用是明显的。北魏规定："注籍盗门，同籍合门不仕。"（《隋书·刑法志》）即户籍上有一人注籍为盗，则同籍全体家庭成员不能任官。

南朝户籍的具体内容我们知之不多，但从虞玩之、沈约、韩濲等人所指斥的"户籍巧伪"中，可以窥见一二：

南燕韩濲说："百姓因秦晋之弊，或百室合户，或千丁共籍，依托城社，不惧熏烧，公避课役，擅为奸宄。"南齐萧道成说："氓俗巧伪，为日已久，至乃窃注爵位，盗易年月，增损三状（按：指父状，祖状，曾祖状），贸袭万端。或户存而文书已绝，或人在而反托死版，停私而云隶役，身强而称六疾。编户齐家，少不如此。"户籍要登录父祖三代，假冒的却不少。虞玩之说："自孝建（刘宋年号，454—456）年以来，入'勋'者众，其中操干戈卫社稷者三分殆无一焉。《勋簿》所领，而诈注辞籍，浮游世要，非官长所拘录，复为不少……天下合役之身，已据其太半矣。又有改注籍状，诈入士流……生不长发，便谓道人；填街溢巷，是处皆然。或抱子并居，竟不编户；迁徙去来，公违土断。属役无满，流亡不归。宁丧终身，疾病长卧。法令必行，自然竞反！又，四镇戍将，有名寡实，随才部曲，无辨勇懦；署位借给，巫媪比肩；弥山满海，皆是私役。行货求位，其途甚易！"户籍登录的每一个项目，几乎都在作假。这正是动乱年代的一个特征。梁代沈约又说："凡粗有衣食者，莫不互相因依，竞行奸货。落除卑注，更书新籍，通官荣爵，随意高下。以新换故，不过用一万许钱。昨日卑微，今日仕伍。凡此奸巧，并出愚下，不辨年号，不识官阶……又诏书甲子，不与长历相符。如此诡谬，万绪千端。校籍诸郎亦所不觉，不才令史更何可言！"如此巧伪百端，警事的基础工作就无从做起了。北魏李冲说："民多隐冒，五十、三十家方为一户。"

五、东晋南朝的黄、白籍问题

除上述之巧伪外，对于东晋南朝政权，还有一个更为严重的黄、白籍问题。原来，魏晋以来，民户户籍均为黄色册籍。即《晋令》所谓"郡国诸户口，黄籍。籍皆用一尺二寸之札"是也。北齐《河清三年令》也称"十家，邻长一人；五十家，里正一人；百家，党族、副党一人；掌黄册户口之政"。可见六朝时南北通用黄册户籍，这是国家法律认可的正式户口籍。另有所谓白籍，与黄籍并行于东晋南朝。东晋立国之初，北方世族纷纷"携民渡江"，到江南寻找合适地方"聚族而居，烟火连接"。东晋政权为了获取他们的支持，便承认其世族特权，让他们在所居之地设置地方"流亡政府"，称为侨置州县。如郡望原为兖州者，便在流亡侨居地设置"南兖州"政府；原为通州者，则设"南通州"政府，管辖各自的南迁之户。为了区别于本地土著著籍（黄籍）的居民，便让他们以"白籍"登录之，以示其"临时性"；豁免其租税劳役。这样一来，南迁世族及其依附人口，都成了不税不役的特殊人户，而且侨置政府的行政开支，侨置地面的国税，又必然转嫁于土著人户。这样侨户日增，侨置州郡日增，对于晋政府及后来的南朝政权必然是个沉重负担，又是激起社会矛盾的重要诱因。于是，有政治远见者纷纷要求废除侨置白籍，实行黄籍土断了，统一实行对于人户土地的行政管理。然而，终东晋齐梁之世，一面不断地下令要推行土断，一面又不断地设置侨县，招诱北方人，给予白籍优惠，因而根本无法实行真正统一的户籍制。

第六节　六朝警事的文化透析

两汉独尊儒术，引经决狱，却因搞师承，搞烦琐注疏，搞谶纬神学，搞形式化，终于葬送了社会对儒学的信仰。六朝儒学低沉，而玄学风行于文坛政坛；加上释教的传入，社会正在走向玄虚；但玄学无法指导国家的制度建设，故儒学在这时依然起着统摄作用而无可取代。

六朝各统治集团，都依仿秦汉国家体制，致力于警事方略的研讨、警事法理的建树、警事制度的建立、警事措施的实行。六朝各民族在双向靠拢的社会治安秩序形塑中，创造了人类文明史上异族相融共进的奇迹，从而为隋唐新的大一统政权实施更高层次上的警事管理打下深厚的根基，中华文化在动荡中复兴了，到隋唐时就又再度崛起了。

六朝历史告诉人们：中国社会有自己的社会安全机制，在国家政治秩序动荡、政府权力失控的环节上，社会上各种宗法的、宗教的、地域的、行业的势力就会自发抬头，自办治安，实行警事自律，维护社会基本秩序。

警事法理的周延化与警事任务的明晰化，是六朝警事的主要收获。在执法护法过程中，如何准确地理解律文、适用律文，是一个更为关键的问题。张斐对此作了辩证的思考。《泰始律》《北齐律》为此后《唐律》的成熟，起了可贵的先期示范作用。

第八章　隋唐：中华国家警事的多层面拓展

589 年，隋政权结束了国家的南北分裂，重新构建了大一统政权，进一步完善国家行政管理体制，为中华文明的发展清扫了障碍。代隋而兴的唐帝国以空前气魄、空前规模发展国家的经济文化，我国历史又一次出现鼎盛局面。适应于这种发展，也服务于这种发展，唐代警事管理更展开了它丰富多彩的一页。以《唐律疏议》为代表，我国古代警事的法制建设达到了它可能达到的高峰；以"刑礼道迭相为用"的理论为标志，我国古代的警事思想也发展到它可能实现的健全程度，并走出境外，对东亚的文明建设起了积极推动作用。

历史告诉我们：对于社会民生的安宁的主要威胁，正是来自人类自身尤其是统治阶级内部的破坏性因素。例如皇室内部的篡弑，宫廷朝廷的争吵，文官武将的角斗，中央与地方的摩擦，各军政集团间的火并，及由此而带来的灾变迭起、兵荒马乱、盗匪横行等，都会把社会引向崩溃，而这一切，在唐代历史上也都有充分的表演。因此，建立良性政治秩序，处理好统治阶级内部的财产、权力再分配，协调好社会各阶层各集团的关系，给民生以基本保障，并不断培植百姓的守法意识，增强国家行政管理力度，就显得十分紧迫而必要了。

宏观说来，隋唐文明中包涵着隋唐警事的进步，隋唐警事保证了隋唐文明的发展。

第一节　隋唐警事思想

在警事指导思想方面，秦始皇嬴政搞的是"为治惟法"论，他的一生，确实干成了许多大事业，然"秦法多如牛毛""秦人刻薄寡恩"的批评，却几乎成了历史的共识。汉武帝刘彻推行"多欲政治"，搞德主刑辅那一套，他的子孙们懂得不能纯用"仁政"，要"霸王道杂之"才能成功。这的确是历史的经验之谈。德主刑辅之警事术的运用，比起秦始皇搞"为治惟法"来，自然是高明得多了。然而，它也反映出一种历史的困惑：到底怎样建立地主阶级的统治思想的理论基础？到底怎样制定符合地主阶级政治需要的警事方略？到底应该怎样处理儒与法、礼与刑、仁义说教与刑杀措施之间的矛盾对立关系？历史发展到唐代，关于警事指导思想的问题又一次提上了日程。

一、太宗君臣提出"舟水"说

贞观年间，李世民一再告谕群臣："为国之道，必须抚之以仁义，示之以威信，因人之心，去其苛刻。不作异端，自然安静。公等宜共行斯事也。"李世民又说："可爱非君，可畏非民。天子者，有道则人推而为主，无道则人弃而不用，诚可畏也。"魏徵应答曰："自古失国之主，皆为居安忘危，处治忘乱，所以不能长久；今陛下富有四海，内外清晏，能留心治道，常临深履薄。国家历数，自然灵长。臣又闻古语云'君，舟也；人（民），水也。水能载舟，亦能覆舟'。陛下以为可畏，诚如圣意。"（《贞观政要》卷五）魏徵在《理狱听谏疏》中说道："凡立法者，非以司民短而诛过误也，乃以防奸恶而救祸患，检淫邪而纳正道。"唐代开国君臣都是主张实行宽政，反对折腾，要求居安思危的。

二、白居易的"刑礼道迭相为用"论

唐代是古代王朝中搞得比较好的少数几个之一，而贞观、开元年间，又是唐代政治走上轨道的时候，其警事思想自然值得认真总结。尤其是安史之乱后，有了正反两方面的经验，总结唐代的警事思想，就具备了更为充分的条件。

白居易就生逢其时（772—846）。白居易于贞元年间擢为进士，以"试判三条"（即应试时写了三道《判词》）合乎要求而被授为校书郎；元和元年，他又对"才识兼茂，明于礼用"之策问，因答题合格而被调任周至县尉，直接主管一方警事。后来又曾在朝中任左拾遗，在杭州等地任地方长官，晚年又出任刑部侍郎、太子少傅等职。这样的人，不是坐而论道者，是一位能够起而行之的一代大吏，故其关于警事的见解，不拘执于一端，而能应时变化，切合实用，符合国家政治的需要。

白居易于元和年间，准备应制举，退居华阳观中，闭户累月，揣摩当代之事，构成策目七十五门。登科后，次而集之，分为四卷，名为"策林"。今收入《白氏长庆集》。其第五十四篇为《议刑礼道迭相为用》。文中说："夫刑者可以禁人之恶，不能防人之情；礼者可以防人之情，不能率人之性；道者可以率人之性，又不能禁人之恶。循环表里，迭相为用。故王者观理乱之深浅，顺刑礼之后先，当其惩恶抑淫，致人于劝惧，莫先于刑；划邪窒欲，致人于耻格，莫尚于礼；反和复朴，致人于敦厚，莫大于道。是以衰乱之代，则弛礼而张刑；平定之时，则省刑而崇礼；清净之日，则杀礼而任道。"

作者持论平和，简易适用。所言无不贴合人情，不作过激之论。

第二节　隋唐警事管理的主体

隋唐行政体制有别于秦汉，却承袭了不少源于北魏的制度因素，其警事体制也就有了较大的变化。中央政府体制变了，军事体制变了，警事体制当然要随着改变；我们可以从唐朝廷各机关的警事责任分配上看到它的若干表现。

一、中央各部门的警事责任

隋唐中央政府（朝廷）的组织，是以"三省六部、二台九寺"为主干的。它当然有个演变过程，这里仅据《新唐书·职官志》介绍一下它的典型形态。

皇帝是国家元首。

朝廷由中书省（又称内史省）、门下省、尚书省三省构成。其分工是：中书省（内史省）决策，门下省审议（封驳），交尚书省去执行。尚书省长官有尚书令、左右仆射；门下省有纳言（即侍中大夫），中书省有内史监、内史令等。尚书省是实际政务机关，下设六个部：吏部、礼部、户部、刑部、兵部、工部，每部均由一名尚书负责。其中户部、刑部与兵部的职事，与警事关系最为密切；秘书省与内侍省接近皇帝，权势很大；秘书省主掌艺文图籍与天文历法，其中"图籍"当然与警事有关。

朝廷三省外，还有二台：御史台与都水台。都水台掌管河堤谒者、都水尉、诸津尉等，与河道警事有密切关联。御史台负责监察，以御史大夫为长官，御史中丞为次官。下设台院、殿院、察院。台院设侍御史若干人，负责纠弹中央百官，并参与大理寺的审判活动和审理皇帝交付的案件。殿院设殿中侍御史十二人，负责纠弹百官在宫殿中违法失礼之事，并巡视纠察京城及朝会纪律。察院设监察御史十二人，主要负责监察地方官吏。殿中侍御史与监察御史率左右巡使，分头巡察京师长安城之东城与西城各坊的治安秩序。这项制度是元魏的延续，也可视为明清巡城御史的兆端。宋元沿袭唐制，明清称御史台为"都察院"。

三省二台之后，就是所谓九寺，各寺置卿、少卿、丞及主簿等官。其中：

太常寺：其所属郊社、太庙、太医、太卜等署，分管其警事禁卫任务。

宗正寺：其所属崇玄署，负责全国宗教事务管理。

大理寺：其所属律博士、明法掾、狱掾等，自然与警事密切相关。

光禄寺：掌皇家酒醴膳食、宴会朝享与祭祀等。

太仆寺：掌皇家厩牧、辇舆及诸监牧；行幸时供应五路属车；与禁卫相关。

卫尉寺：其所属公车署、武库署、守宫署等，皆管领本单位之警事。

鸿胪寺：主持外宾（外番）的接待，当然有涉外的警事任务。

司农寺：其所属太仓署、平准署、钩盾署、华林园、上林苑等，均主管本部门的警事业务。

太府寺：其所属左藏署，收管重要图籍；其所属两京诸市署，则掌管着京师市场秩序与市门启闭。

此外，另有国子监、少府监与将作监、军器监（不设卿）。少府监所属之互市监专管对外贸易，掌冶署则主管全国矿冶。各监都有相应的警事管理任务。

保卫皇权，警卫皇帝，历来是警事的中心课题，是最要害的业务。隋唐安全禁卫的警事力量的部署，正是突出了这个中心，其力量配备，由内至外，可以分为七个层次：

御在所（门）：皇帝日常办公食宿和游乐的具体处所，如御书房之类。

殿（门）：如大成殿，皇帝正式办公、主持大政的大殿。

宫（门）：如长乐宫，皇帝及皇族成员居住之处。

皇城（门）：皇族与朝廷所在地。

京城（门）：国都所在城池（即西都长安城、东都洛阳城）。

外郭（门）：京城外郭指三辅范围以内。

关中（关门）：京畿周边即为"关中"，四边的关寨（门）：东有潼关、函谷关，西方有大散关，北方有萧关，南有剑阁、子午谷，它们紧紧环卫着京师，保证其安全。

二、北衙禁军与南衙十六卫

1. 北衙禁军

唐代有南衙与北衙，是两支禁军组织。北衙禁军，皇帝直接指挥，由武臣主管，驻守皇城与禁苑，因在宫城北部，故名"北军"。终唐之世，先后有所谓左右羽林军，左右龙武军，左右神武军，左右神策军，左右神威军等"北衙十军"。其中羽林军和神策军最受委重、最有威势。北军与南衙禁卫军交叉安排宿卫。

2. 南衙十六卫

它们属"府兵"系统，由宰相节制，驻守宫城以南，故又名"南军"。南衙十六卫由隋的十二卫发展而来，是指：

左右翊卫（左右卫府）

左右骁骑卫（左右骁骑府）

左右武卫（左右武卫府）

左右屯卫（左右威卫府）

左右御卫（左右领军府）

左右侯卫（左右金吾卫）

以上为领兵的十二卫（府）。

左右千牛卫（左右备身府）

左右监门卫（左右监门府）

以上四府（卫）不领兵。

前十二卫各领一支府兵，称十二军。军下有坊，军有军将，坊有坊主。各军屯驻于所在州县城内指定的坊中，有专门的军籍。平时轮番上值，到皇城担任宿卫任务；战时出征。所驻扎之坊，在关中"十二道"：万年、长安、富平、醴泉、同州、华州、宁州、岐州、豳州、泾州、西麟、宜州。有"检察户口，劝课农桑"的任务。这是唐王朝驻扎于腹心地区的警卫部队。

唐朝禁卫军的高级武官设立之多，是以往朝代所不曾有过的。唐德宗以前，十六卫每卫都设有一名大将军，二名将军。唐德宗后，又在每卫大将军之上，添设上将军一人。这样，十六卫将军以上的武官竟达到六十四名。在汉代，大将军一职的地位常在宰相之上，往往是集军政大权于一身的朝廷权臣。到了唐朝，大将军比比皆是，而实际职权只相当于汉代的一名中级禁卫军官。皇帝总辖中央十六卫禁军，成为唯一的禁卫军最高统帅。

3. 十六卫的分工

①朝会环卫。天子坐正殿，左右贴身侍卫是"左右千牛卫"（即"左右备身府"）。负责保卫皇帝安全，维持朝会秩序。然后是殿门，分列左右翊卫。廊下、阶下、两厢，则由左右骁骑卫、左右武卫、左右屯卫、左右御卫分列夹坐。朝会时各着黄白黑青等服饰与铠甲，并执其旗仗器械肃立。皇帝出行时，由左右金吾卫前导，负责清道及殿后；左右监门卫负责临时门卫。北衙兵则夹殿环卫，是为"内仗"，与南衙卫兵相牵制。

②皇城宿卫。左右监门卫负责宫门城门的禁卫，检验入宫官员的门籍，皆左入右出。门籍注明官员的姓名、年龄、体征、职级，一月一换。左右金吾卫负责宫中昼夜巡警，并负责帝王外出时的营地警卫，负责烽堠道路水草事宜，大型工程的安全巡察以及城内各坊的修缮事宜。左右金吾卫下，特设有左右翊府中郎将与左右街使，督察京师街面的治安秩序，巡警京城六街，还负责京城各个城门的把守任务，按时启闭坊市之门。

此外，由左右卫府、左右骁骑府分别在皇城四面及宫城内外"助铺"。京师皇城以东，由左右武卫负责"助铺"；京师皇城以西及京城、苑城诸门的守卫，则由左右领军府负责"助铺"。而"助铺"云云，其实也是一种相互牵制、相互监督之意。

同时，全国各地的府兵，也有至京轮值宿卫的任务，由前十二卫具体负责安排。另外，太子宫的"六率"同时安排东宫宿卫。

金吾卫：它从来都是皇家亲兵首领的名号。秦及汉初原称中尉，负责督巡"三辅"（京兆）等治安。汉武帝时改称为"执金吾"。东汉光武帝称之为"司隶校尉"。后沿用下来。清代以"金吾卫"作为"步军统领"的别称。

综上可见，隋唐时期，社会治安特别是京师警事比前代更为条理化了，重兵驻于关中，亲兵、禁军屯卫京畿，禁兵、府兵共同负责京师安全，轮值宿卫，交叉配置。这些，都可见其用心良苦。

唐谏议大夫韦力仁于唐文宗开成四年（839年）五月上奏说："禁军是陛下卫士，警夜巡昼，以备不虞；不合搅扰百姓，以干法理。"这段话提醒人们：警巡是执法行为，它不能犯法；它的任务是"以备不虞"，是"防范"，而不是去"生事"。故不得"搅扰"民间正常生活秩序，那样做"有干法理"，是犯法的。看来，自从有了"警巡"，就带有两面性，其消极面也早已让人侧目了，这才有这篇上疏出现，直接把问题摆到皇上面前，可见情节不轻。执法者不得犯法，警察不得"搅扰"民众的日常生活，这些理念而今仍然有效。

然而，历史证明：从根本上破坏皇室安宁，破坏京师治安、政权稳固者，恰恰就深藏在统治集团内部。李唐皇家所依持的十六卫，到唐玄宗后期便告衰退。

至于北衙亲兵，从高宗、武后时起，便有凌驾十六卫之势，并从由皇帝亲自统帅、武臣主持而逐步蜕变为由宦官把持了。警卫君主的力量，变成了君主的最大威胁。到北衙十军的最后一军——神策军被废除时，唐王朝也就被颠覆了。历史的辩证法是无情的。

三、州县地方的警事体制

隋唐地方实行州县两级制，州以上有道，道仅是一种监察区性质，不是正式的地方行政单位。与州同级的，另有所谓"府"，如京兆府、河南府、太原府、凤翔府、江陵府、河中府、兴元府、兴德府等，在一定意义上说，它们是"直辖州"。州的长官称刺史，府的长官称府尹。西都（长安）、东都（洛阳）、北都（太原）的长官又特称为都牧。京县、畿县、上县、中县、下县长官均称之为令。"掌导风化、察冤滞、听狱讼。凡民田收授，县令给之；每岁季冬，行乡饮酒礼。籍帐、传驿、仓库、盗贼、堤道虽有专官，皆通知之"。（《旧唐书·职官志》）另有"县丞为之贰，县尉分判众曹，收率课调"。州和县的"众曹"是指：司仓（仓曹）、司户（户曹）、司兵（兵曹）、司法（法曹）、司田（田曹）、司功（功曹）、典狱等。其具体分工是：功曹掌考课，考核项目为人口增减、土地垦辟、钱粮收入、治安良否等项；仓曹掌仓库与市肆；户曹掌户籍、计簿、道路、过所，并负责蠲免、逋负，以及匄藥、田讼、婚姻、旅舍等事；田曹负责均田；兵曹负责门禁、管钥、烽堠、传驿、军防、田猎等；法曹掌盗贼、赃贿、狱审等；典狱掌管狱囚等；工曹掌道桥、舟车、宅舍、工艺与建造事宜。各曹（司）的警事职掌与分工十分明确。

四、基层自治式治安的推行

1. 京师坊里的治安管理

除南衙十六卫与北衙十军负责京师街面治安外，御使台还派左右巡使负责巡查坊里内的治安秩序，执行宵禁与查禁坊户向大街开门或违章侵街建筑等事。门下省所属之城门郎，则专门负责京城门、皇城门、宫殿门的启闭与保管锁钥。不得无诏非时启闭。而京师警事则由京兆尹与长安县令、万年县令协同尉职官员共同负责。府、县政府中，有户曹、兵曹、法曹之类的职官，分掌各种警事业务，如户籍、缉盗、门禁、收赃等事项。京兆地区的周边，有蓝田关、子午关、骆谷关、库谷关等，关中地区还有潼关、蒲津关、龙门关、孟门关、散关、大震关、陇山关等，直属朝廷尚书省刑部之"司门郎中"主管，有驻军屯守。行旅商贾过关要凭"过所"，不得随意通行。

2. 长安街头分街立铺

隋唐对城市居民生活秩序的控制很严格。当时都城街道设立了"武候铺"，大铺三十人，小铺五人。城门与坊角也均设有武候铺，大城门一百人巡视警卫，小城门则二十人。配有卫士、骥骑、武官，循行传呼，暗探密查。街上建有街鼓，发现情况，击鼓报警。每天日暮时击鼓八百下，从宫门到外郭门依次关闭，禁止人员通行。二更时分，街使率领骑马的卫兵，在京师各道路上巡行。从黄昏到清晨，整夜都有巡街御史带领着骑马的兵卒巡行呼喝，制造声势；还有武士伏路暗探，侦察非违。各营骥骑之轮值者，在每街每坊每角隔进行巡察、守候、侦查。有折冲都尉、果毅都尉等，昼则率队远巡，夜则率队远望，发现"有众而嚣"的情况，要立即上报。遇有违反宵禁之人，先弹响弓弦以警告之；不应，则旁射以严重警告之，再不应即可射杀之。五更二点，也就是凌晨三点半钟，从皇宫里传出第一下击鼓声，京师各条大街上的鼓声随之响起，于是，城门及各坊市的大门开启。击鼓三千响后，天色渐明，鼓声停止。

3. 乡村的里长与村正

隋唐在县以下的坊里或乡村也设"长"，但已不属于国家职官范围，只是一种职役。这就区别于秦汉的官制。隋唐时期规定百户为里，五里为乡。西京及州县郭内分为"坊",在田野者为"村"。坊有正,掌坊门管钥,督察奸非;村有正,掌同坊正。"四家为邻,五邻为保,递相检察"。其"按比户口,检察非违"之职,便是警事专责了。政府推行"邻保制",让老百姓自己组织警事保障,保证本邻保内成员不发生非法出入或非法留住外人等情,同时防火防盗。若有人要在保内出入,必须先向保长申报。如有长年外出或迁徙,要由里正负责调查外出者的户籍、奴婢、驴马的去向,及谁人代承其户的纳税与服役义务等情,查实后上报县司。县司据报,才给迁徙人签发通行凭证"过所",方能成行。

另外,在州城、府城、县城之内,均设有大小不等的"坊市",以贸易有无,所设主管市场秩序的市令(长),同样不在国家职官范围之内。这样,乡里与坊市之长的政治地位便有所下降,无薪俸收入了,国家节省了大笔行政经费,势必要让其自行"开辟财源",其弊可以预知;否则就无人肯干了。

第三节　唐代警事的法律依据

全世界有三大法系:一是通行于欧洲的大陆法系,由古《罗马法》发展而来;一是海洋法系,以美国的"案例法"为代表;还有一个就是中华法系。中华法系以"诸法合体"为特征,以《唐律疏议》为文本代表,它是高度发达的中华文明的制度性凝聚;它颁布以后,对维护和巩固唐代以至宋元明清历代大一统国家的政治经济秩序起了巨大的作用,对周边国家的法制建设也产生了深远影响。

一、政简刑轻是中华立法的一贯思想

《唐律疏议》是中华法系的高峰之作。历史上,上古时期的国家大法叫作"刑",夏有"禹刑",商有"汤刑",周有"吕刑",而朝廷"议事以制,随事取法",国家刑律并不稳定;到春秋后期,郑国的子产铸"刑鼎",这才第一次以成文法形式将国家刑律公之于众;到战国时期,魏国的李悝制定了《法经》,从

此"法"的概念代替了"刑"。《法经》分为六章：盗章、贼章、囚章（也称"网章"）、捕章、杂章、具章。对政治犯罪、经济犯罪、人身伤害进行惩处，对逮捕、审讯，关押、惩办作了法律规范，对律文解释、律文适用、量刑原则作了法定说明。至此，中国古代的国法粗具体系。

到了秦朝，秦人将"法"改称为"律"，"秦律多如牛毛"，遭致反抗。当刘邦攻入咸阳后，立刻"与秦民约，法三章而已"，公开宣布废除《秦律》；但保留了"盗、贼、囚"等三章之法，对人身侵害、财产侵害还是要惩治的。汉统一全国后，"三章"毕竟不足以治国，于是萧何制定了《九章律》，随后又出现了补充《九章律》的傍章十八篇和无数的"决事比"（案例法），还有依"经义"决狱的，那是一种特殊的"类比决狱"法。此后历经魏晋六朝隋的反复修订，法律体系才逐步明晰起来。其间，晋的《泰始律》、北齐的《北齐律》、隋的《开皇律》都各有建树。

唐初，形势非常严峻，据《旧唐书·食货志》载："丧乱之后，户口凋残。"《通典·食货志》也说"末年离乱，至武德有二百余万户"，贞观之初，全国人户仍"不及三百万"。贞观六年（632年），魏徵在谏阻李世民"封禅泰山"的动议时还说："今自伊洛之东，暨乎海岱，崔莽巨泽，茫茫千里，人烟断绝，鸡犬不闻，道路萧条，进退艰阻。"（《贞观政要》）在这种条件下，安定民生，发展生产，便是巩固政权的第一要义。唐政府在全国范围内推行"均田"的土地政策，让广大农业劳动者与土地结合起来，稳定了生产秩序，使脱离土地的农民（流民）重新回到土地上去，为社会治安管理准备了前提条件，使社会安全有了基础保障。在这种情况下，唐政府以隋《开皇律》为样本，总结隋亡以来新的社会管理经验，经多次修订，终于在唐高宗时制定了空前完备的帝国法典《唐律疏议》，用以规范全国上下的政治生活与社会生活。

二、唐代修律的指导思想与立法原则

唐太宗说："惩奸禁暴，弘风阐化，安民立政，莫此为先。"要"惩奸禁暴"，当然需要用刑，但要"弘风阐化"，则应该用道。于是，把伦理道德方面的要求上升为法律，凭法的约束力来维护伦理；把属于国家行政管理中要求百姓应尽的义务纳入依法奖惩的范围，用法的形式强化百姓的义务感，就成了《唐律疏

唐律残片

议》的一个重要特色，它清楚地表现出以礼统刑、以刑护礼的特色，即以礼制为指导制定刑惩法规，以刑惩的权威来维护和保证礼的贯彻。这就解决了秦汉以来礼制与法制的矛盾与冲突，使帝国法制达到新的高峰。

唐初，高祖李渊以"宽简省刑"为指导思想，下令以《开皇律》为样本，制定唐代第一部律书《武德律》；到贞观年间，太宗下令将其修改成《贞观律》，进一步贯彻政简刑清的原则。到唐高宗时，修订为《永徽律》，并辅以《永徽律疏》，对法律条文作详细疏解。律与疏具有同等法律效力。元人将《永徽律》与《永徽律疏》合编，这就有了中外闻名的《唐律疏议》。后世的《宋刑统》《元典章》《大明律》《大清刑律》，都与之一脉相承，没有多少实质性的更改。

三、唐律"诸法合体"，适应了国家发展的需要

《唐律疏议》有十二篇，三十卷，五百条，其内部章次安排是：

《名例律》，是本国法的总纲，起着宪法的作用；

《卫禁律》中有关于宫廷警卫与关津要塞的禁卫法规；

《职制律》中有关于职务犯罪的惩处法规；

《户婚律》中有关于户税、家庭、婚姻、田产、继承等方面的法规；其所列条例，典型地反映了《唐律》"以礼统法，以法护礼"的精神；

《厩库律》中有关于维护国有财物、官家马牛的相关规定；

《擅兴律》中有关于军队管理、武器装备、军民动员、国防工程、军事攻防的法规；

《贼盗律》中有关于触犯政治法纪、触犯公私财产所有权的刑事犯罪的惩处法规；

《斗讼律》是关于诉讼和侵害他人身体、辱及尊长尊严的惩处法规；

《诈伪律》是关于诈骗罪、伪造罪的惩处法规；

《杂律》是关于公共秩序、治安行政、民事债权、产业管理、商务活动等各方面的法规；

《捕亡律》是关于追捕逃犯、逃兵、逃奴的法规；

《断狱律》是关于刑事诉讼与刑法审判的程序性法规。

《唐律疏议》是古代成文法中最为完备的一部国家法典。它所包涵的治安法规为国家警事提供了法律支持，在稳定社会秩序、巩固统治基础方面，发挥了不可忽视的作用。其《名例律》规定的一些原则，对如何认定犯罪性质和确定刑罚等方面具有指导意义。如划分公罪与私罪的规定，关于自首减刑的规定，关于区分故意与过失的原则，关于共同犯罪的处理原则，关于合并论罪的原则，关于累犯加重的原则，关于类推判决的一般原则，还有关于老幼废疾减刑的规定，关于同居相瞒不为罪的规定，关于涉外案件的处理规定，等等。这些基本原则与规定，充分证明唐朝的法律制度是相当完备和相当缜密的。

治安法规，是对国民日常生活中的"应为"与"不应为"的法律规范，其目的在于协同道德伦理规范，减少或遏止犯罪危害，确保刑法的威力，以稳定社会生活秩序。《唐律疏议》中的治安法规，内容极为丰富，涉及当时社会生活的方方面面，它的执行对于维护社会稳定，发展经济，发展文教，都起了相当的作用。唐代创造了第一流的制度文明，它与唐代第一流的治安法规是密切相联的。但"安史之乱"之后，就每况愈下了。唐朝灭亡后，出现了五代十国的分裂割据局面，长达半个多世纪。这个时期战乱频仍，外族入寇，刑罚酷滥，治安极其败坏。直到五代后期，后周王朝着手整顿，制定了一些制度，治安状况才稍有好转。

唐律是诸法合体的，它是时代发展的反映，是中华律学发展的成果，适应了高度发达的古代社会生活的需要。有人把西方工业社会的法律体系视为唯一科学的体系，用以比照唐律，从而贬低唐律的价值，是"只知希腊，不识汉唐"的表现。要知道，"合体"不等于"无差别"，"合体"恰恰反映了"差别"的存在，才有"合"的可能；只是更强调其相互联系、相互渗透的关系而已，这正是它的长处。只要认真考查其具体条文内容就会发现，民法与刑法在律条上是有分的，而且实体法与程序法也是有分的，眉目清晰，不会造成法律实施上的困难。

四、唐律的境外影响

《唐律疏议》不仅完整保存了唐律，还保存了大量唐代的令、格、式的内容，记载了大量有关唐代政治、社会、经济的资料，是研究唐代阶级关系、等级关系以及官制、兵制、田制、赋役制的重要依据。所以，清代学者王鸣盛称《唐律疏议》为"稀世之宝"。

这样完备的《唐律》不仅对中国，而且对周边国家，如日本、朝鲜、越南等国的立法也有深远影响。日本文武天皇于 761 年颁布的《大宝律令》，分十二篇，篇名次第全如《唐律》，具体内容略有增删。在朝鲜，李氏王朝的《经国大典》即仿《唐律》，"高丽一代之刑制，大体皆仿于唐"，"参酌时宜而用之"。越南于 11 世纪颁布的《刑书》及后来的《国朝刑律》，皆"遵用唐宋旧制，但于宽严之间，时加斟酌"。可见《唐律》影响之深远。

第四节　唐代对社会生活的警事管束

唐代的制度文明，表现在社会生活的方方面面。杜甫《忆昔》曰"忆昔开元全盛日"，"远行不劳吉日出"。可知人民的安全感很强。社会的有序状态正是靠一系列的法制措施与确当的警事管理来维系的。

一、皇宫与其他要害部位的禁卫法规

《唐律疏议》将私自非法进入宫门、殿门、祖庙、陵寝门的行为称为"阑入"。宿卫人员掌握着允许进入者的名籍，凡无门籍或冒用门籍而私自进入，或门卫私放进入者，都是"犯禁"，均处以刑罚。"禁"又可细分为五种情况：其一，徒手翻越宫墙或闯入宫城门、宫殿门者；其二，持器械闯入宫门殿门者；其三，闯入宫内诸门与禁苑者；其四，闯入大殿各门与御膳处者；其五，携带器杖闯入皇帝居处者。有上述情况之一，视情节处以徒、流、斩、绞等刑。另外，凡登高望宫中，误入皇帝军队、仪仗队之中者，都在处罚之列。至于其他要害部位，如州、镇、戍及武库的城垣，官府、宫廨及坊市的垣篱等，私越者均要受到相应惩处。这种惩处，是为了维护皇帝的人身安全与皇权的至高无上的权威，它是封建治安的核心任务，客观上也维护了公共建筑与公共场所的安全。为此，《唐律疏议》中的相关规定是十分烦琐的。全书十二篇，除第一篇《名例篇》是全书的总则外，第二篇即为《卫禁律》，就是关于宫殿、武库、城垣、关津的警卫禁察的条例，可见统治者对它的高度重视。

二、户籍登录管理的法规

户籍管理是户口管理工作的核心，是治安管理的一项重要内容。《汉书·食货志》说"理民之道，地著为本"，历代统治者都深明其中奥妙。《唐律》严禁"浮浪它所"，严禁脱漏户口，严禁相冒合户或私行析户，严禁私入道籍为僧为尼等。唐代每遇人户变异而更动册籍时，仍须"貌阅"，即由县官当面察貌之后再登录更改户籍。唐代户口登录有严密程序。户籍三年一起造，从正月下旬到三月底造讫。一式三份，一送尚书省，一存州，一存县。州县籍簿保存五比，即十五年，尚书省保存九比，即二十七年，再依次清除出库。造籍时，先由户主依式填写手实，申报人口、田产、户等。乡里搜集报县，以县为单位汇拢各乡手实计账之后，赴州统一造册。新析新附之户，造于原户之后，以次编订装潢。户口凡应入"丁""老""疾"者，由县令亲自察看本人形貌，予以注册，不得隐漏。必须说明的是：在户主申报人口、田产、户等的手实上，还须附上这样的保证（甘结）："本户新旧口、田段、亩数、四至，具状如前。如后有人纠告隐漏一口，求受违敕之罪。"又，《唐六典·开元职官令》中规定：县令"所管之户，量其资产，类其强弱，定为九等。其户皆三年一定，以入籍帐"。"若五九、三疾及丁、中多少，贫富强弱，虫霜旱涝，年收耗实，过貌形状及差科簿，皆亲自注定，务均齐焉"。案："五九"指十九岁与四十九岁、五十九岁、七十九岁、八十九岁。唐代规定二十一岁成丁，五十岁免役，六十岁免老，八十、九十给予优赐，因此"五九"的登录是重要前提。当时，三岁以下称黄，十五岁以下称小，十六至二十岁为中，二十一至五十九岁为丁，六十以上为老（这个规定不同时期有所调整）。"三疾"指残疾、废疾、笃疾。凡秃疮无发、一目盲、两耳聋、手足缺二指为"残疾"；凡痴哑、侏儒、脊折、一肢废为"废疾"；凡癫狂、两目盲、两肢废为"笃疾"。这"三疾"享有相应的免役、免税权利，所以要严格查验，由县令亲自逐一审视检验。根据上述材料，可以看出唐政府户籍登录的严密程度。

三、对城市生活秩序的管束

唐代居民区不许买卖，而市场又严格管理，所以城镇居民的经济生活是限制得很死的。在市场内部，设有市署，由市令、市丞、录事等专职吏役管理市场交易，维护市场治安。市署要负责规划行、肆、铺、摊位的安排，要负责评定与检查物价，核定度量衡器，检察处理纷争、斗殴、扰乱秩序的行为。唐代长安有东市、西市，仅东市就有二百二十行。东都洛阳有南市、北市两个市，南市有一百二十行，三千多个肆，四百余片店。由此看来，商业活动是相当繁盛的，而管理空前严密。隋唐时期，我国城市仍然实行"坊市分离"建制；一个都会，无论是商业都会还是一般都会，其中心部分都由高大的城墙包围着，对外起防御作用，对内起拘管作用。城门由重兵把守，按时启闭。城内居民分坊居住，以坊为单位进行管理。坊有坊长（里正），坊门由专人专管，按时启闭，凡出入不时、所携不物、衣冠不整、横行喧呼、径逾邪出等，都在查禁之列；居民不得向大街开门。平民与官府分坊居住。民坊与市坊截然分开，街坊中不得经商、设铺、摆摊及背负叫卖。

唐代，特别是中唐以前，城市除寺庙、旗亭外，没有市民的公共娱乐场所，入夜即行宵禁。这样，尽管长安为当时世界一大国际都会，白天中外游人、学子、商贾塞巷填街，但一入夜，便万籁俱静了。这时，巡街御史、武候铺、各营卫士之轮值者，在每街每坊每角隅进行巡察、守候、侦查，发现可疑，立即采取措施。在如此严密而严厉的控制下，城市市民的生活秩序自然是平静的。

四、对谋反之贼和侵财之盗的惩处

"贼"和"盗"是两种身份的人。"贼"指谋反、谋大逆、谋叛的犯罪。唐律规定当事人处斩，株连范围较广。贼人之父及十六岁以上的儿子绞死，未满十五岁的儿子以及母女、妻妾、祖孙、兄弟、姐妹等人，一律没为官奴婢，田宅、财产没收，伯叔父和侄辈都流三千里。"盗"指劫窃财物的犯罪，有"强盗"和"窃盗"两类。"强盗"指以强暴手段公然劫掠他人财产的人。它有多种表现，诸如："先强后盗"或"先盗后强"，即在劫掠财产的事前或事后，对物主口头威胁或动用暴力，以达到目的；或者让物主饮食放有药物的酒食，使其神志狂乱，以取其财物；或者故意纵火烧掉物主的房舍和积聚之物，乘混乱劫掠其财产；或者因其他缘故发生争执，借机殴斗，强夺对方财物，等等。"窃盗"指"潜行隐面"偷窃他人财物的人，均依律惩处。

五、对不正当两性关系的惩处法规

《唐律》对不同身份、不同关系的人之间的奸情作出不同处分的规定。具有良人（平民）身份的男女和奸为"凡奸"，双方各判处一年半徒刑。妇女若有丈夫，不论是妻还是妾，都加一等处分，徒二年。杂户、官户、官私奴婢，统称"贱民"。良人男子以及官私男奴同官私女婢和奸，各杖九十下。部曲、贱民同良人妇女和奸，并加良人凡奸罪一等，徒二年。良人男子同他人的部曲妻子以及杂户、官户妇女和奸，杖一百下。男子强奸妇女，依受害者的身份各加一等处分，妇女无罪。若女方抗拒强奸被殴击折伤，男子各加斗折伤罪一等处罚。监临主守在自己所监守内奸良人妇女，加凡奸罪一等处分，徒二年；若是有夫之妇，再加一等，徒二年半。在为父母和丈夫服丧期间男女和奸，以及道教、佛教的男女教徒有和奸行为，各加监临奸一等处分，即加凡奸罪二等。

六、惩处应作为而不作为、不尽公民义务者的法规

《唐律疏议》规定："诸追捕罪人而力不能制，告道路行人；其行人力能助之而不助者，杖八十。""诸邻里被强盗及杀人，告而不救助者，杖一百。闻而不救助者，减一等治罪，力势不能救助者，速告附近官司；若不告者，亦以不救助论（罪）。"显然，这样的治安法规，对于迅速养成民众的治安意识，是有好处的。同样，《唐律疏议》还要求，"诸在他人地内得宿藏物"，或捡得公家"阑遗物"，或他人遗失物者，均需在相应时日内交还（或送官），凡隐而不送、过期不交者，均视情节轻重比照偷盗条例论罪惩罚。人们执行这样的法规，久而久之，会养成一种道不拾遗的风俗，它比口头的道德宣教更有明显的功效。

七、对家庭生活进行秩序管理的法规

在《唐律疏议》中，大量的伦理规范、道德规范被赋予法的形式，成为具有法定效力的条规，使家庭强制、宗族强制、乡党强制，即父权、夫权、族权等具有了刑法的强制性，发挥出"刑罚为政教之用"的社会效果。如《唐律疏议》禁止以妻为妾，以婢为妻，以妾为妻，以客女为妻；禁止"养杂户男女为子孙"，禁止"通奸""悔婚""冒婚"；禁止卑下斥骂长上……这是为维护封建等级制、维护封建特权基础而订的法规。封建统治阶级是不允许紊乱其等级伦理秩序的。

八、交通与消防管理法规

唐代消防管理法规，含预防失火、处置失火、强制救火等。如规定库藏仓储内不得燃火；在官府廨院及仓库内失火者，"徒二年"；"非时烧田野者，笞五十；延烧人宅舍及财物者，杖八十"；在行道上燃火不灭而致失火者，减纵火罪一等处罚。另外，"诸见火起，应告不告，应救不救，减失火罪二等"惩罚。这样的消防管理条令，于公于私都是有益的。

在交通方面，有关驿站的管理条令尤为苛烦，如"诈乘驿马，加役流"，惩处是相当严厉的。律文规定，在驿站乘马牛驴骡驮私物不得超过十斤；乘车运私

物不得超过三十斤，乘舟船载衣粮不得超过二百斤。凡超载者，均予惩处。关于行船，也明确规定开船、行船、停泊、装卸、安标、回避、损伤、事故等情的处治条规，不执行者予以惩治。如摆渡时事先不讲明价钱而中途勒索，明知水情险急而超载运行，都要受到严肃的处治，造成人身伤亡的，还要负刑事责任。

九、对左道旁门的严厉惩治

左道有多种表现，唐律均明确作出处分规定。《唐律疏议》卷十八解释"蛊毒"时说："蛊有多种，罕能究悉……或集合诸蛊，置于一器之内，久而相食，诸虫皆尽，若蛇在，即为蛇蛊之类。"蛊可以用来害人，谋取财物。蛊毒有自造、传畜和教令他人几种情况，发现后一律处以绞刑。自造、传畜者的同居家口，不论是否"分籍"，即使不知情，也要判处三千里流刑。里正、坊正、村正知而不纠，也判处三千里流刑。若遇上大赦，造畜蛊毒者、同居家口和教令者，仍判流三千里，不予赦免。八十岁以上，十岁以下，笃疾，无家口同流者，才予以赦免。蛊毒造畜已成，尚未作恶，如向官府自首，也不能完全赦免，依旧判处本人流刑。

与此同时，法律还惩处魇魅、符书咒诅、妖书、妖言及妄谈休咎、吉凶等。对于自造和妄说者，一律绞死。传播妖言，使用妖书，蛊惑三人以上者，也处以绞死；蛊惑不满三人者，处以三千里流刑。妖书、妖言虽然涉及变异，但若是与政治无关，只是预言自然灾变，有关人员处以杖刑一百。如果保存前人所作妖书，自己即使不曾使用，也要处以两年徒刑。

此外，就是严禁"玄象器物""天文""图书""谶书"等。"玄象"指"象天为器具，以经星之文及日月所行之道，转之以观时变"；"天文"指关于日、月、五星（按：金木水火土五星）、二十八宿之运行对社会人事的吉凶之书；"图书"指"河出图，洛出书"之类的神秘预言性书籍；"谶书"指"先代圣贤所记未来征祥之书"，如《太一式》《雷公式》之类的占卜吉凶的迷信书籍。这些器具和书籍，私家均不许保存，违者判处二年徒刑。如有传播、使用、言涉不顺等情节，以"造妖言"法处分。私家虽无此类书籍，但转相学习者，也处以二年徒刑。

对此，朝廷曾不断颁发诏敕。唐玄宗《禁百官交结匪人制》说：百官"皆合守其正道，无宜听彼异端。至如卜祝之流，妄陈休咎；占候之辈，假托征祥；诳惑既生，愆违斯作。因构谗慝，遂行讪毁。取陷网罗，良增叹息……自今以后，各宜谨慎，并不得与如此等色及无职人交游来往。仍令御史访察，有即弹奏，当加严罚"。《禁左道诏》说："如闻道俗之间，妄有占筮，诳惑士庶，假说灾祥，兼托符咒，遂行左道……宜令所司申明格敕，严加访察。"其他如《禁百官与僧道往还制》《禁僧徒敛财诏》《禁卜筮惑人诏》等，都重申了类似的法纪精神。

十、禁私盐、防火患

欧阳修所撰《新唐书·食货志·盐》载："亭户冒法私鬻不绝，巡捕之卒，遍于州县。盐估益贵，商人乘时射利，远乡贫民困高估，至有淡食者。"按：这是讲盐业生产中对犯罪的防禁。亭户：古代特指盐业生产的专业户，也称"灶户"，即煮盐之家。所产之盐归国家经销，不得私自贩卖。亭户不承担其他徭役，实行特殊管理，其户籍不容自行更换。盐估：盐价，盐的市场价格。

五代的刘昫著有《旧唐书》，其《职官·左藏署》中说："凡藏院之内，禁人燃火，及无故入院者。昼则外四面常持仗为之防守，夜则击柝而分更以巡警之。"按：这里说的是禁卫军的禁卫活动。守卫、禁卫、随卫，正是"禁军"的业务，是国家警察的核心业务。

十一、录囚：对系狱人员的清理

隋唐监狱管理，较六朝规范。这里不作深论。其中"录囚"①问题，则值得

① 关于录囚，唐代相关记录不少。如：《旧唐书·虞世南传》：贞观八年，山东及江淮大水，帝忧之，以问世南对曰："山东淫雨，江淮大水，恐有冤狱枉系，宜省录累囚，庶几或当天意。"帝然之，于是遣使申理狱讼，多所原赦。《册府元龟》载：贞观十七年三月，以久旱，诏曰："今州县狱讼常有冤滞，宜令覆视。使至州县科简刑狱，以申枉屈，务从宽宥。"总章二年二月，以旱，亲虑京城囚徒。其天下见禁囚，委当州长官虑之。《唐书·高宗本纪》：仪凤三年四月，以旱，避正殿，虑囚。《册府元龟》：神龙二年正月，以旱，亲录囚徒，多所原宥。其东都及天下诸州，委所在长官详虑。《唐书·玄宗本纪》：开元二年正月，以关内旱，宽系囚。三年五月，以旱录京师囚；六年八月，以旱录囚滞，或有感伤，宜委左仆射李程及御史大夫郑覃，同就尚书省，疏理诸司囚徒，务从宽降。限五日内毕，闻奏。其外府州为有水旱处，委长史速准此处分。开成二年七月诏曰："秋旱未雨，虑有幽冤，缧禁多时，须议疏决。京师刑狱，宜令右仆射兼门下侍郎平章事郑覃，亲往疏理。"《唐书·宣宗本纪》：大中四年四月，以雨霖，诏京师、关辅理囚，等等。

提出来予以商榷。一般说来，"囚犯"即"罪犯"，"录囚"即"赦免释放罪犯"，这似乎没有错。但仔细分析一下，却又不尽相同。原来，古人说的"囚犯"，是指"被囚禁的人犯"；而投入监狱被囚禁者，却大多数是还没有被判定罪名、还没有被确认其罪的"狱案关系人"；而"罪犯"则专指已被宣判的犯人，即已被定罪量刑的"已决犯"。汉唐明清之狱，从来都是用于关押、囚禁、折磨政治反对派、却又迟迟不肯宣判其"罪名"的人；从刑事上说，它主要是用于关押、囚禁原告、被告、邻佑、干证、牵连犯、待质犯（等待同案犯捕获齐全后，再进行对质、核实案情的相关人犯）、待决犯以及轻罪犯的。在古代，对"已决犯"执行的惩治有"军、流、徒、笞、杖"等，囚禁并不是主要方式，监狱也不是惩治的主要设施，更不是唯一惩治设施。相反，古代罪犯，在被判"笞、杖、徒、流、徙"的"五刑"之后，其执行主要不是在"监狱"内，而是在监狱之外，在闹市执行笞杖刑，或死刑（腰斩、枭首、绞杀、分尸、凌迟），或在数千里外荒寒烟瘴无人迹处执行徒刑、流放、充军。而"囚禁"人犯，只是官府扣押相关人员以图破案，以防再犯的一种强制手段。"录囚"即"虑囚"，指上级官吏视察时，向被囚禁的"人犯"讯问查察其犯事经过、审讯决狱情况，一一予以甄别。对久系而未决、难决甚至无法判决的大案、陈案中的从犯、牵连犯、待质犯、待决犯及已被囚多年的轻罪人犯，甚至仅仅是干证、邻佑、行政管理之责任人而被久系囹圄者，进行一次清理，将其释放出狱而已；而且对误捕、错决、滞狱者毫无补救拯恤措施。录囚有两种情况：一是作为大理寺卿的常职，每五日、十日进行一次："禁囚有推决未尽、留系未结者，五日一虑"；一是作为临时措施，作为"特赦"处理的一种政治行为，隋高祖、唐太宗都曾亲自"录囚"，那就属"录者全免，还从特赦之例"了。这些被赦者，绝大部分是原本无罪之人，或轻罪久系之人，或沉冤难白之人，一旦被释免，政府不觉愧疚，绝无补偿；被释者还要向官家叩首感谢皇恩浩荡，说穿了，这实在是一种法制的颠倒。

可是，历来讲"狱政史"者，注意此的人并不多，往往把唐代"录囚"制度下对被长期关押之原告、被告、邻佑、干证、待质犯、待决犯、轻罪犯的清理、甄别、遣释措施，泛化为对所有"罪犯"的宽释仁政，这是一种严重误解，在大讲法制、大讲人权的今天，是该清理这类"误解"了。

附带说明：把监狱作为惩处已决犯之设施、之"基地"者，是清代嘉庆年间的事，因为作为"军、流"目的地的关外、新疆、云贵、两广等，都先后表态，拒绝再接受流放犯、充军犯了；而内地各处也难以继续承担千里押送囚徒的沉重负担了，迫不得已，这才改为"就地关押惩处"。至此，"监狱"才由"监理狱讼之地"变成了今人所理解的惩治罪犯的场所。

第五节　隋唐的社会层面控制

隋唐时期政府高度重视社会层面控制，相关条规也更为完备。国家对世家大族、农户、军人以及宗教徒、恶少、游侠、刺客等社会成员的警事管束尤为重视，规定了相应的限制、制裁措施。这里以唐律为依据略作说明。

一、控制门阀世家

魏晋以来，门阀世家垄断政治、经济，在六朝政权更迭过程中，他们为保门阀私利，始终"随例变迁"，不论皇帝如何更换，门阀世家却能一贯地维护着自己的私利，从而形成一股根深蒂固的社会惰性力量。西晋永嘉之后，留在北方的"豪家大族，鸠率乡部，托迹勤王，规自处置"，不仅私立田庄坞堡，而且署置郡县长吏。至于南迁的士族，更处处"占山护泽，保家为利"，处处群集，侨立州郡，游离在地方政府管辖之外，其势力之大，可想而知。他们的动向如何，对于地方警事以至国家安危，影响深远。如：《唐书·韦师康传》载：韦氏"世为关右著姓"，"宗族数千家，多以豪奢相尚"。《隋书·徐孝肃传》载：汲郡徐氏"代居南土，宗族数千家，为远近所服"。宋孝王《关东风俗传》载："瀛冀诸刘，清河张宋，并州王氏，濮阳侯族，诸如此辈，一宗将近万室，烟火连接，比屋而居……若遇间隙，先为乱阶。"对国家政治秩序威胁力很强，国家不能不有所警戒，但又往往无能为力。

这种豪族势力的集结，自然有碍于中央集权的推行，即有碍于皇权的巩固，有碍于国家的政治大一统。隋王朝建立后，即着手控制这一阶层。唐承隋制，更尽力扶持庶族地主，打击直至取缔世族门阀的政治经济特权。隋代，用科举制取代九品中正制，从门阀手中夺得了组织人事大权。此后各级政府权力，便掌握在代表中小地主利益的寒门之士的手中了。隋代，用"大索貌阅"和"输籍法""分户法""相纠法"等措施，在全国范围内检括人口，从世家地主手中夺回了大量的劳动力，维护了国家经济赖以持续发展的根基。隋代又推行府兵制，把强大的军事力量集中在皇帝手中，使世家豪门无所依恃而就范。这些，唐王朝都在更大规模上承袭下来了。唐太宗还有意从社会心态上打击世家大族的优越感。比如，当门阀世家以高门望族相标榜，用编制世族谱牒的办法来维系其家族特权时，李世民便下令另编《氏族志》，果断地否定汉末以来世家大族的积威，高宗时又重修《姓氏录》，纯以李唐王朝现居五品以上职官姓氏为准。此后，门阀世家作为一种特殊的社会阶层，便在政治舞台上从权力核心中消失了。可以说，通过剥夺其特权利益、减少其依附人口、打击其社会地位等措施，唐代统治者有效地实现了对六朝以来门阀世家这一社会层面的控制，消除了对庶族地主一统政权的威胁。

二、科举制：笼络庶族地主与知识层面

科举制是一项一箭双雕的政策，它在发挥控制门阀世家的作用的同时，也对李唐王朝拉拢并控制其政治基础——庶族地主起了极大的作用。唐人赵嘏说："太宗皇帝真长策，赚得英雄尽白头。"李世民自己也得意地说："天下英雄尽入吾彀中矣！"（《唐摭言》卷一）科举制向地方知识分子打开了入仕之门，白衣而为卿相，唐代不绝其例。这些入仕者，便成了政府与各地各阶层地方势力的纽带，对于稳定各种政治势力，稳定政局，显然起了重要作用，对提高政府执法水平也有好处。唐代政府与知识阶层的关系处理得比较好，各种文献中骂唐皇的也就比较少，连白居易这样关心民瘼国运的大诗人，还写诗讴歌唐玄宗的"爱情生活"；不像秦始皇那样，他尽管在统一文字、统一车轨、统一度量衡、统一货币、统一法律等重要经济文化事业中作出了很多旷古未见的成绩，但因为坑了儒生，杀了

一批知识分子，烧过民间私藏的禁书，便落个永久的骂名。看来，李唐王朝对知识层面的控制从统治集团的利益来看，也是明智的。

三、控制农业人口

唐政府对农民——人口的大多数，反政府力量的主要源泉——的控制办法主要包括：其一，使之与土地结合起来，不使其流移失业，让劳动力产生巨大生产力；其二，将其组织在一个政治网络之中，使之"安分守己"，变社会成员为国家公民，为政府服务；其三，由政府直接控制农户，不让地主豪强、官僚世族、富商大贾与寺庙僧道等私自分割国家人口，占有劳动力，占有财富源泉。为此，这里仅从警事角度就隋唐政府的主要措施略说一二。

隋代曾推行大索貌阅与输籍法。具体来说：隋文帝开皇初年，命令全国州县"大索貌阅，户口不实者，正、长远配，而又开相纠之科。大功以下，兼令析籍"。（《隋书·食货志》）同时，制定标准户籍式样，明确户等评定条件，"遍下诸州，每年正月五日，县令巡民，各随便近，依样定户上下"。（《隋书·食货志》）隋政府通过这次全国性户口彻查，新获得了一百五十万户口。其办法是：以闾、里、族、党为单位，一个县一个县地进行人口普查，县长要逐个验视本人相貌，这叫"貌阅"，再作户口登录。如有不实，闾正、族正与里长、党长要负法律责任，被远远地流放。政府鼓励民间相互告发，纠出隐漏户口者，由被纠人代替揭发人供税服役。又命令三代以上亲属分家立户，禁止发生"千丁同籍""三十五十家为一户"之类脱漏诈伪等情。为了使赋役负担相对合理平允，国家颁布了户等条例，让百姓自报公议每户的户等，政府按户等征税。而一般说来，政府征收的税额低于富豪之家私收依附人口的租税额，减轻了纳税人的负担。于是老百姓都乐于向政府"输籍"，而纷纷脱离豪门大户或寺院。就这样，隋代通过貌阅之法，分户之令，相纠之科，输籍之策，空前地增加了国家直接控制的人口数，即直接的剥削对象。这一措施，后来形成定制，至唐代每遇人户变异而更动册籍时，仍须"貌阅"，即县官当面察貌之后，再登录更改户籍。

隋唐推行均田制，是为了让农民牢牢地附着在小块土地上；在社会基层推行邻保制，让老百姓自己负责警事保障。规定"百户为里，五里为乡。两京及州县郭内分为坊，在田野者为村。坊有正，掌坊门管钥，督察奸非；村有正，掌同坊正。四家为邻，五邻为保，递相检察"。有人在保内出入，必须向保长申报；如有长年外出或迁徙，里正要负责调查外出者的户等、奴婢、驴马的去向及谁人代承其户的交税服役义务等，查实上报县司。县司据报发给迁徙人"过所"（通行凭证）。

从警事角度讲，对农民的控制，最艰难的是对流民的控制。流民问题，始终是困扰历届政府的严重课题。在史家所艳称的开元、天宝年间，"今天下户口，亡逃过半"。唐政府用"摊逃"的办法来对付，将逃户"应赋租庸课税，令近亲邻保代输"。这样一来，代输者也索性逃亡，"或因人而止，或佣力自资"，投靠地主豪门后，成了佣工客户，就不受政府的节制了；更多的是逃向山林江海，酿成武装反抗的风潮。史载，唐德宗建中年间（780—784）初行两税法，清理人户得土著户一百八十余万，客户一百三十余万。可见逃亡现象之严重程度。

唐代依然维持古老的"日中为市"习惯。市场与居民区严格区分，商业活动只能在特定的市场进行。市门的启闭与坊门的启闭时间不一样。日中击鼓三百下，市场才允许开业，日落前七刻击钲三百下，便闭门散市，停止一切交易。居民区不许买卖，市场管理又很严格，市场内部设有市署，由市令、市丞、录事等专职吏役管理市场交易，维护市场治安。市署要负责规划行、肆、铺、摊位的安排，要负责评定与检查物价，核定度量衡器，处理纷争、斗殴、扰乱秩序的行为。

四、宗教自由与宗教徒管理

唐代势力最大的宗教是佛教和道教。道教是中国固有的宗教。李唐统治者奉道教祖老子李耳为自己的始祖，道教便在名义上占据了统治地位。武则天时期崇佛抑道，道教的地位一度下降；而佛教发展到唐代，中国化程度愈益加深，宗派林立，教徒众多，实际上处于主导地位。统治阶级看到了佛道二教对于维护秩序、巩固统治的微妙作用，同时也注意到它们消极的一面，因而时时加以管束。祠部、鸿胪寺和功德使，是国家设立的管理佛教的机构和人员。国家对僧籍实行管理，《唐会要·僧籍》说："每三岁州县为籍，一以留州县，一以上祠部。新罗、日本僧人入朝学问，九年不还者，编诸籍。"政府企图把僧尼的活动限制在纯粹的宗教生活范围内，从而把他们的行止固定在寺院中。《全唐文》卷三十载唐玄宗《禁僧徒敛财诏》规定："自今已后，僧尼除讲律之外，一切禁断。六时礼忏，须依律仪。"但是，僧徒"因缘讲说，眩惑州闾，溪壑无厌，唯财是敛……无益于人，有蠹于俗。或出入州县，假托威权；或巡历乡村，恣行教化。因其聚会，便有宿宵，左道不常，异端斯起"。《禁僧俗往还诏》说：僧人"或寓迹幽间，潜行闾里，陷于非辟，有足伤嗟。如闻远就山林，别为兰若，兼亦聚众，公然往来。或妄托生缘，辄有俗家居止"。如此等等，严重妨碍了警事。因此，政府对僧人实行严格的管束，并不断打击他们的不法行为。

五、对其他社会阶层的警事管束

除了对世族豪门、庶族地主及其知识分子，以及对广大农民的控制外，隋唐政府对官奴婢、兵士、僧尼、商贾、手工业者及归附的"化外人"，也多方进行管理，尽力将其控制在政府管辖范围以内。唐代对官户、杂户、官奴婢设有总管机构，由刑部都官郎中主管。由都官将官户、官奴婢分配给政府各司和掖庭，或依令分赐官僚；每年冬进行检查阅实，点造簿籍，四岁以上的奴生子都要"印臂"，以防逃亡。次年春，各衙将其所有之官户、官奴婢造册上报，一式两份，按口数、性别、年龄分组，领取衣粮。奴婢男女成人后，只能按"本色配偶"。私家部曲、客奴，不得入道观为僧为尼；若有奴婢依令出家者，一犯规即勒令还俗，仍发还原主，各依本色。《大唐六典》中说，奴婢"一免为番户，再免为杂户，三免为良人"。事实上，极少有官奴婢能够获得"三免"释放而升为平民的。至于私奴婢与部曲、客奴、浮民、没外番而归来者、四夷"归化"者，则皆可"依律附宽乡"，"给复"三年至十年不等。"复"，复除，即免除三至十年的赋役负担，使其安家立业。奴婢放良时，由主家出具"放良书"，以作凭证。律文如此规定，但实行起来，又能有几个地主官僚愿意放奴婢从良呢？律文者，口惠也。

六、军人：养兵不纵兵　兵不管民事

军人之于警事，有正负两方面的作用。《新唐书·兵志》讲得很清楚："夫置兵所以止乱，及其弊也，适足为乱；又其甚也，至困天下以养乱，而遂至于亡焉。"因此，唐朝采取一系列的措施，加强对军人的控制。《唐律·擅兴》对其严加管束。全国的兵士都造册登记，称为名籍，实行多重管理。每个季度，名籍都要上报中书省、门下省。左、右卫中的长史负责掌握卒伍、军团的名数。调遣府兵时，中央要下发敕书和鱼符、木契，地方州刺史和折冲府长官同自己保存的一半勘契后即行派兵。并将应行的兵士列为名籍，上报尚书省兵部。如果是出征，朝廷派遣大将率军作战，事后将归于朝，兵散于府，互不联系。如果是轮值"番上"，则将名簿上报左、右卫，由左、右卫大将军分配至各卫执行宿卫京师的任务。总的原则是"用兵不纵兵，兵不管民事"。但安史之乱之后，这一切都颠倒过来了，藩镇割据，兵祸扰民，连城市管理都破坏了，社会秩序陷入巨大混乱。

终唐一代，游侠、刺客横行天下。游侠既有除暴安良的一面，又有随意行杀、劫货掠财、赌博宿娼的一面，因而对社会警事构成危害。在唐后期，政府对他们实际上失去控制，社会上长期崇尚侠义之风。

总之，唐代对社会层面的控制、对社会生活的警事约束是有效的，但"安史之乱"之后，就每况愈下了。唐朝灭亡后，出现了五代十国的分裂割据局面，长达半个多世纪。这个时期战乱频仍，外族入寇，刑罚酷滥，警事极其败坏。直到五代后期，后周王朝着手整顿，制定了一些制度，警事状况才得以好转。

第六节　唐代警事文化建设的若干举措

秦代以吏为师，以法为教，对于法制宣教是十分重视的。汉武帝搞罢黜百家，但他在征召人才、授官命职时，却设有四科，一为德行高洁，志节清白科；二为学通行修，经中博士科；三为明习法令，足以决疑科，能"按章复问，文中御史"，就"辟而用之"；四为刚毅多略，遭事不惑，明足决断科。而第三科便属法学范畴，只是要"以经术缘饰之"而已。汉朝以律学名世者代不乏人，汉末郑玄等著名大儒，都精通律学，便是很好的证据。

然而，自从魏晋之际，玄学清谈成了士族知识分子的时好之后，他们纷纷"摆落世务"以自命清高，将"敲扑喧嚣犯其虑，牒诉倥偬装其怀"（嵇康语）视为尘容中的尘容，世俗中的世俗，加以排斥，律学也就不被一般知识分子所重视了。正如南朝齐人孔稚珪在《上疏请兴律学》一文中所揭示的那样："今之士子，莫肯为业；纵有习者，世议所轻。"即使有一二人留心于法学，也是"空勤永岁，不逢一朝之赏；积学当年，终为闾伍所嗤"。地方长吏，便都是不明法学之人，"或以军勋余力，或以劳吏暮齿"，这些人"犷情浊气，忍并生灵；昏心狠态，吞剥民物"，本来就不把民命放在心上，使得狱政更为混乱而昏暗，执法、行法也就被世人视为卑污之职了。从此，"轻法学，贱法吏"便成了古代学者与政府的通病。

一、唐政府重视律学教育

唐代实行科举制，要求州郡每年向中央"贡士"：所贡之士，分为四科：一秀才，二明经，三进士，四明法（另有书法与算术两个专科）。各有定额。唐政府命令京师与各郡各县都要兴办学馆，按此四科培养人才。每到年底，由学监负责考核，合格者与上计吏一起被遣送到朝廷。有未入学馆而有所成者，同样推荐。

其中明法一科，国家考试时，分为四等。基本作法是："其判问，皆问以时事疑狱，令约律文，断决其有。"即以时事疑狱为题进行策问，答案要以国家法律为依据，视答卷情况判断应试者的法学知识与条令的适用能力，分四等录取。头等："既依律文，又约经义，文理弘雅，超然出群。"即其答案既能遵依国家律条，依法断案，又能引用儒家经义，阐明大道，文章写得弘雅得体，当然是优等，是首先应予擢拔的。其次是"断以法理，参以经史，无所亏失，粲然可观"。即答卷能依照律文判案，引用经史文句进行说明，没有失误差错，文字通顺，这是第二等。第三等，"判断依法，有文采"；第四等，"颇约法式，直书可否，言虽不文，其理无失"。就是说，答卷总的来说还能依律断事，简单地将律文与狱案相对照，表明应按某律某格某式某例办理，不讲文采，法理上也没有失误，这样的人才也是可用的。把律学作为重要学科之一，注重法学人才的养成教育，是唐代的有用经验。由于唐代科举中有"明法"一科，知识分子们对此也能稍加留意。我们看到，王维的集子《王右丞集》中，就有不少"甲乙判"，即为应试而练习写的判词；白居易的《白氏长庆集》中也收录了大量"甲乙判"，说明当时的知识分子是把律学看作一门重要的学问的。白居易曾上书请"升法科，选法吏"，以澄清吏治与狱政。唐代由科举而入仕的知识分子都是"明法"的。

二、唐代入仕精英　首任多为警职（县尉）

以下简要介绍一下唐代科举考试"进士及第"后首任为"县尉"者（"县公安局长"）的情况。县尉是干什么的？是协助县令处理繁杂的地方政务的。他要负责练武、平乱、征役、侦缉、巡逻、捕盗、治安、关寨查缉、罪犯预审以至对那些抗捐抗税者"采取措施"之类。反正哪儿有碰"硬"的任务，他就必须出现在哪儿。唐朝"县公安局长"们的学历很高，不少是进士出身后又参加"拔萃"考试的优材生，至少也是因有特殊才华而被"赐进士出身"的人（同等学力）。且年龄一般在十八岁至三十岁，正是盛年，其执政能力毋庸置疑。例如：

房玄龄：临淄人，出任羽骑尉，初唐政治家。

颜师古：万年人，出任安养尉，著名学者，注疏家。

杜易简：襄阳人，出任渭南尉，初唐诗人。

苏味道：栾城人，出任咸阳尉，初唐诗人。

张鷟：深州人，出任过长安尉、河阳尉等五任县尉，著名"甲乙判"的作手、奠基人。

张旭：吴人，出任常熟尉，著名狂草书法家。

张若虚：出任兖州兵曹，诗人，《春江花月夜》作者。

王昌龄：江宁人，出任汜水尉，杰出诗人。

颜真卿：琅琊人，出任礼泉尉，著名书法家。

高适：沧州人，受举荐，授封丘尉，著名边塞诗大家。

杜甫：出任京兆府兵曹参军，唐代伟大诗人之一。

元结：右金吾兵曹参军，著名散文家。

白居易：下邽人，出任周至尉，伟大诗人。

李益：陇西姑臧人，出任郑县尉，著名诗人。

孟郊：武康人，出任溧阳尉，著名苦吟诗人。

王建：颖川人，出任渭南尉，著名诗人。

卢纶：蒲州人，出任阌乡尉，著名诗人。

张志和：金华人，出任南浦尉，著名诗人。

独孤及：洛阳人，出任华阴尉，著名散文家。

陆贽：嘉兴人，出任郑县尉，杰出政治家。

韩愈：出任推官，古文旗手。

柳宗元：河东人，出任蓝田尉，诗人，古文旗手。

舒元舆：婺州人，出任鄠县尉，散文家。

温庭筠：太原人，出任方城尉，杰出晚唐词人、小说家。

聂夷中：河东府人，出任华阴县尉，著名晚唐小品文作手。

以上各人，皆各有专成，也是"好官"。

唐代士子科举考试被录取后，先被甩到"公安局长"的岗位上去捶打捶打，练出一身执政能力来，然后才有望升任别的官儿。白居易就是这么走过来的，后来他成了"杭州刺史""刑部侍郎""太子少傅"。我们还注意到：这些首任"公安局长"们是易地做官的，且通常是南人北任、东人西任；反之亦然，极少有在本省任职的。这样一来，不仅使初入仕途者能得到更多的切实锻炼，也防止了乡情对职务的干扰，还开阔了他们的心胸与眼界。这么做，真所谓有百利而无一害。

三、编著出版政刑典籍

唐代重视律学，重视社会警事宣教，还表现在《唐律疏议》的问世和《通典》的问世上。这两本书，前者是封建法典的高峰之作，后者为历代行政典章的汇编。是从政知识分子所必读的基本教材。其《通典》一书，贯通历代史志，独创专门的典制文化专史，将上古直至唐天宝年间历代食货、选举、职官、礼、乐、兵、刑、州郡（沿革）、边防（设施）作了系统的论述，考索历代制度源流演变，翔实可征，时有卓见。今天看来，仍是不可多得的文献。要了解古代警事警卫禁卫之沿革，此书是绝不可少的。此书的问世，标示出唐代法制宣教与研究的新水平。

杜佑认为：国家的基础在于经济，食货自然要领先；政事的推行在于职官，所以要重选举；社会治理要靠礼乐，来巩固政权基础；国家的和平安定，则在兵刑与边防，轻视不得。根据这一原则，《通典》的篇次如下：

第一，食货典，十二卷，汇录历代正史的《食货志》及其他典籍史料，记载相关经济政策与方略设施，疏理历代财政的关键所在。杜佑曾亲理财政，深知经济为一切的基础。他纠正了历代史书将礼乐置于前列的惯例，又破例地删除了天文、五行等与食货并无直接关系的记载。

第二，选举典，六卷，汇集历朝选官制度的演变轨迹，阐发其优劣得失之情，指出考选对于官僚体制的关键意义。可贵的是，他决不"是古非今"，也不一味标榜《周官》，称颂"封建"。他批判了三代以"亲亲"为宗旨的世袭制、六朝以门阀为核心的九品中正制，同时又不赞成纯以"文章取士"的当代科举考试制。

第三，职官典，二十二卷，记载历代机构设置的兴废沿革及官员奉职等实况。值得一提的是，他肯定了李悝立法、商鞅变法在机构设置、政府职能发挥上的积极意义。他推崇"秦法，唯农与战始得入官"，及汉代设"孝悌力田、贤良方正之科"，即通过多种渠道识拔人才、考核人才，且各级官员在中央与地方上随宜调遣，"责以成效，寄委斯重，酬奖亦崇"。把重心放在全面养育、考核人才上，是其远见卓识。

第四，礼典，一百卷，其中记载历代礼制六十五卷，唐代三十五卷。

第五，乐典，七卷。礼乐制度是"德主刑辅论"的具体贯彻与实施，是全面调动社会治安机制以安定民生、稳定政权的重要法宝。

第六，兵刑典，其中甲兵十五卷，五刑八卷，记载历代兵刑沿革。古代军警一体、政刑不分，因此历代综合类典籍中，兵典与刑典常合并论述，但杜预却分别加以缕述。

第七，州郡典，十四卷，记载历代政区沿革、风土人情之突出情况。杜佑"重农""重民"，各地有关国计民生的物产与产业，都是其关注的重点。他用大量统计数据、对比数据来说明问题，富有科学精神。

第八，边防典，十六卷，记载周边民族区域情况，以及周边国家在军事、政治、经济、文化等方面的重大举措和重要事件。他从国家的巩固、社会的稳定出发来关注边防，不仅仅是考虑戍守之类，还着眼于民族区域的建设和中外关系的调整，很有卓见。

《通典》是论述历朝历代典章制度的专史，开创了史书的新体例。它着意于社会经济的历史发展，注意于历代典制的"通"：将历代各项制度贯穿起来，追本溯源，讲明沿革，归纳成败，论议可否，不孤立地看一时一事，而着力于展现历史发展的脉络。从方法论上讲，是很科学的。这也是《通典》对后世有深远影响的关键所在。

四、张鷟制作判词：平民情怀，依法作判

盛唐作家张鷟，一生历武后、中宗、玄宗数朝，曾历任长安尉、河阳尉、襄乐尉等，活到七十三岁。张鷟精熟吏治，断案精明巧智，所作《龙筋凤髓判》（十卷），为唐人"甲乙判"的开山之作，使判词成为一种独特的实用文体，带动了唐代判词的制作。

该书判词的论断是非、评议曲直，不沿袭正统观念，极少引用儒学经典为论据，极少张扬忠孝节义的传统伦理观，但也不刻意回避或反对当代主流意见，只是以平民眼光论是非，依当代法律断罪刑，行文既不沉闷也不反逆，易于为社会所接受，这在当时是一股清鲜之风。他有一种平民情结，对有缺点的小民、小官、武士、生员，总是关切而呵护之；而对皇帝近侍的诌佞弄权、贪腐祸民，则一律重判，要求从严惩治，决不阿附。对官家的扰民、残民罪行一律主张严惩，体现出一种无畏而敞亮的情怀。比如《少匠劳民得官》一判就是这样：

原来，武后时，将作少匠柳佺督造"三阳宫"于嵩山脚下，供武后游观。台观壮丽，三月而成；而夫匠疲劳，死者十之五六，令人愤慨！武后以柳佺有"功"，加两阶被选。柳仍不满足，击鼓诉屈，要求立即让他升官。对此，张发出了愤怒的声讨，判词说：你柳佺以夫匠的十死五六为代价，来谋取功名利禄，一不勤苦，二不忧民，三不省费，四不肯作士卒先，"壮丽则论功极大，劳役则死者还多"，责问他"大半毙而功成，若为征赏"？于是判决说："法有正条，理宜科结！"这正是他具有平民情结的突出表现，也是他始终不被重用的原因所在。

张鷟很有法制意识，每作判词，必强调"法有正条，理须明典"，强调的是依法定罪量刑；他要求确保案情的真实有据："待知赃估，方可论刑；宜更推穷，以实裁断"；强调"审问情状，方可论科"。他提出了"二罪俱发，自合从重而论；一状既轻，不可累成其过"的司法主张；还明确了官员经济犯罪从重量刑的原则："平赃定律，必依高估；供进所须，宜从极价！"这样，惩罚力度大，且下手狠。他从珍惜人命、尊重人权的总目标出发，叮嘱"刑狱之重，人命所悬，宜更裁决，毋失权衡"。他这样反复申述司法执法的基本原则，在当时是开风气之先的。

五、白居易制作判词：高屋建瓴，发论平允

对于白居易，人们很熟悉，可以说"妇孺皆知"了，那是作为"文学史"上的一位伟大诗人留在人们心目中的。然而，这并不是他的"全人"。要知道，白居易考中"进士"之后，正是以"书判拔萃科"的甲等生步入官场的，即是从写得一手好"判词"起家的；他最先当的官就是陕西周至县尉，承担着"县公安局长"的主要业务，后来又当过江州司马（军内法官）、忠州刺史、杭州刺史、苏州刺史等，又当过刑部侍郎，每一个职位都与"法制"息息相关，都需要他付出大量心血去认真经营，所幸他都做得好，很顺手，曾获得"贤刺史"之称。这名声可不是浪得的，他必须面对繁剧的地方政务，征役、收税、断案、平乱、劝农、兴学、水利、赈荒，抚安军民，哪一样不要付出心血？哪一样不要作出有序的安排？难得的是他能以闲旷的心态去应对一切。这构成了他官场生命的主体部分。

仅从"法制建设"这个特定角度来看：白居易也是有重要贡献的。他写出了《策林》等系列文章，总结出唐代"刑礼道迭相为用"的综合治安术，历史上很有影响。以狱案审判来说，白居易是唐代最著名的"甲乙判"作手之一（另一位是张鷟）。唐宋明清为期千年的科举考试中，都有"书判"一科，能写出一手合格的书判，是历代知识分子的基本功，是入仕做官者的基本素养。而白的甲乙判一直是士子们入手模拟的教材与样板。宋元明清历代官场名僚，大多以"书判拔萃""明于体用"入仕，走着白居易的路子。可见，判词这种文体对于应试的读书人的实际价值，超过了其传唱的诗歌，且更为直接。白居易《与元九书》中说：国家选人，"多以仆私试赋判传为准的"，可见书判影响之大。今天，对这位白居易，人们只知道他是位大诗人，而对他到底如何当官办事的，却极少关心。

白居易的判词，是当年社情与政风的产物，因而比作为"文艺作品"的诗赋，更贴近、更准确地反映着那个时代人的精神面貌与历史真实。这里，解剖他的一则判词《冒名事发判》，看看白居易"甲乙判"的体式。

原来，丁某人钻空子，冒名顶替，成了县官。他倒也干得不错，后来被揭发了，该判刑；他的上司为之求情，说：丁某有善政，是个人才，请免了他的罪，索性"真授"，让他转成真官，以劝能者。法司认为这就乱了国家法度，不予批准。对此，白居易强调依法办事的原则，提出了严惩欺诈的判决意见："得：丁冒名事发。法司准法科罪；节度使奏'丁在官有美政'，请免罪授真，以劝能者。法司以乱法，不许。宥则利淫，诛则伤善。失人犹可，坏法实难。丁僭滥为心，傀儡从事，始假名而作伪，咎则自贻；终励节而为官，政将何取？节使以功惟补过，请欲劝能；宪司以仁不惠奸，议难乱纪。制宜经久，理贵从长，见小善而必求，材虽苟得；逾大防而不禁，弊将若何？济时不在于一夫，守法宜遵乎三尺。盍惩行诈，勿许拜真。"

本判词首先讲惩治原则，有高屋建瓴之势："宥则利淫，诛则伤善。失人犹可，坏法实难。"此语掷地有声；再讲事件要点，要言不烦；剖析事理，入木三分。最后，作者申论道："济时不在于一夫，守法宜遵乎三尺"；提出审决意见，一锤定音："勿许拜真！"

该判词写于他本人入仕之前，却成了宋元明清历代应试考生必学必拟的模范作品，可见其价值。

第七节 对隋唐警事的文化透析

隋唐警事史上最值得高度重视的事项有：其一，对"刑礼道迭相为用"的综合警事思想的理论概括；其二，隋唐的社会层面控制与禁约、整肃的措施；其三，中华法系的高峰之作《唐律疏议》的颁布与实施。其四，重视法制人才的养成教育，提高了执政执法的总体水平。

唐代警事的通达应时，体现了"迭相为用"的思想。唐政府允许儒道佛"三教"并存，不绝对地排斥某一家，便是一种通脱而不拘执的作法；在汉族与少数民族关系上，唐王朝"颇有胡气"，不搞排他性的民族政策，也有一种兼容并包的气魄；在用人问题上，搞"学而优则仕"，谁科举合格就用谁，不讲门第出身，也是一种有魄力的表现。在国家根本大法的修订上，能广泛吸收前代法理研究的成果，在融合儒法道的理论基础上，完成了《唐律疏议》的修订。至今看来，它仍然是一部宽严适度的法典。

上述警事思想很宝贵、很富启发意义。它是秦代以来"为治惟法"论的拨正，是"德主刑辅"论的制度化，是大一统政治理论的组成要件。此后各代帝王的警事思想，都没有突破这个"刑礼道迭相为用"的理论框架。

第九章　宋代：国家警事的体制性更新

史有"盛唐隆宋"之说，宋代（960—1279）社会生产力与科技文化都远超前代，国土面积大大小于汉唐，人口则超过了汉唐，对外经济文化交往的内涵、频率、规模均超过了汉唐；且终两宋之世，没有发生过全国规模的农民大起义与军阀混战，连垮省区的起义也很少见。宋代城市警事采用开放式管理模式，适应了城市生活体制的变迁，富有活力，许多举措带有世界性、时代性、开创性的意义。这是由其时的社会生态、政治生态决定的。

宋代进入"中华警事史"的枢纽期、更新期。宋代国家警事活动，比如以街道为单位的人户管理，有关巡检、都巡检的机构设置，以及街道户牌制、分厢分铺制、街道（交通）管理制等，还有军巡铺、防隅巡警、专责消防队的队伍组建，还有养济难民与老弱的社会福利，以及对钱钞流通的管理、工矿业规模生产的安全管理，对市民生活的治安管理，都有全新的创设与举措，使中华警事已经具有了近代城市行政管理与警事管理的浓重色彩，值得认真总结。

第一节　宋代实现了经济社会的大发展

两宋时期，全世界只有中国有人口超过百万以上的超大城市。两宋的首都汴京（开封）与临安（杭州），都发展到一百万至一百五十万人口。北宋境内人口超过二十万户的城市有：洛阳、扬州、泉州、广州、鄂州、成都，均发展为通商大埠。天城（杭州）、广府（广州）、刺桐（泉州）、苏州成为世界级港口。十万户以上的城市有四十六个，分布于大江沿线与运河流域，而设有外贸机构市舶司、市舶务或市舶场的都会与商埠，更像一串明珠，散落在沿海一带，北起山东半岛的密州、青州，中经古长江口的扬州、江阴、苏州、上海、华亭（松江）、青浦到杭州湾的澉浦（海盐）、杭州、宁波及温州，南到闽广一带的泉州、福州、漳州、潮州、广州等，它们奠定了今沿海沿江城镇的规模，带动了国家经济的整体发展。早在北宋元丰年间，中国华北地区的钢铁年产量就已经达到了十五万吨（工业革命后的英国在 1788 年，钢铁产量才达到七万多万吨）。南宋时期最先进的织布机有一千八百多个活动构件，有的技术是现代化织布机也无法达到的。

历史有这样一些记载，值得我们记取：南宋绍兴十年（1140 年）仅广州一港的市舶收入就达一百一十万贯，广、泉、明三州外贸平均收入达二百万缗，占国家全部财政收入的百分之二十以上。宋代丝绸、瓷器、造船、制盐、制茶、矿冶业全面兴盛，在各地形成特色产业，苏州、长沙、成都的丝绸锦缎世界驰名。中国体量庞大、产品优异的工场手工业，支持了宋元明清持续千年的对外贸易优势。这一切，标志着我国当时科技与经济的超一流发展水平，当其相继外传于东亚、南亚、西亚、北非、西欧时，又全面提升了人类精神生活与物质生活的水准；而当时的欧洲大陆正在"中世纪"的沉沉黑暗中煎熬着。[①]

10 世纪至 11 世纪时，我国城市生活惊人地活跃。宋代开国之初，就下令"拆除坊墙"，打破了周秦汉唐以来城邑中层层套设的封闭式"坊里结构"，突破"日出而作，日入而歇"的生活方式，允许居民户与商铺向大街开门，实行街市结合；沿街商铺林立，商业活动渗入坊巷的每一个角落，开放早市、日市、夜市，使京城这样的"政治都会"迅速向生产与消费都市发展，在传统的"士农工商"之外，培植出一个开放而活跃的"市民阶层"。

其时，汴京与杭州及全国大中城市，旅馆、食店、酒楼、商号、勾栏、瓦舍以至妓院，整街整街地成片涌现，形成空前景观：城中已经有成套的旅舍、茶

---

① 在 10 世纪至 15 世纪，西欧最大的城市有伦敦、罗马、威尼斯、佛罗伦萨等，都在一万至两万人口之间，巴黎一度达到六万人口。直到 15 世纪末，德国最大的城市科隆，也只有四万居民，那儿却有十一座大教堂，十九座牧区教堂，二十二个男修道院，七十六个女修道院。城市人口中不事生产的教会人数比例极高。那里的作坊即商铺，生产兼营销，没有内部分工，一师带一二帮工与学徒，完成生产全过程。行业有行会，1469 年，汉堡首饰业行会规定全城首饰匠人不得超过十二人。爱尔福特鞋业规定入会需有六百双鞋的产业；规定冬季工作日十二小时，夏季十六小时，严禁夜间作业。产品产量、规格都是核定的，不许突破。

楼、酒馆、食店、房屋租赁的配置，有公交工具（车轿马驴）的出租，有生活用品（比如婚丧节庆时用的锅碗瓢盆桌椅板凳与礼器乐器）的出租，有一流的供水与消防设施，有公共文化娱乐场所（勾栏瓦舍）与自成风格的画坊、乐坊的开办。闻名遐迩的书社、书院集聚着天下英才，有一批批知识分子在自由讲学、自由结社、自由出版，文坛的不同学派，政界的不同宗派，彼此对立着、争鸣着、角斗着，政府有时也会关押或流放"反对派"，但没有因而杀人的，尤其是没有成批地关押杀戮文人的事情发生（中世纪的西欧各国，正在比拼着成千上万地绞杀"异教徒"，搞大规模的"猎巫运动""排犹运动"）。政府还设有功德坊、施药局、慈幼局、养济院、漏泽园等文化福利设施；寺院的"丛林化"也使宗教场所成为社会公益、文化交流的策源地；而妓院、柜坊（赌场）、典当行、制币局的出现，更让中国社会打上了"近代"标志。当今大多数地球人仍然认为这一切都是"城市迈向现代化"的重要表征。

世间事，总是阴阳黑白，相反而相成的。当财富向少数人超量集中的时候，其时的大多数势必沉沦。社会经济发展与法制生活呈非正态互动状态，便是这段历史呈现的社会特征。城市生活的活跃、繁华，带来了国家管理、社会治理的严肃课题。在经济文化大发展的总体态势下，社会消极面也以空前赤裸的态势展示出来。政、经界都滋生出一批暴发户，搞权力寻租，权钱孵化；经济上一翻身，立刻要求政治庇护，要求权力护航，形成了一股强大的黑恶势力，引发无数畸形案件。商品经济中大量出现的牙人、揽户等"中介"性质的经济角色遍布各商埠，进行着中间盘剥；豪门悍仆、泼皮无赖、哗徒讼棍也乘势而上，成为败坏法制的重要因素。这方面的案例颇有时代的、地方的特点。①

---

① 《西湖游览志余》（卷二十一）载："宋时临安，四方辐辏，浩穰之区，游手游食，奸黠繁盛。有所谓美人局，以倡优姬妾引诱少年；有柜坊局，以博戏关扑骗赚财物；有水功德局，以打点求觅脱瞒财货；有以伪易真者，至以纸为衣，以铜铅为银，以土木为香药。变换如神，谓之白日贼；有剪脱衣服环佩荷包者，谓之觅贴儿。其他穿窬胠箧，各有称首，至如顽徒、拦街虎、九条龙之类，尤为市井之害。今之风俗，大抵仍之；而插号稍异，白手骗人谓之打清水网，夹剪衫袖以掏财物谓之剪绺；撒泼无赖者谓之破落户。"由此可推测当时治安形势的复杂性。

第二节　宋人对警事管理的自觉认知

在古代警事史上，五代宋辽金元时期，是一个重要的转折期、枢纽期。秦汉隋唐的警事体制，在这时发生了重大跃迁，实现了体制性的更新。宋代"巡检制"与金的"警巡院制"的确立，是这种更新的重要而显著的标志；而对"警事管理"的自觉，则是这个更新时代的意识先导。

一、宋人使"警察"的政治意涵明晰化、术语化

在我国古代典籍中，"警察"一词原是"警戒而审察之"或"机警地查察"的意思。这一意涵，对个人适用，对群体适用，对机构也适用，在《尔雅》中曾用来描述大雁的警觉。现在让我们来看看"警"与"警察"一类词头在宋代文本中的应用。

宋初，王钦若撰《册府元龟》（卷一百九十八）中，转录了晋人陈寿的《三国志·吴志·吴大帝》一文：赤乌三年（240 年）正月诏曰："顷者以来，民多征役，岁又水旱，年谷有损而吏不良，侵夺民时，以致饥困。自今以来，督军郡守其警察非法①。当农桑时以役事扰民者，举正以闻。"在本例中，原书本作"谨察非法"，而被宋人王钦若用"警察非法"的词形代换了。这显然是有意为之。这说明时人已明确了它的"警戒""查察非法"的意思，突出了"防范犯罪"的意涵。

---

① "警察"一词的早期形态为"儆"与"谨察"。如《左传·襄公九年》："宋灾，乐喜为司城……使西鉏吾庀守府，令司宫巷伯儆宫。""儆宫"即"警戒王宫"，是安全禁卫工作。《史记·儒林列传》有言："二千石谨察可者，当与计偕。"汉武帝要求各郡长官（二千石）谨察人才，发现有合适的人选，即由"计吏"陪同，送到京城，让他们当"国学生员"。这里的"谨察"有"认真负责地查察"义，但无警戒、警惕义。《汉书·武帝纪》：天汉二年（前 99 年）冬十一月，诏关都尉曰："今豪杰多远交，依东方群盗。其谨察出入者。"关都尉：把守关口，负责巡视稽察过境官兵及商旅、货物的官员。这里的"谨察"就是动词"警察"，强调的是谨慎审察、认真戒备之义，有"防范犯罪"的意涵，自然是"警察行为"了。《汉书》中还有"密令谨察，不欲宣露"之类的说法。

在宋人薛居正等撰《旧五代史》中，这种认识更明晰了。其《周书·太祖纪·广顺三年（953 年）》七月丁酉诏曰："顷因唐末藩镇殊风，久历岁时，未能厘革。政途不一，何以教民？其婚田争讼、赋税丁徭，合是令佐之职；其擒奸捕盗、庇护部民，合是军镇警察之职。今后各守职分，专切提撕；如所职疏遗，各行按责，其州府不得差监征军将下县，庶期静办无使烦劳。"文中，令佐：指政府行政官员。县级地方行政首长称县令，有时称县长、知县。他的辅佐官有县丞、主簿、县尉等，总称为"佐"。军镇：实施军事化管理的地方行政单位。"军"设在军防险要地区，视重要性分为州、县两级；"镇"设在县以下，一般设于交通要道上，由当地土兵服役。按：这条资料说明：国人至迟在"五代"时（9 世纪）已经把政府令佐的一般"行政职能"与"军镇警察"的职能作了明晰的区分。透过当时留下的案例，可以了解到"军镇"是怎样推进其"警察"业务的。可惜这类资料迄今尚未引起中国警史学界的足够重视。

如果说，这还是转述前代的事，那么，下例就是当代事了：《宋史·章谊传》载：南宋高宗时，殿中侍御史章谊应诏上言"弭盗之策"时，曾论及"陛下警察有巡尉之官，惩艾有刀锯之辟，大则陈诸原野，小则肆诸市朝"云云。按：文中"警察有巡尉之官，惩艾有刀锯之辟"的说法，是把"警察"与"刑法"并列而论的，突出了巡尉之官的"警察"任务。这"巡尉之官"，在秦汉时就已自成序列了，到北宋初建隆三年（962 年），宋太祖下令每县置尉一员，位次在主簿之下；凡县不置主簿者，则由县尉兼之，掌阅习弓手，缉奸禁暴，并兼巡捉私茶、私盐、私矾等责。此文很重要，它明确地把巡尉之官与警察有机地联系起来，明示了其间的发展脉络。此文被收于明代杨士奇等人撰的《历代名臣奏议》（卷四七）中，可见其分量。

二、宋人对警察职能的细化，对警事分工的序列化

宋人苏籀在《双溪集·应诏议福建路盗贼札》中论及："萌蘗易兴，滋蔓难图。故平居无寇，亦当谨邻保之法，严警察之备，盗若纠集，岂容不知？"这条资料，表述了警察业务的政治管理功能兼社会治理功能，强调了基层基础工作。该文也见于《历代名臣奏议》。

　　还有，宋初的余靖在《武溪集·韶州新置永通监记》中特地详述了一个设于广东北部山区的矿冶管理机构"永通监"的建筑设计，文章说："（永通监内）并列关钥，互有堤防；当其中局，控以厅事。谁何警察，目无逃形。"该设计突出了其总体布局的合理性，注重各种房舍（车间、工房）的功能性发挥，尤其是居于中央要害部位的"总部机关"，很符合开展警察业务的需求。建筑设施"控以厅事"，顾及警察活动的展开，这是何等专业的设置！一般地说，考查民厅建筑是否合乎治安要求，是当代才有的意识。该文则写于 12 世纪，它讲的是大型"工房""工场"的警察业务与治安防范设施，没有高度发达的警事分工，不可能取得如此深刻的认识。

　　宋人廖行之在《省斋集·为长兄到任谢王帅启》中还说道：警察人选要精明，不能用书呆子："凡兹警察之吏，宜用精明之人。如某者，猥以书生，滥沾世赏，徒知守纸上之语，曾未若囊中之锥。"这话说到点子上了。因为警事随时面对社会各阶层中形形色色的犯罪分子及其千变万化诡谲百出的犯罪手段、方式……书生如何能行？当然，若走向另一极端，用痞子做打手，危害更烈。

　　以上文本，涉及各种日常警事，从中可见宋人对警事的专业性、职务性已经普遍地有了明晰的认识，已经把它与一般行政管理相区别，甚至与一般司法活动相区别了。这是了不起的。它是中国警事史进入自觉阶段的公开宣言，是西欧人到 17 世纪也没有做到的事。

　　这种文本表现，当然不是空穴来风，而是以生活实践为依据的：两宋时期，城内居民区拆除了坊墙，街与市结合了，政府开放了早市、日市、夜市，开放公共娱乐场所，居民生活空前活跃；再也不能进行封闭式管理了，治安形势凸显危难。宋政府因时变化，汴京与临安等重要都市及沿海商埠的警事，也就采取了新的管理模式，实施"开放式动态管理"，对城区内外实行分厢管理，由"厢公事所"负责一方治安。厢下设军巡铺与防隅巡警，把警力布上街道，流动执勤。大抵二百步设一铺，每铺有押铺一名，军兵四名至三十名不等。临安街头总共有二百三十多个军巡铺。据《梦粱录·防隅巡警》说："遇夜巡警地方盗贼烟火，或有吵闹不律，公事投铺，即与经厢察觉，解州陈讼。"在建筑物转角拐弯易出事处，又设有防隅巡警，负责疏理交通，处置斗殴，夜晚则巡警伏望，负责防盗、缉盗、疏通车马、洒水清污、保护官府商号安全；在岔道口，还设有"望楼"，警视全区、全城，配置消防器材，还成立了三支专业救火队，当时名为"潜火队"，专责消防。城市的各项功能都有专门人员来承载。其时，居民以街道为单位沿街编制户籍，依号登录。门前设粉牌（户牌）公示居家人口动态，厢公事所按月稽查住户人口变动等情。有这样的警事管理实践，也就促成了"警巡、巡警、巡检、巡察、巡逻"等警用术语的批量性涌现。

第三节　宋代警事的双轨制

对警事认识的清晰与自觉，推动了宋代警事体制上的重大更新，促成了国家警事双轨制的设置：一是传统的行政管理系统，由各级政府首席首长负责，主管当地治安，并配备文尉、武尉分管警事；二是宋代创建的军事性质的专责警事系统，即与各级地方政府平行的"巡检"系统，由都巡检、巡检组成，覆盖全国；它负责大都会、关津要塞、河道海防边防及广大乡村的社会治安。

一、传统的行政管理系统

宋代最高政务机构是政事堂，负责长官为尚书和参知政事（宰相），掌握国家行政权，总理政务；而全国兵权则归于枢密院，由枢密院使主持，掌握国家军机大政（另有计相，掌理全国财政）；枢密院使兼负责全国警事，指挥全国禁军与巡检。当时的中央警卫部队称为"禁军"，驻守京师，禁卫京城、皇城和皇宫。禁军由殿前司、侍卫亲军马军司、侍卫亲军步军司"三衙"统领。另有"皇城司"负责皇城各门的门禁，并承担京师各部门的内部保卫、内部侦缉伺察任务，成为直属于皇帝的特务机构。宋代地方设路、州（同级的军、监、府）、县（同级军、监）三级政府。政府行政首长外，设佐官"簿"与"尉"。尉掌阅习弓手，戢奸禁盗。凡县不置簿则由尉兼之。南宋，沿边诸县，间以武臣为尉，并带兼巡捉私茶、盐、矾。在基层则设有镇、寨。镇置于辖区人烟繁盛处，设监官管火禁，或兼酒税之事；寨置于险扼控御去处，设寨官，招收土军，阅习武艺，以防盗贼。凡杖罪以上并解本县，余听决遣。可见宋代乡、镇、寨的头领也被列入了"官"的序列，国家给予薪酬，赋予治安管理权力，此举利弊兼有（后文再说）。宋代路、州、县三级政府的机关里，实行分曹办公。当时设有功曹、仓曹、户曹、兵曹、法曹、士曹等，各曹各设参军一人，分职任事。其中，法曹专掌谳议，户曹通掌府院户籍、考课、税赋。司法参军掌议法、断刑；司理参军掌讼狱、勘鞫之事；司录参军折户婚之讼，而通书六曹之案牒（分为士、户、仪、兵、刑、工"六曹"，又称"六案"）。另设判官、推官（四人），日视推鞫，分事以治。京县专门设有左右军巡使判官（各二人），分掌京城争斗及推鞫之事。左右厢公事干当官（四人），掌检覆推问。凡斗讼事，轻者听论决。各部门分工很细，互相配合，也互相牵制。（《宋会要辑稿·职官》）

二、专责警事的巡检系统

就专责警事系统而言，宋代特设与各级政府平行的巡检官，[①]每路设一名都巡检（或称都巡检使），负责全路警事。每州（府、军、监）设一名巡检（或称巡检使），负责本州（府、军、监）警事业务。在人烟稀少、警事任务不重的州（府、军、监），则由两三个州合设一员巡检（或巡检使）。在县一级，除重要大县外，一般是数县合设一名巡检，专门负责本地区的警事，协调县尉的工作。

京师是重法区，警事任务尤其繁重，北宋政府在汴京地区更注意强化巡检制。十八个京县每县设一名巡检；两三个相邻京县再设一名"驻泊巡检"，负责来往巡逻查察协调；汴京城内，设"京城四面巡检"，分头负责左、右、南、北四大片警事。开封府又一分为二，成东西两路，各设都巡检使一员，统率开封东西路的所有巡检。京师全城地面又划分为若干厢，分厢管理所辖区段的治安。厢下设

① 巡检一词的来历：北齐魏收的《魏书·帝纪》载：宣武帝正始二年（505年）秋七月诏书中说：（朕）"鉴不烛远人之冤瘼，所在犹滋；而纠察之狱，未畅于下；贤愚靡分，皂白均贯；非所以革民耳目，使善恶励心。今分遣大使，省方巡检，随其愆负，与风响相符者，即加纠黜。"这里说的"巡检"是动词，是对官员或机关的违法违纪活动进行调查与惩治。省方：省察各方、省察地方。愆负：过失，差错。风响：社会风闻、舆论传闻。纠黜：纠察其罪，贬降其职。"巡检"一词的宋代启用，指向了一支执法护法的实体，是专责警务职官及其机构。这支队伍在北宋时就已高度体制化了，它和辽代的"警巡"一起，构成当时世界上唯一一支能够自成体系的专责警务力量。

军巡铺，街坊设防隅巡警，各自在负责地段巡察非违，防止并纠察烟火盗贼与斗殴闹事等情，送交厢公事所处置。

例：《宋史·真宗纪》：乾兴元年（1023年）二月十九日真宗崩，仁宗即位。"命宣庆使韩守英为大内都巡检，内侍分领宫殿门，卫士屯护。阁门使王遵度为皇城四面巡检，新旧城巡检各权添差，益以禁兵器仗，城门亦设器甲，以辨奸诈。"由此可以看出：宋代巡检官是自成序列的，有巡检、都巡检之别。10世纪至12世纪，宋代巡检是一支有组织的执法队伍。在世界范围内，没有第二个国度拥有这样一支专门执行警事的"准陆军队伍"。

除路、州、县设置巡检外，宋代还在重要河道如黄河、长江、淮水、汴水上分段设置专责巡检，在沿海、沿边、驿道上，也分段设置专责巡检，凡"控扼要害及地分阔远处""往来接连合相应援处"，都特设都巡检或巡检。在少数民族杂居地区，也设有"本族巡检"，主管本地本民族的警察治安事宜。这就组成了全国性的巡检网。（《宋会要辑稿·职官》）它们具有后世治安警察、刑事警察的职能。

巡检系统的组织关系是：各级巡检（使）均接受上级巡检（使）的领导，同时受同级行政长官的节制，其下设有"军巡铺"，有防隅巡警，在街面巡逻执勤；并组建了专责灭火队，由一定数量的厢兵组成。宋代士兵分为三种，直属中央的称"禁军"，"乃天子之亲兵"；各州所属的部队称"厢军"，是地方部队；另外就是基层的"乡兵""土兵"（镇兵、寨卒、弓手、枪枝手……）了。他们在乡里和县衙服役，听从差使。京师巡检所统的兵士主要是禁军。地方也掺杂部分厢军或乡兵。每位巡检带领的兵士，有数十名至二三百名者。

有这样一支武装队伍，专司各路、各州、各县警事，专司水上、边防、海防、要塞、关津、驿道、都会的警事，其权威自然是很高的。这支队伍，军事素质强，机动性大，随时可以调遣，去执行巡逻、追捕、缉私、消防、禁盗直至弹压、剿匪任务。宋政府在使用这支队伍时，是颇为得心应手的。巡检制对两宋三百年封建统治的稳固起到了支柱作用。值得注意的是：巡检有缉捕人犯的权力，但没有审判权。所缉人犯必须交由地方行政长官去审理。这种权力限制，很像后世"民主国家"的警察权限。

《宋史·职官制·巡检司》载："国朝有沿边溪峒都巡检，或蕃汉都巡检，或数州数县管界，或一州一县巡检，掌训治甲兵，巡逻州邑，擒捕盗贼事。又有刀鱼船、战棹巡检，江河淮海置捉贼巡检，及巡马盗铺、巡河、巡捉私茶盐等，各视其名，以修举职业。皆掌巡逻与稽察之事。"宋代巡检之布设如此灵活，其分工如此之细，适应了当时各行业安全管理的需要，也适应了社情复杂地区的整治需要。这对后世"水上警察""森林警察""矿山警察"之类的设置也是一个启发。

《宋史·职官制·巡检司》又载："（南宋）分置都巡检使、都巡检、巡检、州县巡检，掌土军、禁军招填、教习之政令，以巡防扞御盗贼。凡沿江、沿海聚集水军，控扼要害，及地分阔远处，皆置巡检一员。往来接连合相应援处，则置都巡检以总之。皆以材武大小使臣充，各随所在，听州县守令节制。"可见南宋的都巡检使、都巡检、巡检、州县巡检自成序列，职级层次分明。这正是该组织内部构成完善化、成熟化的标志。

《宋史·职官制·巡检司》说："本寨事，并申取州县指挥。若海南、琼管及归峡、荆门等处，跨连数郡，控制溪峒，又置水陆都巡检使，或三州都巡检使，以增重之。"

上述材料典型地展示了宋代巡检制的周密性：汉族州县视任务轻重设都巡检、巡检；少数民族区域、民族杂居区域设都巡检、巡检使；江海河埠视需要设巡检使，盐茶酒务设行业巡检，关隘津渡设捕盗巡检。特别有意思的是：无不交待要"各随所在，听州县守令节制"，即服从行政长官的指挥调度。这个原则，至今适用。由此可见，宋代从中央到地方，从内地到周边，警巡（或巡检）的组织都是严密的、层级分明的，可称举世无双。

三、巡检系统的组织管理和薪酬待遇

我们还注意到：宋代，巡检系统是纳入同级行政系统来管理的，其薪俸待遇与相应行政官员是一致的。《宋史·职官制·俸禄》载：当时宰相、枢密使的俸禄是每月三百贯，金吾卫大将军三十五贯，诸卫大将军二十五贯，洛阳县令三十贯。诸路（州、军）万户已上县，县令二十贯，簿、尉十二贯；五千户已上县，令十五贯，簿、尉八贯；不满三千户县，令十贯，簿、尉六贯。官员除正式俸禄外，还赐给一定量的职田："中上刺史州三十顷、下州及军监十五顷，边远小州：上

县十顷，中县八顷，下县七顷。转运使、副使十顷，兵马都监、监押、寨主、厘务官、录事参军、判司等，比通判、幕职之数而均给之。""国家设警巡之职，用以诛磔寇盗，抚安人民，有能死其官者，朕当旌异，追进名爵，收录子孙。"此外，日常还有餐钱、衣粮补助；凡出州县境，视级别与任务轻重，"比较钱谷、覆按刑狱，并给券"，即作为出差补助，发给相当的馆券、驿券、仓券、食券等。上任而无法带眷属的，还给予安家赡养费。这当然是一种福利性待遇。

宋代巡检系统的创建，使社会治安管理专门化、专责化了，这个制度早在宋太祖赵匡胤的时代就确立了，距今已有上千年的历史了，在中华警事史上是一个很大的体制性的进步。后世的水上警察、边防警察、消防警察之类的分工分类，后世警察的只管查察缉捕，不管审理的职权限制，接受行政长官领导的原则，也都可以从宋代巡检制中看出其发端形态。当然，这种"专责"的巡检或巡警任务，是由禁军、厢军、土兵轮流承担的，它还不是"专职"的巡检或巡警队伍，因而还不是"近代警察"这般的"职业组织"；不过，它距近代警察制度也只是一步之遥了，它正在向"专业专职化"方向发展。应当指出：宋代重内轻外，其禁军、厢军与土兵的日常任务，恰恰是"警事"，是对社会的治安管理。从这个意义上说，在"军警不分"的大体制下，宋代的"军"与"警"在责任业务上还是有显著区别的。也正因为体制上的一致性，形成了中华国家警事的军事化管理传统，也就形成了军事化的警事风格，这对其本身有积极意义，但社会对它却有负面评价，因其养成了对付民众的"暴力性"顽症。这让头脑清醒的政治家与正派立法司法官员很头痛。

四、个案分析：福州地区巡检系统的设置 [①]

宋代的福建路，辖境相当于今福建全省，置福州、建州、南剑州、泉州、漳

---

① 梁克家于南宋孝宗淳熙八年（1181 年），出知福州，在州有治绩，入朝拜右丞相。《宋史》本传称其"为文浑厚明白，自成一家。辞命尤温雅，多行于世"。其在福州知府任上所撰的《淳熙三山志》计四十二卷，收入《四库全书·地理类》。该书提供了宋代福州地区一州十二县六十八乡的地形地势、历史沿革、城乡行政建置、人口结构、经济产业状况、军警力量配置，以及文化教育与海陆交通、社情民风等诸方面的可贵资料。这里，仅就其警事管理情况做相应的分析，它能给我们不少重要的启示。

州、汀州及兴化军与邵武军八个州级行政区。其中"福州"辖县有滨海之县九：长溪（今霞浦）、宁德、罗源、连江、闽县、侯官、怀安、长乐、福清等；内陆之县三：古田、闽清、永福（永泰）等。著名重镇有黄琦镇、关隶镇、闽安镇、水口镇、海口镇、谷口镇、刘琦镇等，又有萩芦寨、延祥寨二寨及临水、洋门、洋下、白田四大渡口。

庆历四年二月，朝廷下令各州设巡检专员，专管本州界内巡警；于要害处，安置廨宇（办公处）。依令，福州路设同巡检五员、都巡检二员。"逐处令招置土兵，以一半招收新人，一半许厢禁军旧人投换，庶几新旧相兼，习熟使唤；巡检下兵级，并易以土兵"。而同巡检仍置招一百人，立都头、副都头、十将、将虞侯、承局各一名，押官二人，长行九十三人。当时设有十二个县级"水陆巡捕"。

嘉祐七年，泉州知府关咏奏请"籍福建枪杖手"。枪杖手是当方的一种"土兵"。他说："每有盗贼，（枪杖手）胆勇可用；然无事之时，亦能教诱乡民为盗。"他建议严加管束，"各簿籍其姓名，若有功，与量免户丁差役；敢结集作迁（做坏事），除死罪外，（量刑时）并加一等"。熙宁九年，本路提刑申明行之。如每年遇提举司考阅弓手之际，暂行勾唤，较试酬奖。十年诏，枪杖手有浮浪凶顽无家业，令逐州募充厢禁军，隶提刑司。于农隙牒运司提举，分往教阅诸寨土军。宣和二年十二月，颁下《福建格》：本寨兵额以一百人；宣和五年敕："土兵许依厢禁军例，于本寨架造营房。"六年敕："巡检遇小盗，与县尉会合捕杀。"乾道七年三月，本路沿海州军诸寨，并巡检下土兵，例行增招。人数：本州十一寨一千五百五十四人，增招四百四十六人，为二千人。

各处巡检的具体设置情况是：

水口巡检：在古田县水口镇嵩溪驿，此地处福州与南剑州之中，建有盐仓。设巡检一，巡卒编制为一百三十人。其办事处驻于"镇"，与州县政府分开办公，有相对的独立性（下同）。

辜岭巡检：在永泰县，设巡检一，巡卒编制为九十二人。史载：元丰二年，永泰县辜岭都巡检一员，移置于闽县方山渡北岸，以二百人为额，给予舟船，往来巡警两州军地分；却移南台巡检一员于辜岭，以七十人为额，管认福州永泰县、兴化军兴化县地分。这就成了"跨州巡警"了。

峰火巡检：在长溪县（今霞浦），设巡检一，巡卒编制为七十七人。峰火，在南北驿道上，与县治有距离。

南湾巡检：在罗源县，设巡检一，以土兵七十人为额。

西洋巡检：连江县海名"西洋"，在大海中，"四顾惊涛，莫知畔岸。自廉山驾舟，两潮始达；海风或逆，旬月莫至"。故设巡检一，巡卒编制为一百零八人，专责"连江—罗源"海道之安全。

南匿巡检：在福清县，设巡检一，巡卒编制一百零九人，负责地方治安。

松林巡检：在福清县，设巡检一，巡卒编九十九人，专以巡盐为责。

两县巡检：在宁德县，于长溪、宁德、罗源、连江四县设巡检一，"专切巡捉私煎、贩盐公事"。

五县巡检：在怀安县，设巡检一。巡检五处，分任长溪、宁德、罗源、连江、长乐、福清、永泰七县，巡卒编制为一百一十人。显然，其责任区不以行政区划为限，而以警事业务的开展为准。

刘崎巡检：在闽县闽安镇，设巡检一员，驻扎刘崎。巡捕长乐、连江、闽县私盐盗贼。闽安镇为客旅兴贩广、浙往来经由之处。商旅滞留，课额亏失，始于刘崎添置巡检一，巡卒编制为一百一十六人。显然，这是一支以"巡盐"为专责的巡警队伍。

海口巡检，在福清钟门。八十四人为额，后增招十五名。这是海防线上的"巡警"。设巡检一员，掌海上封桩、舶船，出海巡警。治平元年，有人向政府反映："蕃客多由海外径入两浙海澳；四畔皆渔业小民，不宜使诸卒重扰之。"于是使其"仍兼本镇烟火公事，兼沿海巡检"。而"蕃客多由海外径入两浙海澳"一语，透出当时国际海上贸易的兴旺与情况的复杂，其安全管理已被列入政府议程，有专门力量经管。

甘蔗洲巡检，在侯官县。编制五十七名，扩至七十二名。元丰三年七月，闾邱提刑孝直上奏："诸巡检下兵级，皆杂攒诸指挥厢禁军，或屯驻客军。其间多西北人，与本地分不相谙熟，差到年岁，稍能辨认当方道路、山川、人物之时，又迫移替；至于海道，亦不惯习，使之相敌，终无必胜之理。"他要求变革，但未能做到。

由上述警力布局可知：当局对盐运安全极度重视，且对海路、陆路交通安全管理也抓得很紧。另外，巡检系统与驻军系统是并列的，虽说人事上、业务上有交叉渗透协同之处，但毕竟有区别。

当时福州地方驻军，属禁军—厢军系统，那是要调防的，组织上自成体系。《淳熙三山志·兵防类一·诸禁军》载："国初兵制，尚详西北而略东南。州有本城兵曰崇节，曰水军及牢城，凡三千人而已。"此外则自京城或它路更番遣至屯驻，曰"驻泊军兵"。福州为钤辖所在，最当冲要，前差禁军之虎翼、龙骑两指挥，皆为骑兵，赴本州驻扎。至绍圣三年，又直抽归京。本州驻兵有各种名目：威果指挥、全捷指挥、广节指挥、不教阅保节指挥等，均为本处镇守驻防之兵，料拣强壮，团结教阅，分驻厢坊，以备盗贼。后来添设了"有马雄略"指挥，是为马军。另有荻芦寨水军、延祥寨水军，为我国早期"海军"，专责洋面巡逻。还有特殊兵种：壮城指挥，专门守卫城壁楼橹去处；牢城指挥，以待有罪配隶之兵，含狱警在内；剩员指挥，专收在籍的优抚军人；都作院指挥，专职自制兵器，为后勤保障单位；养老宁节指挥，收养退役优抚军人及伤残战死者的子侄亲属。

部队内部分工如此详密，外部自然不会与"巡检""警巡"相混淆。我们平时所说的我国古代"军警不分"，只是个总体结论而已，并非适用于各个朝代。

五、地方政府与基层的治安职能

汉唐时，郡（州）县两级的尉职官员，是在郡县长官的节制下，分管地方警事的主管官员，自己在郡县衙门之外，另设官府，有相当的权力，甚至可以代表州县长官主持地方行政。到五代十国时期，军人镇守地方，尉职官员的职权被并吞，建制被取消。北宋建国后，宋太祖于建隆三年下诏说："贼盗斗讼，其狱实繁。逮捕多在于乡间，听决合行于令佐。"（《宋会要辑稿·职官·县尉》）因此，恢复了县尉的建制。每县一尉，统率十几名到几十名弓手，辅佐县令，处理贼盗斗讼之类的警治事务。在京师等重法区，还增设一员县尉。凡文职官员充任县尉者号为文尉；武职官员充任县尉者号称武尉。县尉的职权是捕盗与缉私，调解斗讼纠纷，预审刑事案件。它和巡检系统一起，构成覆盖全国的严密的警事网；但又和巡检相区别，它不负责大都会与关津要塞的警事，只负责县城、集镇的警事，负责社会面的控制。

在广大农村，宋代也突破了已往庄园坞堡式的封闭形态，自耕农们自由组合，形成一个个自然村落。北宋初，便实行乡里制，乡设书手，里设里正，户设户长，其职役是督征赋税。乡里警事则由耆长率领本乡弓手、壮丁负责。王安石变法之后，推行保甲制①，将周秦时期的兵农合一体制与什伍联保联防连坐措施结合起来，负责基层治安事宜，强化了对社会基层的政治控制。同一个保里的居民中，有强盗、杀人、放火、强奸、拐卖人口、传布妖教、造作巫蛊等情况的，保中人必须举报，逾期不报，即使不知情，也被定以失察罪。王安石设计的保甲制，其警事职能非常明确，为后世统治者所欣赏、沿袭。

保甲的编制是：十家为一保，设保长一名，由户主中之有力者任之。五保为一大保，选大保长一人；十大保（五百户）为一都保，选都保正、副都保正各一人，其人选必须是材勇有物力者。在保内，不论主户（有田产）、客户（无田产），每户两丁以上者，选一人为保丁，共置一保牌，登录本保人户及保丁姓名。每一大保内，逐夜有保丁五名轮番值勤，巡警盗贼。发现情况，击鼓报警，保内居民即应前往捕贼。遇有身份不明之过客，也收捕送官处置。保、大保、都保的警事建制确定之后，原有的耆老、弓兵系统便失去了存在的意义，于是又有"甲"的编组，使相邻的二三十户为一组，"排比成甲，迭为甲头"，负责催收赋税及出公差，轮番服役。（《续资治通鉴长编》卷二百十八）

宋·孙承泽撰《春明梦余录·城坊》载："京师地方分属五城，每城有坊。每城设御史，巡视所辖，有兵马指挥使司，设都指挥、副都指挥、知事，后改兵马指挥使，设指挥、副指挥。"宋以四厢都指挥巡警京城，神宗置勾当左右厢公事，民间谓之"都厢"。宋金时期的汴京、临安人口都在一百二十万以上。五十万以上的都市有四十六座，十万以上人口的城镇上百座。人口总数为世界的一半左右，

---

① 宋·李焘撰《续资治通鉴长编》（卷二百十八）载：神宗（乙丑）熙宁三年（1070 年）中书言：司农寺定《畿县保甲条制》要求：保内材勇为众所伏及物产最高者，充逐保保丁，除禁兵器外，其余弓箭等许从便自置，习学武艺。每一大保，逐夜轮差五人，于保分内往来巡警。遇有贼盗，昼时击鼓，报大保长以下，同保人户即时救应追捕；如贼入别保，递相击鼓，应接袭逐，每获贼，除编敕赏格外，如告获窃盗，徒以上每名赏钱三千；杖以上一千。同保内，有犯强、窃盗、杀人、谋杀、放火、强奸、略人、传习妖教、造畜蛊毒，知而不告，论如伍保律。其余事不干己，除敕律许人陈告外，皆毋得论告；知情不知情并与免罪。其编敕内邻保合坐者，并依旧条。及居停强盗三人以上，经三日，同保内邻人虽不知情，亦科不觉察之罪。保内如有人户逃移死绝，并令申县。如同保不及五户，听并入别保。其有外来人户入保居住者，亦申县收入保甲。本保内户数足，且令附保，候及十户，即别为一保。若本保内有外来行止不明之人，并须觉察收捕送官。逐保各置牌拘管，人户及保丁姓名，如有申报本县文字，并令保长轮差，保丁赍送。

创造的财富占世界的一半。如此规模体量的人口密集、产业密集，其管理任务之繁重可想而知。宋代城市的"分厢管理"体制，是当时世界上最先进的。[①]

另外，在交通要道上遍设"急递铺"，强化了基层管理。"急递铺"转送朝廷及郡邑文书。往来十里或十五里二十五里，设一急递铺；十铺设一邮长，铺设卒五人。定制：一昼夜走四百里，邮长治其稽滞者，郡邑官复督察加详焉，而勤惰有赏罚。京师则设总急递铺提领所。降九品铜印，官三员，又有号牌、锁匣、印帖、长引、隔眼之法，可谓密矣。（《元文类》卷四十一）

我们看到：宋代国家警事活动是富有首创性的，其已经具有近代城市行政管理与警事管理的若干色彩，比如以街道为单位的人户管理，以城区地域范围为主的警巡部署，就是其突出表现。两宋首创的巡检制、街道户牌制、分厢分铺制、街道（交通）管理制，以及防隅巡警和专责潜火队（消防队）的组建，均可视为宋代警事的时代发展。

第四节　宋代注重依法办理警事

《宋刑统》是宋代的刑律统类，从 963 年修成颁布之后，终宋之世行而未变，是一代系统的、权威的成文法。它从律令的角度反映出一个时代的阶级关系与社会结构，反映出当时人民的生活状况与斗争状况，反映出整整一个时代的社会警事面貌和政法人员行为的法理准则。继《唐律疏议》之后，该书是国家对官府官吏进行法制教育的基本教材，也是对社会进行法制宣教、实施治安管理的根本依据。

《宋刑统》全书三十五卷五百零二条，以《名例律》为首，其次便是《卫禁律》，然后才是《职制律》《户婚律》等，而《贼盗律》《斗讼律》《诈伪律》《杂

---

① 1539 年秋，法国国王弗朗索瓦一世颁布敕令（法国最早的卫生政策）：迁出巴黎城内牲畜，要求各户修建粪坑，按规定处理垃圾污水与粪便。要求各家清扫门前，把垃圾堆在墙根，各家应有自己的粪坑。参见（法）多米尼克·拉波特：《屎的历史》，商务印书馆，2006。相比之下，宋的都市管理是何等先进。

律》诸篇，都是与社会警事紧密相关者，数量最多，比重最大，最后以《捕亡律》《判狱律》结束全书。体例上与《唐律疏议》一脉相承。这里仅摘其户婚条款、涉外条款、违禁品条款的数条律例稍加说明，因为其最能体现《宋刑统》自身的时代特征。

一、《户婚律》较多地肯定了女性的权力

其一，夫出外三年不归者，其妻听改嫁。这是很"超前"的法律规定。

其二，在室女、归宗女、出嫁女等，均有参与父母遗产分配的权力，只是所占份额视情况有所不同。

其三，夫死无子而妻改嫁，成为"绝户"，其田产充公；但若亲族为夫合法立继之后，其妻子能返回抚养继子，仍可按"夫亡从其妻"之法，继承夫家原有财产，官家必须把此前没收的"绝产"返还。

二、涉外条款：保护外籍人员合法权益

《宋刑统·名例律》"化外人相犯"条规定："诸化外人，同类自相犯者，各依本俗法；异类相犯者，以法律论。"外籍人员在中国犯罪，如罪犯与受害人是同一国家的人，则适用其本国法律或其习惯法；如果是不同国家的，则一律适用宋朝刑法。

《户婚律》"死商钱物"条规定："按《主客式》，诸商旅身死，勘问无家人亲属者，所有财物随便纳官，仍具状申省；在后有识认，勘当灼然是其父兄子弟等，依数却酬还。"对于"死波斯及诸蕃人资财货物"，也都依此例，如有父母、嫡妻、亲男、亲女、亲兄弟原相随从者，一律还给；如无这些血亲，所有钱物并皆官收，并量事破钱物之埋葬，明立碑记，"便牒本贯追访，如有父母、嫡妻，男及在室女，即任收认"。可谓负责到底。

三、危险违禁品条款

《职制律》有"禁玄象器物"条，规定"诸玄象器物、天文、图书、谶书、兵书、七曜历、太一式、雷公式，私家不得有，违者徒二年"。《擅兴律》有"私有禁兵器"条，规定"诸私有禁兵器（除弓、箭、刀、盾、短矛等自卫性武器之外），徒一年半，弩一张加二等；甲一领及弩三张，流二千里；甲三领及弩五张，绞。私造者各加一等"。附："旌旗、幡帜及仪仗，并私家不得辄有"，"违者从不应为重杖八十"。《杂律》"私铸钱"条规定，"诸私铸钱者，流三千里"。

四、警事管束条令

宋政府十分重视法律条令格式的颁布实施，对规范居民的生活方式、生存形态和生活质量，都起了深远影响。宋的律条已渗透到社会生活的方方面面，仅就警事管束而言，无论皇亲贵族达官小吏、士农工商学子生徒，还是医巫卜祝军卒牢隶、僧道游侠恶少流民，无不受到相应的管束与监控。这是从"刑法"的角度讲的；至若"禁令"，则更为具体严密。如《宋刑统》中就有"宿卫人兵仗不得远身""禁官人强市""不得在人众中走车马""不得在市众中故相惊扰""不得私入人家""仓库内不得燃火""不得在中流索要船价（摆渡钱）"及"非时烧田野"之类的禁令。这类禁令的随时发布，自然有利于社会秩序的维护。有了"法"的宏观控制，再加上"禁"的微观管理，社会的安全存在与有序发展就有了保障。（当然，国家能否认真切实地施行这些法令条规，要看其是否触及统治集团自身的直接利益。好的法禁被束之高阁也是司空见惯的事。）

五、案件审理规范：奸案捉双 盗案见赃 命案见尸 刑案上详

宋律允许小民越级上诉、跨境上诉。但对"奸情"案之类的报案人，则有明确的身份限定，以保障相关家庭和当事人的隐私权。至于伦理案、政治案的投诉人，同样有身份限定；对诬告、匿名有相应的规范。在案件受理上，宋代路、州、

县政府是受理的主渠道，宪司、巡司、粮司、运司、盐道司等也有权受理各自管辖范围内的案件；并可以接受一般社会投诉，体现出"案件受理权"上的开放性。案件一旦受理，原告与被告、干证一律收押，犯案者立即搜捕，同时开展现场勘查。在出现场时，要求按国家颁发的"尸检格目"填报。这类活动强化了案件审理的科学性、法纪规范性。

州县等衙门受理刑事案件必须"上详"，等待核查批复。上级的批详，包括中央和上级主管官署对法令的解释（称申明）、对案件的批示和决定（称看详），以及对某事某案的临时指示和决定（称指挥）等。上级批详具有法律效力，并且成为当时处理同类事务的重要援引依据。这当然是司法严谨化的表现，但此类批详多如牛毛，仅宋哲宗元祐元年（1086年），就"修成六曹条贯及看详，共三千六百九十四册"。如此冗滥而又不可能不自相矛盾的批详，只能使下级官署莫知所从，或者是各取所需了。

在审理规范上，宋人比唐人更进步，原则上要求证据确凿，经得起考究，比如盗案要见赃，无赃不得结案，以防构陷；奸案要捉双，且只能由嫡系亲属实行，以杜诬害；命案必须见尸，无尸不许结案，既防造案，也防脱漏。刑案必须上详，逐级汇报，命案要待刑部批复，大案要案更要经过三法司会议之后，由皇上签发死刑令，然后才执行，表现了对生命的高度负责。中国刑审破案，历来重视证据，但一直把"口供"作为主要证据，于是酷刑、血肤刑求就不可避免。宋代把实物证据看得比口供重要，这是刑审上的一种进步。

第五节　宋人警事管理的时代性举措

宋太祖赵匡胤掌权后，便一手抓伦理教化，一手抓警事管理，使社会生活秩序保持了相对的稳定。两宋三百一十余年间，农民起义的规模与频率，及其对于社会的震动程度，均不见比前代或后代更大更激烈，这是很能说明问题的。应当承认，宋代警事措施是有时代特点且富有成效的。

一、分厢管理　责在街道

宋政府采取的重要措施之一即组建和完善警事管理网络，首先是设置厢的管理机构。北宋汴京有"内十厢、外八厢"之制，分片管理地方警事。各厢"分置厢官，治烟火盗贼公事"。厢的办事衙门称"厢公事所"，设巡检使一员，属员有厢典、书手、都所由、所由及街子、行官等。各厢人数二三十人不等。厢下设军巡铺，大抵二百步设一铺，每铺有押铺一名，军兵四五名。临安街头总共有二百三十多个军巡铺。据《梦粱录·防隅巡警》说，"遇夜巡警地方盗贼烟火，或有吵闹不律，公事投铺，即与经厢察觉，解州陈讼"。在建筑物转角拐弯易出事处，又设有防隅巡警，负责疏理交通，处置斗殴，夜晚则巡警伏望，防盗防火，保护官府、商号安全。为了防火救火，还成立了三支专业救火队，当时名为"潜火队"，专职消防。南宋定都临安之初，就将原钱塘城的东西两厢，改组为行都四厢，后来又陆续增至九厢，即宫城厢，左一南厢，左一北厢，左二厢，左三厢；右一厢，右二厢，右三厢，右四厢，另外，郊区也设了"城南厢""城北厢"，稽查地方警事。后又设城东巡检使，城西巡检使，加强管理。（《武林旧事》）

二、依街立户　制作门牌

对于常住户口的管理，则实行户牌制。户牌制是两宋时期城市户口管理旳首创。其办法是：打破原先以坊巷为基础的人口管理，改为以街道为基础作人户登录。街两侧居民住户，依次排列，每户门前墙上置一户牌（粉板、粉壁），上面书写本户户主姓名，主妇、子女、奴仆及暂住亲友姓名、年龄等，成员如有变动，须及时更改。有来客离去，必须及时注销其姓名。厢巡检使每月派员挨户查察记清，随时掌握人口动态。街道建有街楼，街楼上列有本处坊巷名称、住户状况等，一目了然。法律禁止私度僧道以规避赋役，禁止无证无照的住宿勾留和经营，也禁止外地人冒用京师户籍。《夷坚志（甲）》载：湖南书生沈持要为了参加京城登科考试，由其亲戚设法办成京师户籍，花费银钱二千贯。而当时朝官一个月的伙食费为四十贯，宰相月俸为三百贯。户籍黑市如此昂贵，反证了户籍管理的严格。

三、军巡铺与防隅巡警

强化城市公共秩序管理。为适应城市经济文化生活需要，宋政府下令，改变宵禁传统，缩短宵禁时间，缩小宵禁范围。"三更断夜，五更依旧许人行走"，由防隅巡警、居民保甲联巡。发现问题，随即处置。在南宋孝宗时，曾一度取消城中的宵禁与保甲联巡制，但不久便恢复了。

四、公共场所与市场管理

勾栏瓦舍是宋代新兴的公共娱乐场所。宋时公共娱乐场所很多，茶楼酒肆，瓦肆勾栏，处处皆是。还有街市宽敞处随时摆设的"场子"，都是"士庶放荡不羁之所，子弟流连破坏之门"，且为军卒纵欢荡游之地。于是《宋刑统》明文规定，加以严格控制。同时，在公共场所，严禁斗殴、赌博，严禁群行不法，严禁人群中故相惊扰，禁止在街道上走马（跑马）驱车伤害人众，禁纵犬伤人，禁行道设机关陷阱。街坊盗贼事发，必须由伍保负责，不告发者惩处。

宋代不搞封闭式市场，市场没有隔墙，只建敞开的牌坊作标志，因而市场管理较前代为难。政府规定，不准有行（不坚牢耐用）、滥（质量不合格）、短、狭（不合法定规格）商品上市；由司市负责审察度量衡，评议物价；禁止买卖双方不合议而强取强索；禁止"参市"即故意哄抬或哄压物价，扰乱市场；禁止在市场喧闹，群行不法，结伙为非；买卖活口（含奴婢与牲畜）时要立卷，三个月内无旧病者方有效；若发现病状，可以悔约。禁止私造买卖危险违禁物品，如禁兵器、妖书巫蛊、官府符节车服及私铸钱等，还禁止邸店货栈容留逃犯等。

宋代跨境贸易很发达，管理为难，尤以违禁物资、短缺物资的管理，让政府很是头痛。例：江西虔州（赣州）地连广南，而福建之汀州，亦与虔相接。虔盐不善，汀故不产盐。二州民多盗贩广南盐以射利。每岁秋冬，田事才毕，恒数十百为群，持甲兵旗鼓，往来虔汀漳潮循梅惠广八州之地。所至劫人谷帛，掠人妇女，与巡捕吏卒斗格，至杀伤。可见问题严重到什么地步。

五、《仪制令》与交通监管

《五代会要》载：后唐明宗长兴二年（931 年）八月敕准《仪制令》："道路街巷贱避贵，少避长，轻避重，去避来。宣令三京、诸道州府，各遍下县、镇，准照仪制。于道路今则刻碑，于要会坊门及桥柱晓示行人。委本届所由、官司共加巡察，有违者科违敕之罪。"

宋代在京师及各州城与冲要路口，也都榜刻了这份《仪制令》，提倡道路礼让之风。《宋人轶事汇编·官政治绩》中载有"榜刻《仪制令》"一事：太平兴国年间（976—980），大理寺丞孔承恭奏明宋太宗：在两京（汴京与洛阳）诸州道路要害去处及街衢列肆皆"榜刻《仪制令》"，即把《仪制令》刻在标语牌上，"以为民告诉行之"，以"兴礼让而厚风俗"。这一交通条规，大致符合当今国家交通监理法规的基本精神。1981 年 9 月，在福建松溪县曾发现一块宋代开禧元年（1205 年）的石碑，所刻文字即此十二个字。1965 年与 1974 年，江苏盱眙县先后发现了两块《仪制令》石碑。可见宋代确实是将之推广于全国各地了。这在我国交通管理史上，应该视为一项重要措施。宋人又要求各地保证驿传桥道的完葺。夜中更鼓分明，道路肃清。①

顺及：《仪制令》指国家颁布的政府或民间重要活动中的各项礼仪制度，人们必须遵守。历代都有。而这份关于交通的《仪制令》，其具体内容形成于唐代，而以"榜刻"形式公之于世则始于五代之后唐，宋代得以普及。

六、专责消防：装备齐全的潜火队

加强消防工作。为了统一指挥全城消防，宋政府设有帅司专门节制兵马（厢军）。《梦粱录·帅司节制兵马》："遇有救扑，百司官吏，听行调遣，不劳百姓

---

① 宋人笔记《东轩笔录》载：范延贵为殿直，押兵过金陵。张咏公为守，因问曰："天使沿路来，还曾见好官员否？"延贵曰："昨过袁州萍乡县，邑宰张希颜者，虽不识之，知其好官员也。"公曰："何以言之？"延贵曰："自入县境，驿传桥道皆完葺，田莱垦辟，野无惰农。及至县，则廛肆无赌博，市易不敢喧争。夜宿邸中，闻更鼓分明。以是知其必善政也。"公大笑曰："希颜固善矣，天使亦好官员也。"即日同荐于朝。希颜后为发运使，延贵亦为阁门祗候，皆号能吏也。

余力。"淳祐年间，成立三支专职灭火队，其中水军队二百六十六人，搭村队一百一十八人，亲兵队二百零二人。各队备有消防设施，分工明确。到开禧年间，又在临安府前增设"帐前四队"，计三百五十名专职消防人员，"听号令扑救"。一有火警，他们便奔赴现场，首先封锁火场四周，不许百姓闲杂人等进入，然后有组织地分工扑救。宋代的京城和大小州府的巡检司，都有专管日常烟火警事的消防队。失火时，巡检要维持火场秩序，防止坏人乘机偷抢财物；如果是故意纵火，还要现场勘查和搜捕纵火犯。宋初救火，都依赖巡检，不劳百姓。《宋会要》刑法二之一七：天圣九年（1031 年）仁宗下令，"京城救火，若巡检军校未至前，听集邻众赴救"。遍布城区的军巡铺，有巡警烟火的职责。各坊巷设立防隅望楼（防隅官屋），实行分隅负责制，日夜巡警本隅管片的烟火；如发现烟焰之处，白天以旗为号，夜晚以灯为号报警。若朝天门内，以旗（灯）者三，朝天门外，以旗（灯）者二，城外郊区，以旗（灯）者一，立于望楼高处，互相通报。一旦有警，立即行动，迟缓不救者负法律责任。当时城内有十二处官屋（望楼），城外有四处，城内每隅一百多人，城外望楼共有军兵一千二百人。各隅均备有常用灭火器材，以供急需。由于措施得力，到元军攻克临安前的火灾记录，只有四次，说明宋代消防确实是卓有成效的。当然，历久弊生。专职消防兵们会因灾立功，因而争功取赏，闹出新的矛盾来，但这不是事情的主导方面，就不多说了。

七、国家养济难民与老幼孤疾

加强人口管理，重点是流民问题的解决和城市住户的户籍管理。宋金对峙时期，北方人民大量迁徙到江南，大量流民涌入临安。他们衣食无着，露宿街头，少数人便铤而走险。南宋政府采取一系列接待安置措施，缓解了这个矛盾。当时，在江河码头、交通要冲之处，设立了接待站，安置流民，发给他们建屋材料和必要的生活用品，并支给一定粮米，用以度日；鼓励收养流离儿童，据《湖墅小志载》，仅临安府就在城内设立了二千余处接待站。另外，作为常设单位，还遍设慈幼局、养济院、安济坊、漏泽园等，收容养育了一些病残孤老与儿童，官府按月支给钱米；为路倒、饿死者掩埋尸体，清理生存环境。这也消除了某些警事隐患。

八、关于生产生活秩序的管理

宋·李焘撰《续资治通鉴长编》（卷七四）"真宗"条下记载："泸州井监，深在溪洞，官府少人往来，致兹稔恶。诏江安县监军，量分兵巡警之。"按：这里是讲四川山区井盐生产中的治安监管。

戊寅诏："访闻关右民，每岁夏首，于凤翔府岐山县法门寺为社会。游惰之辈，昼夜行乐，至有奸诈伤杀人者。宜令有司，量定聚会日数，禁其夜集，官吏严加监察。"按：这是讲群体活动中的秩序管理。

《宋史·高宗本纪》载：绍兴十年秋七月，"遣明州水军三百，戍昆山黄鱼垛，巡捕槽船之为盗者"。按：这是国家在近海运输商贸活动中的防禁犯罪措施。①

宋·司马光《论皇城司巡察亲事官札子》中说及一事："皇城司亲事官奏报'百姓杀人，私用财物'事，下开封府推鞫，却皆无事实。欲勾原初巡察人照勘，皇城司庇护，不肯交人。"按：这个"皇城司"，是宋太祖亲自设置的一个"秘密警察机构"，特务就叫"巡察人"。他们平日就爱生事："妄执平民，加之死罪，使人幽系囹圄，横罹楚毒。"故司马光上书说，对这种"巡察人"，应"少加惩戒"，否则"臣恐此属无复畏惮，愈加恣横，使京师吏民无所措其手足"。

担任巡逻、巡察者，其身份为军人、土兵或民团的团丁，但其工作性质则都是"警事"，可见他们的社会角色其实是"警士"、是"特务"，对他们不加约束，则执法力量同时也就成了破坏法纪、破坏治安的力量，且为害更重、更直接。

九、打击纸钞流通环节的犯罪

宋代商品经济高度发达、金融活动走在世界前列的"现代"标志，是有价证

---

① 这里提供一个有意思的参照：14世纪的欧洲封建主们，在根本不需要桥梁的地方建桥，征收"桥典捐"。如果不幸货车翻倒，则全车货物都归封建主。最可憎恨的还是流行的"船难法"惯例：遇难船只上的货物，都归当地海岸封建主所有，他们大都通过掠夺商船发财。他们黑夜中在礁石林立的海区设置灯光，诱使商船碰礁，然后扣留货物。如遇抵抗，船上人员会被毫不留情地杀死。

券（纸币）的广泛使用。纸币因时地的不同，有"交子""会子""关子"之类不同名目。南宋最具"时代特色"的案例，便是通过"钱会"实施经济犯罪，其手段十分阴险奸巧，而以官商勾结作案为祸最烈。因为"交子""会子""关子"之类是新生事物，流通环节又十分隐秘，国家没有管理经验，法制根本跟不上，于是奸巧欺诈层出不穷，罪与非罪难以划界判刑，而国家、社会、个人又深受其害。比如，当年造纸术进步了，纸价降低了，用于造币的特种纸生产方便了，于是伪币泛滥、"钱会"贬值。当伪币泛滥、纸币贬值之时，政府官员的第一职责应是清除伪币，事实却不然。第一线的"财经干部"们却一心只想帮伪币持有者"规避风险"，提供"脱去逃避之计"，使国家受损失。江西铅山县一名退职小吏，就创设"月敷局"以监纳无名钱："白纳三千石，重科半万筹，却不给朱钞，白状交纳，尤为百姓之苦。"在这种形势下，钱钞、会子、关子、秤提等原本是宋代商品经济高度发达、走在世界前列的标志，却全都蜕变成吮吸民脂民膏的吸管，变成极少数强人超额集聚财富的阴谋手段了！以至江西东路的一位大员痛心地说：这分明是"割九州赤子之脂膏，刳四十三县百姓之肝脑，而以肥一身一家"，令人愤慨。

《名公书判清明集》中有《虚卖钞》一文，说的是：程全、王选二人以县吏身份同谋擅制方印（官府印章），印卖虚钞，作弊入己。经审讯勘鞫，情犯昭然。其事虽起于前任张知县，而李县丞权县日，用程全之计，辄于一日之内印几二百石，所卖之钱，辄以拨充丞厅起造为名，节次支拨六百贯入宅库，监临主守而自为盗焉。即他把私制的伪钞先以"工程投资"的名义"拨充"于国库，再以"工程起造"的名义从中支出而纳入私宅，用今天的话说，这就是"洗钱"。李县丞一帮人的"超前智慧"确实惊人，难怪被时人目为"人才难得"！县丞身为命官，昧于法守，殊可惊叹。

同书《任满巧作名色，破用官钱》一文记述道："此例（按：指借离任名义，临走时豪取国库衣粮百物钱财而巧立的名目），已知其不合《令甲》，必是作法于贪污之人。今稽之例册，乃果无之。创为此例者，甲守也；倍增其数者，乙守也。此二人果何人哉？在法，'监临主守自盗，赃满三十五贯者绞。'今以二人所掣（私取）钱数计之：甲守掣四十名，该钱会四百余贯，纽赃（赃物折换成价格）几一百贯。乙守掣一百五名，该钱会一千余贯，纽赃几二百贯：所犯皆在绞刑上。

士大夫据案而坐，执笔而判，某吏盗公家财，某贼窃民家物，轻则断，重则黜，又其甚则杀，一毫不肯少贷；而至于自己，则公然白昼孥攫，如取如携，视官吏略不惭，视法令略不惧，居师帅之位，而乃为盗贼之行，曾无羞恶之心，此孟子所谓非人者矣！"

这些作案者都遭到了"名公"的无情惩处。

十、工矿规模产业的治安管理

矿山，利之所在，是官家与私人的必争之地。矿主又全是牟大利求大欲的商贾（私商或官商），他们有钱，足以巴结、贿赂、腐蚀、收买官府；他们有势，足以与政府相对抗，招摇一方，动辄滋事。矿山又是大量非农人口的集聚之区。流民们离开土地，游走八方，多为身强力壮之人，或者身怀技艺，来此某食谋生；而矿区所生产的物品，盐铁矾汞，金银铜锡，哪一样都值钱，但都不能直接满足衣食之需，都必须仰赖工薪，去市场贸易衣粮，这才能维生，那是不可一日或缺的。而矿主们为了获取最大利润，又势必千方百计压低工薪，并垄断衣粮供应；于是偷扒窃取，纷争斗殴，在在而是，又往往激成大变。宋朝工矿业空前发达，其治安任务之沉重也就可想而知了。这方面还得下大功夫去研究，我们才能得知当时"工矿治安"的概貌。这里仅举一例，以略窥全豹之一斑。

宋初名人余靖的《武溪集》中，载有《韶州新置永通监记》一文，说：广东北部的韶州地区，被山带海，盛产五金，铜矿储量闻名岭南岭北。四方之人，弃农亩而持兵器、慕利而至者不下十万人。这些人穷迫时则公然剽劫，一怒即私相械斗，人人轻生命而不怕抵触刑禁，毋所忌惮。国家稍缓其羁绁，他们即"鹰挚而陆梁"，无所不为；国家若急其衔勒，有所控驭，他们就"兽骇而蹉啮"，拼命抗拒，故难以控制，又不能轻率弹压。因而州境虽说狭小，但寇盗抄掠的狱案连连发生，常比他境翻倍。治安任务十分沉重。

宋真宗时，朝廷议开韶州铜矿来铸钱，诏令下达后，由韶州府知府傅某与比曹副郎栾某共同主持其事。于是新设了一个矿冶管理机构，赐名"永通监"。该监"生产基地与指挥部"的建筑设计之总体布局非常合理，完全合乎生产的安全管理与治安监察的需要。基地计分为八个负责采矿冶铜的车间（有磨砂车间、冶金车间等，当时称为"作"）；另设刀错、水鏊等两个相对独立的、专责铸钱的"离局"。各单位之间，"并列关钥，互有堤防"。在整个永通监的中心，"当其中局，控以厅事，谁何警察，目无逃形"。就是说，中心建筑很高敞，其大厅足以控扼全局，任何人的任何动作，都在警察监控之下。凡备用的铅错工具器材，薪炭供应的物资储蓄，皆有专门收藏的"异室"，都一一安置在大厅两侧的偏房里，故出纳谨密，无法行私。主体建筑之前有宏阔的大广场，冶官列署就设在广场之南，而群工则屯营于墙垣之外。这里，共有房屋八百间。总计用去材竹铁石陶瓦之值共一百四十万缗，不取于国库，都是靠边建设边投产边赢利自行解决的。

今按：这一条详细讲述了注重各种房舍（车间、工房）的功能性发挥，尤其是居于要害部位的"总部机关"，很符合开展警察业务的需求。文中，"谁何警察，目无逃形"一句，指稽查、询问、审察，决无遗漏失察的可能。建筑设施要顾及警察活动的展开，这是何等专业的认识！没有高度发达的警事分工，是不可能取得如此深刻的认识的。一般来说，考查民用建筑是否合乎治安要求，是现当代才有的理念。而该文则写成于 12 世纪，讲的是大型"工房""工场"的警察业务与治安防范对建筑设计的要求，颇具典范意义。

我们知道，宋代工矿业比起汉唐来，有空前规模的巨大发展。北宋的钢铁产量，超过了英国工业革命百年后的总产量。这很能说明问题。现再拿盐业生产来说：唐肃宗乾元初年（759 年），举天下盐利，每年计四十万缗；安史之乱后，在著名理财能手第五琦、刘晏的经营下，到大历年间（767—779），骤增至六百余万缗，财富翻了十五倍，使唐政府能延续下去（唐代盐利，占全国之赋的一半）。至北宋哲宗元祐年间（1086—1094），仅淮盐与山西解池池盐，岁入即达四百余万缗；而南宋高宗绍兴末年（1131—1162），仅苏北泰州海宁一盐场，产盐价值就达六七百万缗。就是说，南宋一州之数，超过唐代天下之总数，而当时的泰州盐场，在江浙盐场中并不算著名大盐场。宋代如此规模的工业大生产，聚集着数万劳工，从事沉重的体力劳动，仅生活必需品的供应就是个沉重的负担，况论其余！一旦有事，谁也难负其责。然而，宋代数百年历史中，关于农民起义、矿工起义，或关于织工、市民风潮的记载，却寥寥无几，不像明清那样史不绝书。这说明当时的治安状况，总体上是良好的。其间的经验，值得研究。

第六节　王安石的保甲制和吕氏乡约、义门陈氏

一、王安石创建保甲制度

北宋初期，北宋政府内外交困，遇到三大危机。一是财政危机。宋代出于集中皇权的需要，采用分化事权、恩荫为官、大兴科举等方式，导致冗官；大规模招募流民入伍，导致冗兵；而冗官、冗兵又加剧冗费，从而导致财政入不敷出。二是社会危机。宋代不限土地兼并，导致三分之一的自耕农沦为佃户，富者有田无税、贫者负担沉重，造成各地农民暴动频繁，盗贼遍地。三是边地危机。流民入伍，缺乏训练；为防范武将，实行更戍法，导致兵无常帅、帅无常师；兼之财政危机，军费无保障；这些都导致军队战斗力下降，无力应对边患。为改变北宋这种内外交困的情形，王安石在宋神宗的支持下，开始了变法运动。而保甲制度就是王安石变法的重要内容。

宋代继承了唐代的"伍保制"，在法律上仍有伍保连坐的规定。但是由于基层组织的涣散，伍保连坐并没有得到严格执行。王安石在"伍保制"的基础上对基层组织加以改革，并将其命名为"保甲"。而王安石创建保甲的目的，正如其所说："大抵保甲法不特除盗，固可渐习兵，且省财费。"王安石创建保甲，始于宋神宗熙宁三年（1070年），随后几年又陆续有调整。其主要内容有：

①结保。相邻的居民每十家结为一小保，设一保长；每五小保结为一大保，设一大保长；每十大保设一都保，设都保正、都保副各一人（熙宁八年改为每五家为一小保，五小保为一大保，十大保为一都保）；保长、大保长、都保正、都保副都要选有行止、心力、材勇、富裕的主户担任。

②抽取保丁。户不分主客，家有两名年满十五岁以上的成年男丁，抽一人编入保甲为保丁，两丁之外若还有余丁，并附在保内，其中有武艺和最富裕者也编

充保丁。

③自行装备兵器。除朝廷法令禁止收藏的兵器外，保丁可根据自己的需要自己装备，以便习武、制止犯罪。

④轮差巡警。每夜由大保长轮流安排五名保丁在本大保巡逻；遇有盗贼，击鼓报警，大保长及大保内居民需协助；抓获盗贼，按标准赏赐。

⑤伍保连坐。同保内有犯强盗、杀人、放火、强奸、略人、传习妖教、造畜蛊毒等罪的，知而不告，按伍保法连坐；邻居留宿三人以上强盗三日的，即使不知情，也要以"失觉罪"查处；若保内有外来行止不明之人，须觉察收捕送官。

⑥每保创制一牌，书写所管居民户数和保丁姓名。

保甲首先在开封试点实施，随后推行北方五路乃至全国。最初，保甲的主要目的在于治安，所谓"以捕盗贼相保任"。但在开封试点的时候，王安石向宋神宗强调："大抵保甲法不特除盗，固可渐习兵，且省财费。"此后，保甲逐渐转向兵制，通过保甲制度下保丁的武艺训练，实行征兵制，征招保丁入伍，改变以往招募流民的募兵制，以提高军队战斗力。

王安石对保甲颇为自负，曾说："保甲之法成，则寇乱息而威势强矣。"但是，保甲自实施之日起，就出现了诸多问题。最主要的问题就是超经济强制民众承担义务。如保长、大保长、都保正、都保副不同于汉代的乡长，不是官，而是役，没有薪水。保丁为了训练武艺和轮差巡警，必须自己置办弓箭；而每个小保也需要自筑射垛，自建执勤的铺屋，自置警鼓。这些都需要民众无偿承担费用，致使"中下之民，罄家所有，侵肌销骨，无以供亿，愁苦困弊，靡所投诉，流移四方"。时人司马光就批评保甲是"驱民为盗""教民为盗""纵民为盗"。宋哲宗元祐元年（1086年），司马光上台执政，就废除了保甲法等新法。但是，保甲组织作为乡村的基层组织，取代了原有的乡里组织，在北宋后期和南宋时期仍然保留了下来，其职责仍在维持基层治安。

二、吕大钧创立乡约

吕大钧（1029—1080），《宋史》有传，字和叔，陕西蓝田县人，出身世家，"一门礼义"，为时人所赞美。吕大钧与张载为同年进士，得知张载学识渊博，便拜其为师。张载是宋代理学大师，也是关学的创始人，而关学的特点之一就是十分重视"礼"，强调"通经致用""躬行礼教"。吕大钧将关学这个特点发扬光大。他虽然仕宦不高，也没有什么政绩，但他为人质厚刚正，重视礼仪，最大的贡献就是改变以往"礼不下庶人"的传统，在关中创建《吕氏乡约》，推行礼仪，建立起中国最早的乡村自治制度，培护乡民的警事自为自律能力。

吕大钧创建《吕氏乡约》，由对王安石推行保甲法的不满而起。宋神宗熙宁三年（1070 年），王安石在全国推行保甲法。这种以国家权力直接控制乡村为目标的保甲法，遭到了苏轼、司马光等人的反对。但苏轼、司马光也没有提出什么具体的办法替代保甲法。在此情形下，熙宁九年（1076 年），吕大钧撰写《吕氏乡约》一书，并在家乡蓝田建立乡约组织，以回应王安石的保甲法。

吕大钧创建的《吕氏乡约》，即村规民约，凡自愿加入的，即为乡约成员。乡约大致包括以下内容：

建立乡约组织。乡约成员共同选举正直不阿者一人或二人为约正，负责监督赏罚是否公正；设执月一人，乡约成员无论贵贱，按照年龄轮流担任，每月一换，负责处理约中的具体事务。

乡约成员定期聚会。按照《吕氏乡约》规定，乡约成员每月小聚，每季度大聚，开支由众人分担。聚会目的，一是加深成员之间的感情，二是在聚会时记录、公布成员的善举和恶行，三是众人商议讨论约中事项。

明确乡约成员互助的事项。《吕氏乡约》规定成员互助有四类事项，即：德业相劝，过失相规，礼俗相交，患难相恤；每一类事项下，又有具体的规定。在规定的互助事项中，有大量涉及基层秩序和稳定的内容。如过失相规中规定了三种过失，一是犯义之过，包括酗（酗酒闹事）博（赌博）斗（打架）讼（栽赃诬告），行止逾违（违反逾越礼制的行为），行不恭逊（侮慢年长、持人短长、恃强凌众等），言不忠信，造言诬毁和营私太甚；二是犯约之过，即违反德业相劝、过失相规、礼俗相交、患难相恤的行为；三是不修之过，包括交非其人，游戏怠惰（无所事事、嬉笑无度、不务正业），动作无仪（行为粗鄙、野蛮）和临事不恪（忘记正事、遇事懈怠）。患难相恤规定了七种情况下约中成员相互帮助，即：水火、盗贼、疾病、死亡丧葬、孤弱无助、被诬枉和贫困。

扬善惩恶。对于约中成员的善行，当众公布和记录；对于恶行，也要记录和处罚。《吕氏乡约》规定：犯义之过，罚五百钱；不修之过和犯约之过，罚一百；过失轻微，经规劝能改正的，只记录，不罚钱；屡教不改的，经众人商议，开除出乡约。

吕大钧在家乡蓝田推行乡约大约五年半，随着其病卒，乡约在北宋就没有推行了。《吕氏乡约》实施后取得了很好的社会效果。《宋史》记载吕大钧推行礼仪，"关中化之"。但《吕氏乡约》的意义不仅于此。从上述情况看，吕大钧创建的乡约，没有官府的参与，乡民是自愿加入乡约，乡约的事项、首领的选举、处罚的实施也完全由乡约成员议定。因此，《吕氏乡约》是中国历史上最早建立的乡村自治组织。

三、义门陈氏：宗族聚居的自组织力量

宗族历来是中国社会的"自组织力量"，其宗支族长们，是各级各类社群的天然领袖，拥有天然的政治组合力、产业兴发力、文化传承力、社群平衡力、教化号召力、社区自治力。在中华社会持续数千年的文明生活中，宗族群体发挥的组合功能、稳定功能不容忽视。汉唐盛世的"世族庄园""庶族庄园"等，固然是以家族、宗族为核心力量的，而在分裂动荡之际、兵荒马乱之时，更能凸显家族、宗族的凝聚力、自治力。这从史不绝书的"聚族屯垦""携民渡江""侨置郡县""移民实边"之举和流民运动中都能看到。其中，江西"义门陈氏"的成就最为突出。它在唐—五代—宋时期，"同财同耕同炊二百三十秋，自养自教自治三千七百人"，既能在晚唐五代的大动乱中立定脚跟，保持稳定发展；又能在北宋的和平环境里"奉诏"分遣，全面推进国土开发与民智开发，获得了巨大成功。

陈旺，字天相，南朝陈岳阳王叔慎公五世孙，于唐文宗太和六年（832年），迁居到江州德安县太平乡常乐里永清村（今江西德安县车轿乡义门陈村），成为"江州义门陈氏"开基之祖。陈旺以孝治家，立家规，建书堂，明伦序，使义门陈氏日渐昌盛。经历了晚唐—五代—北宋的历史变迁，前后十九代同居同炊达二百三十年之久，发展到三千七百多口嫡系亲人，拥有三百处大型田庄，使无数工匠能人趋之若鹜，成为古代最高理想的家庭模式，被封为"忠义之家"。唐宋皇帝多次赐匾表彰。它的庄园，提供了中华大农业之规模作业、综合经营的可贵典

范。无"庄"则不足以维系庞大家族的长久共炊。它的同耕共食也提供了基层自治、和谐家国、团结社群、平衡内外关系的全套行为准则。在这里，不仅人与人之间雍和纯朴，连狗也是"百犬同牢"，一犬不至，百犬不餐。可就是这么一个"世外桃源"般的社群，却引发了标举"以孝治天下"的大宋朝廷的政治警觉。

嘉祐七年（1062年），宋仁宗接受彦博等人的建议，直接命江南西路转运使谢景初等奉诏临门，令其分家析产，拈阄别居。按十二行分派，拆分出大小二百九十一"庄"。家家携带各自的动产，扶老携幼，告别故土，万里投荒，分迁到今江西、河南、湖南、四川、浙江、江苏、湖北、安徽、山东、山西、陕西、福建、广东、上海、天津所属的一百二十五个县市，仅江西就有二十八个县市，湖北也有二十三个县市。而分迁到河南的，有七个庄院最为明晰：陈延成迁入光州固始县三台庄，陈高迁入归德（今商丘），陈柏迁入祥符（今开封），陈诩迁入濮州（今濮阳），陈明迁入光州（今潢川），陈良迁入洛阳，陈瑞琉迁入永宁（今洛宁）。义门陈氏族人在各地落地生根，开荒垦殖，安家立业，延续香火。"义门陈氏"的这次"奉诏"分遣，虽然迁移范围涉及全国，却是有组织、有计划地推进的，始终未发生任何动乱！想想看，这是一幅多么壮观的"移民图""分遣图"！难怪后世会有"天下陈氏出江州"之说！如今，陈姓人已遍及中华大地，形成了以颍川、汝南、下邳、广陵、东海、洛阳、京兆、海宁、漳州、泉州、江州等为中心的陈氏家族，而江州"义门陈氏"最为大宗。

岂止陈氏，遍布中华大地的一个个"张家庄""赵家屯""李家堡""王家园""钱家寨"之类，连同《三国》中的"卧龙山庄"、《水浒》中的"祝家庄"、《红楼》中的"乌庄"……当初，不都是规模作业、综合经营的"大农业"吗？《齐民要术》《天工开物》《农政全书》《授时通考》等典籍，不都是以"庄园大农业"为研究对象的吗？"义门陈氏庄园"只是其中一个突出代表而已。

虽然维系二百三十年的"义门陈氏"被迫"解体"了，但其"合宗族，谋福祉"的精神却流传至今。明代，泰州学派的何心隐就在江西又一次实践了这一组合模式。史载：何心隐谓《大学》先齐家，乃构"萃和堂"以合宗族，实行同财同耕同食，自养自教自治，并确保国家赋税与徭役的按期优质供应。他"身理一族之政，冠婚丧祭赋役，一切通其有无，行之有成"，颇为当方群众所拥护，声势浩大，"招来四方之士，方技杂流，无不从之"。无奈却遭到统治者的忌恨，他本人也最终死于张居正之手。

一句话，作为一个延续二百三十年的客观存在，"义门陈氏"之实践远远突破了世界上任何类型的"乌托邦"空想。这里有着社会管理、社会生产、社会生活等方面的深厚文化底蕴，其精髓值得认真发掘。

第七节　宋代的警事宣教

宋政府重视法律宣教，除了法学教育、明法考试、法律条文的公布与宣传之外，更开辟多种社会化的宣传渠道，将警事安全禁卫知识向全社会进行多种多样的宣传教育。宋人郑克写出了《折狱龟鉴》，桂万荣写出了《棠阴比事》；同时又出现了一系列法医学专著《洗冤集录》《内恕录》等；以《明公书判清明集》为代表的判案记录，以及大量笔记散文与笔记小说，如孟元老的《东京梦华录》、江少虞的《宋朝事实类苑》等，都载有宋代警事的大量史料，也都是当年向最广泛的社会成员作法制宣教的材料。上述各类著作，加上政府颁布的《宋刑统》《检验格目》《正背人形检验格目》等，构成了一个规模不小的社会警事宣教的时代潮流，其广度和深度都是超越汉唐的。

一、注重案例汇编

狱案文牍是伟大中华法系的实践凝聚和智慧结晶。它集中记录了相应时代的法纪规范与试图冲决这种规范的各种力量之间的激烈较量，它是一代社会生态环境中民生民意、民志民力的多彩而深刻的活力展示，也是当时政府执政理事的意志与能力的准确而灵敏的集中投射。谁也不能改变当时真实发生了的一切案情及当政者面对案件表现出的政治态度、侦破思路、侦审手段、判决程序、量刑依据、处置方略及其思想感应与社会效应；谁也无法改变"案件"所反映的人民的实际生存方式、所表达的社会正义、社会理想。可以说，公案文献对社会生态、对民众法纪生活的反映之灵敏度、准确度、深刻度都是其他文体式样所难以企及的。

宋人重视法制宣教，重视狱案的汇集整理。朝廷特设有"公案库"，专门收存案例。当时国家开科考试，设有"明法科"；学子也就有习读"案例"的需要。加之国家重用文人，政府各级官员吏役皆重文轻武，而文人入仕当官，必得办案，自以草菅人命为大忌。是故，宋代官私积存的案例特多，也很有水平。据马端临《文献通考·经籍考·史·刑法》所载，北宋时期所辑此类狱案书籍有五种突出者。[①]

1.《疑狱集》

编纂史传案例，明晰法例意识。《疑狱集》（四卷本）是五代后晋和凝父子所编撰，为史传体狱案汇编中的发轫之作。该书通过具体史实，向人们灌输法例意识，以便判别罪与非罪、轻罪重罪、此罪彼罪，显然有其历史必要性。

2.《折狱龟鉴》

北宋人郑克据《疑狱集》增益改编而成。它对所收案例，从"办案"的专业角度作了分门别类的处理，所分类别有"释冤""议罪""惩恶""核奸""谲盗""矜谨"等二十门，覆盖了办案审理的全过程，使该书超出了一般"历史故事集"，而成了专门化的"狱案文集"，把读者的眼光引向对狱案的审视，考虑如何机智破案，如何公正断案，如何矜谨量刑；它不仅有"案例"，还通过"按语"表达了编撰者对办案的理性思考，如对宋以前历代办案思想、办案理念、办案制度、办案规程、办案经验、办案教训等各个方面的思考，并能上升到理论高度予以阐释，而不仅仅是就案说案，这就给后人以丰富的法制精神遗产，强化了该书的专业指导作用。其价值甚至超过了狱案本身，因而其专业贡献不可小视。

3.《棠阴比事》

[①] 马端临《文献通考·经籍考·史·刑法》（卷二百三）载：《疑狱》（三卷）：晋和凝撰，纂史传决疑狱事，其上卷和凝书，中下卷，凝子𡷫所续。《断例》（四卷）、《元丰断例》（六卷）：皇朝王安石执政以后，士大夫颇垂意律令。此熙丰绍圣中法寺决案比例也。其六卷则元丰中法寺所断罪节文也。《刑名断例》（十卷）：不著名氏，以《刑统》《敕令》总为一书，惜犹未备也。《元丰广案》（二百卷）晁氏曰：皇朝元丰初置新科"明法"，或类其所试，成此书。《决狱龟鉴》（二十卷）晁氏曰：皇朝郑克编次，五代和凝有《疑狱集》，近时赵全有《疑狱事类》，皆未详尽，匦增广之，依刘向《晏子春秋》，举其纲要，为之目录，分二十门。陈氏曰：克因和氏之书，分二十门推广之。凡二百七十六条，三百九十五事，起郑子产，迄本朝。

桂万荣撰。该书一本《疑狱集》《折狱龟鉴》之遗轨，专门辑录前代史书之"案"，略涉当代，收有一百多条案例；文字简约，而狱情并未展开。《棠阴比事》的原本是按四言句题目的韵脚分组排列的，与案情并无关联。今所见之《棠阴比事》，则是明人吴讷重编删补过的。最能体现吴氏修订本之优势的，是他以审理专业的眼光，依案例性质、侦审手段做编排。仅从编辑体例上说，桂氏不比其前人郑克来得高明，也不及其后人吴讷强，但起了前后人之间的过渡作用。

4.《通鉴总类》

宋人沈枢所撰，计二十卷。该书对政事类案件最为关注。其"赏罚门、刑狱门、刑法门、贬责门、功赏门"等，均收有历代正史中的政治性案件，这是其他"案例汇录"所没有的特色。这些狱案，历来受到人们的重视，如：齐威王封即墨大夫，烹阿大夫；汉高祖约法三章；汉张释之请轻犯跸之罪；金日磾杀弄儿；汉李固反驳遣兵平交址、九真之盗；蜀相诸葛亮赏不遗远、罚不阿近；苻秦、王猛按强德豪横；周兴、来俊臣、索元礼竞为暴刻；段秀实斩郭晞暴卒；唐张柬之等不尽诛诸武，终贻后害……在过去的社会里，国家特设"诏狱""制狱"，其所办之大案、要案，其入狱之对象，多半是政治斗争中的悲剧角色，不少是政治角斗场上的失利者、失手者，而真正罪大恶极者受到狱惩的反而少见，这就更能透现旧时代阴惨血腥的一面；而历代舍身求法者、护法者的刚正贞烈之气，在这里也有更为突出的表现。其刑罚手段之阴狠惨毒，尤能凸显历代统治集团内部争斗撕咬之血腥与卑污。

二、宋人文集中有丰富的警事史料

宋人爱作笔记，文集内容很丰富，贴近社会生活，如孟元老的《东京梦华录》、吴自牧的《梦粱录》、周密的《武林旧事》《癸辛杂识》、陆游的《老学庵笔记》、范成大的《骖鸾录》、洪迈的《夷坚志》、江少虞的《宋朝事实类苑》等，其中都有向最广泛的社会成员作法制宣教的好材料。

以江少虞作的《宋朝事实类苑》为例：该书所录，均出自北宋前期文坛、政坛名手所作之笔记，内容为宋太祖开国到宋神宗变法年间的史事，包括重要掌故、政治制度、边政外交、名人轶事，特别是风俗民情，里巷琐事，多为"正史"所不载，其中关于政法警事的材料十分可贵。如《典故沿革·街鼓》："京师街衢，置鼓于小楼之上，以警昏晓。"宋太宗时，张洎制"坊名牌"列于街楼上，以便查询。这是宋代城市管理的一条具体措施。《东京梦华录》卷三《防火》条载：北宋都城"每坊巷三百步许，有军巡铺屋一所，铺兵五人，昼夜巡警，收领公事。又于高处砖砌望火楼，楼上有人卓望，下有官屋数间，长驻军兵百余人，备有救火家什，谓如大小（水）桶、洒子、麻搭、斧、锯、梯子、火叉、大索、铁猫儿之类。每遇有遗火去处，则有马军奔报军厢主、马步军殿前三衙、开封府，各领军级扑灭，不劳百姓"。这是关于北宋军巡铺建制与专业防火队建制的珍贵史料。它确证了也丰富了《宋史·职官志》中关于"厢"的职官建制的材料。

宋代作家对此类题材也很关心。《苏东坡文集》就记有这样一则故事：国家科举考试时，由巡铺内臣陈造、石君召等人执行"怀挟传义之禁"。他们便差遣巡铺兵士多至百人，下考场搜查夹带。他们"诃察严细，如防盗贼"，搜索怀袖，众证成罪。一次，捉到三名挟带人员，依《条例》将其逐出考场。铺兵们"三五十人齐声吼叫"，传呼而出，弄得在院官吏公人和参试士子一个个莫不惊骇。这以前，练亨父为考官，曾凌辱士子，以至喧腾闹事，因而派铺兵维持秩序，成为定例。铺兵们邀赏心切，以至非理搜捕、罗织人罪。有个士子在大腿内侧刻了个摩罗猴儿，被查看到，说是"图谋不轨"，便科以重刑。苏东坡反对这样污辱斯文，认为是"伤动士心，损坏国体"之举，就愤而向皇帝上书，要求裁撤掉。可当年欧阳修当主考官，录取了边徽山区来的无名小卒苏东坡，得罪了京城士子；结果欧阳修在大街上被士子们包围，扯下轿来哄打，幸亏巡街铺兵（即巡警们）及时赶到，解了围，救了驾。苏东坡也清楚巡铺兵的好处。

一句话，宋人笔记是宋代警事史料的重要宝库，有待开发、整理。

第八节　透过案例认识宋代诉讼业务的展开

　　除案例本身的社会法制生活内容外，我们还可以从宋代案件的发生、发现，到侦查、判决这一全过程，完整地看一下宋代的诉讼审断程序。这才可以对宋代的警事业务、机构运行、司法程序等方面做出合理而有据的概括。

一、在案件获取方面

　　主要通过当事人或发现人的报案，加上警员巡查获案等途径来实现；宋代允许小民越级上诉、跨境上诉；但对"奸情"案之类的报案人，有明确的身份限定。这就在当时条件下，保障了相关家庭和当事人的隐私权。至于伦理案、政治案的投诉人，同样有身份限定；对诬告、匿名也有相应的规范。

二、在案件受理方面

　　宋代路、州、县政府是受理的主渠道，宪司、巡司、粮司、运司、盐道司等也可受理各自管辖范围内的案件；并可以接受一般社会投诉，体现出"案件受理权"上的开放性。在当时的条件下，这是社会法制意识强化的表现：本地投告无门，易地受理，可以降低"沉冤莫雪"的概率。另外，宋人有明确的法律时效观念，规定了有效受理的时限。不过，事情总有它的另外一面：案件受理上的"政出多门"，消耗了过多的法律资源，也为"缠讼""惯讼"的恶性发展提供了过多的存活空间。这又是它的消极面了。

三、在侦查勘验与搜捕方面

案件一旦受理，原告与被告、干证一律收押，犯案者立即搜捕，同时开展现场勘查。比如在宅田产权争夺案件中，主审官出现场是常见的事；还有专门的"体究官"对争议土地进行勘查测量。对于命案则尤为重视，案件一旦受理，原告与被告、干证一律收押，犯案者立即搜捕，同时开展现场勘查。国家颁发有规范的"尸检格目"需要填报。这类活动提高了案件审理结果的科学性。然而，事情的发展，又暴露出它的另一面：因为对"出现场"高度重视，于是一有风吹草动，各种执法力量便纷纷出动，闹得当方鸡飞狗跳；把"办案"变成发横财的良机，往往"案值"不大，而政府与民间的"付出"却高得惊人。

四、在狱案审理活动中

官员并非一味地依赖大堂上的刑讯取供，主观推理，在绝大多数案件中，审理官员更重视利用控辩双方提交的各式书证、利用官府档案文献及保甲邻里的证词，结合治安耳目提供的信息，对案件事实进行逻辑分析。有些案件中，官员还要借助专业机构（如书铺）进行司法鉴证，对案件事实进行技术性验证，从而得出令人信服的结论。即使当事人诡辩耍赖，也并不必然地导致刑讯。刑讯不是宋代名吏们审理案件的主要手段。用刑主要是用在审断后的惩罚上，而不是用在审讯过程中，刑讯并不等于刑惩。

五、在判决方面

宋代的判决书具有相当高的专业水平，内容完备，制作规整。判决书一般包括案件事实、法律依据、处罚结论等几部分。其逻辑严密，条理清楚，与今天的判决书相比，亦毫不逊色；同时，因宋代理学发达，伦理说教因素也大量渗入判决，尤其是在伦理案件、民事案件中。宋人判案，尤重理、法、情的综合平衡，不搞"为治惟法"，其社会效应大于单纯的"法办"后果。

六、在结案程序上

宋代有一套上报、复核、平反、甄别，特别是监督执行制度，保证了判决的严肃性、权威性。而在平反、甄别环节上，注意到对冤假错案的"追责"。不过，对"官"的处治通常较宽，平级或降级"对移"一下即可，甚至不知下文；而对吏的惩罚，则相当严厉：因为他们总是暴露在第一线，是民愤的直接宣泄口，"不杀不足以平民愤"。有位县吏，作恶多端，"黥配之日，阖城民庶无不以手加额，呼天称快；虽三尺童稚，亦抛掷砖瓦，切齿唾骂。百姓不堪其苦如此"。

七、在惩处上

经济惩罚、名誉刑、肢体刑被广泛使用，而生命刑则很慎用。宋代已有相关的录囚制度、狱医制度等。狱医有权决定该犯人的身体情况是否能够赶路等。这些说明当时的监狱管理也是有法可依的。然而在实践中，入监等于下地狱，这也无须多说；狱吏们"以狱为市"，更是公开的秘密。"官司不以狱事为意，每遇重辟名件，一切受成吏手，一味根连株逮，以致岁月淹延，狱户充斥。气候不齐之时，春秋之交，多是疾疫相染，无辜瘐死"。"朝廷张官置狱，今乃荡无纲纪。甚至狱墙反为狱官、推吏受赃纵囚之路，可为寒心"！

第九节 《洗冤集录》：集中国古代法医学之大成

我国早在先秦时期就有服务于司法、刑侦的法医检验工作了。《礼记·月令》中记载："孟秋之月……命理瞻伤、察创、视折、审断，决狱讼，必端平，戮有罪，严断刑。"东汉蔡邕解释此段文字为："皮曰伤，肉曰创，骨曰折，骨肉皆绝曰断。言民斗辨而不死者，当以伤、创、折、断深浅大小正其罪之轻重。"这充分说明"法医检验"早已列入办案审理的程序了。

一、宋代以前的法医学

我国对死尸与活体的司法检验的工作程式，最早见于司法文书的记录，始于秦国。战国晚期的睡虎地秦简有《封诊式》，内容是秦国关于查封和勘验程式的规定，记载了现场勘验、验尸等内容。有一则案例，是指令医生对被告进行检验，以确定其是否属于应被送往隔离区的麻风病患者；另一则案例，对斗殴者所持血胎进行检验，证明其是否流产。

此外，《汉书·王莽传》和《后汉书·陈忠传》都论及孕妇犯法须判刑者，应待生产后执行。《汉书·薛宣传》中出现了"痕""痏"（殴伤为痕，殴人成创为痏）等名词，"遇人不以义而见痕者，与痏人之罪均"。东汉应劭注："以手杖殴击人，剥其皮肤，肿起清黑而无创瘢者，律谓痕痏。"汉律中又有"狂易杀人""孕妇缓刑"等规定，这些都反映了汉代法律与医学的互相渗透。

随着法医检验的实践和法律的完善，到唐代，法医检验已经纳入法律文本中加以规范。《唐律疏议》规定，在人命和伤害案件中，检验的对象主要有三类，即尸体、伤者以及诈病者，即相当于现今的尸体检验和活体检验。同时，对伤害案件中"伤"的标准作了明确的界定，即"见血为伤"；将各种伤害分为手足伤、他物伤与刃伤三类，并根据伤害程度的不同，承担不同的刑事责任。而所有的伤势，都必须通过司法鉴定。

宋在唐代的基础上进一步完善了相关检验的法令，明确规定凡杀人案件均需报检，否则按律追究。"杀伤公事""非理死者""死前无近亲在旁"等均应由差官进行检验。除初检外，一部分案件尚应进行复检。宋朝刊刻了《验尸格目》和《检验正背人形图》，均是我国古代规范化尸体检验的证明。其中规定了尸体检验应由检验官吏负责，"仵作"参与，并负责处理尸体；检验女尸外生殖器时，应由"巫婆"承担；检验官吏必须根据尸体检验结果撰写验尸文件，称"验状"。这些说明在宋代，法医学检验制度已基本形成。

唐宋检验制度是当时世界上最先进的检验制度，正是在这样的环境中，孕育出世界法医学史上的巨著——宋慈的《洗冤集录》。

二、宋慈其人其事

宋慈（1186—1249），字惠父，南宋建阳县童游里（今童游南山下）人。生于一个中等的官僚家庭，父宋巩官至广州节度使。宋慈少时拜朱熹的弟子吴稚为老师，受朱熹理学思想影响很深。南宋开禧元年（1205 年），他进京入太学，深受理学大师、太学博士真德秀的赏识，遂拜其为师。在太学期间，喜欢诸葛亮著作，常以"治世以大德，不以小惠"自勉。

嘉定十年（1217 年），宋慈中乙科进士，授浙江鄞县（今浙江宁波市）县尉，遇父病未赴任。宝庆二年（1226 年），宋慈任江西省信丰县主簿，开始走上仕途，此后的二十多年间，他先后担任过福建长汀知县、福建邵武军通判摄郡事、南剑州通判，任司农丞知赣州、广东提点刑狱、江西提点刑狱，知常州军事、广西提点刑狱，除直秘阁湖南提点刑狱使，进宝谟阁奉使四路，皆司臬事（即掌管刑狱），拔直焕阁知广州、广东经略安抚使等。

宋慈在他仕宦的二十多年里，一方面，作为封建王朝的官吏，对于农民反抗封建统治的行为坚决镇压，曾参与镇压江西南安、福建汀州、邵武、南剑州的农民起义以及汀州的士卒哗变等。另一方面，他又非常关心民苦，廉政爱民。他任职福建长汀之时，县境百姓苦于盐价高昂，他调整运盐路线，大大节省运费，将盐廉价出售，百姓无不讴歌载道。任职南剑州时，浙江西部遇饥荒，当地豪强巨室，不但逃避赋税，还趁天灾囤积居奇，弄到"米斗万钱"的地步。他实行"济粜法"，按灾情轻重，"析人户为五等，上者半济半粜，次粜而不济，次济粜俱免，次增受济，下者全济之，米从官给"，使百姓顺利地度过了灾荒。此外，宋慈虽然长年担任高级官吏，但为官清廉，家无余财。"禄万石，位方伯，家无钗泽，厩无驵骏，鱼羹饭，敝缊袍，肃然终身"。由于宋慈廉政爱民，使得他成为封建官吏的楷模。宋慈死后，宋理宗赐赠朝议大夫，誉他为"中外分忧之臣"，并亲自手书墓碑"慈字惠父宋公之墓"。

尤其值得提出的是，由于宋慈关心民苦，在刑狱问题方面素持审慎的态度和求实的精神。他历任官职中多与刑狱有关，在掌管刑狱的过程中，能比较实事求是，刚断果毅，"以民命为重"。他说："狱事莫重于大辟，大辟莫重于初情，初情莫重于检验。盖死生出入之权舆，幽枉屈伸之机栝，于是乎决。"意思是说，杀头是最重的刑罚，这种刑罚则是由犯罪事实决定的，而犯罪事实必须经过检验才能认定，所以检验的结果往往是生死攸关的。唯其如此，对待检验决不能敷衍了事。宋慈自称"慈四叨臬寄（执法官），他无寸长，独于狱案，不敢萌一毫慢易心"。这确是他多年为刑狱之官认真态度的写照。

为使检验能真正做到实事求是，宋慈敢于冲破理学"视、听、言、动非礼不为""内无妄思，外无妄动"，不能检验隐秘部位的教条束缚，告诫检验官员：切不可令人遮蔽隐秘处，所有孔窍，都必须细验，看其中是否插入针、刀等致命的异物；并特意指出：检验死妇，不可羞避，应抬到光明平稳处，令众人见，以避嫌疑。儒者出身的宋慈，本无医药学及其他相关科学知识，为弥补这一不足，他一方面刻苦研读医药著作，把有关的生理、病理、药理、毒理知识及诊察方法运用于检验死伤的实际；另一方面，认真总结前人的经验，以防止"狱情之失"和"定验之误"。正因如此，时人评价他说："听讼清明，决事刚果，抚善良甚恩，临豪猾甚威。属部官吏以至穷闾委巷，深山幽谷之民，咸若有一宋提刑之临其前。"

为纠正当时检验工作中存在的诸多问题，宋慈对当时传世的尸伤检验著作加以综合、核定和提炼，并结合自己丰富的实践经验，在淳祐七年（1247 年）冬，即逝世前两年，完成了《洗冤集录》的撰写。《洗冤集录》是中国古代一部比较系统地总结尸体检查经验的法医学名著，集宋以前我国法医学之大成，对世界法医学产生了重大影响，宋慈也被尊为世界法医学鼻祖。

三、《洗冤集录》的内容及成就

《洗冤集录》这个书名就起得好，一看就觉得有人情味。该书有科学性，法纪性，还有纪实性。它是在收集、整理、甄别前人的《内恕录》等书内容的基础上，结合当时的法医实践，依循国家法典和医学原理写成的，涉及刑侦学、病理学、解剖学、药物学及骨科、外科、妇科等不同领域的专门知识，对各种非理非法致死、致伤、致残的狱案作了具体描述，对伤体、死体的损伤表征、生理机制、致伤外力、现场勘验都有精确的观察记录，对法医检验人员的工作守则、操作原则、现场纪律、检验程序亦有明晰的规定，对缢死、溺死、冻死、焚死、跌死、杀死、胎伤、毒死、男子作过死、醉饱死、牛马踩踏死、坠岩死、虎狼咬死等的急救方与检验法也有明细的说明，对初检、复验、验尸、验女尸、验腐尸、验碎尸、验无名尸的技术技巧、工作程序有严格的规范，对自杀、他杀、故杀、误杀的诊断与相关法律法规有清楚的交待，对各地民间流传的单方验方也一一予以甄别、说明、补正。宋慈用他那个时代的最先进的科技手段，为万千大众洗去了不白之冤，得到人们的广泛崇敬。《洗冤集录》将当时世界上最先进的中医学运用于检验，取得了诸多的科学成就。主要有以下诸项：

血脉坠下（血斑）的表现与成因；尸体腐败的过程、事件与性状，影响腐败的气候、个人年龄与体质条件；腐败尸体的棺内分娩；动物毁尸与生前伤鉴别；缢死的绳套分类，多种体位下均可缢死；缢死的索沟特征，影响索沟性质的各种条件；缢死与勒沟的正确区别；缢死时舌是否伸出齿列与颈部索沟的位置有关；缢死时有流涎、二便失禁现象，牙齿赤色；悬垂位缢死尸斑见于下腹和腿部；溺死者手脚爪缝有沙泥，口鼻内有水沫；皮下出血的性状、大小与凶器的关系；以皮下出血为生前损伤的指征；骨折的生前死后鉴别；刃伤（锐器损伤）的生前死后鉴别；依损伤的位置和程度判断致命伤；被他杀的特点是伤在自己作用不到的部位，手上常有格

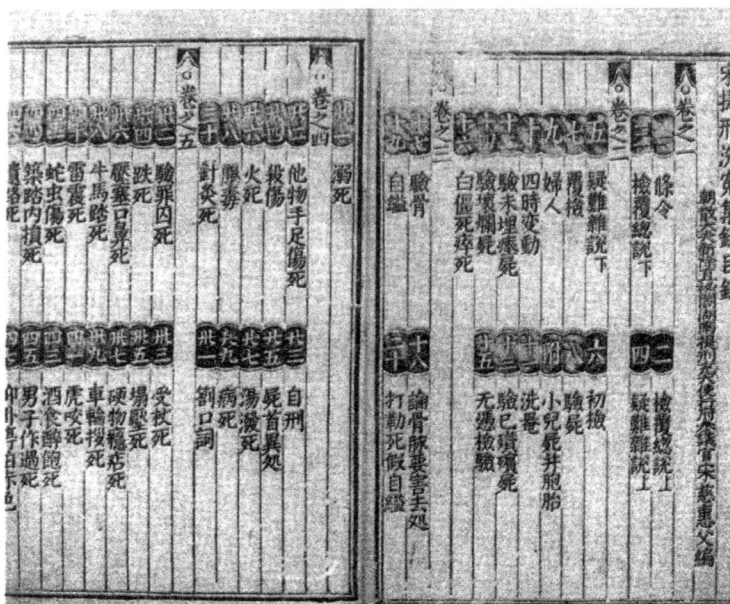

《洗冤集录》书影

斗伤；咬伤的特征及常因破伤风而死；冻死者两腮红，面如芙蓉；生前烧死者口内有烟灰，手足蜷缩在死后也能形成；发现浸软儿，母腹内死胎与母腹外死婴的鉴别；注意记录尸体特征（文身、伛偻、痣、肿物等）进行个人识别。

上述的成就有些虽然属于经验范畴，但却与现代科学相吻合，令人惊叹。如用明油伞检验尸骨伤痕，就是一例："验尸并骨伤损处，痕迹未现，用糟（酒糟）、醋洗罨尸首，于露天以新油绢或明油雨伞覆欲见处，迎日隔伞看，痕即现。若阴雨，以热炭隔照。此良法也"。"将红油伞遮尸骨验，若骨上有被打处，即有红色路，微荫；骨断处，其拉续两头各有血晕色；再以有痕骨照日看，红活乃是生前被打分明。骨上若无血荫，纵有损折，乃死后痕"。这是不自觉地运用了光学原理，现代法医学用紫外线检验骨伤，依据的是同一原理。再如书中论述的"滴骨检亲法"，是根据民间"滴血认亲"提炼而成，这种方法今天看来并不科学，但它注意到父母子女在血型上的关系，现代有些法医学家也认为，"滴血法"是现代亲子鉴定血清学的先声。

《洗冤集录》还记录了一些刑事检验案例，令人拍案叫绝。一次，路旁出现一首尸，遍身被镰刀砍伤十余处，开始以为是强盗所杀，后来点检衣物俱在，遂对此案产生怀疑。经传讯死者的妻子，得知死者生前曾与一借债人发生口角。便急速差人分头命令借债人附近的居民，"各家所有镰刀尽底将来，只今呈验。如有隐藏，必是杀人贼"。一下子居民上交镰刀七八十把，都陈列在地上。"时方盛暑，内镰刀一张，蝇子飞集"。即查出此镰刀正是借债人所使，就擒讯问，犹不服。法官威仪凛凛，指着刀说："众人镰刀无蝇子，今汝杀人血腥气犹在，蝇子集聚。岂可隐耶？"在场的居民失声叹服，杀人者终于叩首服罪。

总之，《洗冤集录》内容丰富，成就突出，是我国现存最早的系统总结尸体检查经验的法医学名著，集宋以前我国法医学之大成，较之西方最早的法医学专著——意大利人菲特利斯于1602年撰写的《法医学》还要早350年。

四、《洗冤集录》的影响

自《洗冤集录》诞生之日起，就对世界法医学产生了重大影响。

在中国，此书一出，后世司法检验官吏无不作为案头必备之书，作为检验尸伤、认定案情、论罪科刑的指南，成为我国司法检验的权威著作，广泛而持久地流传了近七百年。"官司检验奉为金科玉律"，"入官僚佐者无不肆习"，"士君子学古入官，听讼决狱，无不奉《洗冤录》为圭臬"。宋元明清时期，学者在《洗冤集录》的基础上，加以订正、注释和增补，出版了数十种类似的法医学专著，但大抵不超出《洗冤集录》范围。清康熙三十三年（1694年），国家律例馆曾组织人力修订《洗冤集录》，考证古书达数十种，定本为《律例馆校正洗冤录》，颁行全国。1873年，英国剑桥大学东方文化教授嘉尔斯在宁波时，发现官府升堂和官员现场验尸都随身携带《洗冤集录》，以备随时翻阅参考。可见，《洗冤集录》的确成为历代刑官检验的指南。

在世界范围内，《洗冤集录》也产生了重大影响。最早将《洗冤集录》翻译、流传到国外去的是元代王与，他通过直接增损《洗冤集录》，写成《无冤录》。1438年，高丽使臣李朝成将洪武十七年（1384年）的颁行本带回朝鲜，加注刊行，取名《新注无冤录》。三百余年间，此书一直是朝鲜法医检验领域的权威著作。1736年，日本人日源尚久将《新注无冤录》翻译成日文，在短短的十年间六次再版，影响极大。

欧洲的一些国家也先后将《洗冤集录》翻译出版。据统计，在国外，《洗冤集录》各种译本达九国二十一种之多。其中，朝鲜三种、日本八种、越南一种、荷兰一种、德国二种、法国三种、英国一种、美国一种、俄罗斯（评介）一种。可见此书在世界法医史上也赢得了一定的影响与地位。20世纪50年代，苏联发表了评介《洗冤集录》的论文，称其为"世界最早的法医学著作"。苏联契利法珂夫教授著的《法医学史及法医检验》一书将宋慈画像刻印于卷首，尊为"法医学奠基人"。

第十节　宋代的户口管理

宋代国家建有"户帐"，用以统计户口。从乾德元年起，"令诸州岁奏户帐"。其办法据《庆元条法事类》载：每年年初，由乡、村、镇、市统计本地户口增减实数，上报到县；县做成一式四份户帐：一份留县，三份于二月十五日前报州；州汇总核实后作州簿一式三份，一份留州，另二份于三月底之前上报到转运司。转运司核实汇总本路人口后，造簿二本，一本留本路，另一本于六月底前报至户部。户部就能掌握全国各路、州、县的户口动态了。

宋代人口高峰在大观四年（1110 年），达二千零八十八户，丁口四千六百余万，全国突破一亿人口；北宋人口增长率为千分之十一上下。北宋"乡村户"占全国总人口的百分之八十五以上，城镇"坊郭户"占总人口的百分之十一左右，城镇化程度相当高（20 世纪 80 年代为百分之九）。坊郭户即"坊市户"，所有州、府、县城及镇（草市）的人户皆是。以有无房产、地产为准，分为坊市主户与坊市客户两类，无房屋财产者为坊市客户。坊市主户分为十等，通常以三四等以上为上户；其余为中下户，每隔三年造一次"坊郭等第簿"；登录房产、评定户等、承担屋税、商税、地税与徭役；工商户要接受政府的科派、和买。

乡村户分为有地纳税的主户和无地而佃种的客户两种。主户按土地财产分为五等，分担人头税、土地税与各种徭役（宋代实行募兵制，一般不服兵役）。一等为上户（其内又分为出等户、高强户、无比高强户），二三等为中户，四五等为下户；每隔三年造一次"丁产簿"；其田产登录有《鱼鳞簿》，南宋用《砧基簿》。

宋代户口，特别强调专项管理。依赋税身份的不同，宋代户口有不同的称呼，从行业管理出发，又有另一套不同称呼。试分别举例如下：

一、依税赋关系区分户籍

有形势户（官户、吏户）、平户；主户、客户；税户、两属税户；军户、遥佃户（坊郭户而有田产在乡村者）；佃户、旁户（自立户头却依附大户为生者）、俸户（替官府收税，并领取薪俸的富户）、揽户（专门包揽平户户税从中取利者）；单丁户、女户、杂户、绝户等名称。

其中有几种户头需特加说明：

形势户：即有权势之户，是官户、吏户、乡村上户之总称，约占全部人口的千分之三，这种户头往往逃税避役；其余为"平户"。

吏户：指乡村里正以上直至州府差役之户，为形势户中之无定俸、无法定特权的当差公吏，但在民众面前作威作福。

军户：招募来的行伍军人的户籍。军人有军俸，其亲属可随军驻营；允许改业、转业；受伤者终身得半俸；死丧遗属可自行指地安居，免赋役三年。

女户：有三种情况：家中只有女口而无男丁者；夫死未改嫁，儿子未成丁者；夫死招赘后夫，仍以女方为户主，享有遗产使用权；死后财产作绝户处置，后夫不得占有。

杂户：特指株连犯、被罚在官府之家服杂役的户口，多为妇女、未成年男丁。

绝户：男子死而无后，成为绝后之户。由县府负责，会同乡村户长，入户严查登录全部家产，公立继承人，其产业之三分之一交继承人，但总价值不得超过三千贯；其余三分之一交在室女或出嫁女，各女所得之总价值不超过总量的三分之一；无女者可由其姑姨获得，但不得超过三千贯；其余收归县府，作县学或其他公益用。

二、依行业关系区分户籍

有行户（投行专业户）、铺户（店铺、印刷）、坊户（作坊）、机户（丝织）、匠户（手艺）、坑冶户（开矿、冶炼五金）、糖霜户（蔗糖生产）、焙户（制茶）、锴户（炼矾）、糟户（造酒）、酒户（卖酒）、盐户、磨户（面坊，粮食加工）、镬户（煮池盐）、亭户（晒海盐）、染户、药户、花户、菜园户、果园户、茶园户、漆户、炭户、窑户（陶瓷生产）、纸户（专业造纸及纸制品）、船户（内河运输商旅）、舶户（外洋商贸）、渔户（打鱼为生）、墓户（守墓）等，难以尽数。

其中，有些"户"极具时代性，应作特别说明：

1. 行（hang）户

参加一个行业组织的工商户。行指行业组织，设行头自治管理。上至金银店、交子、会子、质库，下至理发卖花、制衣制鞋、提壶卖水、妓女乞丐一概入行。时开封有一百六十余行，临安有四百一十四行。非行户不得入市经商，投行后的铺户、作坊，要由官府核产登录造簿，交纳商税；所产商品需接受科配的货卖份额，在完成赋税与"和买"定额之后，才能自由上市。

2. 机户

即织户，从事蚕丝纺织的专业户，又可细分为锦户、绸户、绫户等。一般织户拥有多台自己的织机，自己缫丝、纺织、印染、刺绣、出售。当时汴、杭、苏、蜀、梓、长沙、荆州等地，均为织户密布区，形成了桑蚕生产的特色产业带，各有特产精品上市。机坊雇工生产，规模很大。北宋仅梓州（今四川三台）就有织户数千家，全国机户（"法人"户）有十万以上。政府往往统购、派销，或征役去国营作坊服务。高级技师的工资比丞相级达官还多。

3. 坑冶户

即坑炉户、矿冶户；亦即坑户、矿户、冶户、炉户（雇佣坑丁、炉丁、冶夫生产）。信州铅山铜矿，共雇矿丁十余万人。宋代王应麟撰《玉海·食货·钱币》（卷一百八十）云："冶场之盛名在于官者：铅山、濛山、石堰、岑水、昭宝、富宝、宝成、宝瑞、双瑞、嘉瑞、大挺、大济、永兴、新兴、兴国、兴利、大富、广富、通利、通济……监务坑井，殆几万计。"从业户数十分可观。北宋全国约有三十万矿冶户，很能说明当时传统工业的发展已达到相当可观的规模，远超工业革命初期的英、法、意、西诸国。北宋的钢产量为英国工业革命后的两倍以上。

4. 纸户

纸坊雇百十纸工生产之；贡纸（纳税）外可自销；但政府得优先"和买"；除写字、作画、印书外，可用纸做靴帽、衣衾、被帐、兵甲。纸甲叠三寸薄绵纸锤成纸板，方寸四钉，极坚固，浸水后五十步外射箭不入；但滞重而不便于奔跑。《宋史·兵志》载康定元年四月，诏江南、淮南州军造纸甲三万，发给陕西防城弓手。仁宗在四川赈灾时，一次发放纸衣十万件。

5. 匠户

有专门技术，从事手工生产的人户。多指金银加工，制玉器、漆器，造纸墨笔砚，印刷，建筑（泥瓦木）等工匠户；编入民户，但官府可凭匠籍随时征差派役；官府也会予以配料制造，预购产品，"和雇"匠夫。

6. 舶户

经营外洋贸易的人户。宋代东南沿海有杭州、明州、泉州、广州等多处对外贸易港口，聚居着中外舶户。宋舶不仅往来东海、南洋，也远航波斯湾，获利颇丰。国家设市舶司管理之。通常细货抽取十分之一税率，粗货抽十五分之一到二十分之一税率。南宋时，海港的年收入就占国家财政收入的百分之二十二以上。宋高宗赵构说：外洋贸易，"岂不胜取于吾民"！

7. 铺户

泛指城镇开设商铺的人户。宋代商铺众多，分工细，系列化。有酒楼、茶坊、客店、包子铺、瓜果铺之类，有鱼行、肉行、牛马行、猪羊行、粮食行、米行之类，有金银铺、彩帛铺、香药铺、书画铺、香烛铺、头巾铺、胭脂铺之类。

铺户有时则专指书铺、书坊。宋版书世界闻名，福建、两浙、江西、四川是当时印刷出版业最发达的地区，写书、编书、印书与销售一条龙经营。

另外，书铺（户）中又有一种由地方政府特别指定的、专门承办公证事务的书坊。政府发给这类书坊特别营业执照，给予专用印鉴。与官长有亲戚关系者、有犯罪前科者、体弱多病无产业者，不得承办。它负责公私委托的法律文书的制作（如诉状的书写、田产婚书等契约的查验、应试人身份家产的担保、为应征召人的事历作中证等）。诉状需严格按照法定程式制作，确保所涉内容真实无误，加盖铺户印鉴，承担法律责任，收取相应报酬。有过错或犯法被勒令停业后，交出执照与印鉴，不得再营业。这减轻了国家的司法成本。

由上可以看出，宋代经济文化产业的高度发达与管理任务的极端繁重。西方直到19世纪以降，靠欧式资本运作加上对全球血腥的殖民掠夺，也未能达成宋代在10世纪靠本土劳力与资源就已形成的如此体量、如此水平的规模产业！奇怪的是：却总有人追问：中国为什么不能产生欧式“资本主义”？似乎全世界的文明形态、经济形态、产业形态、社会管理形态都非得完全同一于欧美的“资本运作”方式才算“符合规律”！

第十一节　宋人的涉外管理

宋初，朝廷就设置了提举市舶司，宋太宗太平兴国初年（976年），又在京师设有榷易院（署），专管对外贸易，后又相继在广州、杭州、明州（宁波）、泉州设立市舶司，史称“三路市舶”。元丰年间（1076——1085），宋政府又颁发了我国古代史上第一个专项“进出口贸易法规”——《市舶法》。

一、市舶法：专项进出口贸易法规

宋代榷易的基本办法是：外商船舶进入口岸后，停在海上，宋政府派市舶官员登舶查验货品，按一定比例（大致细货为十分之一，粗货为十分之二）抽取实物（进口税）。抽取之后，视商品种类，凡属国家统购包销的“禁榷物资”，由市舶司出钱购买，约占全数的百分之三十；其余商品，称“博易物资”，可以由中外商人按市价自行买卖，也可运销内地。来华的外商头领除拜见市舶司或地方政府大员外，一般还安排朝见皇上。皇上（中国政府）要“广被恩泽”，给来客大量“恩赐”，其价值往往超过所“进贡”的东西，为的是让外商觉得有利可图，经常来华贸易。这成了此后元明清对外贸易管理的一个特色。

二、侨民管理

有贸易自然就有贸易管理，有侨居就有侨民管理。涉外管理是宋代警事中的一个组成部分。宋代涉外管理，是在开放心态主导下进行的。早在汉唐时代，长安就专门开辟了外国侨民的居住区，有相应的管理办法。顾炎武在《天下郡国利病书》中写到广州时，曾说"自唐设结好使于广州，自是商人立户，迄宋不绝，诡服殊音，多流寓海滨湾泊之地，筑石联城，以长子孙"。唐宋时称外国人聚居地为"蕃坊"。广州、泉州、杭州、明州、扬州、青州等地，均有这样的蕃坊。住在蕃坊的人，保持着本国的习俗与信仰，但由中国政府任命的蕃长，则必须按中国服饰打扮，"巾袍履笏如华人"。在这里中国人与外国人发生纠纷，依中国法律审理；外国人之间的诉讼，触犯刑律者按中国法律惩处。蕃坊内的一般民事纠纷，依本国习俗处理。

三、维护外商合法利益

中国政府尊重外国的宗教文化。泉州的清真寺建成于北宋大中祥符（1006—1010）年间。北宋末年，还在广州、泉州的蕃坊内建置"蕃学"，是专门的外籍学校。岳飞之孙岳珂在广州时，广交中外友好，常在蕃坊作客，发现外商多富豪，车马舆服与宅舍极为奢华，但宋政府并不以"逾制"加以干涉，尊重他们的生活方式。保护外商权益，整饬贪冒，是中国政府的传统政策。首先是立法保护外商权益，北宋元符二年（1099 年），订立了关于海上贸易防守、盗纵、诈冒断罪法；规定外商船舶遇险时必须救助，并规定了救助办法，如商船为风浪所损，甚而船主失踪，官府也应进行抢救，并登录全部物品，允许其亲属取回。其合法利润，由其自由支配，子孙继承。熙宁年间，广州蕃坊坊长、大食商人辛坤陀富甲岭南，自愿捐出银钱助修广州城，宋政府也没接受这笔钱。当然，有商品交易，就会伴生出贪冒、行贿、走私（当时称漏舶）、漏税等情。宋代贪冒之风相沿不止，政府加强了打击贪冒的措施。宋初即下令撤办那些"罔顾宪章，苟徇货财，潜通交易"的官吏，用重法处置收买蕃商杂货与违禁货物的一切涉外官员，并特别规定外商如遇贪冒官员，可越级申诉，一经查实，即行"计赃坐罪"。

四、市舶之利，颇助国用

宋代上下，都懂得"双赢"的道理，之所以优遇外商外侨，是因为保证正常交往，才可以长期获大利。

宋代开放海外贸易，对于国家的安定、政权的巩固有很大作用，不可低估。历史有这样一些记载，值得我们记取：北宋熙宁九年、十年、元丰元年，在广州、明州、杭州三处口岸自由贸易乳香三十五万多斤，这一项进益高达八十九万余贯，数额之巨，相当于王安石变法时一百八十万贫苦农民的青苗贷款。南宋绍兴十年，仅广州一港的市舶收入就达一百一十万贯，广、泉、明三州外贸平均收入达二百万缗，占国家全部财政收入的百分之二十。宋高宗赵构是个庸人，他也懂得"市舶之利最厚，若措置合宜，所得动以百万计，岂不胜取于民"。"市舶之利，颇助国用"。这种"胜取于民"的认识，比起明清那些主张禁海的君臣来，还是颇为明智的。这与明代中后期的海禁及清人的闭关锁国政策相比，宋元时期的中外交往是值得大书特书的。

第十二节　宋代警事弊害的呈现

据真德秀《明公书判清明集·咨目呈两通判及职曹官》一文讲，当年民有"十害"：即"断狱不公，呼讼不审，淹延囚系，惨酷用刑，泛滥追呼，招引告讦，重叠催税，科罚取财，纵吏下乡，低价买物"。这"十害"都同官吏权势、狱讼投诉相关，可视为揭示宋代警事弊害的一份总纲。下面就以该书为对象作下剖析。

一、宋民有"十害"，皆从吏役来

书中从宗室、官僚、隶役说起，到市民、农民、船户，到佣工、奴仆、帮闲、门客，以至赌场老板、卖卦人、说书人、人贩子、军兵僧道、庙祝娼妓、讼棍仵作、哗徒游手等，一一写来，将其纽结成一股股黑恶势力：他们中有的人蔑视三尺，擅用官称衔名，标揭通衢，勒令民户出钱；有的聚集凶徒，旗锣梆鼓，吹风呵殿，沿门叱喝，索钱索酒，所至鸡犬一空，无异强劫；甚至神佛前的铜钵盂，幼儿佩的小铜铃，也遭胁诈。他们开置柜坊（赌场）、妓院、水功德局，骗诈店户，打荡食肆，扰害市井；他们奸妻夺女，红帏紫幔，以银为枕，霸妓蓄娼；他们虚印钱钞，移易仓库，鼎造大厦，开辟园林；他们欺孤卖幼，占田夺产，宰杀耕牛，强割田稻，砍伐墓木……无所不用其极，呈现出宗法等级制下，以商品经济为纽带、融权钱为一体、编织天罗地网以统治万民的恶性生活秩序。

全书十四卷，居于前列的两卷是"官吏门"，反映的正是一代吏治的腐败，吏役的贪横，可当作南宋一部《官场现形记》去读。其揭示出的重重黑幕，因为都是经过南宋官府确认的案例，具有法律效力，最为信实，任何人粉饰不了，掩盖不住。如写官吏利用执法权力，敲诈勒索，手段极为卑劣。他们"徇人情，坏法度，书信络绎，入金厅嘱托公事，遂使金厅为市易关节之地"。有的县官，公然"轻置人图圄，而付推鞫于吏手"，让受害者依他们预先写成的"草子"供写"罪名"，"及勒令立批，出外索钱。稍不听从，辄加捶楚，哀号惨毒，呼天莫闻。或囚粮减削，衣被单少，饥冻至于交迫"。

书中众多案例，录下了吏人对狱审的负面作用。这些人买卖狱事，可谓肆无忌惮，明目张胆。例如在查处、抓捕人犯时，则必定会抄没其全家，乃至亲邻财产；吏人与豪富勾结，陷害小民，追捕入狱，百般折磨，必致其家产荡尽为止；吏人甘为豪门走狗，为其探听诉讼消息，盗窃诉讼文件；把持诉讼，不问是非，只问钱财；欺瞒要挟上司，乃至怀恨诬告；获罪之后，改名换姓，继续为吏，甚而"以吏充官"，私设监狱、自办法庭，自行征收捐税。有个叫孙回的小吏，累经"编管"，却愈管愈横，竟然伪冒"置充吏"，占据县权，自号"立地知县"，收拾配吏、破落乡司，分布爪牙，竟为苛虐；其弟"孙八王"捉人殴打，辄用纸裹木棒，名曰"纸馄饨"。私押人入狱，其"讯腿荆"至有一二百根。福建有个官氏，竟然"私置牢狱，造惨酷狱具，如蒺藜、槌棒、狱仗、铜链索、手足锁之类，色色有之。最惨酷者，取细砂炒令红赤，灌入平民耳内，使之立见聋聩"。她"家造两盐库，专一停塌私盐，搬贩货卖，坐夺国课"。还"私置税场，拦截纸、铁、石灰等货，收钱各有定例"。她"占人田产，责立虚契，无钱付度。借人钱物，已偿复取。伐人墓林，弃人尸柩"。"夺人之货，殴人致死者有之，胁人自缢者有之。私行文引，捕人拷掠，囚之牢房，动经旬日"。并

"掠人女与妻，勒充为婢；夺人之妻，擅改嫁与恶少爪牙而取其财"。"三十年间，民知有官氏之强而不知有官府；乡民有争，不敢闻公，必听命其家"。官氏次子还用掠夺来的财富，"纳粟得官，今任鄱阳西尉"。某穷县小吏，靠"卖弄死刑公事"，居然计赃达一千六百八十余贯。"抄估其家，悉为寄附，然银犹上一千二百余两，罗绮杂物，估价不下十万，而旧楮、田宅不预焉"。这样高昂的"案值"，汉唐时倒台的皇亲国戚们也会自叹不如；而此等案件竟然发生于南宋的贫困小县！

二、宗室豪绅的横行不法

同样是对宋代社会黑暗污浊的鞭笞，其后的《人品门》之《宗室类》，《惩恶门》之《豪横类》，写宗室豪绅的横行不法，更为怵目惊心。他们"把持一州公事"，无所不为，"居巡、尉之职者，以差头为买卖，借此辈为爪牙，幸有一人当追，则恨不得率众以往，席卷其家，以为己有，理之是非，一切不顾"。那些"狼贪虎噬，种习相传，狞干、黠吏之子，而又冒名郡庠，冒玷乡举，此虎而翼者也"。他们口称"州县无如我何，棒不到我吃"。敢于出入州县，敢于欺压善良，敢于干预刑名，敢于教唆胁取，敢于行赇计嘱，气焰极为嚣张。有些地方豪绅，"俨如官司"，他们"接受白状，私置牢房，杖具枷锁，色色俱有，坐厅书判，捉人吊打"。对于这种人，"官司施行，不能伤其毫毛"，甚至"州县猾吏，匍匐归之"。该书列入"惩恶"一类的丑行，有奸秽、诱掠、奸恶（杀人放火投毒之类）、假伪（卖假药之类）、斗殴、赌博、贩生口（妇幼）、左道、淫祠、诳惑、巫蛊、妖教，以及干预刑名、执持讼柄和讼师讼棍的告讦、妄诉、诬赖等。

最具"时代特色"的案例，是经济犯罪手段的阴险奸巧，出人意表。当纸价降低、伪币泛滥、钱会贬值之时，政府官员的第一职责应是维护市场秩序。然而事实上，第一线的财经干吏们，却把国民生存之"危"转变成了他们迅速致富之"机"，使国家、人民大受损失。江西铅山县一名退职小吏，创设"月敷局"以监纳无名钱："白纳三千石，重科半万筹，却不给朱钞，白状交纳，尤为百姓之苦。"又有一位财经小吏，"当楮价减落之时，不留心秤提，乃只管告恳求助，教为脱去逃避之计，可谓巧矣"。在这种形势下，钱钞、会子、关子、秤提……这些原本是宋代商品经济高度发达、走在世界前列的标志，却全都蜕变成吮吸民脂民膏的吸管，蜕变成极少数强人超额集聚财富的手段了！有李县丞者，一日之内能印制二百石假"会子"。他监临主守而自为盗，把私制的伪钞先以工程投资名义"拨充"于国库，再以"工程起造"的名义逐笔支拨出六百贯入私宅库，用今天的话说，这就是"洗钱"。江西东路的一位大员痛心地说：这分明是"割九州赤子之脂膏，刳四十三县百姓之肝脑，而以肥一身一家"。令人愤慨。

三、人伦败坏，怵目惊心

本书《户婚门》所占比重最大，连同《人伦门》《人品门》在内，其篇幅最多，案例最丰富，反映面最宽广，将南宋社会父子、夫妇、兄弟、叔侄、宗党、姻亲之间围绕着财产瓜分、财产继承等问题展开的惊心动魄的血腥争夺展示出来。土地仍然是宋人最重要的财产，随之而来的典卖土地、豪门兼并的诉讼就大量产生了，其判决占到了本书的大部分篇幅。在那一个个命案面前，我们更清楚地看到了温情脉脉的伦理说教是如何的苍白无力、虚伪空洞了。私有财产的增殖与耗减、分配与再分配，扩及对"女色"的占有与反占有，历来是社会病痛之所在，是犯罪量最大而犯罪表现形式又最繁复、最隐蔽的方面。政府、社会、家庭、个人为之作出的投入也最大，最能伤筋动骨。

四、司法腐败，使百姓不敢打官司

宋代吏人对整个政府的运行是至关重要的，是落实国家制度所不可缺少的环节，尤其是一代审判质量的关键性要素。唯其如此，他们也就有可能成为败坏司法制度的重要力量。依法对其查察处治，是一些清醒的地方大僚所面对的最严肃的使命。他们深知：司法腐败，正是国家病入膏肓的表征，非国手莫治。

当宋政权走向终点的时候，其司法腐败之怵目惊心与有良知、有责任感的大吏们呕心沥血的艰难竭蹶，肯定能给读者以铭心刻骨的记忆，进而唤起对某些社会病痛的深思。其中有一个问题，是古代地方官反复提到的：他们一直在苦口规劝百姓不要打官司。这是怎么回事？当时社会的司法成本有多大？百姓为诉讼活动得付出多大的代价？他们生活在怎样一种法制环境中？他们若不打官司，社会正义能得到维护吗？黑恶势力能得到惩处吗？社会生态会是良性而有序的吗？他们若是去打官司，社会正义能得到维护吗？黑恶势力能得到惩处吗？社会生态会是良性而有序的吗？这都是我们读这本书时所应予以思考的问题。

第十三节　对宋代警事的文化透析

两宋在继承以"尉职网络"主管地方治安的体制之外，又加设了"巡检"网络。巡检是专司地方治安的执行力量。巡检所属有"厢兵""土兵""寨兵""乡兵""铺兵"。他们战时若是上战场的话，固然是"战士"；但平时他们的主要社会角色却是"警士"，他们履行的是"警士职能"，执行的是"警士任务"，接受的是"警士待遇"，非"警"而何？

"巡检"是宋代政治舞台上十分活跃的一支高度制度化、体制化的权威力量，承担着禁卫、治安、狱政等多方面的警事职责，其专业化、专责化程度很高，且是警民一体保治安的，比如有专业消防队、有军巡铺；基层有厢官、寨官，还有保甲。"巡检"人员的行政级别、职责范围与薪俸待遇，都有明确的制度性规定，且可与地方行政官员的品级、待遇等相比照。可以说，宋代，已经从队伍管理、组织机构、吏员级别、职员薪酬、职责内容、勤务方式等各方面保证了"建警"任务的全面实现。这是中国警事史上带根本性特征的历史坐标。

宋代巡检机构的组织与职能的制度化程度在世界范围内也是绝无仅有的，至少可与五个世纪以后欧洲工业革命成功之初的警察队伍相比拟，而就规模体量来说，他们则远远瞠乎其后。由于中国警史研究的极度贫乏，人们对这种存在了几个世纪的古代"警察制度"知之甚少，相关史料应予深入发掘。

　　没有宋代警事打下的根基，很难设想华夏民族能吸纳改造先是辽金、后是蒙元对中原的渗透与统治，很难设想华夏民族能历经磨难进而实现中华民族的大凝聚。宋代经济文化的积淀，使中华文明获得了不可逆转的势头，即使碰上元蒙游牧部族的百年干扰，它也顽强地存在并发展着：中华文明永远不会中断！这里有中国管理文明的历史功勋，历代异族内迁后的民族同化与融合，都是从制度文明开始的，并以它作为保障。

　　宋代判词、案例、笔记所提供的资料，将各方面的极端冲突都展现出来，使人们对宋代，尤其是南宋中后期的社会法制生活有一个多层次、多侧面的鲜活了解。比起小说的编造戏说、艺术虚构来说，它对社会黑暗有更强的穿透力、揭发力。一批名吏能拿起笔来，对他们生活于其中的那个上层社会的阴暗面，作出多层次、多方位的暴露，对社会的病痛作出深切入骨的剖视，并尽其所能、用尽心力去加以纠正、加以救治，实在是难能可贵的。我们还能对他们提出更为苛刻的要求吗？

第十章 辽金元：中华"国家警事"的枢纽期

　　辽（916—1125），开国于阿保机，始称契丹，747年后改称大辽，统治疆域全盛时北抵今俄境贝加尔湖以北，东到库页岛，西到阿尔泰山，南到河北、山西的北部。辽代以临潢府（在今内蒙古巴林左旗内）为国都，号上京，以大定府（今内蒙古宁城县境）为中京，以辽阳府（今辽宁辽阳）为东京，以析津府（即幽州府，今北京境内）为南京，以大同府（今山西大同）为西京。五京是辽国的政治和军事重镇，也是最重要的工商业都会，是各地区的政治中心。

　　金（1115—1234），开国于阿骨打，兴起于黑龙江流域，全盛时占有今东北、内蒙古、华北、西北等地，南抵淮河北岸，北达外兴安岭以北，东北到库页岛，西南到青海湖，疆域非常辽阔。金以会宁府（今黑龙江阿城南）为上京，于1125年灭亡辽政权，1127年灭亡北宋政权后，又以辽阳府（今辽宁辽阳）为东京，以大定府（今内蒙古宁城）为北京，以大同府（今山西大同）为西京，以开封府（今河南开封）为南京，以大兴府（今北京）为中都，金代长期以大兴府为国都。这六座城市，是金的政治军事重镇，是当时的经济文化交通要地，它们又分别是所在地区的政治中心。各京的治安状况，直接牵动全国的治安。

　　元（1271—1368），开国之君铁木真，即成吉思汗，于1206年统一了蒙古各部，建立国家政权。初期占有今外蒙、内蒙古及大东北地区，后来建立了横跨欧亚大陆的蒙古汗国，都城号上都，初在和林，后迁开平。成吉思汗的孙子忽必烈，于1271年改国号为大元，定都今北京，当时名为大都（蒙语"汗八里"，即大汗之城）。1279年灭亡南宋，重新统一了中国。国土面积超过了汉唐全盛时期，是中国历史上一个重要的、由少数民族建立的第一个统一政权。

　　辽金元政权，都是由我国北方少数民族建立起来的政权。这些政权的建立，对于长城内外、大漠南北和广阔的大东北地区的经济开发与社会发展，起了巨大的历史作用。到元代为止，北到大兴安岭，南到南沙群岛，西到葱岭（今帕米尔高原）内外，东到乌苏里江一带，尽管各地发展很不平衡，但从总体上看，都处于中华政治、经济、文化的覆盖之下。

两宋和辽金元是我国警事体制更新的枢纽期。辽金元时代首创的警巡院制、兵马司制、驿站与旅舍管理制；南宋与元代的若干涉外管理制度、海上安全管理制度等。这类法制的确立与运作，都发生在上一个"千年之交"，远远超前于西方国家。

在警事体制上，辽金创建了警巡院制。元代除警巡院外，又特设了"五城兵马司"，使警事业务进一步专责化，其兵马司制更为明清两代所承袭。看来，异质文化可以成为推动体制更新的一支活跃力量。辽金元警事体制与中国历代警事体制的融通性、一致性，承续性，保证了多民族大家庭的持续存在。

第一节　辽金元的警巡院制

周秦汉唐文献中的巡、巡警、警巡原是动词性的，多指禁卫与治安任务。进入辽代以后，"警巡"一词具有了名词性，专指国家实行军事化管理的执法护法力量。他们的出现，标志着古代警史出现了一个枢纽。"警巡"往往是"一身而二任"的：战时，他们是"战士"；平时，他们是"警士"；虽同样有"兵"的名头，但毕竟是两种不同的社会角色，各有任务，各有职责，不应混为一谈。生活中的所谓"军警一体"，即指此而言；但学术研究上还是应当分开去说，这才讲得清楚。

一、耶律重元：辽警巡院的创议者

辽代五京为辽国政治经济重镇，辽人特设警巡院专司五京治安，其名称分别为上京警巡院、中京警巡院、东京警巡院、西京警巡院和南京警巡院。每京警巡院都设一名警巡使与一名警巡副使。辽代地方上又有军巡使，有巡逻之责，主管各地治安。警巡院的创制，是我国契丹族在古代世界治安史上的一大贡献。因为五城分布在全国各地区，五城警巡院的建立，实际上相当于各地警巡院的建立，也就是全国城市警事安全专职机构的建立，这是史无前例的。

警巡院是辽人（契丹人）的首创，并为后来的金元两代所继承。《辽史》（卷一百十一）与《续通志·逆臣传·辽·耶律重元》中记载："先是契丹人犯法，例须汉人禁勘，受枉者多。重元奏请五京各置契丹警巡使。诏从之。"《辽史·兴宗本纪》载：十三年（1044 年）三月丁亥，"以宣政殿学士杨佶参知政事，是月置契丹警巡院"。（这是"警巡院"的最初创立。正与上条记事相呼应。）

"警巡院"建议之始发，是辽兴宗重熙十三年（1044 年）的事。所谓受枉者多，不过是契丹统治者对"汉法"的不满与不适应的情绪反映，但它却意外地促成了我国警制史上的一次重大变革。耶律重元，辽圣宗次子。此人材勇绝人，眉目秀朗，寡言笑，人望而畏之。辽兴宗登位以后，封他为"皇太弟"，意味着他将来有朝一日可以"接班"（也就预伏了祸根）。他一生历北院枢密使、南京留守、知元帅府事等重任。耶律重元身处戎职，却未尝离辇下。上书建议设"警巡院"，很有战略头脑。此人很有作为，但最后还是遭猜忌，终于被打成"逆臣"。假如在西方，他会被尊为"警巡院之父"的。

《御定渊鉴类函·设官部》引《续文献通考》曰："辽无司隶校尉之名，五京各置警巡院，官曰'警巡使'。东京别置'军巡院'，官曰'东京军巡使'。中京别置'巡逻司'，官曰'中京巡逻使'。所掌皆司隶校尉事也。"这一条表明：辽金"警巡使""军巡使""巡逻使"与汉唐的"司隶校尉""京畿采访使"之职在历史上有承袭关系。同时，辽的"五京"，与后来金的"六京"一样，实际上是其境内各行政区划的中心城市，因此，"五京警巡院"的建制，也就是全国"城市警治网络"的正式布建，因而在警事史上具有特别重大的意义。

二、金代的六京警巡院

金国代辽而兴，继承了辽的政治体制。金政权在它的六京——六大中央直辖都会，都建立了警巡院。六个警巡院，同样设有警巡院使、警巡院副使和警巡院判官之职。他们"掌平狱讼,警察别部",并"掌平物价,度量权衡",还要"警巡稽失"。《金史·百官志·诸京警巡院使》载:"诸京警巡院使一员,正六品,掌平理狱讼,警察别部,总判院事。"这条资料一直被中日两国警史学者作为经典性表述来引用。人们恰恰忽略了同条史料中最应该注意的关键词"警巡",反而敏感于"警察"一词,显然是后人把对"警察"二字的习惯性认知带入了古文阅读,于是发生了史料价值之把握上的偏差。正是本条史料明确地昭示出"警巡""警巡院""警巡院使""诸京警巡院使"才是一组名词性概念,它直接指向中国历史上实有的那支执法护法的警巡力量,应引起我们的足够重视。金政权还向各地派出巡察御史,并在险要去处设"散巡检",在基层实行伍保制,这样构成全国治安网。可以看出,金的治安体制,基本上承袭了辽的治安体制,但也吸收了北宋的一些作法,是辽与北宋治安体制的综合。这是很有时代的与民族的特色的。

三、元代的警巡院与兵马司

讲元代的警事体制,必须从元代的整个政治体制讲起。元代的中央统治机构为中书省、枢密院与御史台。中书省为最高行政部门,下辖吏户礼兵刑工六部。枢密院掌兵权,御史台掌司法。元代地方最高行政机构为"行中书省"(简称行省,行是"派出机构"的意思),作为中央机构中书省的派出机构,设官分职一如中书省。省下有路、府、州、县。设总管、府尹、县尹主持事务,同时委派一名蒙古人或色目人任"达鲁花赤"(掌印官),执掌大权。元代的行省建制,对后世地方行政体制影响深远。元代宫廷禁卫由左卫、右卫、中卫、前卫、后卫五卫亲军承担,负责宿卫、扈从、看守、警巡、弹压地方等。这支宿卫亲军不吸收汉人、南人参加,只能由蒙古人、色目人组成。

元代京师警卫治安任务,继承辽金体制,由警巡院等机构负责。元代在旧都上都(今内蒙古多伦南,即开平府)设有警巡院,直属上都留守司兼本路都总管府领导,是专司治安的机构。元都大都(汗八里,即北京)治安任务繁重,特设左、右两个警巡院,归大都路都总管府管辖,各由一名达鲁花赤、一名警巡使、三名警巡副使、三名判官,三名典史及二十五名司吏组成;后来又添设了专管城南治安的大都警巡院，建制与前二者相仿。

与此同时，元政府又设有"大都路兵马都指挥使司"，相当于明清时期的五城兵马司，掌管京城盗贼奸宄的缉捕之事，南兵马司在城南，北兵马司在城北。两兵马司中又各有一个司狱司，掌管囚系狱具之事。至于京师城门的禁卫启闭管钥之事，则由"大都城门卫"专司其职，每门设尉一员，副尉二员。京师共十一个城门，各有官守。大都所属的京县宛平县与大兴县分治京师地面，各县县令、县丞之外，有县尉一员，分管治安；另外，又有三个巡检司，分管京师城关的巡捕盗贼奸宄之事，分别名为南关厢巡检司、东关厢巡检司、西北关厢巡检司。这分厢巡检与组建警巡院等措施，显然是对宋辽金治安体制的继承与综合。元代各县均设巡检一员，以巡察治安。各县由县尉主捕盗，州府由判官主治安，这些与宋代也有相承关系。

唯广大乡村既不同于宋的保甲制，也不同于金的乡里制，元代在乡村普遍推行"村社"的建制，大致以自然村为基础，五十家为一社，选年高有德富于农桑经验者一人为社长，社内建义仓与学校。这一编组严密的地方基层组织，以"劝课农桑"为基本任务，同时主管社会救济、文化教育及风纪与生产互助等；并且在每户田头立牌，写上户主姓名，以便督促和评比生产优劣。这样，比起宋代的"保甲制"来，更能控制人群。

第二节　辽金警事队伍的组织建设

"警巡"一词可说是我国古代警史上的一个居于核心地位的词汇（概念）。它能组成"警巡—警巡院—警巡院使"的概念链条；在由动词向名词转化的过程中，它又承担了比"警察"一词更多的警学信息。首先，它可以将"巡警、巡徼、巡狩、巡逻、巡检、巡捕"等词形黏联串接起来，贯通于整个三千年古代警史中，勾勒出古代警察力量的生动轨迹；其次，它本身作为一个名词性概念，与"巡检"一起，出现在辽金元的政治舞台上，成为9世纪—14世纪间全球唯一的一支高度体制化的专责治安禁卫队伍，^①其意义更为重大。

一、辽代"五京警巡院"的行政职能

《辽史·百官志·五京警巡院职名总目》（卷四十八）载，辽设上京警巡院、东京警巡院、中京警巡院、南京警巡院、西京警巡院。其主官为某京警巡使、某京警巡副使。按：这条资料充分证明："警巡"作为一个名词性概念，是从辽代（926—1115）开始的，其所指对象的职能及其组织程度比 15 世纪—18 世纪间的欧洲人还要高明得多。除严酷的宗教"神治"与"神权"之外，几无"人治"与"人权"可言。另，辽的"五京"，是分布于辽境内的五大城池，五京警巡院的建设，也就意味着全国城市治安网的布建，很有时代价值。

辽代的警巡院与唐代的京师左、右巡^②相比，有以下不同：其一，唐代京师左右巡也维护社会治安，但并不检括城市户口；其二，唐代左、右巡的首长并非专职官员，而以监察御史或殿中侍御史领衔，并且定期轮换。而辽代警巡院的警巡使的职位高于县令或知县，而且平理刑狱、维护治安、阅实户口的职责与知县的主要职责是一致的。因此，辽代的警巡院不仅较唐京师左、右巡职专权大，而且警巡院至少是城市独立行政建制的一种过渡形式，甚至已经成为独立的城市行政实体，辽以后的金、元两代警巡院的行政地位也证明了这一点。

二、金代警制的组织规范化

金代警制是从辽代警制直接继承而来的。完颜亮迁都燕京后，改燕京为中都，

---

① 同期的欧洲恰恰处在宗教钳制的沉沉黑暗之中，巴黎、汉堡、罗马、伦敦、佛罗伦萨、威尼斯这些闻名古城，多数人口也不过在 1—2 万之间，达到 5—6 万就算"大城市"了，其规模也就与当时中国内地的一个小县城差不多，又处在教皇的高压严酷统治下，他们的"城市公共秩序管理"之类的"警务"，怎么可能与人口以数十万、上百万计的中国城市，如汴、杭、苏、扬、泉、广、鄂、荆、宛、洛、成都、大都这类巨型城市的秩序管理相比拟呢？可以说，宋辽金元的警史，书写了同期世界史上最辉煌的篇章。

② 《旧唐书·百官志》记载，唐代两京城内，也设有左、右巡，职责是察纠不法之事。《新唐书·百官志》载："监察御史分左、右巡，纠察违失，左巡知京城内，右巡知京城外、尽雍洛二州之境。"

拓广燕京城池，将辽代南京城中的二十六坊扩建为六十二坊，并沿用辽代的城市警巡院制度。大定初年（1161 年），中都城仅置一个警巡院，称中都警巡院。随着城市职能的完善、地位的提高、人口的增加，大定八年（1168 年），中都警巡院增设为中都左、右警巡院。中都及南京的警巡院设置有警巡使和警巡副使，而东京、西京、北京（大定府）、上京仅设置有警巡使，而没设警巡副使。

金中都警巡院的行政职能以及行政地位进一步加强了。《金史·百官志》载，警巡使为厘务官。厘乃市厘，有整理、治理域市的意思；所以，厘务官实际上就是管理市政的行政官。

金代警巡院警巡使的职责是"掌平理狱讼，警察所部，总判院事"；警巡副使"掌警巡之事"；判官"掌检稽失，签判院事"，并"通括户籍"。而金代县令的职责是"掌养百姓，按察所部，宣导风化，劝课农桑，平理狱讼，捕除盗贼，禁止游惰，兼管常平仓及通检推排簿籍（包括检括户口），总判县事"；县尉的职责是"专巡捕盗贼"。可以看出，警巡使、警巡副使与县令等官吏的主要职责基本一致。至于县令劝课农桑、兼管常平仓等事，在城市中并不存在，所以警巡使无此职责。

警巡院的职能有些类似当今的市公安局，但警巡院的级别却比公安局高。市公安局是市政府的职能部门，从金代警巡使和副使的考课项目和考课内容与县令是大体一致的这一点看，警巡院与县在行政职责上应该是平行的，而不是从属关系。

警巡院有验实与检括户口的权力。金代各级各类的行政机构都专门置有验实户口的司吏。金中都辖大兴、宛平两个县，据《金史·百官志》介绍，大兴、宛平两个县分别设有验实户口的司吏十人，其中一名要同时识女真字和汉字。而中都城市的一个警巡院就设置有十八名验实户口的司吏，其中女真三人，汉人十五人。这表明，大兴、宛平两个县与中都左、右警巡院验实户口是分别单独进行的，两个警巡院负责管理中都城市的各类户籍，而两县则负责验实中都城市以外的乡村户籍。

另外，大兴、宛平两个县与警巡院一样，都向朝廷承担赋役，并且相互独立。这一点可由大定六年（1166 年）五月，金世宗至西京临幸华严寺，诏"云中大同县及警巡院给复一年"的事实来说明。这里将西京附郭县大同与西京警巡院并列，且均给复一年赋役，说明两者并不存在领属关系，而是独立的平行关系。自然中都也不例外。

以上证明，金代的左、右警巡院已经是一个独立的行政实体，专门治理中都城市民事及其他各项行政事务。这个建制一直延续到元代，元代的警巡院也是独立的，与宛平、大兴两县平行隶属于大都的行政单位。元以前的警巡院虽然实际上是一个行政实体，但并没有明确的文献记载，到了元代，历史文献第一次明确了警巡院为正式的行政建置。

《金史·职官志》载："金诸京置警巡院使一员，掌平理狱讼，警察别部，总判院事。副一员，掌警巡之事。"《金史·仪卫》（卷四十二）述及行政官员品级之时说："兵马副都指挥、警巡使，正六品。诸县令、警巡副使，知城堡寨镇，从七品。赤、剧县丞、副都巡检使，正八品。京县、次剧县丞、河桥关渡讥察官，从八品。诸县丞、县尉、警巡判官、副都巡检、巡检、巡河官，正九品。赤县令，从六品。掌养百姓，按察所部，倡导风化，劝课农桑，平理狱讼，捕除盗贼，禁止游惰，兼管常平仓及通检推排簿籍，总判县事。赤县县尉四员，正八品，专巡捕盗贼。中县而下，置丞，以主簿与尉通领巡捕事。下县则不置尉，以主簿兼之。"按：这段材料主要说明了以下三个问题：第一，综合于地方行政机构中的"警力"，主要有两类：一是行政首长，如县长及其佐官县丞、主簿，是地方治安的第一责任人，他们要负责"平理狱讼，捕除盗贼，禁止游惰"等；二是专职"警官"，如警巡使序列、巡检序列、河桥关渡稽察官、巡河官等。后来元代警事制度整合了辽金的警巡制，也吸纳了两宋的巡检制，各取所长，更为完善了。第二，严格的"官品"，标明了警巡制度与警巡内部行政管理的规范化取得了显著成效。第三，关于"县"的提法中，有赤县、京县、剧县、次剧县的区别，它们是按人口多寡、赋税负担、是否冲要来区分的，也是警力配置的依据。

《金史·百官志》载：（金熙宗）皇统五年（1145年）定：京府尹牧、知州、县令等为"长官"；通判、县丞等为"佐贰官"；判官、推官、主簿、县尉等为"幕职官"；兵马司及他司军者为"军职官"；警巡、市令、录事、勘事、勘判等为"厘务官"。按：这是把"警巡"系列的官员明确纳入国家官员编制的记录。同时，它也把"警巡、市令、录事、勘事、勘判"等与"军职官"明确区分开来了。把执法护法部队与战斗部队的职能作了区分，应是警事职能在认识上的一个历史性进步。

《金史·仪卫志（下）》与《金史》（卷五十八）"百官俸给"条，载有下述内容：按察使、大兴府知事、诸副都巡检使：钱粟一十三贯石；米麦各一称石，衣绢各六匹，绵二十两，职田二顷。诸警巡、判官：钱粟一十三贯石，米麦各一称石，衣绢六匹，绵一十两，职田三顷。诸知镇城堡寨：钱粟一十五贯石，曲米麦各一称石。衣绢各六匹，绵二十两，职田四顷。这里讲了警治人员的品级待遇，可与行政官僚的待遇作横向对比。讲待遇、品级，这才是文明社会管理学的正常实施。舍此，任何专责队伍都是不可持续的。辽金警巡都有薪酬，是职业化、专责化的标志，也是管理规范化、队伍成型化的标志。

《金史·百官志》载：贞元元年（1153年），更为北京置留守司、都转运司、警巡院警巡使：正六品。诸县令、警巡副使、知城堡寨镇：从七品。大兴府管勾河桥关渡讯察官，从八品。盐判官、漕运司勾当官、警巡判官，诸县丞、判官、县尉、副都巡检，诸巡检、巡河官：正九品。辽金确立官阶，为的是对"警巡"序列实行正规化、规范化管理。

三、元代警巡院及巡警的品级与薪俸

元代的警制，是宋辽金相关制度的整合，以警巡院制为核心，而辅以巡检制。《元史·地理志》载：至元初（1275年前后），设警巡院三。至元四年，省其一，止设左右二院，分领坊市民事。二十一年，置大都路总管府，户一十四万七千五百九十，口四十万一千三百五十。领院二：右警巡院、左警巡院。按：元初大都在籍人口为四十万余人，其时南宋度宗在位，元政权尚未有效控制全国，元刚刚定都于此，其时北京还有大量"流动人口"，其规模已是当时世界罕见的大都会了。

《日下旧闻考》（卷一百五十五）引《元一统志》载：元初设大都警巡院及左右二院，右院领旧城之西南、西北二隅，四十二坊。左院领旧城之东南、东北二隅，二十坊。大都警巡院领京师坊事。建置于至元十二年，至二十四年省并，止设左右二院，分领京师城市民事。大都警巡院、左右警巡二院，皆秩正六品。按：这条资料讲得分明些，对上条所说的时间也有所订正。

《续通典·职官》载：（元代设有）"大都路兵马都指挥使司，凡二，秩正四品，掌京城盗贼、奸宄、鞫捕之事。都指挥使二员，副指挥使五员，知事一员，提控案牍一员，吏十四人"。同时，在大都路又设有东关厢巡检司，秩从九品。巡检三员，司吏一人。掌巡捕盗贼、奸宄之事。至元二十一年，又置西北厢、南关厢两巡检司，设置并同上。由此可见，元代是综合了辽金的"警巡院制"，同时又部分地吸纳了宋代的"巡检制"。

尽管元代的警巡院已经很发达了，但是，大都南北二城仍然设置有兵马司，兵马司设都指挥使、副指挥使等官，专掌京城盗贼、奸宄、拘捕之事。

历史上的警巡院是专为城市而设置的，由辽代中后期的一个，增加到金代中期的两个，再增加到元代中期的五个，是北京城市规模扩大和城市职能完善的结果。从城市坊的数量来看，辽南京城市共划分为二十六坊，金中都城市则增加到六十二坊，元大都城市更增加到一百三十八坊（其中南城六十二坊，北城七十六坊）。从城市的人口规模来看，辽代中后期南京城市人口约计十三万人，远多于当时一个大县的人口；金代中期中都城市人口增加到约四十万人；元代中期大都城市总人口增加到九十余万人。从城市的地域范围来看，辽南京城市面积仅八十八平方公里，而金中都城市面积扩展到二百一十五平方公里，元大都包括新旧二城，城市面积更扩大到七百一十五平方公里。

城市地位的提高和城市规模的不断扩大，继续依赖附郭县实行传统的治理和统治方法显然已经不够。于是，对城市进行专门管理的行政实体——警巡院就从附郭县中分离开来。因此，北京历史上的警巡院不仅是我国最早的古代意义上的警察机构，还是我国最早的独立的城市行政建制之一。辽南京警巡院的警巡使马人望之所以"京城狱讼填委，人望处决，无一冤者。会检括户口，未两旬而毕"，除了马人望个人的才能之外，警巡院机构的设立和职责的专门化在客观上发挥了积极作用，使社会治理的效率大大提高了。金代和元代对京师中都和大都的城市治理是卓有成效的，这与独立的城市行政实体——警巡院所起的作用有必然的联系。可以说，警巡院在历史上的作用是不可忽视的。

四、元代的兵马都指挥使司（兵马司）

除了在元大都设立两个警巡院外，元政府还设有"大都路兵马都指挥使司"，相当于明清时期的五城兵马司，担任京城巡捕盗贼奸宄等警事活动。南兵马司在城南，北兵马司在城北。两兵马司中又各设一个司狱司，掌管囚系狱具之事。京师城门的禁卫、启闭等事务，由"大都城门卫"专门负责。京师共有十一个城门，都有官兵把守，每个门设尉一员，副尉二员。大都下辖的京县宛平、大兴两个县也担任京师地面的治安维护任务，各县的县尉分管治安，并设有三个巡检司：南关厢巡检司、东关厢巡检司、西北关厢巡检司，分管京师城关地区的治安。各县还设巡检一员，以巡察治安，这些与宋代也有相承关系。

元大都城中的各民族杂处混住，除契丹、女真、渤海等民族久已同汉民混杂之外，作为统治民族，大批蒙古人入居京都，也与汉人相错而居。由于蒙古人尊崇喇嘛教，京畿之间的西藏僧人空前增多。各民族间的密切交往有利于彼此间的文化交流和传统友谊的增长。除此之外，因为蒙古人的三次西征和元朝皇帝在四大汗国中的宗主地位，所以在大都城里，又有大批的中亚各族人民。他们当时被统称为"色目人"，包括康里人、钦察人（吉卜赛人）、斡罗思人（俄罗斯人）、阿速人、突厥蛮人（土库曼人）和伊朗人等，在习惯上他们又往往被统称为回回人。色目人中多系权豪富商。另外，色目人在工匠、军士与驱奴中都占很大的比重，加上远道来自欧亚的商人、罗马的教士和各国的使者，云集辐辏，使大都成为当时重要的国际政治和贸易的中心。

负责城市治安的是大都兵马司，领军兵二千，专司捕盗。

大都城里麇聚着贵族官僚和豪富，也生活着大批穷困的城市平民与地位低下的驱奴，阶级的对立是十分鲜明的。在沉重的差役和高利贷盘剥下的穷苦小民，往往破产而沦为奴婢。阶级的尖锐对立，使大都城中的社会秩序一直是不稳定的。至元初的一年零三个月内，城中即发生强窃盗贼案六十余起。元朝中期，政府为了缓和矛盾而实行的赈粜等措施，依然无法改变日趋尖锐的社会矛盾。因此，大都城内的重大案件一再发生。至元二十八年（1291年），文明街发生了"盗杀银千户"血案。大德六年（1302年），八作司又被盗。泰定三年（1326年），猲獠的盗贼潜入太庙，窃走了武宗的金神主和不少贵重祭器。为了平息动荡的形势，大都的统治者增加了京师的警巡院，并不断充实巡逻的兵丁，以求城中治安稳定。

也许是北方游牧民族的特性使然，元代招募弓箭手，用于维护大都的社会治安。据《元史·兵志》载，"元制，郡邑设弓手，以防盗"。弓手"除捕盗外，不得别行差占"。弓手"出自于民，用之于民"，每一百户居民要选出一名弓手，参加维护治安的活动。中统五年（1260年），中都城市共置弓手四百名。至元十八年（1281年），大都的南城（即金中都）置弓手一千四百名，北城（大都新城）置弓手七百九十五名。而至正九年（1350年）定制，南、北二城均置弓手一千人。

元中统五年（1260年），"验郡邑民户众寡，置马步弓手"。这些弓手来自本州本里的民户，选家中富实丁多、身强力壮者充当，归县尉、判官、巡检等指挥，负责当地"缉盗"事宜，"夜巡逻，禁出入，违者有罪，皆以防盗也"。按规定：州县城池相距五七十里以上，偏远村邑有居民二十户以上者，若设有邸舍可供居停，即需置"马步弓手"或"店舍弓手"，工作报酬由本店负责，保安业务由县尉主管。其关津渡口把隘要害去处，不受五七十里之限，随宜设置。店舍弓手可视为元代客店的专业保安人员。这个制度的实行，标志着元代旅馆业安全管理的专职化，是进步的措施。（《元典章·刑部·设置弓手防盗》）

元代的乡村治安既不同于宋代的保甲制，也有别于金的乡里制，元代在乡村普遍推行"村社"的建制，从而形成编组严密的地方基层组织。"村社"的建制以自然村为基础，五十家为一社，选年高有德富于农桑经验者一人为社长，社内建义仓与学校，社以"劝课农桑"为基本任务，同时主管社会救济、文化教育及风纪与生产互助等。社长在每户的田头立一个牌子，写上户主姓名，以便督促和评比生产优劣。

第三节 夏辽金元的法律制度

夏、辽、金、元的法律制度，既保存了统治民族原习惯法的某些内容，又在很大程度上吸收了隋、唐、宋等汉族政权的立法思想，具有鲜明的民族特点和广泛的兼容性。

西夏正式立国后，元昊为加强专制皇权，实行了立官制、定服饰、制礼乐等一系列政治措施，同时也颁定了一些法律。如公布"秃发令"，强迫国人在三日以内一律秃发，如违令，即行处死，在制度汉化的同时，又加强了民族意识。现存西夏法典有《贞观（1101—1114）玉镜统》《天盛（1149—1169）改旧新定律令》《新法》和《猪年新法》等，均为西夏文。

辽太祖阿保机掌权之初，"庶事草创，犯罪者量轻重决之"，也是权宜立法。神册六年（921年），才开始较全面地制定法律，"制契丹及诸夷之法，汉人则断以律令"，实行两种不同的法律。以后诸君主曾多次"更定法令"，不断增补，主要有兴宗重熙五年（1036年）的《重熙条制》，共五百四十七条，在全国颁行，成为辽的基本法典。道宗咸雍六年（1070年）以后，又对《重熙条制》加以删补，增为八百九十二条，称为《咸雍条制》。道宗大安五年（1089年），因《咸雍条制》过繁，又改行《重熙条制》。

金代初期，"法制简易，无轻重贵贱之别，刑、赎并行"，主要沿用女真族的习惯法。太宗完颜晟（1123—1135年在位）时，才"稍用辽、宋法"。此后，熙宗皇统五年（1145年）颁行的《皇统新制》，是根据女真旧制，兼采隋、唐之制，参照辽、宋之法编成的法典，有一千条之多。海陵王正隆年间（1156—1161），又编成《正隆续降制书》，与《皇统新制》并行。世宗大定年间（1161—1189），又制定《军前权宜条理》《续行条理》，与《正隆续降制书》，合计共有十二卷，一千一百九十条，合编为《大定重修制条》。章宗明昌五年（1194年），谕派大臣详定现行制条，参酌前代律令，采用疏义加以注释，完成后，定名为《明昌律义》，但未施行。以后又迭加编撰，泰和元年（1201年）修成《泰和律义》十二篇五百六十三条，一遵《唐律》，并加以注疏；《泰和令》二十卷二十九篇，以官品、职员、祠、户、学、选举等为篇目；《新定敕条》二百一十九条，分制敕、榷货、蕃部三类为三卷；《泰和格式》三十卷，以六部职掌分类。上述诸律令称为《泰和律令敕条格式》，于翌年颁行。

大定八年（1168年），还制定了《品官犯赌博法》。因赌博获取赃款不满五十贯的，依法用杖责打一顿，但第一次犯禁允许出钱赎罪。第二次犯的，就必须杖责。世宗皇上说：用棍杖本来是责罚小人的。既然是官员，应该懂廉耻，所以要用责打小人的办法来处罚。由于君主总揽国家大权，对臣下和民众享有生杀予夺的权力，言出即法，于是就照此执行了。

蒙古族原来没有文字，因此也没有成文法。成吉思汗用畏吾儿字拼成蒙古语，把自己的训令编为"大扎撒"（意即"大法令"），要求后世严格遵守。但这种"大扎撒"还不是系统的法典，仅仅是蒙古部落的习惯法。蒙古进入中原以后，曾一度采用金代的《泰和律》，直到建立元朝后才着手制定法律，颁布了《至元新格》。但它"大致取一时所行事例，编为条格而已，不比附旧律也"。仁宗（1311—1320）时，又取格例中有关纲纪、吏治的条目分类编成《风宪宏纲》。仁宗延祐三年（1316年），开始对忽必烈以来的条格、诏令和断例加以厘定，英宗至治三年（1323年）完成，定名为《大元通制》，分为名例、卫禁、职制、祭令、学规、军律、户婚、食货、大恶、奸非、盗贼、诈伪、诉讼、斗殴、杀伤、禁令、杂犯、捕亡、恤刑、平反二十篇，以诏制、条格、断例和令类合编而成，共计二千五百二十九条。英宗时还编修了《大元圣政国朝典章》，简称《元典章》。顺帝至正六年（1346年）又颁布《至正条格》，有二千九百零九条之多，故后人评论："元时条格繁冗，所以其害不胜。"

《元典章》现在尚存于世，是研究有元一代政制法制的最基本的文献。该书分前、新两集。前集六十卷，分诏令、圣政、朝纲、台纲、吏部、户部、礼部、兵部、刑部、工部十门三百七十三目，每目还有若干条格子目。新集不分卷，分国典、朝纲、吏、户、礼、兵、刑、工八门，门下分目，目下也有条格子目。《元典章》对于研究元代政治、经济、法律、风俗等具有非常重要的价值，但其中讹误脱漏之处颇多；兼杂方言土语，故不易通读和准确利用。已故著名史学家陈垣（1880—1971）曾校正脱漏一万二千余条，名为《元典章校补释例》，为研究使用《元典章》的必备之书。

夏、辽、金、元的法规大部分已经失传，仅据现存的一些法律文书和史书记载来看，当时的法律主要是以它们本族的习惯法为基础而兼采隋唐法律，具有明显的融合特点。正因为如此，在刑罚方面，仍保留着早期国家法律的残酷性，如辽代的死刑名目中有活埋（生瘞）、乱箭攒射（射鬼箭）、凌迟等，刑讯时可以使用诸如鞭烙、铁骨朵（铁头棒）等审讯手段。金代有凌迟、割鼻截耳等酷刑。元代还把凌迟之刑写入律文，醢刑、族诛等酷刑也经常使用。夏、辽、金、元在司法上的共同点都是对不同民族采用不同的刑罚和量刑标准，这种对不同民族适用不同刑度刑级的作法，一方面是为了照顾到原有的传统，另一方面，也反映了明显的民族歧视。

第四节　元代对弓手、警迹人的法律规范

元世祖中统五年（1263年）决定，沿着州府驿路设置巡马及马步弓手．验民户多寡定立额数。除本管头目外，本处长官兼充提控官。弓手负责巡夜，其夜禁之法：一更三点钟声绝，禁人行；五更三点钟声动，听人行；有公事急速及丧病产育之类，则不在此限，违者笞二十七下。

一、弓手的设置与职责

元制：郡邑设弓手以防盗。弓手是基层治安防范的基本力量，内而京师，有南北两城兵马司；外而诸路府所辖州县，设县尉司、巡检司、捕盗所，皆置巡军弓手，而其数则有多寡不同。职巡逻，专捕获；官有纲运，及流徒者至，则执兵仗导送，以转相授受。外此则不敢役，示专其职焉。国家重视防范力量的建设，连《马可·波罗游记》也称其对保障安全有好处。

州县城池相离远处，其间五七十里，所有村店及二十户以上者，设立巡防弓手，合用器仗，必须完备。令本县长官提调，不及二十户者，依数差补；若无村店去处，或五七十里，创立聚落店舍，亦须及二十户数。其巡军别设，不在户数之内。关津渡口，必当设立店舍弓手去处，不在五七十里之限。于本路不以是何投下当差户计，及军站人匠、打捕鹰房、翰脱、窑冶诸色人等户内，每一百户内取中户一名充役，与免本户合着差发，其当户推到合该差发数目，却于九十九户内均摊。若有失盗，勒令当该弓手定立二限盘捉。

二、元律关于"警迹人"的政策规定

1. 什么是"警迹人"

警迹人：被警惕督察其行迹的人；警迹，是对一般盗窃犯以及刑满释放后仍需监管的对象的一种管束措施，通常为五年期限。

诸犯徒者，徒一年，杖六十七；一年半，杖七十七；二年，杖八十七；二年半，杖九十七；三年，杖一百七。皆先决讫，然后发遣，合属带镣居役。应配役人，随有金银铜铁洞冶、屯田、堤岸、桥道一切等处就作。令人监视，日计工程，满日放还，充警迹人。

诸诈称搜税，拦头剽夺行李财物者，以盗论；刺断，充警迹人。

诸年饥迫其子若婿同持仗行劫，子若婿减死一等，坐免刺，充警迹人。

色目人犯盗，免刺科断，发本管官司设法拘检；限内改过者，除其籍；无本管官司发付者，从有司收充警迹人。

诸僧道为盗，同常盗，刺断，征倍赃，还俗，充警迹人。

诸年未出幼再犯窃盗者，仍免刺，赎罪，发充警迹人。

诸妇人为盗，断罪，免刺，配及警迹人，免征倍赃，再犯者并坐其夫。

2. 对"警迹人"的管理与奖惩

《元史·刑法志（二）》载：

诸有司承告被盗，辄将警迹人非理枉勘身死，却获正贼者，正问官笞五十七，解职。

凡强盗免死，窃盗再犯，皆刺字，籍充警迹人。令村坊常切检察，遇出处经宿，或移他所，报邻佑知。（见《官民准用》，《至正条格》亦同。）

诸窃盗初犯，刺左臂（谓已得财者），再犯刺右臂，三犯刺项。强盗初犯刺项。并充警迹人。官司以法拘检关防之。其蒙古人有犯，及妇人犯者，不在刺字之例。

诸盗贼应征正赃及烧埋银，贫无以备，令其折庸。凡折庸视各处庸价而会之，庸满发原籍充警迹人；妇人日准男子工价三分之二。官钱役于旁近之处，私钱役于事主之家。

诸强窃盗充警迹人者，五年不犯，除其籍；其能告发及捕获强盗一名，减二年，二名比五年。窃盗一名减一半；应除籍之外，所获多者，依常人获盗理赏；不及数者，给凭通理。

籍既除，再犯，终身拘籍之。

凡警迹人，缉捕之外，有司毋差遣出入，妨其理生。

诸警迹人，有不告知邻佑，辄离家经宿，及游惰不事生产作业者，有司究之，邻佑有失觉察者，亦罪之。

诸警迹人受命捕盗，既获其盗，却挟恨杀其盗而取其财，不以"平人杀有罪贼人"论。

另外，《大明会典·吏部（九）·授职到任须知》也要求：新官到任须登录汇报"境内民人犯法被诛者几户，境内民人有作犯非为、已经诛戮者，逐一取勘数目，及所犯是何罪名境内警迹人若干，各开所属境内充警迹人若干，逐一开报"等情。可见此制明代仍在执行。

第五节　元律对刑案误判误决的追责制

《元史·刑法（二）·职制下》载明了元代对司法执法人员的职务要求，其中包含有对错误执法者的"责任追究"条例，现摘抄数则，以示其例：

一、对收理、勘验、侦缉、拘捕、立案程序上失责者的追究

诸有司，辄凭妄言帷薄私事逮系人者，笞四十七，解职，期年后叙。

诸职官，告吏民毁骂，非亲闻者勿问；违者罪之。

诸职官听讼者，事关有服之亲并婚姻之家，及曾受业之师，与所仇嫌之人，应回避而不回避者，各以其所犯坐之，有辄从法官临决尊长者，虽会赦，仍解职降叙。

诸民犯弑逆，有司称故不听理者，杖六十七，解见任，殿三年杂职叙。

诸检尸有司，故迁延及检覆牒到不受，以致尸变者，正官笞三十七，首领官吏各四十七。

诸检尸有司，其不亲临或使人代之，以致增减不实，移易轻重，初覆检官相符同者：正官随事轻重，论罪黜降；首领官吏各笞五十七，罢之；仵作行人，杖七十七；受财者以枉法论。

诸职官，覆检尸伤，尸已焚瘗，止传会初检申详者，解职别叙；若已改除，仍记其过。

诸捕盗官搜捕逆贼，辄将平人审问踪迹，乘怒殴之，邂逅致死者，杖六十七，解职别叙，记过，征烧埋银给苦主。

二、对审讯程序上非法失责者的追究

诸职官辄以微故，乘怒不取招词，断决人邂逅致死，又诱苦主焚瘗其尸者，答五十七，解职别叙，记过。

诸鞠狱辄以私怨暴怒，去衣鞭背者，禁之。诸鞠问囚徒，重事须加拷讯者，长贰僚佐会议立案，然后行之。违者重加其罪。

诸有司承告被盗，辄将警迹人非理枉勘身死，却获正贼者，正问官答五十七，解职。期年后，降先职一等叙。首领官及承吏各五十七，罢役不叙。均征烧埋银给苦主，通记过名。

诸有司受财故纵正贼，诬执非罪，非法拷讯，连逮妻子；含冤赴狱，事未晓白，身已就死。正官杖一百七，除名；佐官八十七，降二等；杂职叙。仍均征烧埋银。

诸鞠狱不能正其心、和其气，感之以诚，动之以情，推之以理，辄施以大披挂及王侍郎绳索，并法外惨酷之刑者，悉禁止之。

诸鞠问罪囚，除朝省委问大狱外，不得寅夜问事；廉访司察之。

诸有司断诸小罪，辄以杖头非法杖人致死，罪坐判署官吏。

三、对拟判、上详、审核、审决中有误而失责者的追究

诸有司故入人罪，若未决者，及囚自死者，以所入罪减一等论；入人全罪，以全罪论；若未决放，仍以减等论。

诸故出人之罪，应全科而未决放者，从减等论，仍记过。

诸监临挟仇，违法枉断所监临职官者，抵罪，不叙。

诸罪在大恶，官吏受赃，纵令私和者罢之。

诸风宪官吏，但犯赃，加等断罪，虽不枉法，亦除名。

四、对监守、执行、行刑程序上失责者的追究

诸有司辄收禁无罪之人者，正官并笞一十七，记过；无招枉禁，致自缢而死者，笞三十七，期年后叙。

诸有司辄将无辜枉禁瘐死者，解职，降先品一等叙。

诸弓兵祗候狱卒，辄殴死罪囚者，为首杖一百七；为从减一等。均征烧埋银给苦主。其枉死应征倍赃者免征。

诸禁囚因械梏不严致反狱者，直日押狱杖九十七，狱卒各七十七，司狱及提牢官皆坐罪，百日内全获者不坐。

诸司狱受财，纵犯奸囚人，在禁疏枷饮酒者，以枉法科罪，除名。

诸主守失囚者，减囚罪三等；长押流囚官中路失囚者，视提牢官减主守罪四等；既断还职。

诸有司在监囚人，因病而死，虚立检尸文案，及关覆检官者，正官笞四十七解职别叙，已代会赦者，仍记其过。

诸有司各处递至流囚，辄主意故纵者，杖六十七，解职；降先品一等叙，刑部记过。

五、死刑判决上的中枢会议和君主裁决制

死刑，即生命刑，历代有不同的处死方法，如赐死（如赐其自缢、饮鸩之类）、绞刑、斩（杀头、腰斩、枭首）、分尸（蛊毒、剜心、车裂、凌迟、锉骨扬灰）；元代的法定刑是绞斩与凌迟。在死刑执行上，又有"立决""缓决""优减""赦免"之类，这一切的最后裁定权的归属，尽管历朝历代有所不同，但涉及"五伦""八议""十恶"的大案要案，通常是由皇帝作最后裁决的；而元代则很早就把死刑的最终核准权收到皇帝一人手中了。中统元年（1260年）五月即下诏规定："今后凡有死刑，仰所在有司推问得实，具情事始末及断定招款，申宣抚司再行审复无疑，呈省闻奏，待报，处决。钦此。"即死刑的最终核准权在皇帝手中，其他刑种则由刑部拟定，中书省核准。

需要说明的是：在死刑裁决权问题上，往古时代的"君主独裁"，不是绝对的，它并不是君主随心所欲的司法行为；在常态下，它也有诸多条件的限制：首先，皇帝也要遵守"国之大法""先王之法"，做到依法判决；其次，命案判决是在"所在有司推问得实，具情事始末及断定招款，申宣抚司再行审复无疑，呈省闻奏"的基础上作出的，这意味着皇帝的"乾纲独断"，其实是建立在一系列法制运作基础之上的；最后，疑难重案，往往要经过多次反复集议，在刑部审议、台省合议、中枢会议之后，形成集体意见，列出争议性问题，书面奏明可供选择参酌的多种处决方案，最终由皇上作决断；钦定之后，只许完全执行，不得再行纷争。这是国家法制运作的一个必要的权威环节。从这个意义上说，它只是死刑审决的最后一道程序、一个十分重要的结案手续，"独裁"的象征意义远大于实际意义；不能把特定情况下皇帝的"淫威"与"国家法制"在常态中的正当运作混为一谈，以彼蔽此。

不过，还得申明：对史料的文本分析，并不能完全说明其时的实践形态。我们在肯定这些文本内容的时候，仍然要思考当时法制生态的实际面貌。这里，我们则不妨看看元顺帝时的名臣苏天爵所言的元代后期法制的败坏，可知事实上与上述层层审核、层层把关的文本规定下应有的"清明狱政"之距离实在太大了：

苏天爵曾任江浙巡按，他写有《禁治死损罪囚》奏本（《滋溪文稿》卷二十七），文中说："自近岁伊始，有司或不得人，以致刑狱滋章，重使生灵凋零，无辜者牵连受刑，有罪者侥幸获免；舞文弄法，悉决于贪奸；肆虐逞威，尤便于皂隶。始则因事以织罗，次则受财以脱放，及闻审囚官将至，却称被罪人在逃；纵欲陈告其取受，却缘本宗事未绝，设计害民，无所不至。其有结案之囚，当使明正其罪。今县未尝申解于州，州未尝申解于路，或畏刑名之错，或因结案之难，不问罪之轻重，尽皆死于囹圄。断遣者既未尝有，平反者盖所绝无！夫庙堂宰辅，唯恐一人失所；而州县官吏，辄敢恣意杀人！感伤天地之和，盖亦莫重于此。近因钦奉诏书，巡行畿甸，询民疾苦，疏涤冤滞，念国家治安既久，本欲生全其民。今中外一岁之中，死者不知其几！其在江南犹稍知惧，结案幸达于中书，判送悉归于刑部；议拟方在吏手，囚徒已死狱中！且重罪飞申，先使知事之元发；有司月报，又欲考事之施行。今皆视为虚文，一切置之不问。"

事实应比这个奏本所说更为怵目惊心。

第六节　元代的旅舍管理

一、旅店管理由来已久

中国从春秋初年起，就已有私营旅舍业的出现。《国语·晋语》上说：晋国宁邑有夫妇二人在大道旁开设了一家"逆旅"——逆是迎的意思，逆旅就是专门迎接客商的馆舍。秦代商鞅变法，决定对旅馆业严格控制并加强管理，要求投宿者交验身份证明——符传，没有符传而投宿，旅客与旅店主人同样要受到严惩。汉唐时期私人旅馆业也非常发达，中间晋朝曾一度酝酿废除私人旅舍，潘岳以《上客舍议》谏止了。而旅馆作为"藏纳亡命之所"，也确实使治安当局十分头痛，于是旅馆业作为一种特殊行业，需要强化管理，也就提上了议事日程。宋代，旅客除交验通行凭证之外，旅店还按《宋刑统》之规定，详细登录过往旅客。著名文人曾巩任齐州知府时，"嘱民为保伍，行旅出入，经宿皆有记籍"。老百姓家中留客，尚有记籍，客舍登记就更不用说了。

二、建立旅店保安力量

元代恢复并拓展了汉唐以来多民族统一国家的辽阔疆域，奠定了明清直至现代中国的版图基础；蒙元地跨亚欧大陆，大力发展东西交通，提倡互市，发展贸易，允许中国人四处经商，招徕西亚人、欧非人来华贸易定居，既极大地带动了旅馆业的发展，也给旅馆管理带来了繁重的治安任务。当时最突出的治安问题有两大宗：首先，旅客鱼龙混杂，许多逃军、逃囚、无业流民夹杂其中，威胁元政府的安宁；其次，客店主人借开店为名，牟取暴利，甚至谋财害命，刑事案件重见迭出，威胁社会安宁。这两方面的问题，决定了元政府的管理对策。

元中统五年（1260 年），"验郡邑民户众寡，置马步弓手"。这些弓手来自本州本里的民户，选家中富实丁多、身强力壮者充当，归县尉、判官、巡检等指挥，负责当方缉盗事宜，"夜巡逻，禁出入，违者有罪，皆以防盗也"。按规定：州县城池相距五七十里以上，偏远村邑有居民二十户以上者，若设有邸舍可供居停，即需置马步弓手或店舍弓手，工作报酬由本店负责，保安业务由县尉主管。其关津渡口把隘要害去处，不受五七十里之限，随宜设置。客舍弓手可视为元代客店的专业保安人员。这个制度的实行，标志着元代旅馆业安全管理的专职化，是进步的措施。①

三、旅客必须合法投宿

文引由本人所在的县司发给，申请人必须如实呈告并填写清楚本人事历、外出情由、随身货物、在外期限、所去目的地等内容。县司接得申请后，要查问邻佑，由当事人具状召保之后证明确实"别无违碍"之处，这才发放文引。其他机关无权发放文引。蒙古军人在军中如因军事行动，可发给特殊证明，但非军事行动的一般公差，也得由县司开具文引。可见元代文引的发放是控制得很严的。文引期满时必须注销，因故必须延长时，持原文引到所在县的县司去倒换一张新文引。凡无文引者，"并不得安下"。② 无法投宿的旅客，势必要露宿、野宿。这时，又有宵禁与巡检，一旦发现，就要被笞打责罚；没有文引或文引内容可疑者，如被接待投宿，主人也要牵连受罚。

1. 旅客住宿，旅店有责任进行登录

元代各旅店备有店历，客商到店，在验明通行文引之后，逐一进行登记，写明旅客姓名、干何生理、来去方向。"天全黑时，管理官员及其书记来舍，将留舍客人逐一点名、记簿、盖印后，闭门，使客安睡"。国家每月查验两次，遇有登录不实情况，"见发之家笞二十七下"，旅店主人要受鞭刑。这一规定，从客店方面防禁了逃军、逃囚、无业流民的窜逃活动，对维护统治秩序自然是有利的。

2. 旅店有责任为旅客保管财物

① 《大元圣政国朝典章·刑部》"设置弓手防盗"等条。
② 《大元圣政国朝典章·刑部》"路人验引放行"条。

客商进店住下时，钱财交店主人保管，客商住店期间购买物件，由店方代为支付，临走一并结账。白图泰在中国旅行时，就了解到这一制度，他说，回教商人投宿于回教客店时，"则该店取客人钱财货物慎为保藏，客人用钱，主人代为之付，诚实可恃，毫厘不欺"。客人离开时，全数交出，若有减少或遗失，主人担任赔偿。[①] 在这个措施下，一般客店信实可恃，可以更多地招揽生意；某些"黑店"也会因此而有所隔碍，难于对客人下手，钱财已当面交付明白，店家自然有所顾忌了。

3. 店家不下单客，客商必须结伴而行，结伴而往

这又是一条既针对可能的逃亡者，又针对欺负单客的旅店主人的措施。由于客店不接受单身商旅，个别逃亡者就无处投宿；由于客商都结伴而行，主人倘若有污辱、谋害旅客之举，自然难于实现。这类措施看来似乎不便于商贾行客，但却是元政府对客店严密管理的一个措施。这比撒手不管客商的安全要好得多。

4. 禁止官员宿娼

元政府规定，禁止官员出差时投宿私门——这里特指私娼、暗娼。当时，娼妓不许在城内开业，而开旅店又往往在城外，商旅往还，络绎不绝，官兵来去，往往而是。于是，一切出使人臣等，每到外路，挟持威势，使酒命妓，招娼陪宿，以为故常。地方偶尔供应不上，还要受其毒打。对此，《通制条格·杂令》说："不畏公法官吏人等，每因差使去处，公明轮差娼妓寝宿。今后监察御史、按察司严行纠察。如有违犯之人，取问明白，申台呈省；其应付娼妓官吏，与宿娼之人一体治罪，仍送刑部标籍过名。"这一条的执行，在那个时代自然是不会认真的。但有这一条，总能说明其时旅馆业管理中，已经注意到娼妓问题，已经将之提到法律高度来处理了，不能不承认这也是一项历史的进步。

当然，元廷对于旅馆业的种种管理措施，有其历史进步的一面，也有其反人民的一面。它所真正限制、取缔、惩罚的流亡者、逃军、逃犯、盗贼之类，往往是小民百姓；而实实在在的社会黑势力并不敢碰，实实在在的统治集团中的腐朽成分并不去惩治，倒是那些走投无路、求告无门的小民、流民才被制裁、被惩办、被镇压。

---

① 参见（摩洛哥）白图泰：《白图泰游记》，宁夏人民出版社，1985年。

第七节　元代的外贸与宗教管理

一、西洋人蒲寿庚坐断宋元海外贸易

元代仍设市舶司、市舶务或市舶场，它们像一串明珠，散落在沿海一带。北起山东半岛的密州、青州，中经古长江口的扬州、江阴、上海、华亭、青浦到杭州湾的澉浦（海盐）、杭州、宁波及温州，南到闽广一带的泉州、福州、漳州、潮州、广州与交州（今越南境内）等，它们奠定了今沿海沿江城镇的规模，带动了南方经济的发展。这时，与中国有海上交往的国度或地区，有日本、朝鲜、菲律宾等国，南洋群岛各国，南亚次大陆各国，阿拉伯半岛各国，东非海岸各国及环地中海各国。交往的地域范围如此辽阔，在世界史上也是值得称道的。

南宋后期，任命蒲寿庚提举泉州市舶司，主持海外贸易三十余年。蒲寿庚是阿拉伯商人（或说是欧洲人）的后代，幼年随祖父从占城（今越南中部）移居中国。他精通海上贸易，本人成为东南第一巨富。其婿办理之进口货物先后也达八十艘海舶之多，积资过亿。元军攻下临安（杭州）后，南宋君臣曾想依凭泉州市舶司的雄厚经济实力进行抵抗，然而，蒲寿庚向元兵投降了。元政府十分重视蒲寿庚的作用，继续任命他主管东南海外贸易。同时，又责成降元的汉人留楚炎、李晞贤等仿宋《市舶法》制订《大元市舶司刑法》，健全了外贸管理体制，完善了外贸管理法规。这样，中外海上交往，就不仅未因宋元易代而有所中断或有所挫折，相反，却更加蓬勃地发展起来了。

元朝对西方和阿拉伯世界的社会各界形成了巨大的吸引力。

元朝是当时世界上最强盛的国家。波斯和一些阿拉伯国家，当时受蒙古伊尔汗国统辖，同元朝关系密切；中国的匠师、医生去到那里，把火药及其使用法也传了过去。波斯天文学家札马剌丁来到大都，带来了天文仪器和回回历法，左管

天文历法的机构中任职。他还制造了浑天仪等七种天文仪器。在元朝的秘书监中，保存了不少阿拉伯人关于天文历法、仪器制造和医学药物等方面的著作。意大利传教士约翰·孟德高维诺曾在大都居住近三十年，建教堂三所。基督教教士还曾出入宫廷，举行宗教仪式。此外，到过中国的摩洛哥旅行家伊本·白图泰，曾对大都进行了生动的描述，为中非文化交往留下了珍贵的资料。当时，上都、大都、杭州、泉州、广州等城市已具有国际化都市的色彩，泉州港成为当时世界上最大的对外贸易口岸。旅行家、商人、传教士、政府使节和工匠，由陆路、海路来到中国，他们当中的部分人长期旅居中国，有些人还担任政府官员。据统计，这些人分别来自波斯、伊拉克、阿速（亚述）、康里、叙利亚、摩洛哥、高丽、不丹、尼泊尔、印度、波兰、匈牙利、俄罗斯、英国、法国、意大利、亚美尼亚、阿塞拜疆、阿富汗等国。归国后一些人记录了他们在中国的见闻。正是这些游记，使西方人第一次较全面地掌握了中国和东方的信息，一个文明和富庶的中国真实地展示在世界面前。这些信息改变了欧洲人对世界的理解和认识。学术界普遍认为，马可·波罗等人的著作对大航海时代的到来产生了至关重要的影响。在大量阿拉伯人、欧洲人涌向东方的同时，中国人的视野也更加开阔，对周边国家、中亚、南亚和印度洋地区的了解更加清晰，足迹甚至延伸到西亚和西欧。

二、为了安全与双赢：海外贸易的管理与立法

元代统一中国之后，首先在泉州设市舶司，然后在广州、杭州、庆元（明州即宁波）、温州、澉浦（海盐）、上海等口岸建立市舶司。元政府放宽了外贸政策，废除禁榷制度，外商来到，只抽解其货物的十分之一到十五分之一，其余商品一概自由经营。主要从事对外贸易的港口泉州，地处广州与杭州之间，位置适中，发展很快，到元初，泉州已成为当时世界上最大的商港，可与亚历山大港媲美。元政府明文申禁市舶官员私托外商购买进口物资；也不允许市舶官员故意压价自行折卖，或借查验之机接受"呈样"（其实是贿赂）；规定中外商舶一律凭"公据""公凭"进出港口，从事商贸。无证贸易，"告捕治罪，货物没官"。为了防止海盗，商舶出洋，可带自卫性武器刀剑弓箭与铜锣，但一抵口岸，则需交给市舶司代管。商旅在内地经营，则将货品一一登录交柜，由所投宿旅馆代为保管

与出纳，至期交验结账，十分安全可靠。

《元典章》中说过：元世祖也认为"有市舶司的勾当，是国家大得济的勾当"。这种"大得济""胜取于民"的认识，比起明清那些主张"禁海"的君臣来，还是颇为明智的。

三、元代宗教管理：一视同仁

元代是中国历史上唯一明确提出宗教信仰自由的王朝，当时世界上的主要宗教在中国都有活动场所和信徒，这在整个欧亚大陆是绝无仅有的文化现象。它又是中国历史上思想文化禁锢最少的王朝之一，目前尚未发现元代人士仅仅因言论文字遭受不幸的实例。元代佛、道盛行，蒙古王廷尤崇藏传佛教。元世祖忽必烈尊西藏佛教大师八思巴为国师、帝师，授以玉印。至元初年，立总制院，由国师统领。至元十七年（1280 年），立都功德使司，"掌帝师所统僧人并吐蕃军民事"。（《元史·世祖纪八》）至元二十五年（1288 年），总制院更名宣政院，不仅统领全国的佛教寺院，并管辖西藏一切政教事宜。在地方还设"行宣政院"，分管地方僧务。天历元年（1328 年），废行宣政院，改在全国设立十六处广教总管府，以摄僧尼之政。

元代佛教寺庙本身还设官，并置产收税，营建修缮。中央设太禧宗禋院，"掌神御殿朔望岁时讳忌日辰禋享礼典"，并对全国寺庙"凡钱粮之出纳，营缮之作辍，悉统之"。（《元史·百官志（三）》）全国道教事务由集贤院掌管，"掌提调学校、征求隐逸、召集贤良。凡国子监、玄门道教、阴阳祭祀、占卜祭遁之事"。（《元史·百官志（三）》）伊斯兰教也随着大批中亚各族居民来华而盛行。中央曾先后设立过回回哈的司、回回掌教哈的所。这个机构除掌教念经及为国祈福外，还一度全面掌管回回人的刑名、户婚、钱粮、词讼等。

元朝与欧洲各国通使密切，不少基督教徒（当时称"也里可温"）东来。中央为管理基督教，先后设置过崇福司、崇福院，"掌领马儿哈昔列班、也里可温、十字寺祭享等事"。当基督教兴盛时，曾在全国设也里可温掌教司七十二所，延禧二年（1315 年）省并。

第八节 对元代警事的文化透析

辽金元时期警巡院制的确立，表明我国警事管理的组织体制化与管理规范化已提上了日程。"警巡"是辽金元政治舞台上一支十分活跃的高度制度化、体制化的力量，承担着禁卫、治安、狱政等多方面的警务职责，其专业化、专责化程度极高。辽金元时期的"警巡院""巡城御使""兵马都指挥使""勾当左右厢公事"（又称都厢）等机构的组织、职责、功能之间存在着专业关联性、一贯性。元代又有旅舍弓手（保安、保镖）之类。而且，警巡人员的行政级别、职责范围与薪俸待遇，都有明确的制度规定，可与军队及地方行政官员的品级、待遇等相互比照。可以说，辽金元时代，已经从组织机构、吏员级别、职员薪酬、职责内容、勤务方式等方面完成了"建警"任务，这是中国警务史上带根本性的历史坐标。

辽金元警事组织与职能的制度化程度，至少可与四个世纪以后的欧洲警事相比拟；就规模体量来说，也让其无法望其项背。由于中国警务史研究的相对贫乏，人们对这种存在了几个世纪的古代"警察制度"知之甚少，相关史料仍有待深入发掘。

第十一章　明代：国家警事的推进与破败

宋元以来，我国经济体制内部的商品经济获得了长足的发展，东南沿海一带的近代经济开始萌动，新的意识形态、新的政治要求也在孕育躁动之中。商品经济空前发展，市民阶层登上政治舞台，既向国家警治提出了历史新课题，也带来了警事变革的历史新契机。前述宋辽金元时期，由于城市体制的变化，当时的统治集团均因应形势，对汉唐警事体制作出巨大变革，取得了积极成果。然而，明代统治集团没有这个气魄，面对新的社会变动，只有镇压与摧残的一手，而没有顺应它、引导它、管理它的能耐，但却也无碍于明代城市经济、城市文化的发展。

明代，中国民众首创了罢工罢市、游行示威等和平合法斗争的手段，知识分子集体干政，集会结社，出现公民警事自理的苗头；明政府一面着力于强化对社会基层的警事管理，一面动用体制外的力量深度介入社会经济文化生活，严控知识群体的有组织活动。这一切，无论是正面的还是负面的，都在世界制度文明史、警事文明史上留下了深深的印记。

第一节　国家警事面临新局面

明代，东南沿海城市经济迅速发展，密集的劳动力群体自然会产生新的政治要求，新的生活要求。到明代中叶，新兴市民阶层便已形成一股强大的时代冲击波，震撼着统治秩序。这是社会公益、社会正义、社会舆论形成的社会基础，因而构成历代以单门独户为管理对象的"旧式警事体制"所难以对付的新生社会力量。

一、新兴产业促进市民阶层的崛起

明代，东南沿海城市经济迅速发展，南京、扬州、苏州、松江、杭州、广州，佛山镇、武昌镇、景德镇，都以生产发达、市场繁荣著称于世。松江府投放市场的棉布"日以万计"，苏州"郡城以东，皆习机业"。（明·归有光：《归震川先生文集》）景德镇"广袤数十里，业陶数千户……万杵之声殷地，火光烛天，夜令人不能寝"。这个时期，造船业、丝织业、棉纺业、制茶业、制瓷业、矿冶业、制盐业等行业高度发达，并在相应地区形成相对密集的特色产业，以中心都会为核心，带动广大农村腹地，汇成一种前所未有的生产力。生产者、经营者们在比产量、比质量、比营销、比运输、比技能的大规模竞争活动中，早已突破自然经济状态下个体经营、封闭保守的千年旧习，形成了相互依赖、相互联结的利益共同体，出现了以私营作坊、手工工场为基地的劳动力密集组合和以行会为纽带的利益集团。其中任何一个环节的异动，都会直接牵动广泛的产供销系统而作用于整个社会。大量失业农民进城谋生，在"出卖劳动力"的新型雇佣体制下向"产业工人"蜕变。这些一无所有的人被高度组织起来，机器设备成了他们的生存依靠，他们对社会经济变动保持着极度的敏感；他们最善于做有组织、有目标、有计划的群体斗争。

二、新的城市生态孕育新的抗暴手段

市民是对在城市中从事各种行业的经济文化活动的居民的总称。市民阶层的生活方式与思想意识与传统的官绅地主、文人士子、农夫商贾都不一样。市民阶层是城市商品经济发展的产物，是两宋以来城市的经济职能不断强化的结果。它既是城市消费经济的直接生产者，又是消费文化的直接参与者，是一个新型的利益共同体。市民阶层有自己的政治经济文化要求，形成了一股新的社会力量。它已经意识到自己的特殊利益，能够广泛采用罢工罢市、结社集会、游行示威等和平手段与统治者进行合法斗争，维护社会正义与自身的权益。这是传统静态警事模式所绝对适应不了的。明代市民阶层的崛起，是明代城市治安管理遇到的巨大新课题。

同时，城市经济发展后，市民的生活方式也发生了深刻变化。城内除工商产业外，社会服务性行业更见兴隆，赌场、妓院、酒楼、茶社、戏馆、饭庄、旅店、当铺、银号、柜坊……应有尽有，不应有的也都滋生出来了，它们不能不深刻地改变着城市生态与市民心态，人们的生命追求、审美意识发生了根本性的改观。物欲的膨胀随着少数人财富的高额积累而呈几何级数的上升，也不能不加剧由社会的不平衡而带来社会成员间的激烈冲突；而活跃于消费经济、消费文化中的幕僚政客、文人士子、师爷家丁、奸商牙侩、江湖艺人、闲散军卒、社会流民、帮闲伙计、僧尼丐帮，又构成了城市生活的另一股势力。他们成分最复杂、思想最易变、行为最敏捷，而破坏力也最明显，成为孕育新型治安事故的温床。

市民的生活方式与斗争形态直接关系到明代的警治，影响了明代的政局。明政府面对历史新课题，其对策是大搞严刑峻法和宦官政治下的特务统治，希图靠体制外的恐怖侦缉与暴力惩治手段，来应对这一新的社会潮流，结果却葬送了明政权。

第二节 走向严酷的明代立法

明统治集团很懂得运用法律手段来管制社会，其立法活动可以说是集汉唐宋元之大成而更加严酷，有律、诰、条例和会典等种种名目。

一、明代高压政治的文武两手

明代统治阶级对社会失去了往日的控制力，除了暴力钳制与镇压之外，已经拿不出更有效的措施了。尤其是知识分子的斗争与市民风潮结合起来的时候，旧有的警事体制一筹莫展，苍白无力，于是统治集团就只剩下一手：镇压！

明代统治集团把传统的文武两手都推向极端，以此来维持其统治秩序：一是强化意识形态钳制，扼杀一切民主性的精华，发挥专制文化对社会的毒害力。他们大搞文字狱，镇压社会正义力量；大搞文化的"集大成"，转移社会的关注点。同时又综合唐宋元立法的各种形式和相关内容，确立起律、令、诰、例、典并用的体制，使立法普遍严酷化，强调刑法对社会生活的全面威胁；二是强化各级政权对民众的弹压功能，一面大搞宦官政治，依靠特务实施恐怖统治；一面普遍组建"民团"，协同驻军对地方实施弹压；组建保甲，使基层民众生活在高压政治之下。

二、律、诰、条例、会典的编制

明代律、诰、条例与会典是传统律学和立法形式发展的结果，更是明代统治阶级加强刑法镇压、严密法网的需要，正是中华警事在立法方面高度强化的体现。

1. 制定《大明律》

《大明律》是明朝的根本大法，它是在明太祖朱元璋亲自参与下，历时三十余年编纂而成的。早在明朝建国之前的吴元年（1367 年），朱元璋总结了"唐宋以来皆有成律"的经验，强调立法的重要性，特于是年十月令右丞相李善长等议律。此次修律以《唐律》为基础，承袭《元典章》的体例，依六部为序，共成二百八十五条：《吏律》十八条，《户律》六十三条，《礼律》十四条，《兵律》三十二条，《刑律》一百五十条，《工律》八条，改变了唐宋律例体制。在制律的同时，还编定了一百五十四条"令"，取名"大明令"。洪武六年（1373 年）冬，朱元璋又令刑部尚书刘惟谦等人详定《大明律》，并"亲加裁酌"。洪武七年（1374年）二月，颁行天下。颁行二年后，朱元璋觉得此律"犹有未当者"，自洪武九年（1376 年）始，又令再度修订，历时二十余年。洪武三十年（1397 年）颁布，成为一代定制。《明史·刑法志》说：修改后的《大明律》共三十卷四百六十条，较《唐律》精减。它将《名例律》冠于全律之首，内容大致袭自《唐律》。以下则按六部为序：《吏律》分《职制》和《公式》二卷；《户律》七卷；《礼律》分《祭祀》和《仪制》二卷；《兵律》五卷，含军政、关津、宫卫、邮驿等；《刑律》十一卷；《工律》分《营造》和《河防》二卷。据考，朝鲜李桂成时代的《刑典》和《刑法大全》，日本明治时期的《改定律例》，越南阮世祖时的《嘉隆皇越律例》和宪祖时的《钦定大越会典事例》等，都直接援用或抄自《大明律》。[①]

2. 编辑《明大诰》

在朱元璋看来，《大明律》的编纂还不能满足其"重典治世"的需要，因此自洪武十八年（1385 年）至二十年（1387 年），他又先后亲自制定了带有特别立法性质的《明大诰》四编，用以惩办臣民的"严重犯罪"。它是朱元璋以"民狃元习，徇私灭公"为由，"采辑官民过犯"的典型案例，亲自编定的，共计二百三十六条。《明大诰》与前代封建王朝的法典相比，有以下几个特点：

第一，它以惩治官吏为重点。凡是官吏沉匿卷宗案牍、伪造御玺文书、交结近侍、假公科敛、贪赃枉法、逃吏更名等都被列入死罪，分别处以凌迟、枭首和腰斩等酷刑。

第二，巧立罪名和滥施酷刑。如诡寄田粮、倚法为奸、鱼课扰民、黥刺在逃、寰中士大夫不为召用等行为都被列为重要犯罪；同时还规定了凌迟、枭令、族诛、

---

① 参见杨鸿烈：《中国法律在东亚诸国之影响》，商务印书馆，2015 年。

剥皮、弃市、墨面文身、挑筋去指、挑筋去膝、抽肠刷洗、斩趾枷令和枷项游行等繁多酷刑，其中许多本已废不常用，而他统统恢复了。《明史》在论及《明大诰》时写道"所列凌迟被诛者，无虑千百，弃市以下万数"，甚至创有"戴罪还职"工作的惩罚，以致出现公堂上下皆为朝廷囚犯的怪现象。

第三，定罪量刑不区别犯罪情节。如贵溪县儒士夏伯启叔侄二人自截左手大指，即被判定"不为君用"的罪名，枭令抄家。在《大明律》中"违限不纳夏粮"仅判杖一百，在《大诰》中却要判凌迟处死。这种轻重不分、首从不分、过失与故意同罚的案例充斥于整个《明大诰》中。

《明大诰》的颁布，集中体现了明朝君主专制集权的高度强化，反映了明太祖朱元璋"重典治世"的个人意志，因而对明代的恶劣政风起了极大的影响。

3. 条例的删修

用例之风始于唐代，盛行于北宋末年，明统治者进一步发挥"例"的作用，使其成为律诰之外更加灵便的法律武器。明代的"例"亦称条例，包括判例和事例两种，其中的事例指朝廷官员就全国性大事或一时一地之事，从法律的角度向皇帝奏请核准而颁行的单行条令。它与律的区别主要在于：律是万事常法，"例"是"一时权宜"。由于例逐年累月不断增加，为了消除条例之间前后重复和矛盾之处，编例活动便应运而生了。洪武时期便有了《真犯死罪决不待时秋后处决条例》和《赎罪条例》等条例汇编。成化十八年（1482年），宪宗首肯《挟诈得财罪例》。弘治十三年（1500年），孝宗正式诏命刑部尚书修《问刑条例》。至神宗万历十三年（1585年），刑部尚书舒化等受命以历代《问刑条例》为基础，采取嘉靖以来的诏令，以及《宗藩军政条例》《捕盗条格》和《漕运议单》中与刑名相关的部分，编成《问刑条例》三百八十二条，附于《大明律》之后，作为律条正文的附注，合称《大明律附例》，从而形成了律例合编并行的律典新体例。

4.《大明会典》的编纂

"典"作为封建国家一种正式的法律形式，始于唐代开元年间编成的《六典》，史称《唐六典》。《大明会典》就是一部仿照《唐六典》体例编纂成的行政法规。洪武十三年（1380年），朱元璋废除中书省后，中央政权体制发生了重大变更，行政法律关系亦随之趋于复杂。为此，英宗正统年间开始编纂《明会典》，于武宗正德四年（1509年）编成颁布，世宗嘉靖二十八年（1549年）校勘增补；神宗万历十五年（1587年），又一次校勘增补，这就是常见的《大明会典》。《大明会典》的内容以文武职官衙门为纲，分述各行政机构的职掌和事例，职掌源于历代律令典籍，事例则是采集历代条例而成。由于它汇集了明代官修的《诸司职掌》《皇明祖训》《明大诰》《大明令》《大明集礼》《教民榜文》《大明律》《军法定律》和《宪纲》等的内容，因而具有法规大全的性质。

明代律令日趋严酷，加剧了社会不安。以此作为警事活动的法律依据、权力源泉，不可能为社会提供安宁秩序。想想看，当凌迟、枭令、族诛、剥皮、弃市、墨面文身、挑筋去指、挑筋去膝、抽肠刷洗、斩趾枷令和枷项游行等繁多酷刑明载于律令之时，哪里还会有良性治安可言？

第三节　特务统治：体制外的强力部门

在社会剧变面前，明代警事实行的是另一种"双轨制"：一是传统的国家行政系统，包括各级政府主管警治禁卫安全的职能部门，遍布全国的监狱、军队直至地方民团，用以管理社会治安，防范与惩治各种刑事犯罪，弹压与消灭任何反政府的政治力量及其武装造反活动。一是推行宦官政治下的特务统治，组建国家权力体制以外的特务机构，公开运用恐怖侦缉手段，对付市民阶层崛起后新的治安形势，借以维持其专制独裁统治。其打击的对象便是群体干政的知识分子和群体游行示威的市民大众，因而也就遇到了最强烈的抵抗。

一、五城兵马司的创设

明初，建都南京，降元大都为北平府治，裁撤了元代诸警巡院。永乐十九年（1421年）正月正式迁都北京，并按照南京城的例子，把北京城划分为东、西、南、北、中五个城，^① 每个城设兵马司，并实行御史监察制度，形成了明代的"巡城察院"。"巡城察院"与警巡院名称不同，但与元大都的五个警巡院并无实质区别。城下分坊，坊下设牌，牌下置铺，以居民多寡而定；从而形成了明代城市管理的新体系。五城与顺天府及大兴县、宛平县两个京县协同处理。其中宛平县还在西郊设五平口、石港口、齐家庄、卢沟桥四个巡检司，各由一名巡检带领弓兵"缉捕盗贼，盘诘奸宄"。

五城兵马司巡查地区北到居庸关，南到南苑，西过卢沟桥，东到通州，负责缉捕盗贼，维持秩序，查察户籍，疏理街道沟渠，看押人犯，查禁私盐，追赃，夜巡，防火，救火。"凡军民人等在街市斗殴及奸淫赌博，撒泼抢夺，一应不务生理之徒，俱许擒拿"。其任务是十分繁重的。后来又添设了"巡捕营"，有官军一万多名，马匹五千六百多头，专门负责夜间缉捕盗贼之事；同时，在京城的各个角落设置巡捕厅，有内东巡捕厅，设在澄清坊内；东北巡捕厅，设在朝阳东直门外；内西巡捕厅，设在金城坊内；东南巡捕厅，设在崇南坊内；西南巡捕厅，设在宣北坊内。这样，明代京师就形成了一套由巡城察院—五城兵马司—巡捕厅组成的警事体系，与地方顺天府及大兴县、宛平县两个京县协同维护京师治安。清·秦蕙田所撰《五礼通考》引《明会典·嘉靖十八年南巡仪注》说：兵部奏请"皇城四门、京城九门、大明门外，两边合用守门文武大臣各一员，坐边官侯伯二员，增设守门官、军用科道官，点闸京城内外巡捕官军行营。再选有马官军三千员，各分为两班，酌与五城地方与同旧有官军巡边"。按：这条资料对明代京城的巡捕活动与巡捕组织一并作了交待。所说"皇城四门""京城九门"的"守门官"之类的设置，很容易让人想到此前宋代的"城厢制"与此后清代的"九门提督"等制度，恰好标示出不同王朝的禁卫活动有互相沿袭的历史轨迹。

另外，京师驻屯禁卫部队负责弹压地方，参与巡捕事务。在明中期以后，锦衣卫也被授予巡逻京城、抓捕盗贼的职能。明代重兵驻守京师，首先是二十六卫宿卫亲军，另有由五军都督府管辖的四十多个留守卫"相兼轮值"，守门与巡夜是其主要职责。其中，锦衣卫亲军担任侦查缉捕事宜，是皇帝直接指挥的特务队，

---

① 所谓五城，是将京师划分为中城（在正阳门里，皇城两边）、东城（在崇文门以里）、西城（在宣武门以里）、南城（在正阳、崇文、宣武三门以外）、北城（在北安门至安定、德胜门里及北关外）五个区域。中城兵马司的衙署在仁寿坊内，东城兵马司的衙署在思诚坊内，西城兵马司设在咸宜坊内，南城兵马司设在宣南坊内，北城兵马司设在昭回靖恭坊内。

有六万多人之数。

明中期以后，皇帝经常派遣提督锦衣卫和东西厂的宦官首领监督城门守卫。守城官军的士兵来自亲军卫，有时也从京师三大营中选拔士兵补充。皇宫守卫之职都是由亲军都尉府卫士完成的。卫士执勤或随驾前，要到宫廷掌管印信的机构尚宝司领取金

明代夜巡牌

牌。这种金牌是特制的，长一尺，宽三寸，铜制镀金，以仁、义、礼、智、信五字为代号，两面都用篆文书写，一面标志"守卫"字样，一面标志"随驾"字样。下勤和完成随驾任务后，卫士要将佩戴的金牌交回。

农民出身的朱元璋确立了一项制度，就是把人民牢牢地固定在土地上，不许随意流动。规定所有交通要道设立巡检司，负责盘查往来人员。凡是离开居生地的人，必须手持路引（即由当地衙门开具的凭证），没有路引的人将被逮捕。所有人员进入京师都必须事先获得所在地方官署的路引，经巡检司按验，商船往来则由津渡巡检司查验。对于京师往来人员的巡查，就更显得重要。明中期以后，京师盗窃事件多发，皇帝经常调派京师团营参与巡捕，并制定了相应的捕盗条例。

二、明太祖开特务统治之风，创设锦衣卫

明太祖搞个人独裁，直接控制司法权，迭兴大狱，亲自审囚，一案持续十数年，牵连几万人，枉死者不计其数。他在洪武初年，就设"检校"一职，搞特务活动；洪武十三年（1380 年），以宰相胡惟庸谋反为借口，废除宰辅制，析中书省之职权归六部，而将全国政务都集中到皇帝一人手中，搞起了中国历史上最彻底的独裁制。

他一人当然无法监理天下臣民，又不信任任何一个朝廷官员，于是便让身边的心腹亲信去办理政事，开宦官政治之风；同时又立下不许宦官识字、干政的"禁约"，既用来遮掩天下人耳目，又让这批"恶狗"不生"大智慧"，只知

依令行事，便于操纵。他怕因此而惹得臣民不满，于洪武十五年（1382年），组建亲军锦衣卫，建镇抚司狱，搞起了侦察审判。锦衣卫全称是"锦衣亲军都指挥使司"。随后又组建了旗手卫、府军前卫等禁卫组织，共组成了十二个"亲军卫"，总称为十二卫。锦衣卫长官"指挥使"由皇帝的亲信心腹担任，其下领有十七个所和南北镇抚司，设官有千户、百户、总旗、小旗等名目。其最重要的职能就是侦缉和纠察皇城内外的"非法事端"。明廷本有刑部、都察院、大理寺等司法机构，锦衣卫却超越于这些国家机构之外，锦衣卫的缉察和刑狱职能，不受朝廷司法机构"三法司（即刑部、都察院、大理寺）"的约束，秉承皇帝个人意旨，秘密办案，运作上有很强的独立性，成了权势熏天的单位。

锦衣卫是明代皇帝发明的禁卫军与秘密警察合一的御用机构。锦衣卫除了奉旨拿人以外，就是出宫侦刺、接受告密、缉捕所谓奸恶之人。其侦刺的地点和对象不受限制，因而很容易变成黑暗和腐败的魔窟。明代皇帝特别设立了廷杖制度，以对付那些触怒自己的大臣，就由锦衣卫执行。不仅大施五毒酷刑，诸般刑法也都是一道道鬼门关，诸如琵琶刑、挺棍、脑箍、烙铁、一封书、鼠弹筝、拦马棍、燕儿飞、灌鼻、钉指、鞭背、伤两踝等，触刑者必死，或者求死不得。

当时，缇骑无所不至，消息直达宫中，夜间如有紧急密报需要直达皇帝时，缇骑们便从长安门、东华门塞进密奏文书，守门者就会立即接过，递入宫门，宫门的值班宦官很快就传递给皇帝。当夜的"事"，凌晨上朝，必受查问惩处。

三、明成祖朱棣创设东厂，其后西厂、内行厂相继而设

东厂的创建人是明成祖朱棣。朱棣夺取皇位后，精神一直处于紧张状态，觉得单用锦衣卫不能满足巩固皇位的需要，因为锦衣卫毕竟是设在皇宫外面的衙门，使用起来不够自如，而且担心他们做事不彻底。于是，明成祖在迁都北京后，便设置了一个由宦官掌领的侦缉机构，由于该机构设在东安门北侧（今王府井大街北部东厂胡同一带），因之定名为东厂。设在东安门北的东厂衙署，大厅旁边左侧的小厅，供着岳飞像，厅后的砖质影壁上，雕刻着狄仁杰断案故事。历届东厂厂主死后的牌位，都存放在大厅西边的祠堂里，祠堂前建有一座"百世流芳"的

牌坊。稍南是关押重犯的狱所，在衙署以外还有一处关押轻犯的地方。万历年间，在什刹海西岸等宦官机构密集的地带，又建立了一座东厂内署，这里古槐森郁、庙宇肃然，署内悬挂着"朝廷心腹"的牌匾。此后东厂的"督主们"常在这里调度厂务。

除东厂外，明代还设有宦官"二十四衙门"，即四司八局十二监。这些司局监，按理是只负责皇帝、皇族的日常起居的，如惜薪司管薪炭，混堂司管洗澡，针工局管裁缝，司苑局掌瓜果，尚膳监掌饮食，尚宝监掌印信……然而不然，在朱棣手下，它们却成了凌驾于外廷六部之上，把持国家政务与皇家事务的最高实权机构。其司礼监权势最大，"总揽一切"，凡批答奏章，决定人选，传宣圣旨，指挥内外，司礼监无不管之，成了事实上的宰相。要干这些事，就不能不识字，宣德年间便建起了内书堂——中国最早的官办"特务学校"。

东厂是明代最大的一个隶属于内廷的警事机构，原则上是奉皇帝之命，"缉访谋逆妖言大奸恶等，与锦衣卫均权势"。（《明史·刑法志》）东厂不具有审问犯人的职能，因而不设监狱，捉拿的罪犯，交给锦衣卫镇抚司狱审问；但明晚期，东厂也设有关押犯人的处所。东厂首领为掌印太监一人，称为厂主或厂督，其下掌班、领班、司房无定员，掌刑千户一员，理刑百户一员。负责具体侦查缉防的是役长和番役，役长一百多人，番役一千多人。东厂除了掌印人是太监外，其余都是从锦衣卫的千户、百户、校尉中选调而来的，其中役长和番役都是原锦衣卫中轻黠狡巧之人。东厂的百余名役长是执行侦缉任务的干将，每名役长头戴尖顶圆帽，一身青素，脚蹬白皮靴。役长又称为档头，档即一件案子，档头带领若干名番役就可以组成专缉一件案子的班组。东厂的职能与锦衣卫近似，但其刺探的对象包括锦衣卫在内。

明代皇帝一般把锦衣卫的掌领权授给最亲近的武官和佞臣，而东、西厂厂主，则由最受皇帝宠信的司礼监的太监充任。厂卫的首领倚仗皇帝的宠信作威作福，在刺探和缉捕事务中进行财物勒索和政治迫害，制造了数不清的冤案。因而厂卫制度，就是明代黑暗政治的生动注解。

在皇帝勤政的情况下，东厂是皇帝直接控制的警探机构；在得势宦官把持朝政的情况下，东厂就成了宦官首领施展其毒焰的工具，连锦衣卫的指挥官员面见东厂厂主时也要跪地叩头。

宪宗成化十三年（1477年），又另建西厂，以分东厂之权，起特务之间的牵制作用。西厂厂址设在宫禁灵济宫前，以旧灰厂为厂署总部。旧灰厂是汪直查办李子龙案时选定的一个秘密处所，此时成为正式的秘密警事机构。为了回报皇帝的信任，汪直将西厂的侦刺业务做得"轰轰烈烈"。汪直选取禁卫军中胆大妄为、善于刺事的一百余名将校任事，再由这些将校选置厂卒。一时间，西厂缇骑的数量倍于东厂势力，而且其侦缉更细致，手段更残酷，为害更惨烈。

到西厂成立五个月时，举朝大臣都无法忍受，以商辂为首的辅臣纷纷上书，陈言："陛下委听断于汪直，直又寄耳目于群小如韦瑛、王英辈，大张声势，蠹众害人，使大臣不安于位，小臣不安于职，商贾不安于市，行旅不安于途，士卒不安于伍，庶民不安于业。"奏书中将汪直办下的不法之事一一举报。宪宗不能不为之震惊，当即决定罢废西厂，遣散诸校尉。一时人心大快。但是罢废不久，宪宗皇帝对于没有西厂的日子仍感到不能安然，密令汪直继续刺探朝野动静。这时九年没获升迁的御史戴缙，窥知皇帝的心思后，知道立功的机会来了。上书皇帝，赞扬汪直"缉奸恶、惩贪赃、释冤抑、禁宿弊，皆合公论而服人心"。上呈皇帝之前，先托人给汪直过目。宪宗接到奏书后，心情舒畅，于是，复开西厂，再令汪直统领。废与开之间，仅有一月之隔。戴缙得以升职，汪直则更加严酷地办案兴狱，制造恐怖和冤案。

西厂正式罢废于成化十八年（1482年）三月。明武宗在位初年，宦官势力再次兴盛，西厂重又开业，由太监谷大用统领。这时的西厂与东厂并驾齐驱，两厂的提督太监都是掌权太监刘瑾的党羽，但是并不团结，互相揭短，矛盾渐深。与马永成、谷大用同样受皇帝宠信的"八虎"之一刘瑾，为了加强对宦官系统的监视，于正德三年（1508年）八月，又在荣府旧仓创设了一个内行厂，由他本人亲自统领，自成系统，权势居东、西厂之上。内行厂的侦查范围更大，包括侦伺东、西厂。于是逻卒四出，天下骚然，开明代特务统治最狂滥、最酷烈之风。到世宗时，便出现了"嘉靖嘉靖，家家都尽"的严重社会后果。正德五年（1510年）八月，刘瑾的种种猖獗不法事端被揭露，明武宗将刘瑾凌迟处死，罢除了内行厂，西厂也同时消亡。到天启崇祯年间，作为明帝依靠力量的宦官特务，终于一手葬送了明王朝。

明代的东厂、西厂、锦衣卫、镇抚司狱（诏狱）在侦缉、捕囚、系囚、审囚等方面"不衷古制"，全无法纪定制可言。其罪行罄竹难书，也就遭到民众激烈的反抗。

明代在正常的警事体制之外，除厂、卫之设外，还有地方民团的组建，此话另说。

第四节 罄竹难书的厂卫罪行

本来，在皇权之下，已有一套历代沿袭的成熟的司法机构，有健全的立案、审案到监狱制度，最高目的就是服务于皇权，完全不必在正规的朝廷司法系统之外另设机构。但是明代的前两位开国定制的皇帝，对维护皇权有着比任何朝代的皇帝都更强烈的要求，非要创立锦衣卫不可。后来又在锦衣卫之外增设宦官掌领的东厂、西厂，厂卫并举，名义上是对付"盗贼奸宄"，实际上成为厂卫头目对朝官进行政治迫害，对民众进行索贿、诈骗的工具，而这些又都是在皇帝的默许下操作的。

明代特务是"体制外的特殊司法力量"，从其"任务"的性质上可分为三种：其一，驻在宫中和京城的锦衣卫和东厂、西厂、锦衣卫狱等力量，负责侍卫、传宣、侦缉、搜捕、刑狱；其活动诡秘阴毒凶残，政治性强；其二，分驻各地的镇守太监，有守备、织造、监督等，侦伺社情、民情、军情、政情，秘密上报，是皇帝控制全国军民的得力鹰犬；其三，临时差遣的矿监、税使、采办、军监等"内使"，其行为的疯狂性和社会破坏性最大，是晚明社会经济倒退破败的罪魁祸根，也最易激起民愤。

一、摧残经济、败坏社会秩序

明政府对新的生产力的摧残是无所不用其极的。明政府在全国各地疯狂地建皇庄，办皇店，向全国各地派"采办"，派"矿监"，派"税使"，凶残地榨取民脂民膏，破坏新兴产业，破坏国计民生。如辽东矿监高淮公然宣称："矿不必穴，而税不必商。民间丘陇阡陌皆矿也，官吏农工皆入税之人也。"在他的搜刮下，"先辽阳城有四十一家，其家皆有数千之产，为淮搜索殆尽，非死而徙，非徙而贫，无一人如故矣！"（《明文存·李化龙疏》）经济最发达的苏松一带，也由此而变得"萧疏糜烂"了。明廷停止"下西洋"（航海）之后，东南沿海的造船业、丝织业、瓷器业、制茶业……便相继萎缩了。特别是为了对付倭寇，居然祭起了"禁海"这个"法宝"，摧残了宋元以来沿海处于发展中的新兴产业，使国家生产力水平大为后退。

祝允明《志怪录》记有一则实例：宦官王敬、王臣骚扰江西苏杭一带，"信意出一纸，录市人姓名，括取金玉，人无得免"，以致百姓或挈室而窜，白日闭户。途路行人，妄传其徒将来，则市人空肆而匿；东南骚然，有类大变。郡县无如之何，亦或闭门不敢治事"。特务头目的嚣张威势，达到了史无前例的地步。如宦官汪直出巡山西，地方都御使急忙穿上官服，带领本地大小官员，跪迎于三百里外。等这位钦差宦官车马过后，他才敢起来，又连忙脱去官服，换上便装，赶到汪直前方下榻的馆驿去，前后奔走，端汤倒水，煞似当差的小厮。都御使本是朝廷命官，是风纪大臣，他都带头膜拜于尘埃了，朱家朝廷还有什么风纪可言呢！

锦衣卫的嚣张横行，使社会风气变得恶浊。京师的一些年少而无所事事的人，倚仗锦衣卫为生，制造事端，捏造证据，为缇骑提供案子，以获得报酬，甚至冒充锦衣卫人员，对市民敲诈勒索。到明中期，这些锦衣卫外围的流氓无赖人数多达十五六万。一座文明古国的都城，有如此众多的道德败坏的青年，其背后一定有深刻的政治原因。古人说，法令太密，民众就会变得顽佞。明朝皇帝想借助严酷的法令使天下服帖，事实证明没能办到。

东厂的番役们每天都在京师的大街小巷中活动，探察各种隐事。他们每天忙碌的动机，并非是忠心为朝廷效力，而是有自己的利益。办案其实就是他们的生财之路，而案件并不是随处可以发现的，于是出现了为番役有偿服务者。这种京师无赖以诓财和报私仇为目的，他们把打听得来的民间阴事或者编造出来的仇人私事出卖给东厂档头，档头视其事的大小，付给该人银钱。一件事叫作一起事，付给该人的钱就叫作买起事。得了事以后，档头马上带着番役奔往被告人家，先令数名番役在门外左右看守，这叫作"打桩"，其他人以迅雷不及掩耳之势闯入人家，抓住所谓犯人。如果讯问不出什么，也缺乏佐证，被抓的人交上一笔贿赂，番役们就拂袖而去了。有些被诬陷犯罪的人不肯低头，试图辩解，招来的便是酷刑，这种打法叫作"干榨酒"。这种酷刑的程度较之官府的上刑要毒上十倍。打人的同时授意被打人，要他牵连上富裕人家，富户为了免灾，只得交钱，交了钱就可以放了先抓的人；如果被牵连的富户不肯交钱，那就立即奏报皇帝。皇帝并不了解内情，见报上的案情重大，就下令交给镇抚司狱严加审讯，到了镇抚司狱就不会有活路了。

由于出卖案件可以发财，京师的无赖刁民就发明了一种骗术，引诱无知的人去做奸盗之事，然后将情报卖给番役。番役也不查问卖案子人的情报是怎样得来的，买了案子就径直去抓犯案人。抓到人后，先找个空庙或无人居住的房子，将人毒打一顿，然后命该人的家属献出家中所有。之后还要带到狱中，酷刑逼供，录下供词。犯人交纳的财物，就由档头和东厂的相关人员瓜分了。

明代人对东厂番役的评价是"皂衣团牌，纵横燕中，人人不聊生"。武宗在位期间，厂卒把刺事的区域扩大到全国，甚至在远州僻壤，也出现了"鲜衣怒马作京师语者"，人们一见这种人，便知道是缉事的厂卒，都吓得魂不附体，到处躲藏。当地官府闻知东厂来人了，赶快秘密行贿，以图免灾。

宦官威势如此之高，靠他发财自是极易的事，于是滋生出一批假宦官来，为非作恶，祸害良民。《万历野获编》记述说：当时有一等人，把自己阉了，或把儿子阉了，送进宫中，想挤进宦官队伍。此风一起，皇帝一再下令也禁止不了。实际上明廷宦官虽有十万之数，毕竟有限，于是成批成批的自阉之徒便只有流落街头，蹿身荒郊，无以为生，于是结伙作恶。在通往京师的大道上，往往有这种人出没。他们包围旅客，索要钱财，朝廷达官也不放过。

锦衣卫对于维护皇权没有起到作用，反而恰恰促进了明代的灭亡。极具讽刺意义的是，当李自成的人马已到达北京时，二百余年来以侦刺为能事的缇骑，丝毫没能侦刺到李自成的动向，还在继续迫害民众。明王朝最后极为迅速地令人不可思议地解体，缘于百官、军队与民众对朝廷的离心离德。明末清初的有识之士痛切地指出：明王朝不是灭亡于李自成，而是灭亡于厂卫。

在思想政治战线，明政府用的也是摧残镇压手段，迭兴大狱，大搞文字狱，扼杀知识分子的反抗意识，毒害已经觉醒的民族意识与正在萌动的民主思潮；他们依恃军事镇压与特务活动来对付斗争中的人民大众。然而，这一切，并没有能挽救其统治。

二、滥施酷刑，摧残国家忠良

朱元璋依靠锦衣卫，侦缉办案，大兴诏狱，滥用酷刑，说来怵目惊心。此外，他还曾下令将军中唱曲、吹箫、下棋、打双陆、踢球的人"割了舌头，断了手，卸了脚"。有个通政使，被他罢了官，贫困不能归乡，忍痛卖去四岁的亲生女儿。朱元璋听知后，居然惩以腐刑。

1. 非礼廷杖

锦衣卫的首要刑事职能，是在朝堂上奉皇帝之命逮捕触怒皇帝的官员。凡皇帝下令予以杖责的官员，由锦衣卫校尉和宦官一同实施刑杖。皇帝日常在奉天门听政时，锦衣卫首领官就站立在皇帝御座的西侧，站立在御座东侧的是相当于宰相的内阁官员。上朝的百官，分别站在奉天门的东西檐柱之外。听政时，大臣的进言随时有可能触犯皇帝，这种情况在以往朝代，皇帝或者拂袖回宫，或者驳斥该官、降调该官的职务，也偶有当庭对进言者实行武力报复的，但并没有形成制度。明代皇帝特别设立了廷杖制度，以对付那些触怒他的大臣。

明代制度规定，廷杖的实施地点是在午门外。受杖人的官服被扒下，两臂被用草绳捆绑，踉跄押赴午门外。司礼监首领太监和锦衣卫指挥使坐镇左右，校尉百人手执木棍排成行列。司礼监太监宣读驾帖（刑事文书）后，坐到午门广场西边，锦衣卫指挥使坐在午门广场的东边，身边站立着身穿绯袍的锦衣卫官校。受杖官员被押到施刑的位置后，便传来表示开杖的厉声喝叫。皇帝只决定对某位或某群官员杖责，至于打死与否就不管了。锦衣卫指挥和司礼监太监在实际上掌管着施杖时的生杀权。明代，被廷杖打死的官员史不绝书。有时廷杖就在皇帝眼前执行，不必押到午门外。有时并不用杖，直接打死。例如洪武十五年（1382年），大理寺卿李仕鲁谏阻皇帝信佛，这在以往朝代，皇帝可以置之不理，朱元璋却怒不可遏，当即命令武士揪过来狠打，转瞬间李仕鲁就惨死在殿阶下。

在朝堂上或在奏章中触怒皇帝的大臣，更多地是被皇帝勒令押进锦衣卫镇抚司狱。

2.非法侦缉

作为御用警察机构的锦衣卫，行使职能的范围，除了奉旨拿人以外，其余的就是出宫侦刺、接受告密、缉捕所谓奸恶之人。其侦刺的地点和对象不受限制，皇帝以外的所有人都在侦刺范围内。缇骑无所不至，消息直达宫中，夜间如有紧急密报需要直达皇帝时，缇骑们便从长安门塞进密奏文书，守门者就会立即接过，递入宫门，宫门的值班宦官很快就传递给皇帝。

朝野本没有什么大奸大恶的事，而锦衣卫们就是以此为生的，为了立功，没事也要找出事来。因此从锦衣卫成立之始，捕风捉影、夸大事实、罗织罪名、诬陷迫害就成了其日常业务。大体上，他们有以下数条办案的途径：一是在皇帝要他们抓的要案上，牵连附会，滥施刑罚，引出更多的同案人，获得办案的大丰收；二是以他们的好恶为判断，凡是与掌权的锦衣卫指挥使交恶的大臣，都难以逃脱被迫害的下场；三是鼓励官场与民间的告密风气，以告密为线索，将似是而非的事件罗织成狱；四是到处缉访，穷搜蔓引，对无辜市民敲诈勒索；五是设置陷阱，诱人犯案，然后捕获，以此领功。

3.滥施刑求

明代特务横行之下的监狱，更是十分黑暗而惨毒。朱元璋亲自制定的《大诰》中，明文规定的刑法就有三十余种酷刑，甚至还有铲头会。如果这还算"有法可依"，那么，东厂、西厂、锦衣卫、镇抚司狱（诏狱）在侦缉、捕囚、系囚、审囚等方面"不衷古制"，更是无法无天了。朱棣篡位后，恢复锦衣卫，起用了一批心狠手辣的恶吏，如陈瑛、纪纲等人，狠抓所谓"建文余党"，附会牵连成狱，震慑百官，使民众畏服。镇抚司牢房阴气森森，房间狭陋卑湿，墙壁厚达数尺。实施酷刑拷打时，犯人的惨叫痛哭声隔壁都难以听到。犯人被关入监狱后，除了酷刑外，还要遭受种种极端非人道的折磨。

诏狱设有十八套大刑，其中最酷毒的五刑是械刑、镣刑、棍刑、拶刑、夹棍刑，称为五毒全刑。

在锦衣卫镇抚司狱中被酷刑折磨、残害致死的犯人，除了一些确实违犯朝廷条法的官员和小偷小盗外，绝大多数都是忠良正直的大臣和无辜的民众。如与掌权太监魏忠贤斗争的杨涟、左光斗等"东林党"六君子，都在遭受日夜不停地轮番上刑之后，死在这座魔窟之中。清初，以明朝遗民自居的查继佐在《罪惟录》中痛心地写道："呜呼！太祖之设锦衣，原以惩奸宄，而二百余年之锦衣狱专杀君子！"

《明史·魏忠贤传》："民间偶语，或触忠贤，辄被擒戮，甚至剥皮、刲舌。所杀不可胜数，道路以目。"连《大明律》载的《慎刑说》中也承认，当时"有司疏于治狱，有狱卒要索不遂，凌虐致死者……使抱冤待辩之人，株连未结之罪，一概死于狱中"。

对此，人们不得不起而抗争。

第五节　明人启动了和平合法斗争的新方式

明代人民的反特斗争，发生在宦官肆虐最为猖獗的明代中后期，即正德、嘉靖、万历、天启年间，以矿工斗争、市民斗争最为典型。当时，湖北市民的反陈奉斗争，福建市民的反高宷斗争，山东市民的反陈增斗争，云南市民的反扬崇斗争，都产生了震动朝野的效果。而以苏州市民反权奸魏忠贤的斗争最为有声有色，最具政治斗争锋芒，取得的成果也最大。

一、风起云涌的民众反特斗争

神宗万历年间（1578—1620），朝廷为搜刮天下财富，派矿使到各地监督"开矿"。矿使到处，任意指点，说哪里有矿，就在哪里设厂发掘，拆民房，毁坟墓，掘田垅，无所不作。一无所获时，则责令当方官民破产"抵偿"。他们到处肆虐，闹得"天下之势，如沸鼎同煎，无一片安乐之地。贫富尽倾，农商交困，流离转徙，卖子抛妻，哭泣道途，萧条巷陌"。（《明臣奏议·请罢矿税疏》）这就不能不激起"民变"。

万历廿八、九年间，湖广税监使陈奉由武昌入荆州，沿途苛扰百姓，劫掠商旅。一到荆州，便有商民数千，向他"飞砖击石，势莫可御"；到襄阳，商民数千聚众鼓噪，其势汹汹。襄阳知府办了两个参随小宦官，平息下来。又到沙市、黄州、光化、湘潭等处，处处激起民变。在武昌，陈奉又恣意作恶，于是激怒诸生（读书人），群起控诉，市民万余，蜂拥进陈奉宫，"甘与奉同死"。情绪激昂，陈奉却想用大屠杀来向当地官民示威，于是数万人围困奉府，陈奉逃匿，终日不敢出。其党羽十六人被愤怒的群众投入大江。朝廷派使臣刺探动静，两个月不敢入境。最后逼得万历帝召回陈奉，削去地方大僚的官职，事情才算平息。

同年，苏州织工的斗争更有气势。当时，苏杭织造太监兼税监孙隆驻在苏州，剥削机户，勒索商税，大水过后，征敛尤苛。时吴民机房出机，机工出力，相依为命。孙隆在苏州设五关，关关抽商税，商贾穷于应付。又每机税银三钱，按机按户抽税，于是机数锐减，机户罢织，从而使大批织工失业。于是人情汹汹，自分饿死，不如起而斗争。一呼百应，乱石烈火，击宦官，毙税棍，烧奸党，"民咸罢市"。有昆山人葛成，带领二千余织工，分成六队，他本人摇芭蕉扇领队，众人随之，"不挟寸刃，不掠一物，预告乡里，防其延烧。殴死窃取之人，抛弃买免之财"。其纪律性、组织性之强，为中国工运史，也为世界工运史写下了浓墨重彩的篇章。连万历皇帝也承认他们是"赤身空手，不怀一丝，只破起衅之家，不及无辜一人"，不敢过于追究，"以靖地方"。待到事平之后，葛成自己挺身而出，"愿即常刑，不以累众"。吴人为之立碑，称为"葛将军"。这样组织严密、纪律严明、万众一心、大义大勇的斗争，使明家朝野为之震惊。

这样的斗争，在万历年间，遍及江苏、浙江、福建、江西、广东、云贵、荆湘、关陕以至津门、辽东各地，一波未平，一波又起，有的持续数月，卷入几万几十万市民、矿工、织工、商贾及穷学生。对于这种全新的群众斗争方式，腐败凶残的明统治集团是无能为力的。人民的反特斗争，到了天启年间，更趋激烈。周顺昌被捕事最为典型。周顺昌曾在吏部供职，退居苏州后，关心地方疾苦，很得人心。时奸相魏忠贤当道，派特务逮捕周顺昌。消息传出，"穷村僻落，蝇附而至，欲一识周吏部，日不下万人"。这样持续三天，第四天特务们要宣读诏旨，当众逮捕周顺昌，居民"倾城而出，执香者烟涨蔽天，呼号声闻数十里"。全城"震骇罢市"。有挺身请愿者竟遭辱骂,于是群情愤激,涌入大堂,打得宦官死的死,伤的伤,有的鼠窜,有的求饶。特务们魂飞胆破。事后,巡抚毛一鹭飞章告变,准备屠杀百姓。有颜佩韦等五人主动投案,说:"杀校尉的是我们,与别人无关!"自取镣铐戴上,自己走入狱中,表现了一种大无畏的斗争精神。经过这次斗争,特务集团的气焰被打掉不少,"缇骑不敢出国门"。人民用自己的合法斗争,维护了起码的生活秩序,捍卫了自身的生存权利。

二、明代文人的集体干政

让明代统治集团感到惊惶的,一是广大市民与手工业工人的罢工、罢市、游行示威、和平请愿等斗争风潮此起彼伏,从辽宁到闽广、从江浙到陕鄂,参与者的广泛性、组织性、战斗力都是空前的;他们不持寸刃,却把斗争锋芒直指统治集团中最疯狂的部分——矿监税使、宦官特务,而且不达目的不罢休,不论付出怎样的代价。群体性反特斗争是明代市民和平斗争的集中表现,其广度、深度及其社会政治效果都是前所未见的。二是广大知识分子的民主意识、参政意识越来越强烈,越来越主动,他们用大办书院、四处讲学等形式,广泛宣传自己的政治主张,制造新的思想舆论,集结新的斗争力量;他们用集会结社的方式,组织起来群体干政,从驱逐昏庸州官县官到罢相倒阁都能办得到。这可是我国传统警事所从来没有遇到过的历史挑战!

1. 明代文人干政的集体化

举办书院和开展结社活动,是明代文人干政的最主要的组织形式。书院是知识分子集聚的地方,但它并不是明代才有的新事物。宋代有书院三百九十七座(元代只有二十二座),明代激增至一千二百三十九座,以嘉靖万历年间最为兴盛。书院从来都是自由讲学,传播新学术、新思维的基地;是志趣相投者"党同伐异"的集结场所。中国知识分子历来爱以"帝王师"自期,以"政坛代言人"自许,以有风骨自傲,以敢直言自命。这样,弄不好就会成为当局眼中的异己分子,而书院正是其"议执政之是非"的最佳活动场所;志同道合者在这里"结社",也是事态发展的必然。

2. 对"生员不许干政"的突破

早在明王朝初建之际，朱元璋就下令起草了"生员不得干政"的禁令：[①]"天下利病，诸人皆许直言，唯生员不许。今后生员本身切己之事许家人报告。其事不干己，辄便出入衙门，以行止有亏革退。若纠众扛帮，骂詈官长，为首者问遣，余者尽革为民。"想以此来吓退儒生，使之不敢问政。然而万历崇祯年间，政治腐朽，社会黑暗，阶级矛盾日趋尖锐，人民的反抗斗争连绵不断。文人们便冲破"生员不得干政"的禁令，集结起来，讽议时政，臧否人物，且规模愈演愈大，声势越来越强。"迩来习竟浇漓，人多薄恶，以童生而辱殴郡守，以生员而攻讦有司。非毁官长，连珠遍布于街衢；报复仇嫌，歌谣遂锓于梓木"。（《隆庆实录》卷二十四）一唱百和，造成强大的声势。他们和朝廷对立到"内阁之所是，外论必以为非；内阁之所非，外论必以为是"（同上）的地步，这种舆论起到了强有力的干政作用。知识分子的群体力量得到了表现的机遇。

3. 结社：书院活动的组织化进程

中国知识分子历来有洁身自好的品性，宁可单打独斗，难以组织起来共同斗争；而宋元以来的文人结社活动，则改变了这种局面。最初的结社，是学术流派性的集聚，是艺术流派性的组合（如各种"诗社"），后来逐步出现了社会性的临时聚会，以至政治性的稳定团体。到了明代，文人结社就很普遍了，复社是其中最有组织力、最有号召力的一个群体。它是在学人领袖张溥等人的主

[①] 此禁令共有十八条，载于明·俞汝楫编《礼部志稿·仪制司职掌·学校》：万历三年《换给提学官敕谕》，其中规定：（一）圣贤以经术垂训，国家以经术作人，若能体认经书，便是讲明学问，何必又别标门户，聚党空谈？今后各提学官，督率教官、生儒，务将平昔所习经书义理，着实讲求，躬行实践，以需他日之用。不许别创书院，群聚徒党，及号召他方游食无行之徒，空谈麦业，因而起奔竞之门，开请托之路。违者提学官听巡按御史劾奏。游食人拿问解发。（二）孝弟廉让，乃士子立身大节。生员中有敦本尚实、行谊著闻者，虽文艺稍劣，亦必量加奖进以励颓俗；若有平日不务学业，嘱托公事，或捏造歌谣，兴灭词讼，及败伦伤化、过恶彰著者，体访得实，不必品其文艺，即行革退；不许徇情姑息，亦不许轻信有司教官开送，致被挟私中伤，误及善类。（三）我圣祖设立《卧碑》："天下利病，诸人皆许直言，惟生员不许。今后生员务遵明禁，除本身切己事情，许家人报告。有司从公审问，倘有冤抑，即为昭雪。其事不干己，辄便出入衙门，陈说民情，论官员贤否，许该管有司申呈提学官，以行止有亏革退。若纠众扛帮，聚至十人以上，骂詈官长，肆行无礼，为首者照例问遣；其余不分人数多少，尽行黜退为民。（四）国家明经取士，说书者以宋儒传注为宗，行文者以典实纯正为尚。今后将颁降《四书五经》《性理大全》《资治通鉴纲目》《大学衍义》《历代名臣奏议》《文章正宗》，及当代诰律典制等书，课令生员诵习讲解，俾其通晓古今，适于世用。其有剽窃异端邪说，炫奇立异者，文虽工弗录。所出试题亦要明白正大，不得割裂文义，以伤雅道。（下略）

持下组建起来的，团结了大批知识分子。这样，在野儒士们结成的书社，运用深得人心的强大舆论，变相地掌握了部分官僚的任免权。《复社纪略》便记述了张溥、张采驱逐魏忠贤余党顾秉谦的檄文，至今脍炙人口。二张还于崇祯七年（1634年）令门人制檄文，驱逐知府周之夔，结果驱周成功。另外，杜登春在《社事始末》中还记载了两件事：一是张溥授意吴伟业参奏温体仁结党援私，但吴因在朝未久，不敢轻举妄动，改参温氏同党蔡弈琛，成功；二是张溥领导复社，全力投入政治活动，推翻了薛国观的内阁，将亲近复社的周延儒推上了台，使复社的势力大增。后来，他们又在南京张贴《留都防乱公揭》檄文，驱逐了权奸阮大铖，成为一时大快人心的伸张正义之举。一句话，明中后期的朝政大都与院社文人的活动有极大关联。这种"和平斗争"的手段符合当时文人那种向上的时代风气，开放的社会心态；其成功应用，对动员群众显然有鼓舞示范作用。

4. 书院：引导并制造公共舆论

东林书院是万历十四年，由江南人士顾宪成、高攀龙等人组建的。东林书院一建成，便担负起了引导并制造公共舆论的重要任务。它主张民主，要求统治阶级决策应参照公共舆论，反对独夫政治。缪昌期说："夫国之有是，出于群心之同然。而天下匹夫匹妇之所是，主与臣不得矫之以为非；匹夫匹妇之所非，主与臣不得矫之以为是。"（《丛野堂存稿·国体国法国是有无轻重解》）这种要求国家政治要有民主作风的言论，一扫昔日知识分子敢怒而不敢言、屈服于权势的懦弱；而把舆论权威提高到皇权之上，更是中国大地上关于"民主""民权"的大声呐喊。东林人要求民主的政治主张和行为，反映了在野儒生要求通过社会舆论来参与国家政治和社会管理，以享受自己的民主权利的强烈愿望。

第六节 晚明社会的新思潮

东林人公开宣传与独裁政治相对的思想观点，自然被统治者视为洪水猛兽，设法要将他们铲除掉。天启六年，明统治集团用两次诏狱，使东林的骨干几乎全毙于狱中。明末又发生了四起捣毁书院的暴行，使讽议朝政持续二十年的运动终被扑灭。其后东林党后学复起，组建成"小东林"，展开又一场轰轰烈烈的干政运动，驱逐阮大铖出南京成功。不过，后来阮大铖复职，又将其一举扑灭。清兵入关后，大兴文字狱，严厉禁止社党活动，明末文人干政也就结束了。

一、要求民主，张扬人性

明代晚期，儒士们已经不再将"天子的金口玉言"奉为至高无上的圣旨了，而是认为"理"存在于天下人之中。东林领袖顾宪成就公开宣传："天下之是非，自当听之于天下。"这就有力地打击了专制统治，喊出了民主口号。东林人不仅在口头上要求民主，而且在行动上付诸实施：在团体内部容许意见的多元化，容许人们对同一事物的不同理解。《明儒学案·东林学案》载顾宪成说："一是皆是，一非皆非，谓之同，不谓之公。众论未必皆是，但公论存于众论之中。"东林人不搞独裁，允许各抒己见，不拘泥于各种约束，"既无官守，也无言责。故其待之亦虚，见之也明，率然窍于臆，薄于喉而冲于口，卒以定天下之是非"。（《丛野堂存稿·公论国是之先》）由于东林人广泛地"讽议时政，裁量人物"，产生了巨大的社会政治影响，其言论行动一改当时的社会风气，使在野人士意识到了自身的和社会的要求，认识到了自身的价值，于是纷纷起来干政。同时东林人也取得了舆论领袖的地位。"当是时，士大夫抱道忤时者，率退处林野，闻风响附。罢官废吏、富商大贾之类如病如狂"，追随者不知其数。东林党人的言行动摇了朱明的统治基础，使匹夫匹妇对自己的价值有了一些认识；对传统的忠君观提出了质疑。

二、宣传新思维，试探社会改革方案

这是晚明知识阶层觉醒的突出表现。思想家何心隐"谓《大学》先齐家"，乃构"萃和堂"以合宗族，"身理一族之政，冠婚丧祭赋役，一切通其有无，行之有成"。这种"空想大同社会"式的作法，颇为当方群众所拥护，且声势浩大，"招来四方之士，方技杂流，无不从之"。这种明显地宣传并实践自己主张的言行，统治者自然恨之入骨，先后两次将其逮捕下狱，使其最终死于张居正之手。著名的思想家李贽也因其思想不合统治者意志而被诛。李贽对儒学的虚伪给予了严厉的批判与抨击。在《藏书》中，他直接抨击孔子，揭穿地主阶级拿孔子的教条来欺骗人民的伎俩，一时极为轰动，受到进步知识分子的欢迎。《万历野获编》卷二十七载：李贽"议论间有过奇，然快谈雄辩，益人智不少"。甚至被人们推尊为"圣人"。有人攻击李贽"近又刻《藏书》《焚书》，流行海内，惑乱人心。以孔子之是非为不足据，狂诞悖戾，未易枚举"。他这样一介明目张胆地抨击统治阶级、而且拥有很多拥护者的思想家，自是统治阶级的眼中钉，肉中刺。万历三十年（1662年），礼科给事中张问达具书上奏，极尽诬蔑之能事，诬李"肆行不简，与无良辈游庵院，挟妓女白昼同浴"。将他逮捕入狱处死，下令销毁其所刻之书。但李贽的书，依然流行民间，且流传于日本。

三、儒生和人民一道开展反特斗争

一次，宦官王敬采药于各省，至苏州，以妖书数十本令府学诸生手抄，屡抄不中，其实是欲得贿赂。生员王顺等数十人大怒，各取一木，哄然集聚，吓得他连忙避匿，其手下人尽被殴击。《明史·陈增传》卷三〇五载：万历二十八年（1600年），诸生妻女被一向为非作恶的宦官陈奉所欺辱，人们新旧仇恨一齐爆发，掀起了反宦官的轩然大波。万人围攻陈奉的住处，处死其爪牙数人，陈奉被赶走，助虐的巡抚也被当局撤了职，人民取得了巨大胜利。同年六月，香河县发生民变，诸生和人民一道，起来反抗矿监王虎，甚至连香河知县都参加了。"香河知县焦元卿率领生员士民喧嚷，执枪棍、抛砖石者千余人"。(《明神宗实录》卷三四八)震慑了统治集团。这种民间力量，在周顺昌一案中体现得最为明显。周顺昌是位正直官员，退居家乡苏州，平时行事深合人心。朝廷派宦官来逮捕他。及逮捕者至，激成众怒，呼号鸣冤者填塞道路。至开读诏令之日，诸生文震亨、杨庭枢、王节等"请以民情闻于上"，希望保住周顺昌。东厂特务则倒行逆施，大肆淫威，终于导致苏州市民的怒击，形成全市的罢工罢市罢学风潮。人们自发集中起来，不持寸刃，浩浩荡荡，列队游行示威，进行和平抗争。这可是历史上从未见过的"景观"。吓得最高当局不得不收回成命，答应事后不追究老百姓的责任。(《五人墓碑记》)

第七节 探索社会基层自治的警事新模式

一、政府推行保甲制

北京城区设立保甲始于明天启年间。天启元年（1621年），管理"京城戎政"的余懋衡上疏朝廷，建议在北京编查保甲，即由都察院行文五城御使，督兵马司坊官，于京城内，挨街挨巷挨门，不分戚畹、勋爵、京官、内外乡绅、举监生员、土著流寓，以二十家为甲，十甲为保，编成保甲籍。(《明经世文编·余太宰疏稿》)朝廷采纳余懋衡的建议，严立保甲之法："京师根本重地，五方杂处，奸宄易生。况辽左多事，万宜立保甲之法严加整饬"，"间有形影面生可疑等人，即时研询根由，直穷下落，务期稽察严明，地方清肃，庶使畿甸之内得保无虞"。其具体作法为"逐户编集，十家一甲，十甲一保，互相稽查，凡一家之中名姓何人、原籍何处、作何生理、有无父子兄弟、曾否寄寓亲朋，开载明白，具造花名清册呈报"。(《明熹宗实录》天启元年四月)至此，北京城区开始以保甲制度严密监视百姓。因北京是国家都城，又是北方城市，不像南方城镇那样有复杂的赋役，北京的保甲制和里甲制在实行过程中实际上相互渗透之处甚多，无法严格区分。

北宋吕大钧创建"乡约"，他改变以往"礼不下庶人"的传统，在关中创建《吕氏乡约》，推行礼仪，建立起中国最早的乡村自治制度。吕大钧死后一百余年，南宋大儒朱熹重新发现了《吕氏乡约》，对其极为赞许，并进行了修订和阐释，撰为《增损蓝田吕氏乡约》，使其开始在士大夫间得到更为广泛的传播，为明清在全国推行乡约，奠定了理论基础。但是在南宋和元代，乡约实施的材料罕见。

二、民间"乡约"的发展

由于朱熹对《吕氏乡约》的赞许，明清皇帝在全国大力提倡和实施乡约。洪武二十一年（1388年），学士解缙即向明太祖建议："宜取古人治家睦邻之法，若古蓝田《吕氏乡约》及今《义门郑氏家范》，布之天下，世臣大族率先以劝旌之，复之为民表率，而致治不难矣。"明太祖嘉其识。洪武二十八年（1395年），明太祖"置民百户为里"，并引申为婚姻、死丧、疾病、患难、春秋耕获诸事的乡民互助，以使百姓亲睦，淳厚风俗。明成祖（1360—1424）是最早提倡《吕氏乡约》的皇帝，"表章家礼及蓝田《吕氏乡约》，列于性理成书，颁降天下，使诵行焉"。

明代一些官吏，也在地方上大力推行乡约制度，并有所创新。如王阳明在赣南既推行"十家牌法"，又推行《南赣乡约》；吕坤在治理山西及晚年致仕归家，大力推行"乡甲约"，一里之内，选约正、约副，负责教化；约内，家有四邻，十家为甲，十甲为约，甲选甲长。从四邻、甲长到约正、约副实行连坐。又如方孝孺、黄佐、章潢、刘宗周、陆世仪等，在地方任职时，或用乡约行保甲，或融乡约、保甲、社仓、社学、乡礼为一体；在去职后，或督率乡人实行乡约，或总结创新乡约理论。由于皇帝的提倡和官僚士大夫的力行，乡约在全国普遍实施。各地旧志均有记载。

三、一个中式"乌托邦"

历来的思想家、改革家，都十分重视国家的政治改革和社会改造。如果说政治改革要冒巨大风险，那么，社会改造则是更为繁难、更为切实的历史性工程，是国家长治久安的根基。泰州学派的何心隐，为了探索新的社会组合方式，亲身进行社会改造的重大试验，他的"萃和堂"便是中国版本的"乌托邦"，他为之付出了沉重的代价。嘉靖三十二年（1553年），何心隐三十七岁时，在家乡江西永丰试办了一项"聚和合族"的工程，这是泰州学派在社会改造工程上的一项颇有规模的长期试验，核心在于"乡村自治""基层警事自律"。

事情是这样的：何心隐从《大学》一书中得到启发，认为"治国平天下"要从"修身齐家"做起，于是设想出一套"齐家"方案来，并身体力行，颇见成效。《明史·王畿传》载："（何心隐）谓《大学》先齐家，乃构'萃和堂'以合族，身理一族之政，冠婚丧祭赋役，一切通其有无。行之有成。"这个作法得到了群众的拥护。为此，他写作了《聚和率养谕族俚语》《聚和率教谕族俚语》《聚和老老文》等系列文章，宣传自己的主张，并介绍"聚和合族"的具体办法和要求。他的这个"乌托邦"，是以血缘关系组合起来的，通族千余口，不论贫富贵贱三教九流，都组织在一个"堂"中，通其有无；以宗祠为"办事处"，处理合族事务。设"率教"一人，负责合族子女的共同教养，并让学生"总聚于祠"，过集体生活。他认为各户分散的"家庭教育"会使孩子滋生私心，而集体生活、公同教育则能培养孩子的"相亲相爱之念"。这个教育思想是很先进的，是超前的。"一年大成，则子弟不论贫富，其冠婚衣食，皆在祠内酌处"，这个办法更具"社会义务教育"的意味。堂内又设"老老"一人，负责合族老人的共同赡养，不使贫贱无力的老人失养，以实践其"老吾老以及人之老"的理念。另设"率养"一人，"辅养"若干人，负责为国家征收赋役，既免除官府追逼搜索之苦，又免了手足间为田产逃役之类而发生相忏相争相残相害等情。他的"萃和堂"绝对保证国家赋役的按时按质按量完成，本想以此为凭借，换得必要的比较宽松的试验环境，来发展他的事业。不料数年之后，永丰县政府还是找上门来，硬行加派"皇木银两"。他写信给县令进行讥嘲反驳，抵制法外负担，却因而被投入了大狱。他的理想于是破灭。

这里必须说明的是，"合族共财""四世同堂"之类，从形式上看，原本是汉唐以来地主们的共同梦想，但何心隐的"乌托邦"与之有质的不同。其宗旨是通过这种"共财共教共养"的"齐家"活动，来探索和积累"治国平天下"的经验，寻求社会生活的新的组合模式，寻求摆脱贫富悬殊的途径。这种全新的政治取向是不能简单地用"庶族地主的幻想"来草草否定的。此外，在泰州学派里，王艮之子王襞此前曾创立过"宗会"组织，其宗旨也是"联一家和睦之亲"，使入会的人团结得像一家人一般亲密。罗汝芳也分析过这样的社会现实："子孙众多，各开门户，各立藩篱，无宗以统而一之，其不至于相残相贼而流荡无归者无几矣。"韩贞也说过"治世还从睦族先"……因为他们原本都生活在中国社会的基层，都在思考、在探求社会生活的新的组合形态，从而实现社会公正。而何心隐的试验，则代表了这个学派的一致企求，也反映出一种时代的呼唤。当然，要想真正解决这个课题，在那个时代里，还真是一件遥远的事。

泰州学派对社会改革的初步尝试，其实现途径是动员民众一齐参与，其政治取向是全新的，它为构建新的社会秩序发出了有历史意义的呼唤，值得警事史研究者重视。

第八节　明末狱案证明：经济发展并不必然带来社会安宁

江海横流，泥沙俱下。明后期，农商地主中的既得利益集团，在新的社会生产力所提供的源源不绝的无尽财富面前，其急剧膨胀的物欲随着少数人财富的高额聚敛而呈几何级数的攀升，加剧了社会的不平衡，带来社会成员间的激烈冲突。明统治集团从皇帝开始，一直在肆无忌惮地吮吸民财，从精神生活到物质生活，都空前地糜烂而无耻。在其带动下，幕僚政客、师爷家丁、奸商牙侩、江湖艺人、闲散军卒、社会流民、僧尼丐帮，又构成了社会生活的另一股势力。他们成分最复杂、思想最易变、行为最敏捷，很容易酿成群体闹事，因而破坏力、侵蚀力也最明显。由他们构建的亚文化、污浊文化，冲击着、破坏着固有的传统文化，起一种侵蚀、干扰、败坏的作用，成为一种时症。这种政治文化生态不能不反映到当时社会的法制生活中来。

一、灰色文化流毒江南　祸害经济发展

明末李清的《决狱新语》所收案例，即反映了这一社会病态。比如：婚姻，本是人类生活中最美好的一环；而在现实生活中，却是凶残、黑恶、诡诈、阴谲皆有，书中案题就是劫妻、拆妻、活拆、谋劫、硬奸、硬配、占拐、姻变之类；就是欺寡、冤命、黑冤、飞攫、环烹之类，就是谲拆、枉法、法斩、砍门、诳诈、抄房、灭亲、奸杀之类；种种黑幕，一一拉开，阴毒凶残，一一排演。《婚姻》一卷，把明人婚姻生活中的丑恶揭示得如此怵目惊心，人们会问：闹成这样，还成什么世道！

其《承袭》《争产》等卷，更以大量案例说明：当年那种为法律保护的"财产继承制""官员恩荫制"，竟无限制地开启了达官贵绅们的亲属后裔不劳而获、坐享其成的奢望，埋下了无穷无尽的亲族争产、父子厮杀的祸根！以至家产越多，祸变越大，不仅危害家庭，而且污染社会，动摇统治根基。原来，真正破坏社会安宁与政治稳定的力量，恰恰就是统治集团所拼命保护的私有制自身，是其既得利益集团，且获利越多者，祸变越大。财富的高额集聚不仅危害社会，更直接危害集聚者自身，这是令人深思的历史教训。

比如，《决狱新语》中记了"一件赤冤事"：

民故的王锺是王钰的同胞兄长，而张方（即王钫），乃两人的同母异父的哥哥。今王锺去世了，他既有"伯道无儿"之感，自应立嗣。那么，若舍亲弟之子，又该选谁呢？而无奈王钰只有一子。能让螺嬴有种，反而令螟蛉无后嗣么？于是计无所出，议及王钫之子。然王钫毕竟"非我族类，其神不馨"，恐先祖灵魂鬼名饱而实馁。这是族人王镜欲以己子王仁与之为继的缘故。哎，王仁与王钰，又有何亲可言呢？图家产而已。王钰忿忿不平，与王钫联手控告，这合乎情理，可以理解。

令当堂对质时，明知王钰一子难以出继，而王钰偏以自己身壮妻少，会有生

育，借口将来可以尚未出生的"次子"为王锺做继嗣。说起这个王钰，他自己正天天为多生男儿而祈祷，而王镜则天天咒其独子。假若王钰的祷祝胜不过王镜的诅咒，那又将怎么办呢？看来应当以王镜之子王仁为王锺之后。其房四间，则尽以归于王钰，因为他是王锺的亲兄弟，而且他现在与王钫同居，总不能把他从家里赶到田野里去吧？所以房产则不宜分。王钰之父王增遗田二十六亩，则以十亩归王钰，以十亩归王镜之子王仁，因为他有王锺继子的身份，怎么说也是王钰的侄儿，不能让他占不着一点好处，所以田就不得不分。至若王钫，则给以余田六亩。因为王增有过遗嘱，说："吾娶汝母贺氏过门，九月生汝，名曰王钫，且同心耕耘，置田买产。"王镜垂涎太奢，王钰告请太过，合各杖五十以儆效尤。倘使王钰数年后又生了儿子，怎么办？好办，"天与子，则与子"。取回来就是，王镜又能怎么样？

按：王增有子王锺、王钰，又有一个由妻子带来的遗腹子，起名王钫（本名张方）。王增去世后，长子王锺也去世了。王锺无后；而亲弟王钰只有一子，不能"过继"；打算让王钫之子过继，却冒出个远房同宗的王镜，说不能让"异姓"乱了王氏血脉，要让自己的儿子王仁入继。引起王钰、王钫的愤怒，去控告王镜"无端干预，想夺家产"。王钰提出：自己还年轻，会再生个儿子，将来可以入继，与王镜无关。依当时的继承法，王钰只有一子，不得出继；王钫本为异姓，其子不应出继；那么，王镜虽是远房，毕竟同宗，其子王仁可以入继；一旦王钰又生一子，则王仁必须退出，归宗。至于王增现有遗产的分割，则四间房归王钰、王钫共享；二十六亩田拿十亩给王钰、十亩给继子王仁，作为"香火田"；另划出六亩来给王钫。这样的处理，在当时算是个折中方案；而今天看来，王镜王仁父子，纯是不劳而获。

二、明末刑案发生机制的扭曲与变异

明末又有一位能吏祁彪佳，曾于崇祯六年夏至七年冬任"苏松道巡按使"，专职本地区狱案复审事宜。苏松道辖苏州府、松江府等，含今日上海市与江苏省之苏州市一带，扼守着长江出海口，是当时经济文化最发达的地区之一，也是倭寇骚扰最烈、危害深重的地区之一；又是社会黑白势力纽结在一起，诡谲百端地为非作恶又善于漂白伪装的地区之一。他写的《按吴亲审檄稿》一书，所收即其任职期间对州、府、县、厅之案件进行复查复审后，给属地执法机关下达的"执行通知书"。这样的公牍，因为是直接发给州、府、县、厅的长官或原案主要承审官的，故可把它作为明末江南社会法制生态的一种忠实记录来看。从该书中，我们能够了解到：明末江南案件的"发生机制"出现了古怪的变异，案子往往从天外飞来，作案人与受害者毫无瓜葛；替死者"申冤"而悲愤欲绝者，竟是借"命"图财的外地浪人；很得社会"好评"的名绅恰恰是一系列大案的策划者，而下狱顶缸的倒是被攀扯的普通人士……

透析当时发案之频密凶险，可以将案件的发生机制总结如下：第一，司法机关多头管理，不作为；或执法力量搞反向操作，违纪操作，给黑恶势力提供了活动舞台；第二，承载社会良知、社会正义的知识分子与宗教力量，日渐灰色化，不敢出头，甚而弃守道德底线，为黑恶势力的无孔不入提供了机遇；第三，历来作为基层社会之中坚的有组织力量——宗族势力与血缘纽带——"负罪化"，内生蠹虫，无以洁身，失去了主持正义的组织力与号召力；第四，基层行政力量与黑恶势力相纠集，行政遏制力崩解，无可提防，为刑事作案者的目标无序化提供了可能；第五，艰困中度日的老百姓失去了承受力、防范力，使黑恶势力的影响百倍膨胀，小小风吹草动就能引发社会恐慌；第六，正义力量得不到凝聚，也为黑恶势力的狼冲豕突准备了广阔天地。

综合这一切负面生态条件，社会便孵化出一个个怪胎：家族里不务正业的赌棍，会社中无事生非的游棍，江湖上兴风作浪的异棍，宗教界道貌岸然的淫棍，皂隶中恣意用刑的恶棍，市井间播搬弄是非的刁棍，公堂上吃了原告吃被告的讼棍，司法界玩法卖狱破律徇私的奸棍……他们之间的游走、串接、争锋、呼应、交集、火拼、撕咬、斗殴，无不给社会、给平民带来无边的灾难。当时，相当多的案件，当事人之间竟然毫无社会联系，平日并无利害冲突，也无出事前兆。施害方往往"凭空架桥"，无端生事，借毫不相干的死丧妄兴邪风，见机而上，无孔不入，乘危而上，无恶不作。他们卖身投势，连环结伙，又多公然借用司法者和执法者之手，四方插足，八面钻缝，凿空造穴，挑拨是非，于混乱中实现其非法的经济诉求，表达其向社会挑衅的变态心理。

一句话，社会经济文化的发展、发达，并不能自然地带来社会法制的进步，其间并无正态关联性；恰恰相反，倒是随着社会价值取向的模糊化，耗损了社会对消极因素的遏制锋芒；而社会财富的加速增殖，可供猎获物的百倍提升，倒为黑恶势力的泛化与攀升准备了温床。社会文化水准高了，犯罪手段也更诡异化，犯罪方式也更谲怪化：比如对于到手的赃款赃物，历来是力图独吞黑吃的；而此时，分赃之外，竟发明了"扳赃""摊赃""洒赃"等手法：扳赃，就是扳扯与本案无关之权势人物或富足之家，使其无法洗脱，代为承担案责；摊赃，就是把赃款摊给团伙内外的成员，甚至漠无牵连的人，使其分担"案值"，让主犯的定罪量刑之依据得以降低甚而归零；洒赃，就是把赃款赃物洒向社会，甚至以"造福乡里"等公益面目出现，借以漂白自己……蹊跷的是：社会却在吸纳、消化这种"摊"与"洒"，社会自己在为"反社会"势力的结聚与肆虐提供着方便！祁彪佳只在"苏松道巡按"任上干了一年半，便留下了这本书，让今人有可能借助这一线光亮去看看活动于沉沉暗夜中的牛鬼蛇神们的狰狞与诡诈，从而提高对其应有的警觉。

第九节　名吏办案的对策

在既定的"国法"框架内，在既存的恶劣社会生态环境下，有什么办法让黑手遮天的恶势力受到应有的打击，让社会弱势群体尽可能得到正当的保护呢？明后期的著名能吏李清、祁彪佳等，为人们做出了榜样。其实践证明：无论周围多么阴沉险恶，正直之士总是可以有所作为的，这可以用下列实例来佐证。

一、速办大案

李清到浙东上任后，遇上了一个"四凶叛逆"案，牵涉二百人，该如何办理呢？若严格照章办事，一一抓捕、一一清理，一一论罪，一一惩办，则势必兴师动众，旷日持久，瓜蔓牵连，甚而变生不测，此案哪有清结之期？若是草草了结，又何以保一方安宁？李清的对策是什么？请看他的报告：

经审问得知：本府听差的民壮李凤、张瑞、周升、施宾，一向有"四凶"的称号；而赵元、王成、崔科等，也属四凶之党。他们以豺虎相济的淫威，造成一县鸡犬不宁的祸患，已经有很长时间了。除李凤已经死去、张瑞已被擒拿外，至若周升、施宾，则因其他案发被判了徒刑，却仍安然在家坐拥金穴之富；赵元、王成、崔科等，则因结伙党恶、互相包庇而漏网，至今还在倚仗其攫取的贿赂而自肥。

我今取各相关文案来细察，发现开列的罪行有廿四款，引证不下二百人。全数抓捕拷问，也不冤枉。但恐怕纷纷拘质的话，反而成为隶役们敲诈勒索的由头，将弄得村村寨寨鸡飞狗跳，是奸恶未锄而良民先受其累也。于是决定悬牌公告，以示于众："凡一切干证，准自行投到。"不去抓捕了。结果，一百六十人自动投案；没来的只有四十余人，姑且置之高阁，不去理睬他们；而专提周升等一帮案犯证人等，当堂拘禁审问。

可叹的是：这帮恶徒，罪行累累，罄竹难书，仅判一个"徒刑"绝不足以抵消其罪。再说，把他们全部关押起来，官家又能怎样？一有变故，何以对付？于是我决定网开一面，向他们谕以大义，说：而今海盗横行，凶焰方炽，富民不安，穷民遭殃。政府又苦于缺乏舟楫，无力于海上抗倭。还不如由人犯们自行捐资，作为赎过之举而免其羁囚关押之苦。于是诸犯闻言都叩头服罪，愿依家产之高下，为捐银之多寡。于是周升愿捐二百五十两；施宾愿捐一百二十两，赵元愿捐八十两；王成愿捐九十两，崔科愿捐八十两，为府县造舟下海灭倭之资。因此一举而有三利：海上获金钱之利；小民省牵连之苦；也向其余党示罗网之宽。至于这帮歹人，用之则为虎，不用则为鼠，并不是说一网就可以尽收的，也未见得关押一阵子就能向善。所以，我且区别处理：周升、施宾，且免再审再判，释放回去，限期如数交款；其余赵元、王成、崔科等，一并开除公差，以示惩罚。倒不是说"非其种者，锄而去之"，恰恰是因为他们"是其种"，故锄而去之。而今而后，凶党就不成其"党"了。

按：从这个案子的办结看出：李清确实胆略非凡，敢于决断。明末，倭寇骚扰，海疆不宁，浙东首当其冲；而地方黑势力又往往内外串通，为患甚烈，良民被胁者又何止百千？如何处治乡里恶党，成为考验地方政府施政能力的一项重要指标。

李清面前的"四凶"案,"(罪)列廿四款,引证二百人",真要全面搜捕看押,势必造成全境恐慌之势,又给下乡捕人的吏役以扰民敲诈之机!他的第一个措施便是贴出告示,叫涉案人员自行投案,结果投案者达一百六十人之多,形成必破之势,不肯前来投案的四十人也就无关大局了。

再来是提审要犯。他想:这帮人的恶行明摆着,审到头也不过是充军、流放而已,并"不足蔽其辜"!况且流放的结果,往往是让他们"易地犯罪"!再说,眼下这么多人犯被聚在一起,一有个风吹草动怎么办?于是他又采取第二个措施:让人犯捐款赎罪,款项用于造船抗倭。于是大获成功:"此一举也,有三善焉:海上获金钱之利;小民省瓜蔓之苦;余党示罗网之宽。"迅速安定了形势,解决了大案,稳定了人心。

最后一招:区别对待,不是宽大无边。对个别首恶,还得重办;不办不足以拔除祸根。而此时的"重办",大局已稳,已无须再担心引发社会波动了。

仅此一举,足以使李清以"名吏"身份进入史册。他办案程序上的某种缺点,也都可以不计了。(《决狱新语》第一百二十二则"一件剿叛事")

第二例:是祁彪佳复审后下令昆山县办理的一个案子,从中可看出丑类的关系网是怎么织成的。

最近,昆山县押解犯人的汤承洲等到院。经审问原告被告双方得知:李儒与顾禄一起放鸟捕鱼,因争鱼而起衅。这时,有个叫龚成的人死了,顾禄就认其为"母舅",唆使孝子龚文出面控告"人命",而由他自己作证,并且投到葛姓官宦门下,以求仗势吓诈对手。有金凤、王泉,皆为奴棍,见势而上,乘机设局,去吓诈李儒;奸谋毒计,无所不用。就拿他们勒令李儒自书"借契"十一纸来说,就全是索诈的确证,还用得着另行"取证待质"吗?顾禄、金凤、王泉辈小人,用这种假命图财、借宦刁讼的伎俩,让县政府也陷于被动,已是罪不容诛矣!而今,顾禄已受天祸而亡,其子顾秀又愚蠢之至,听人唆使,告人命大案于县府,可恨之极!我今判决:顾秀该受重责,金凤、王泉应严拘,照借契上的数目追赃一百两,该款应断还于李儒,但原告不愿领取,罚出此款去修理县学。再不许拘累李儒们了。

按:该书所记许多匪夷所思的古怪案子都出在昆山县,这不,又出了一桩

"假命图财，借宦刁讼"的案子：龚家死了人，顾禄跑去认为母舅，鼓动孝子去告"命案"，由自己作证；为了壮势，不惜投身绅宦之家，求其庇护，借其淫威，以求一逞；而奴棍们当即随同敲诈。如此一个案子，仅仅因为捕鱼时双方的口角而已！一个由绅宦、奴棍、奸徒编织的大网，就这样罩住了懦弱无力的小民！县里竟久久不给结案，其无能可知，其纵恶可罪！

二、立办毒案

这是祁彪佳交办处治的又一桩怪案（《决狱新语》第三十则"一件会寇穷凶作耗等事"），从中可见政府昏庸，会给社会酿成多大的危害！

蒋元有个义子叫唐承，因病而死。有在此作坊中的伙计何观，便借机串通唐爵来出认尸亲。又串通一个有一百个干儿子的凶犯赵物，统领着凶手五十余人，结伙到蒋氏作坊哄闹，硬行威压蒋元及其弟蒋奎，百般诈害蒋氏兄弟，手段无所不至。

昆山县流行一种恶劣风气：往往一人死了，便有一番假冒尸亲、纠众打抢的事件发生，闹得民怨沸腾，这已经很久了。非加痛惩，则良民无地安生矣！本案中各犯甚多，今姑摘其甚者数名（下文开列陈贵、唐爵、唐虎、许冬、朱吉甫等犯，以及吴三、杨三、沈邦宪、陈二、吴忠等从犯和干证，并详列各家住址），望昆山县尽速严拘，限于三日内并赵物、何观等究赃招解，万万不许贿营求脱。原呈报人放归务农，不得牵连起解。速速办理，不得有误。

按：此案行文太简略，其实情节很复杂，是一桩惊天大案：蒋元的义子唐承死了，与此无关之何观、赵物等人，竟挟假"尸亲"的名义，带上五十余名打手上门闹丧，百计加害，当时场面之凶险可以想见。这五十余名打手，是入了"会"的一帮，处治起来也比较棘手，而"非加痛惩，则良民无地安生"。祁巡检的方针是"摘其甚"：把代表性恶人摘出来严惩，这是有胆略又讲策略的作法。祁彪佳叮嘱昆山县："究赃招解，万万不许贿营求脱。"此句正好说明：昆山县之所以恶水横流，概因政府受贿纵容所致！"以积棍而为县皂"，真的从干部人事上实现了"警匪一家"，其行动之所指，必然"无不饱诈"。机关毒瘤，是社会危害中最突出的。

又，该书第四十八则"一件天斩事"中，祁彪佳说道：

有个夏全，以积棍而为县皂，充役既久，对"造案害人"颇有一套，捏造起罪名来张口就是，轻而易举；想害谁就害谁，料事如神。先后被他"察访"者如张问达、朱岳泰、顾学等人，虽说当日或有某种根因，而本役（夏全）一经承牌差办，则无不乘机饱诈一通。如诈顾学之银九两，诈朱岳泰之钱十六贯，诈叶逢春之银十六两，这已是被告所确证了的事。至于陈良一名，而调换两人，以衙蠹之陈良去反诈开铺之陈良，得十四两，尤为可恨。至于郭文贵，则并其子皆占役之，这就更令人诧异了。至于王仲、刘元、顾良为其羽翼，又为汪圣等人之所最恨，而质对已知是有诈赃之犯。望松江刑厅能逐件究明，作速招报。

按：这是警匪在串通作案，故纠缠不清，判决为难。

三、巧办奇案

李清办过"一件环烹事"，连环绞结，互相煎熬，案情大致如下：

王君实以前有个小妾叫夏姐，原本是陈英台家的养女，被陈卖与全立仁为婢，而又被转嫁于王君实为妾，日子过得很平常。一天，因在池边洗衣，夏姐不慎失足落水而亡。这事跟陈英台毫不相干。陈英台忽然以人命大案来告，指称夏姐是他陈姓嫁出的女儿。真怪，这夏姐活着时是陈家的小小女佣，死后倒变成陈家的女儿了！于是陈英台的同族陈怡，与全立仁的同族全大经，也都跟着起哄，捏词妄诉，而此息彼告，相牵如蔓，不获大利不肯罢手。

要说这个夏姐么，本是流萍飘蓬，不知来历，初寄生于陈家，又寓足于全姓，久为青衣侍女，后到王家为妾，也并未遭到大妇的嫉妒。她是由养女而变奴婢，又由奴婢而变小妾的，原不是金屋所藏之金凤凰。虽说在王君实一边，并未得到特别的宠爱；在王君实之妻江氏那里，也没有"我见犹怜"的猜忌。江氏既从无"河东狮吼"的发作，夏姐也从无奔避逃跑的表现，何以一旦池边淹死，就忽然生出"悍妻杀妾"的罪名呢？问陈、全两家何以知道夏姐是被"悍妻"杀死的，则回答说：是"王生员"来信报知的。而这个"王生员"又是谁？他与陈、全二姓又有何干涉？与夏姐又有何亲情？难不成真是厕所里的冤魂有形，走出来开口诉其沉冤？何以这个王生员代人鸣冤，而下笔如泣，说得如此沉痛，恐怕是他"自哭亡妾"的急泪，转用于哭夏姐吧？否则，恐怕王生这一纸代笔，也是"求吾所大欲"之举吧！他该与借题恐吓、各诈四钱的陈英台一并杖惩。至于状纸中"全立仁劈死夏姐"之说，不过嫁辞构祸之计，姑念其唆讼而无实证，且薄罚以儆之。

按：陈英台把养女夏姐卖与全立仁为婢，全立仁又把她转嫁给王君实为妾。本来相安无事。一天，夏姐在洗衣池边失足落水而亡，于是议论风起。有陈姓、全姓宗族中几家与此事毫无关系的人，口称有位"王生员"向他们揭露了真相，于是纷纷上告：有说陈英台当初是把亲女出嫁的，有说是被王妻凶狠虐待致死的，更有人说是用刀砍死而不是淹死的……缠讼不休，轮番登台，挟制司法，却没有一个人拿得出真凭实据，连所谓"王生员"也始终未曾露面。显然，这是一群趁火打劫者。本推官快刀斩乱麻，把枉控者揪出严惩，维护了社会正义。

四、智结蹊跷案

该书第四十七则"一件惨伤事"中写道：

宁波人王元忠是个穷光蛋，两间破草房正挨着高门大户李文纹的院落。他想李文纹迟早会来兼并他，不如先发制人，便想出个"蛙叫烦人"的怪招，登门说以前两位邻居陈文龙、陈文寿等卖给李家的房地产，原本是他家的，"有地契为证"，指控是非法买卖，硬缠着李文纹与他打官司，持久难断。宁波府推官李清接手了这个案子。他看透了王元忠的用心，"时微察其情，姑置二契之伪于弗问，而以房屋八间与行路二条，为元忠鳞次而居者，俾文纹以重价买"。他搁置地契真假的争论，也不升堂审理，却另辟"购房"议题与双方相商，"两家皆欣然从命"。经中人杨怀等从中说合，定价一百两。李推官又提出：王家卖出祖传房产，从此蓬飘萍流；而你李家是拿来"为歌宾娱挐之永据"，因此，不可以常价买卖，他商请李家"照宁波俗例，外加三十两"，高价购回。这还不够，"外有隔河园地一片，则定价十二两；又有族人公分之地，而为元忠所有之三尺者，则定价十两"，都折算一下，让王家有个安身之处，"使其远去"。此时的李文纹，只想花钱买个安静；况且是府官出面相商，很有"面子"；对方呢？超出了他的底价二十倍！喜出望外。于是双方满意，很快达成协议。此案以"双赢"告结，李推官本人也因办事有方，成了第三个"赢家"。然而，李推官之所以将文章的标题定为"一件惨伤事"，是因为他心里清楚"惨伤"了谁，但谁又能说他办得不对呢？他这么不讲"契约"真假、不升堂审理案件，而让中人参与筹划、分明为弱势一方谋实利的办案思路，为中外法制史上所罕见，而正与此时的李贽、徐渭、冯梦龙、汤显祖等人的价值取向、思维方式、行为模式保持了高度一致。李清办案思路，只属于他所处的那个时代。

不拘条文，清简办案，是这两位名吏办案的最大特色。而这种清简，又是在那种极端污浊混沌的法制生态条件下显现出来的，故而弥足珍视。他们执法持平，公正，不为已甚，不走极端。遇上大案凶案，总是保持冷静，删繁就简，抓主干，弃枝叶，尽量简化行政手续，尽量减少狱审牵连，中心突破，快办快结快发落；尽力消除滞狱，防止冤狱，杜绝差役扰民。对公职公务人员犯法，尤其是侵损民利的案件，办起来决不手软。这便是他们的可贵之处。

第十节　对明代警事的文化透析

一、明代中后期文人的社会批判，是针对当时黑暗的社会现象和理念的批判，开始摒弃和否定传统的道德观念与专制统治，形成了中国历史上前所未见的规模最大、最全面、最深刻的历史反思运动。他们的主张表明了这一时期价值观念的变化和社会思潮的变动，比西方启蒙运动发起得更早。但终因中国传统机器过于沉重，旧意识形态过于强大，加上清入关后的严厉的制裁，使初上阵的民主思潮遭遇了致命的打击，我国社会发展的进程也就被打断而延缓了数百年。明代警事未能像商鞅时期那样为新制度、新秩序开路护航，也未能像宋代那样为经济社会开辟新的生机，未能为民众的新的生活方式服务，而是从体制外施力，强化其作为镇压工具的职能，成了社会前进的惰性力量。

二、社会经济的发展、发达，并不能自然地带来社会法制的进步与平安，其间并无正态关联性；恰恰相反，倒是随着社会的价值取向的模糊化，耗损了社会对消极因素的遏制锋芒；而社会财富的加速增殖，可供猎获物的百倍提升，倒为黑恶势力的泛化与攀升准备了温床。社会文化水准高了，犯罪手段也更诡异化，犯罪方式也更为谲怪化。在这种情况下，国家必须正面现实，积极应对，回避不行，封堵不行，听任泛滥更不行，至于像明政权那样倒行逆施，同流合污，其结果便只能是在农民暴动的烈焰中"同归于尽"了。

第十二章　清代：中华传统警事的集大成

　　清代的珠江三角洲、东南沿海、四川盆地，以及华中、华北的中心地带等处，人口在高速度地增长，生产上却不再依赖耕地的扩大垦辟，而仰赖于土地深度利用的水平之提高，如种植高收益的经济作物。清代传统工业也有了相当的发展，它依靠一种广泛而分散的发展方式，满足了当时世界三分之一以上人口的工业产品的需要。其时，国民经济收入不仅可以从经济作物中去获得（如烟草、桐油、漆、蜡、胶、香料、草药、苎麻、染料），也可以从工业发展中去获得。清代的矿冶业（如玉石、采伐、制炭、铁冶、五金）、制造业（连同农器、家具、造船、造纸、印刷）、制盐业（连同茶、糖、烟、酒、酱、榨油）、丝织业（加上棉纺、麻织、编织）、铸币业（连同金币、纸币）都已是世界一流的产业。中国至十八、十九世纪之交，以占世界不足十分之一的有限耕地，养育了世界三分之一以上的人口。这在世界历史上是独一无二的。

　　然而，清帝国的警事，却未能走到这个经济社会发展的前沿去，未能突破中华传统警事的框架，只是在"集大成"的古旧圈子里自我陶醉。清帝把"惟以一人治天下"干得很彻底，皇帝视大臣如家奴，虽一品大臣也要跪着奏事，满族大臣还得自称"奴才"。皇权在清代达到无以复加的程度。整个康雍乾嘉时期，从警事思想、警事体制到警事方略、警事措施，无不体现着"集大成"的特色。清政府一面着力于强化社会基层的警事自理，通过"保甲制"使基层自行处治、消化犯纪、犯规、犯禁问题；一面使用军警之力深度介入社会精神文化生活，严控民间思想舆论走向，严控社会团体的有组织活动，也就空前强化了传统警事对社会的钳制作用，阻碍了社会的进步发展，这同时也就控扼了社会活力，使一个经济体量全球第一的大国古国强国，偏离全球发展的轨道而终于衰败下去。到鸦片战争爆发后，这个警事制度也就终结了。

第一节 清代国家警事力量的集成

清代实行彻底的皇帝独裁，设有"南书房"，由翰林院、国子监的大臣"入值"，做皇帝的私人顾问，提供咨询性意见，无任何决策权力；又设"办理军机事务处"，军机大臣是皇帝办理军国大事的主要侍臣，虽处于中央政府核心地位，但也仅是"奉旨议政""奉旨传宣"而已。清代行政管理的中枢机构是"内阁"，全国行政管理责在六部，六部直接向皇帝负责，内阁只是负责协调六部事务。各部的尚书（从一品）、左右侍郎（从二品），都实行"满汉复职制"，保证满族贵族的特权。清代六部与国家警事都密切相关，尤以兵部、刑部、户部等关系重大。这里介绍一下清代最有特色的刑部、都察院、宗人府三个中央机构的警事职责：

一、刑部的警事职责

清朝的刑部设于天聪五年（1631 年），入关之后，设满汉尚书、左右侍郎，负责全国刑罚政令。凡是死刑案件，会同都察院、大理寺审结。每年于八月间审理各省上报的要案，名为"秋审"；夏季审理谓之"热审"；于霜降后审理发生在京师的要案，则名曰"朝审"。刑部除负责全国重大案件的终审之外，还负责厘定各种法律。全国的刑名案件送呈到刑部之后，便按省区分发给十七个"清吏司"处理。十七个清吏司除对口掌管所负责之省区的刑名案件外，还兼掌一些其他事务。如江苏清吏司兼掌全国赦免案件，河南清吏司兼掌"热审"案件，等等。刑部还专设"督捕清吏司"，负责缉拿逃亡的驻防旗人。各省缉捕的逃犯，每年于四月造册报部，由该督捕司负责核办。刑部还设立"秋审处"，负责"秋审""朝审"重要案件的处理。设"减等处"，负责汇集各省现审案件，遇有国家庆典，奉诏核议应不应该减免刑罚。"律例馆"以王大臣、刑部尚书等为总裁，负责编修法令和督促律例的实行。"提牢厅"掌管狱卒、狱禁。"赃罚厅"掌管刑部现审案件的罚款。此外，还设有饭银处、清档房、汉档房、司务厅、督催所等，各有具体分工。

盛京刑部设立于康熙元年（1662 年），有满族侍郎一人负责。下设肃纪前、后、左、右司。肃纪前司、左司分别掌管盛京等十五城旗人狱讼、民事案件；肃纪右司掌管蒙古人诉讼案件；肃纪后司负责处理在大东北（含乌苏里江以东）私挖私贩人参案件。

二、都察院的警事职责

都察院是清代国家机关的最高监察机构，设于崇德三年（1638 年），设左都御史，左副都御史。都察院除监察国家政事得失之外，还要会同刑部、大理寺裁审要案。一般来说，凡是要案，先经刑部审明，后送都察院参核，再送交大理寺平允，然后三个机关会稿具奏，由皇帝作最后判决。都察院所属有六科、十五道、五城察院、宗室御史处及稽察内务府御史处等机构。吏、户、礼、兵、刑、工六科负责对六部、宗人府、理藩院的题本封驳；十五道按省区划分，分别稽核各省刑名案件。五城察院，又称五城御史衙门，负责纠察京城的案件，因为京师分为东、西、南、北、中五部分，故设五位巡城御史。五城御史各辖二坊：中城辖中西坊和中东坊；东城辖朝阳坊和崇南坊；西城辖关外坊和宣南坊；南城辖东南坊和正东坊；北城辖灵中坊和日南坊。五城各设兵马司指挥、副指挥以及吏目若干人，负责地方治安案件。凡人命案件，均由五城指挥勘验，盗窃案件则由副指挥与吏目踏勘现场和审办。其余诉讼案件由指挥报巡城御史审断。杖罪以下，可以自行完结；徒罪以上，须送交刑部审察。五城还各设公所，于每月初一、十五两日，由御史、司坊各官督率地方绅士宣讲皇帝训谕。

大理寺的责任，主要是会同刑部与都察院审理大案要案。

三、宗人府的警事职责

宗人府主要负责管理皇家宗室的事务。设宗令、左右宗正等主持其事。它首先是管理皇族属籍，办理皇族婚嫁、封爵、祭奠、扈从等事。与警事较为密切的事务是：管教皇族人员，遴选族长、教长。若宗室人员犯罪，除本人治罪之外，还要追究管理人员的责任。乾隆二十年（1756 年）规定："宗室内有非分妄为之人，将总管族长、族长一并议处。"宗人府还负责编查宗室保甲。倘若发现有不安本分之人，或任意容留闲杂人等，即报巡城御史，再密呈都察院，派人追究。宗人府审理案件的常例是：户婚田宅之案，会同户部审理；有关刑名案件，则会同刑部审理。审讯之时，贝勒以下传至宗人府讯问；郡王以上，则由宗人府官员前往该王府询问。特殊情况下可以请旨传讯。如遇宗室人员抗旨不到案，宗人府可派官兵，会同族长、学长到家中带人。到宗人府后先重责三十板，再讯供。重大案件审理之后，一般由户部、刑部主稿，会同宗人府具奏，按旨意定案。除政治性案件外，一般刑名案件都会从宽发落的。

第二节　皇室禁卫与京师治安

清廷对维护宫廷与皇帝安全最为关注，专门建立了一支以满蒙贵族子弟为主的庞大警卫力量，分工极为烦琐，在古代社会颇有代表性。

一、皇室安全禁卫

清宫廷侍卫由侍卫处负责。侍卫处设领侍卫内大臣六员统领，从皇室嫡系部队"上三旗"（正黄、正白、镶黄旗）满蒙子弟中挑选精明强悍、材武出众者充当。内外大员的子弟、世胄子弟、勋戚后裔，可以特批入选。特等侍卫负责翊卫近御，在御前行走。平日在内廷稽察官员，导引官员上谒，皇帝出巡时随驾扈从。一等侍卫六十人，二等侍卫一百五十人，三等侍卫二百七十人，加蓝翎侍卫九十人，共五百七十人，分层次在紫金城内轮值。另外，还有汉军侍卫、宗室侍卫，作为上三旗四等侍卫的外围轮值者，员额不限。这些侍卫的人选，一般来自八旗亲兵营。八旗亲兵每月考核骑射与步射，成绩优异者给予升级。这样，侍卫就成了一种特殊的荣誉，公侯子弟都想跻身于侍卫队，这是他们进入上层集团的门径。

除侍卫外，有八旗满蒙兵士一万五千多人组成的护军营，负责环卫宫廷，警跸出入及护驾巡幸。紫金城内由"上三旗"护军守卫；紫金城外由"下五旗"护军守卫。还有满蒙士兵一千七百七十三人组成的前锋营，专作皇帝大阅时的首队和皇帝出巡的宿卫。有"三旗包衣营"，又称亲军营，宿卫守护宫墙内的各殿、各所、各库、各门，均有稽察禁卫之责。另外还有"火器营"驻扎，以备远攻之需。此外，圆明园护军营有护军三千六百三十二人、马甲三百人、养育兵一千八百二十六人；内务府有护军一百一十三人、马甲三十人、养育兵一百三十人。香山静宜园警卫由"健锐营"负责；皇帝打猎由"虎枪营"随从，皇帝钓鱼有"尚虞备用处"六班侍卫警卫；车驾出行由銮仪卫负责；皇帝出巡的各项事务由"总理行营"总管。分工琐细，互相牵制。清廷对警卫禁卫有极为严格的管理法规，这里从略。

二、京师安全管理

清代京师警事比起明代来，特务活动有所收敛，而行政管理、警事管制则大力加强。第一是驻扎重兵，第二是添设专职警事机构，第三是京师地方政府的警事职权进一步加强。清廷京师驻军中的步军营（八旗步兵）与巡捕五营（绿营马步兵），统由"提督九门步军巡捕五营统领"指挥。步军营在都城内按八旗分汛驻守，各分地段守卫，在其责任地段内设堆拨（岗哨）分番轮值。皇城内有堆拨九十个，内城有堆拨六百二十六个。巡捕五营则在外城与远郊地带二十三处分汛驻守，也设有数百个堆拨。地段之间，设有多道栅栏，以便盘查往来。

其具体职责是：

①夜晚击柝，节节递送。

②救火。皇城内由步军营救火；京城内由骁骑营救火；全城分四大区域，遇有火警，由驻守本区的两旗步军营官兵前往扑灭。

③捕盗。各旗步军营都有专司捕盗的捕盗步军。

④掌司门禁，内城门由满蒙军士守卫，外城门由汉军巡逻，自酉至卯，不得

间断。

⑤稽查夜行，获准夜行者要派人守卫。

⑥掌守马道栅栏，依时开闭。

⑦掌习白塔信号。当时规定，白塔山上设信炮五台，何方有警，即定向击报全城。巡捕五营之人，则专职巡捕盗贼。

同时，清沿明制，保存了"五城兵马司"的建制，朝廷都察院下，设五城御使、五城兵马司等文职机构。五城御使全面负责京师警事，审理徒刑以下案件；五城兵马司负责人命案中的验尸，盗窃案中的踏勘等。东西南北中五城之下，又划作十坊，每城二坊，专门负责坊内的缉贼捕逃，禁约赌博，对于奸拐妇女，指官吓诈，邪教惑人，妄造谣言，聚众烧香等一律进行查禁，寺院庙堂坊店等处，皆令具甘结，不许留住异乡人。在街上巡逻时，遇有形迹可疑之人，随时可以逮捕，交五城御使审问。当然，五城司坊官和捕役有自己的责任地段，一般不许越界捉人。另外，大兴、宛平二京县与顺天府，作为地方政府，自然要负责京城内外及远近郊区的社会警事，查禁邪教，禁捏造俚歌，刊刻传诵，沿街唱和，禁赌博，禁鸦片，禁拐诱人口等，同时要负责编查户口。这些都是强化警治的措施。

三、强化地方政府的警事职能

地方行政制度是关系专制王朝统治能否得以巩固、国家统一能否保持的重要问题。历来统治者都很重视，制定一套地方行政制度，以保证其统治的长治久安。满族统治者在这方面可以说费尽心机。

1. 省区的警事职能

清代疆域广阔，东至库页岛，西至葱岭，北至外兴安岭，南至南中国海。清王朝承袭元、明的行省制度，初将全国划分直隶、山东、山西、江苏、安徽、江西、福建、浙江、湖南、湖北、陕西、甘肃、四川、广东、广西、云南、贵州、河南十八行省。光绪时，将台湾、新疆改建行省，又将东北改建为奉天、吉林、黑龙江三省，共二十三行省。在少数民族聚居地方则有内外蒙古、察哈尔、青海、西藏等特别行政区。

省以下设有府与州、县两级行政实体。县之下有保甲，作为清王朝的基层组织。京畿地区八旗庄户与汉族民人分别而居，实际上存在着八旗与保甲的双重组织。清代地方第一大员为总督，次为巡抚，均有领兵之权。总督有兵部尚书或兵部侍郎衔，节制所辖省的绿营提督、总兵，并有直属的"督标"绿营队伍。总督还带有右都御史或右副都御史衔，对辖区文武官吏有监察之权。《清史稿·职官志》称，总督"掌厘治军民，综制文武，察举官吏，修饬封疆"，有疆臣之称。

仅次于总督的为巡抚。凡不设总督的山东、山西和非总督驻地的安徽、江西、湖南、广西等省，巡抚当然为当地最高行政长官，也是独当一面的。巡抚为从二品，例兼都察院右副都御使，多兼兵部侍郎衔，或兼提督，有直属抚标绿营。《清史稿·职官志》称：巡抚"掌宣布德意，抚安齐民，修明政刑，兴革利弊，考核群吏，会总督以诏废置"。

清廷视总督、巡抚犹如分封疆土的王侯，称为封疆大吏。总督、巡抚之外，主持一省行政事宜的是"承宣布政司"的布政使（从二品）。省级机关还有提刑按察使司，按察使正三品，仅次于布政使。职掌"振扬风纪，澄清吏治"，也就是主管一省的刑名案件的审判，兼管本省的驿传。重大案件要与布政使会商办理。按察使例充省乡试的监试官，每五年"大计"，国家考核地方官时充任考察官，秋审充主审官。其职掌一省监察司法，权势非浅，与布政使司并称二司，同为地方大吏，但要受布政使的制约。

清代提督学政，主管一省的教育行政，同时有密察地方政情、民情的任务。《清史稿·职官志》载：学政掌本省学校之政令，"岁、科两试，巡历所至。察师儒优劣，生员勤惰，升其贤能者，斥其不师教者"，实际管理省、府、县的基础教育。府学教授（正七品）、训导（从八品）、州学正（正八品）、县教谕（正八品），皆受学政管理与考核。

清代行省下设"道""府"和"县"。道，为省与府的中介机构。清初沿袭明制，布、按二司设左右参议称为守道；按察司副使、佥事称为巡道。道员有自己的衙署，称道台衙门。其职责在加强对府、县官员的监察。府是省与县之间的一级行政实体。知府（从四品）为一府行政长官，承总督、巡抚与布、按二司之命，对所属州县实行行政管理。稽核州县赋役、诉讼，宣布条教，兴利除害。每三年考察属吏，刺举上达。地方要政，禀报总督、巡抚施行。府的辅佐官为同知（正五品）、通判（正六品），分掌粮盐督捕、江海防务、河工水利、清军理事、抚绥民夷等要职。可见，府的机构是布、按二司的缩小，政事较繁。清廷很重视知府的任用。因其直接管理地方庶民，所以多用汉人知识分子，借以缓解民族矛盾。

2. 县府的警事职能

府之下设县。县是王朝的下层衙署，直接受理庶民的诉讼、田土纠纷，管理基层教育（县学），主管劝农赈贫，"讨猾除奸"等政事。县凡贡士、读法、养老、祀神，无所不综。国家诸多政务都要由县贯彻执行。朝廷设有吏、户、礼、兵、刑、工六部，一般县则设有吏、户、礼、兵、刑、工"六房"与之相对应，做到上下通达。县的行政长官为知县（正七品），其佐官为县丞（正八品）、主簿（正九品）。县丞、主簿在知县的统领下，分掌粮马、征税、户籍、缉捕诸事。典史为未入流的小吏，实为六房之长，为一县承办庶务的主管。如有的县无县丞、主簿，典史的职权重要，对一县的警事良否，负有管理之责。

清代州县官的警事职能，一是力行保甲，组建民团，以靖地方；一是依靠警治执法系统，缉盗匪，禁邪教，禁娼妓，禁赌博，查火险，查奸伪，查健讼，查户役，以确保一方安宁。为此，他们采取了若干措施："缉拿盗贼，有着落邻保保结之例"，某保某甲出了"盗贼"，全体具结邻保皆负有罪责；清政府想依恃这种手段去禁绝"盗匪"，结果网密而贼兴，清政府终于没能逃脱全国规模的农民反抗运动；"查禁赌博，有责成佐贰转责乡甲、逐户具结之例"，清政府要求层层具结、人人担保绝不参与赌博，否则甘受重罚。雍正帝说过："赌博最不人之品……荒弃本业，荡费家资，品行日即于卑污，心术日趋于贪诈，父习之则无以训其子，主习之则无以制其奴。斗殴由此而生，争讼由此而起，盗贼由此而多，匪类由此而聚，其为人心风俗之害，诚不可悉数也。"清政府在禁赌方面是下了力气的，但禁而不止，究也无可奈何。"调处词讼，原有户婚田土细事，先批乡公讲息结"。清政府为堵塞讼师讼棍捏弄词讼，操控审判，欺诈善良，敲剥货贿，曾一再下令查禁包揽词讼；遇有民间田土婚姻纠纷，则提倡由乡邻公议调解，息事宁人。如此之类，其社会警事的控制措施，不可谓不周密，但仍无救于清制的走向终结。

四、八旗兵与绿营兵的军事驻防

清朝建都北京后，继续保持着"以旗统民，以旗统兵"的八旗兵制。八旗作为行政、军事、生产相结合的组织，军事作用日益加强，并逐渐演变为纯军事组织。八旗军是满族统治集团在统一女真各部与统一中国的过程中逐渐建立与扩大的，其建制也日趋完备。八旗兵系以骑兵为主的陆军部队，即满州、蒙古、汉军八旗的马甲兵。驻京师警卫皇城的有前锋营、亲军营、护军营、火器营四营，由满州、蒙古八旗兵选派组成。另有汉军炮甲兵、藤牌兵，利用其攻战之力。加上绿营步兵万人，隶于步军统领（皇帝亲信大臣充之）。"通计京师之兵，满州、蒙古、汉军、绿营四项，十万有奇"。占全国八旗兵力之一半以上，使京师犹如一个大兵营，以维护其皇权专制统治。

八旗军直隶于皇帝。雍正元年（1723 年）设立八旗满州、蒙古、汉军都统衙门，"以掌满蒙汉二十四旗之政令，稽其户口，经其教养，序其官爵，简其军赋，以赞上理旗务"。（《光绪会典》卷八十四）八旗都统衙门管理军事旗务、民政旗务两方面事务。清兵入关前后，已形成满、蒙、汉各"八旗"，总数约二十二万人的规模，定都北京后，成为常备兵。八旗兵按照驻防地点，分为禁旅八旗、驻防八旗两个部分。禁旅八旗又称禁军八旗，主要负责保卫皇宫和京师的安全，是维护清王朝统治的主要支柱。驻防八旗则分驻全国各军事要塞，弹压地方，控制全国。驻防八旗是逐渐形成的，与当时清军进兵各地的形势相联系。

清代"绿营"源于明朝军制。明代的镇戍制度为清代统治者采取，但仅仅依靠二十多万的八旗兵力统治中原大地，显然是不够的，必须利用降清的原有明军，既弥补八旗兵少之不足，又能发挥以汉兵制汉人之效。为区别于黄、白、红、蓝四色的八旗军，收编的汉兵使用绿旗，称为"绿营"。绿营总兵数约六十万。绿营不像八旗军那样集中驻防。京师巡捕营五营多时也不过一万余名，仅为八旗军禁旅的十分之一。京师内城由八旗兵禁卫，皇宫由上三旗守卫，京畿由八旗驻防。绿营仅守卫京师外城。全国绿营分驻于各省，在省内相对集中于省会城市，"凡天下要害地方皆设官兵镇戍，其统驭官军者，曰提督总兵官。其总镇一方者，曰镇守总兵官。其协守地方者，曰副将，次曰防将，又次曰游击，曰都司，曰守备。或同守一城，或分守专城，下及千总、把总，亦有分汛备御之责，皆量地形之险易，酌兵数之多寡"。（《康熙会典》卷八十六）提督为绿营的最高军事指挥员。在省或总督辖区内分设二镇至十三镇。镇有总兵官。镇之下有协，协守本镇要害地区。协之下有营，分守本镇城邑关隘。营之下有汛，分汛本镇偏僻县邑，或繁盛的市镇。这样，通过绿营的镇、协、营、汛等军事组织，把全国各县、市镇都控制在自己手中，极为缜密。省的绿营提督，多为专职，要受总督、巡抚的节制，间有巡抚兼任者，发挥以文职大臣监督武将之效。

考核操于朝廷，例由皇帝钦定。军队的征调取决于皇帝。军队的最高指挥权属于皇帝。绿营军队分隶于提督、总兵，但平时只有管辖权，无权擅自调遣军队。遇事得先呈报上司，转达朝廷，给降圣旨，方得调遣军队。若无警急，不先呈报上司，擅调军马，则杖一百，罢职，发至边远地区充军。实行这种严格制度与处罚，以防武臣擅调军队生事。为了防止突发警急时，军队不能立即前往镇压，清廷又规定：如有反叛，贼有内应，事有警急，及路程遥远者，并听从便，火速调拨军马，乘机剿捕。若贼寇滋蔓，应合会捕者，邻近官军虽非所属，亦得行文调拨策应，并申报本管上司，转达朝廷。若不即调遣会合，或不即申报上司，或邻近官兵不即策应，均与擅调拨同罪处置。总督、巡抚享有皇帝分寄地方的军令权：在所辖地方，有权在紧急情况下，一面调动军队奔赴有事之地，另即飞章奏事。其目的只有一个：镇压任何反抗或侵害。

第三节　多民族国家的警事方略

清代对民族地区，实施特殊的行政管理体制。

一、设立理藩院

满族贵族集团在入关之前，采取了争取蒙古，孤立明朝的战略。早在崇德元年（1636年）就设立了蒙古衙门，专管蒙古事务。崇德三年（1638年），改蒙古衙门为理藩院，以适应众多民族事务之需要。以尚书、侍郎主持理藩院事务。《清史稿·职官志》说：顺治十八年（1661年），清廷以理藩院专管外藩事务，责任重大，便"依六部例，令入议政，班居工部后"。这样，确立了理藩院如同六部的建制，下设旗籍、典属、王会、柔远、徕远、理刑六个清吏司以及文书事务机构。

①旗籍清吏司。主管内蒙古科尔沁等部所编各旗的边界、封爵、会盟、军旅、驿递诸事。

②典属清吏司。主管外蒙古、青海蒙古及新疆的金山、天山之间等地外扎萨克（旗）的边界、封爵、会盟、军旅、驿递等事务。

③王会清吏司。主管内蒙古科尔沁等部旗的俸禄、朝贡、赏赐等事。

④柔远清吏司。主管外蒙古、青海蒙古、新疆等地外扎萨克（旗）与喇嘛的俸禄、朝贡诸事。

⑤徕远清吏司。乾隆二十六年（1761年）设立，掌回部扎萨克（旗）及四川土司之政令，专管回部事务。

⑥理刑清吏司。掌管外藩各部的刑罚事宜；参与起草有关少数民族的单行法律、法令与条例；参与审判有关民族事务的案件。

理藩院附设接待机构有内馆、外馆；民族语文教学机构有蒙古馆学、唐古特学、托忒学、俄罗斯馆学以及喇嘛印务处等。内馆主要招待来京的内蒙古科尔沁诸部。外馆主要接待外蒙古来京人员。蒙古馆学主要教习蒙古文。唐古特学主要教授唐古特文（藏文），并负责翻译藏文奏章文稿。托忒学主要教学托忒文。（这是当时科尔沁、杜尔伯特、土尔扈特用的一种蝌蚪文。）喇嘛印务处为京师喇嘛的高级代表机构。俄罗斯馆初为俄罗斯来京贸易商人居住馆所，后为俄罗斯传教士及留学生居住地。

从努尔哈赤时起，满族贵族集团就与蒙古贵族联姻，以巩固满蒙联盟。这不是历史上个别公主下嫁的"和亲"，而是满蒙贵族集团间较大规模的婚姻关系。清朝这一政策获得很大的成功。蒙古科尔沁部以女为清皇后，有外戚之殊荣，积极配合清朝的重大军事行动。平定噶尔丹、策妄阿拉布坦、达瓦齐诸重大战役，颇得其力助。同时，满蒙贵族集团间的联姻，也促进了下层人民间的通婚，也有利于民族的融合。

清朝统治集团为了联合蒙古等兄弟民族，还定期在左通辽沈、右引回回、北控蒙古、南制天下的承德举行木兰秋狝（狩猎）。每年秋季，皇帝率领八旗禁旅，骑射练武，组织蒙古等各兄弟民族的上层分子来到木兰围场打猎。蒙古科尔沁、喀喇沁、巴林、翁牛特、敖汉诸部派出大量骑兵枪手协同行围。青海蒙古、喀尔喀蒙古等蒙古诸部以及其民族代表也前来聚会、联谊，这就为各族共处做出了努力。

"兴黄教，即所以安众蒙古"，是清朝利用宗教来争取蒙古和藏族群众的又一策略，为巩固民族大家庭作出了一定的贡献。喇嘛僧人、活佛在蒙古、西藏权势显赫，并从思想上支配着当地群众。清廷授活佛、高级僧人以封号，并为他们建立了宏大的庙宇。康熙在多伦建汇宗寺，雍正时在北京修建雍和宫，康熙与乾隆在承德先后修建溥仁寺、溥善寺、普宁寺、安远庙、普乐寺、殊像寺、普陀宗乘之庙（布达拉宫）、须弥福寿之庙（班禅行宫）八庙。它们是蒙藏贵族和宗教领袖的重要宗教活动场所。

清朝为管理民族事务，除在朝廷设有理藩院外，还在边疆兄弟民族聚居地区设置将军、都统、副都统、办事大臣，率精兵驻屯戍边。这些军事将领对当地行政实负有监督之责，以保证王朝法律的实施与国家的统一。

二、优化民族地区的行政管理

清朝对民族聚居地区的行政管理，采用了因地制宜，照顾传统的方针，分别推行盟旗制、伯克制、土司制等特殊政策。

1. 内蒙地方

康熙十四年（1675 年），设口外游牧察哈尔八旗，置总管、副总管等统带，由京师的蒙古八旗都统衙门兼管。乾隆二十六年（1761 年），设察哈尔都统，驻张家口，掌察哈尔八旗的游牧之事。在热河（今承德），设驻防都统。道光八年（1828 年），明令兼管热河刑名、钱粮，为当地军政长官。在绥远城（今属呼和浩特）设绥远将军，兼管土默特蒙古事务。对蒙古人的行政管理，清政府采取了如同满族八旗形式的"盟旗制"。这既表示满蒙一家之意，又符合蒙古的习俗。各旗行政事务，由一旗之长（即扎萨克）管理之。扎萨克由王公、台吉等选派，每旗各一人，掌一旗之政令。各旗之上，又有盟的组织。内蒙为六盟，即哲里木、卓索图、昭乌达、锡林郭勒、乌兰察布、伊克昭盟。各盟会盟得由理藩院核准并派官员主持之。

2. 外蒙地方

清王朝于雍正九年（1731 年），设定边左副将军（驻乌里雅苏台，以后简称乌里雅苏台将军）一人，职掌喀尔喀蒙古四部（土谢图汗、赛音诺颜、车臣汗、扎萨克图汗四部）及唐努乌梁海的军政。在科布多，设参赞大臣、办事大臣各一人，管理杜尔伯特、辉特等部及阿尔泰乌梁海等八部的军政事务。在库伦（今乌兰巴托）设办事大臣、邦办大臣各一人，掌管外蒙对外贸易事务。恰克图司员一人，具体管理对俄贸易事务。

3. 青海蒙古

乾隆元年（1736 年），在西宁设办事大臣，管理青海蒙古三十六旗事务。

4. 新疆地区

清廷设有伊犁将军，统掌新疆地区的军政，天山南北各路都由其节制，为八旗驻防将军之一。为有效管辖，后又在新疆广阔之地，分别设乌鲁木齐都统及副都统、哈密办事大臣及邦办大臣、塔尔巴哈台（今塔城）参赞大臣、喀什噶尔参赞大臣及邦办大臣、和阗办事大臣、阿克苏办事大臣、乌什办事大臣、库车办事大臣等。在新疆地区分设诸参赞大臣、办事大臣，实际上为近代新疆改为行省做了组织上的准备。边疆地区设立将军、都统、参赞或办事大臣，都相应配有八旗或绿营劲旅屯垦边疆，保证军需，节省军费，增强兵卒的战斗力，又利于民族和睦。《清史稿·职官志》载："西北边陲，守以重臣，绥靖蒙番，方轨都护，斯皆因俗而治，得其宜矣。"因兄弟民族之习俗，采取多种形式，实现行政管理，达到了维护国家统一的目的。

5. 新疆回部

采用原有的伯克制。哈密、吐鲁番两部回众，受清廷封其长为郡王，各编一旗。郡王管理本部旗务，听命于朝廷的驻防大臣和将军。最高者为综理回务的阿奇木伯克。视其城大小，有三品至六品之分。赞理者为伊什罕伯克，四品至六品；专掌地亩粮赋的是噶杂拉齐伯克，专掌征输粮赋的是商伯克，平决争讼的是哈资伯克等。大伯克回避本城，小伯克回避本庄。目的为削弱伯克的血缘、亲属的宗法关系，而便于清廷的行政管理。

6. 西藏地区

明亡后，清廷承继着对西藏的管辖。达赖、班禅先后来到京师。清世祖册封五世达赖，授以金册金印。封五世班禅，也授以册印。康熙四十八年（1709 年），清廷以户部侍郎赫寿主理西藏事务，是为清代在西藏设官办事之始。《清史稿·藩部》载：雍正五年（1727 年），清廷以驻扎大臣正副二人，"领川、陕兵二千，分驻前后藏镇抚，是为大臣驻藏之始"。乾隆十五年（1750 年），清廷平定西藏内部叛乱，于次年颁布《西藏善后章程》，规定在西藏不再封以汗、王、贝子等爵号，而以噶伦（三俗一僧）组成"噶厦"（地方政府），主管西藏行政事务。地方一般事务由噶厦成员秉公会商，妥善办理。重大事项，须请示驻藏大臣与达赖喇嘛共同办理。乾隆五十六年（1791 年），清廷在击退廓尔喀的侵犯西藏后，于五十八年（1793 年）颁布《钦定西藏章程》，进一步加强了对西藏的行政管理。章程明确规定，朝廷驻藏大臣督办藏内事务。噶厦对所处事务，"事无大小，均应禀明驻藏大臣"办理。达赖、班禅的转世神童，均由驻藏大臣掣签于金瓶，并由驻藏大臣亲往监同抽掣。达赖、班禅的亲族人等不得干预公务。外番人入藏，藏民往外番朝山，均得经驻藏大臣核准，方得出入。与外番通商、书信等事，须禀明驻藏大臣。噶厦成员不得与外番私行发信。前后藏地方行政官员的任命，统归驻藏大臣会同达赖喇嘛拣选，分别奏明朝廷补放。这些规定，保证了驻藏大臣为西藏地方的最高行政长官的地位，便于维护国家的统一与皇朝法律的实施。

7. 苗瑶诸部

清朝统治集团对西南、中南地区的苗、瑶、僮（今壮族）诸少数民族继续实行土司制度。所谓土司，有由兵部管辖的宣慰司、宣抚司、招讨司、安抚司与长官司等"土司"，品阶有正三品至七品不等，属官有副使、同知、佥事等。他们都服从朝廷政令，子孙可以世袭，但要将支派宗图报部，经兵部武选司查验核准，方可继承。在各地受总督、巡抚的管辖。土司分布在甘肃、西藏、青海、云南等地。另有一种土司，设在云贵川及湘桂等地，为州县级的土通判、土县丞、土巡检等，受当地州县长官节制。《清史稿·土司》说：土司制度的核心是世袭制。"各君其君，各子其子，根柢深固，族姻互结。假我爵禄，宠之名号，乃易为统摄，故奔走惟命"。雍正时，推行"改土归流"，对开发地方，收到一定成效。

第四节　社会基层治安的强化

在社会基层治安管理上，清政府沿袭了明代的保甲制。清代是我国推行保甲制用力最多、规制最详备、施行范围最广泛的王朝。保甲制度是国家政权从上层结构向基层乡村社会延伸的触角，是半官方的准政权机构，属于治安教化组织。保甲长则是国家最低级的半官职人员，称为"在官人役"，负有调处民事纠纷、宣扬礼教、值更巡夜、什伍连坐、捕奸缉盗、管理户籍、维护治安等多种职责。

一、更新保甲法，强化治安

康熙四十七年（1708 年），清廷大规模整顿保甲，明白地说："弭盗良法，无如保甲。"每户给印信纸牌一张，书写姓名、丁男口数于上。出则注所往，入则稽所来。客店主簿稽查，寺观也一律颁给。面生可疑之人，非盘诘的确，不许容留。月底令保长出具无事甘结，报官备查，违者处罪。（《清朝文献通考》卷二十二）雍正四年（1726 年）的一则上谕里也说得明白："弭盗之法，莫良于保甲。"严申保甲之制。随之将棚民、熟苗熟僮（即与汉族地区接壤的、经济发展水平较高的少数民族）也编入保甲。与"改土归流"相适应，反映了汉族与苗、僮等族融合的加速。

乾隆时，曾经"更定保甲"，要求顺天府（约当今北京市及其周围辖区）五城所属村庄及直隶省各州县乡村，每户每年给置门牌，十户设一牌长，十牌立一甲长，三年换一次。十甲（一千户）为一保，设一名保长，任期一年。由百姓公推"诚实识字及有身家之人报官点充，地方官不得派办别差"。换句话说，地方基层的权力必须牢牢地掌握在地主豪绅手中。这些牌长、甲长、保长的职责是：凡甲内有盗窃、邪教、赌博、窝逃、奸拐、私铸、私销、私酿及贩卖硝磺、私立名目摊派敛财、聚会等，都要及时查报。另外，凡有形迹可疑、形迹诡秘之徒，要随时查报。户口有迁移登耗等情况，随时在户牌内改换填给，并向上司报明。凡遇有外来乞讨流民，由保正与乞丐头儿一起稽查，少壮者遣送回原籍安插，其余送入"栖流所"管束。乾隆还特别要求缙绅之家与齐民一体编列。旗人与汉民杂处的村庄，一体编列。对客民、灶户、矿户、棚民、渔民、寺观僧道、流丐等类民户均统统编入保甲，有明确的具体要求。如《清史稿·食货志》所说，"自是立法益密"。

清政府还颁发过《保甲章程》，规定了"十禁五劝"。十禁是：禁赌博、禁嫖娼、禁鸦片、禁宰杀耕牛、禁赛会演戏、禁争产图继、禁斗殴、禁争讼、禁抢寡妇、禁勒索。五劝是：劝设蒙养学堂，从事教育；劝善藏米谷，以备荒歉；劝守望盗贼，及时汇报；劝全节操；劝敦睦孝友。清代保甲，不属地方行政系统，与乡里有别，它是专管警事的。

嘉庆十八年（1813年），北京爆发了林清领导的天理教起义，不少旗人甚至宗室参与其事。这次起义虽然被清军镇压下去了，却极大地冲击了清王朝的统治，削弱了其对基层社会的控制。统治者意识到旗人内部的矛盾激化，意欲利用保甲管束旗人。嘉庆帝谕令："现在京城内外，交顺天府五城，分别旗民，编查保甲，即刻奉行。若稍迟延，治罪不赦。并交步军统领就所管地面，实力稽查……其王公满汉文武大臣官员，宅第众多，著并各自留心察查，凡给使人役内，如有来历不明，形迹可疑者，立即送官究治，毋稍疏纵"。"王贝勒等属下屯居包衣人丁，即著该地方官一体编入保甲，就近管束。其八旗宗室觉罗等，在京外附近居住者，各有房产相依，著该州县官一体编查"。至此，京城除王公大臣及披甲兵丁外，八旗满洲、蒙古、汉军等各个阶层按保甲户籍，由步军统领衙门清查。民人由五城御使督率司坊官，定期清查。其中，一般居民，造循环簿，一年更换一次。客店车行、寺庙道观设立清册，两个月更换一次。戏院酒店、优伶寓所，另立专册，一月更换一次。

其后，嘉庆帝一再发布谕令，令各衙门认真按保甲稽查户口门牌，并于嘉庆二十一年（1816年），定里长甲长"互保甘结"之法。嘉庆帝一再发布上谕整饬保甲表明，最高统治者对王公大臣的属下及宗室觉罗要随时稽查防范，对为其控制基层社会的里长甲长也令其"互保甘结"。社会各阶层之离心离德，由此可见一斑。

道光年间，清王朝内忧外患，战乱频仍，尤其在鸦片战争惨败之后，清朝的政治统治日益陷入危机。道光元年（1821年），道光帝指斥京城保甲废弛，谕称："日久视为具文，渐就废弛，行之有名无实。著申谕步军统领衙门、顺天府五城各督饬所属，于铺家业户门牌户册，随时严密稽查。"三年（1823年），谕令地方官认真稽查保甲，称："编查保甲，本以杜贼匪之窝顿，所有户册门牌，每年春秋更换"，"慎毋视若具文，有名无实也"。二十一年（1841年），谕令将居住外城的宗室觉罗与民人一体编入保甲册籍。二十七年（1847年），京城稽查保甲，擒获吸食鸦片逃逸犯，谕令巡城科道严查保甲，"遇有形迹可疑，及门牌人数不符之处，立即严拿究办"。

咸同以后，清王朝统治危机加剧，朝廷不得不依靠地方地主武装——团练维护其对地方的统治。在部分地区，保甲逐渐被包容于团练组织系统之内，改称团防保甲或团保。团防保甲为行政、军事合一的基层机构。二十八年（1902年），直隶总督袁世凯上奏朝廷，批评保甲制"防患不足，骚扰有余"，提出以新型巡警制代替保甲。同一年，京城撤销协巡局，于内城设工巡总局。京城旗民分治的管理体制渐成瓦解之势。

清代京城推行保甲制度的主要目的，是缉匪弭盗，维护京师重地治安。其社会监控镇压职能远远强于社会管理职能，虽具有清查管理民人户口的功能，但并不是现今意义上的户籍管理制度。由于清廷各级官吏自身的因循颟顸和推行保甲制中的种种实际困难，京城保甲制度虽暂时延缓了清王朝的统治危机，但并不能从根本上解决统治者与被统治者之间的对立与矛盾，更不能挽救整个封建制度的覆灭。

二、户籍编查与人户管理

为便于户籍的编查，通常以自然形成的区域划分单位，或以村落为保甲，或以城镇街巷为厢坊。定居人户均设门牌与保甲册。门牌书写的项目主要有：户主姓名、户内主要成员、同居亲友姓名、年岁、职业、功名、伙计、雇工、婢仆人数等。其中女性可以简略去姓名、年岁，但须写明与户主的关系。同时写明该户所属保甲牌或厢坊的名称以及执事姓名。有的地方的门牌还附录朝廷的禁令。保甲册以户为单位，按甲汇编，书写本甲各户人员与经济状况。在人员项下，通常比门牌写得更为详细，如行业、年龄、性别、户口变动情况等，还要书写左右邻舍的户主姓名、职业。在经济项下，一般简写田产、房屋、店铺等不动产。由于保甲册的重点在于稽察人口，个别地方对经济项目从略。

保甲长将牌册造成以后，将门牌发给各户，悬挂各家门首，以备随时查核。"保甲册"一式两份：一份呈交官府，以备官员查核，汇总上报；一份保存在甲长之手，随时记录本甲各户人口变化情况。各户如有迁移、生死、婚嫁、增减，牌长应立即报告甲长，改注门牌和保甲册。由于保甲册一式两份，交替使用，所以又名"循环册"。保甲长定期（或按季度，或以半年）于每年三、六、九、十二月到官署倒换一次保甲册。保甲长领回循环册后，应将前一阶段本甲人口变动情况修正，然后再继续查核本甲户名，随时改注。

清王朝继承了我国古代王朝的户籍管理制度，重视户籍管理与人口统计，借以保证国家的赋役、兵卒的来源。负责户籍管理与人丁统计的机构，有户部、理藩院、八旗都统衙门，而以户部总其成。理藩院、八旗都统衙门分别管理少数民族（即"外藩"）与八旗兵丁的人口统计。主管户籍与人口统计是户部的重要政务。户口，被史家列为食货之首。清之民数，唯外藩（扎萨克）所属编审丁档掌于理藩院，其余各省诸色人户，均由其地长官以十月造册，限次年八月咨送户部，由浙江清吏司主管之。而满州、蒙古、汉军的丁档则由户部八旗俸饷处主管。年终，将民数汇缮黄册报送朝廷。

三、摊丁入亩与人口增长

康熙五十一年（1712 年），清廷采取"滋生人丁永不加赋"的政策，从而免除了新生人丁即增加丁银之虑，使人丁统计接近实际。雍正元年（1723 年），又逐渐推广将丁银摊入地亩，从根本上废除了几千年的人头税，使人口统计有可能真实地反映实际。在这期间，清朝仍继续五年一次的人丁编审制。雍正末，全国人口为两千五百三十八万人。乾隆五年（1740 年），随着保甲制的发展，清廷决定用保甲组织统计全国人口，改变过去只统计丁，而不计口的严重缺陷。乾隆六年（1741 年），统计的全国人口数比雍正十二年（1734 年）增加了五倍多，达到一亿四千万。到道光年间,已达四亿人口。

清代特重对八旗人丁的编审,是为了维护八旗贵族特权,保证八旗军的兵源,以及为皇帝备选秀女之需。定例三年编审一次。直接承担八旗人丁编审者为佐领。各佐领稽查已成丁者,增入丁册。雍正四年(1726年)规定,八旗都统及各地驻防都统、将军等,责成佐领、骁骑校、领催,将新旧壮丁逐户开明,并编审各官姓名,保结送部。其未成丁及非正身良家子弟,以及应除人丁,一体验实开除。五年(1727年),又对编审八旗丁册做了具体详细规定:要书写户名,另行开户姓名,某人某官,无官则写闲散。上注明父兄官职名氏,旁写子弟及兄弟之子,及户下若干人。或在籍,或他往,都要写明。

清代户籍的登录管理办法,可谓集历代之大成。

四、乡兵与团练

乡兵原是地方士绅自办的武装组织,始于雍正乾隆年间。乡兵"以本村之人,守护本村之地"。原不失为地方自治自卫的一种安全力量。当时,各村各乡自办乡兵,十五岁以上,五十岁以下,无论有无田产,不论大户小户,均得参加乡兵集训,平日务农,闲时习武,乡县还定期不定期地会操比武。乡兵负责把守本村寨栅、沟渠、墙院,防火防盗,巡更值勤等。一旦有事,村与村之间有义务互为应援。各村设望楼,楼上设有鼓、角号、锣、钟、梆、火炮之类,有警即报;闻报即应。若不报不应,须承担严重责任。但乡兵往往掌握在地主豪绅手中,就必然是农民出钱、农民出力、农民出人而让地主获利了。

嘉庆时,乡兵多以州县为单位,被组织成"团练",向常驻军方向演变。川鄂白莲教教民动乱时,清兵不堪接战,清政府靠了乡兵之力才得以延续其在地方的统治。乡兵团练发挥了让统治集团满意的重要作用。咸丰间,为抵御太平天国起义部队,由乡兵团练集结起来的湖南的湘军、安徽的淮军等,先后都发挥了关键作用,这使清政府愈加重视这种半官半民的武装组织。刘衡在《庸吏庸言》一书中说:"保甲可以靖本地之匪徒,团练可以捍外来之宵小。"于是保甲与团练成了清政府用以钳制革命力量的得力措施。清代乡兵团练的主要矛头,始终是指向革命力量的,其作用甚至超过了腐败的八旗兵、绿营兵。

第五节　《大清刑律》：伦理法的畸变

　　《大清刑律》同时使用伦理干预和刑杀手段，以求绝对地维护社会伦理秩序。在清律中，以人伦关系的亲疏决定罪名的确定与量刑的轻重，突出地表现为"同命不同值""同罪不同罚"。同是致伤致命之案，判刑不以伤害程度定，而以"服制亲疏"定：加害施暴者身份不同，则罪刑不一。如"杀一家三命，在平人罪应凌迟处死；在族中奴仆，罪止斩候"。由于被害者法律地位不等，其追偿、赈恤情况即有天壤之别：如被害者为"有服尊长"、为主子、为节妇，一定要凶犯"抵命"；若是为细民、为卑幼、为奴仆、为"失节妇女"、为有前科的窃贼等，罪犯往往被判"死缓"，予以开脱。

一、对触犯刑律之卑幼的严厉惩治

　　《大清律例·威逼人致死律》规定："触忤干犯判斩决""违犯教令判绞候"。若单从字面上看，这类罪名罪状是很堂皇的。可是，其实践形态则很邪恶。

　　一例：儿子对酗酒归来大发酒疯的父亲说了句："有钱吃酒，不如买馍充饥，何必在家混骂？"此酗酒凶徒听不进去，便追打儿子，却自行失足跌毙。官家竟以"乡愚无知，顶撞父亲致死"而判其子顶命。

　　又例：儿子向邻居赠送了几把茅草，父亲当场并未表态；事后历责其子，儿子略加辩白，父亲自护其短，拔刀相向，儿子连忙避开。父亲追赶失足，被自己持的刀误戳身亡。官员们即以"违反教令"判这位意外失去父亲的儿子"斩决"（后改为"绞监候"）。这么判，分明是"依法"给这个家庭制造了更为血腥的灾难！其亡父地下有知，也该怨恨这"违犯教令判绞候"的法例太无情吧？

　　三例：儿子因父亲拿木料烤火，因见"材料尚好"加以阻拦。父不听，复令其子去运木块，儿子不理睬；父赶殴其子，不小心失跌身死。官家即比照"子不孝，父抱忿轻生"例，判子以"绞候"。官家如此执行律条，岂非"以法杀人"！父子之间有案，尚且如此去判，那么，夫妻之间、主奴之间、官役之间、君民之间有案，又当如何去判，就可以类推而知了。清人判决"伦理"案的实践形态，竟是这样地令人怵目惊心！

二、"发遣"制度下对子孙的无情惩治

清代有所谓"发遣"制度。按"伦理法"原理，清律赋予祖父母、父母有权请求政府"发遣不服教令之子孙"，无须审理。一旦祖父母、父母出面要求"发遣"其不肖子孙，子孙便会被流放到辽远的边荒烟瘴地区去；若祖父母、父母不肯收回成命，即需终生服苦役。

例如：江西有子媳二人，因"不服管教""出言顶撞"，父母便向县官请求"发遣"，双双被"实发烟瘴充军"，与杀人放火罪犯同等惩处。事实上，这类子孙尽管行为不端，但尚未触犯刑律；加之"清官难断家务事""可怜天下父母心"等复杂情况，在应否发遣、如何发遣、一旦发遣又追悔等问题上，都会出现一系列的翻覆与纠缠。

如果说，别的笞杖徒流罪犯，都还有一个审理过程，有明晰的量化惩罚的量刑指标，唯独对这类发遣者无审决，无刑期，而且对其发遣后的现实表现也无评价办法，对其婚姻、家庭、子女的安排处治更无法定的后续政策可供遵行，这就比无期徒刑更"无期"了。"发遣"本来就是亲情破裂的结果，其执行更固化了这种破裂。一旦"发遣"了，"伦理亲情"与"伦理秩序"之间，就很难再找到贴切的平衡点了。让只是触犯了（有的还是偶发）父权尊严而并未触犯刑律者，遭受比一般流放犯更严重的惩罚，这本身就是不公的。

三、在法律名义下，露骨地制造人间灾难

伦理法直接钳制了当时的社会生态，尤其是卑幼、妇女、奴仆、乞丐、流放者的求生之艰难，生命之卑贱，吁告之无门，它所制造的只是"社会病态""社会死态"，根本不是"治安秩序"。此类律条，最足见"伦理法"的本质是"在法

律名义下露骨地制造人间灾难"。

清代妇女地位极其低下，人格与权力较唐宋时严重压缩，突出地表现在：清律规定夫妻双方的"有服之亲"皆有责任令女子"守贞"，出事后首先要追究"有服之亲"的法律责任；而他们也就被赋予有权到现场捉奸，甚至可以纠集他人协同捉奸，而这是唐宋法律所不允许的。清代法律还规定：寡妇在为夫守丧期间，不得改嫁；即使是由双方尊亲主持的改嫁，也被视为"失节"；要追究其父兄的责任，男女当事人将被判离，哪怕已婚多年、生有子女，也得"归宗、另嫁"。这意味着由政府强迫二婚妇女"再改嫁"，使其抛夫别子"再失节"；而有过这般"失节"前科的女子，如果遭入室抢劫或被奸淫，其人身权、财产权也不受法律保障，而对施暴的奸盗凶犯的判罪量刑，却是以降等、降级、减刑、缓刑处置。如此执行，无异于开除寡妇的"人籍"。

四、以舆情杀女、凭法制屠男

清代朱庆琪所撰《刑案汇览》中有一篇五千余字的长文，记录了一桩案情十分单纯、又十分清晰的"狎侮案"。刑部与地方之间，文牍往返，反复驳难，耗费了大量的司法资源，为的竟只是一对男女间发生的性骚扰案子，到底是"调戏案"还是"戏谑案"，双方为之争论不休。其间，某总督颇为气壮地责问刑部："国家何必于'但经调戏'的正例之外，另设'戏言相狎'比照之文？究竟村野愚民'出语亵狎'，与并无他故，'辄以戏言觌面相狎'两例，一则拟流，一则拟绞，应作何分析？"刑部则百般回护，说两者有原则区别……今天看来，几近无聊，而当初却是一本正经地"讨论"并严厉推行的！

该书还以大量篇幅，提供了那个时代"舆情杀女、法制屠男"的一个个滴血的案例。

如：一位六十岁的老妇王氏因与邻妇口角，人家讥嘲她青年时曾受人"戏谑"过，她便气闷自缢了。赵氏因丈夫之老友于酒后误入其房躺卧，醒后赔礼；她其时并不在家，事后得知，怕被人借此"闲话"，就上吊自杀了。政府随即决定"旌表"这类自行走上绝路的"贞烈妇女"，并追究多年前的"戏言"者，还有那个"酒后误入女房"者的"致死人命"之罪，而他们当时早已当场认错赔礼了结了，连纠纷都没有发生。

其实，如果法律不对男女"戏谑"作苛细而刻薄的规范，不把"随口戏谑"定罪，不把女人的"追悔自尽"作为严惩男人的借口，不把女子激烈的行为反应作为"旌表"的对象，则女性何必为担心"戏谑"而"自动"地走上自绝之路，同时又让等量的男性被法律送上法庭呢？可见这是"舆情杀女，法制屠男"！而这"舆情"又恰恰是由法律导向并严厉规范的。国家竟将此等案例纂入法典，希图以此来"矫正"社会行为与社会舆论，殊不知正是官吏们对这类男女问题的深琢细磨、反复折腾，才酿造了一个个命案！他们的"护法""行法"，到头来只不过是公开地"依法杀人"而已！

如果说先秦人讲"礼"是为了奉神、从政，不在社交；汉唐人讲"礼"是为了政治，不在家庭生活；宋元人讲"礼"，是专重意识形态的引导，不在生活方式的规范；那么，明清人讲"礼"，则重在男女，不在家国；其或倡或禁，都着意于性事。其舆情格调，就只能越发趋于猥琐而荒诞。待到国家专注于表扬妇女的"节烈"而惩办男人的"戏谑"之时，民族的、社会的真正的阳刚节烈之气便消磨殆尽了。这一后果，他们何尝想到！

其实，在实例面前，乾隆爷们也早已认识到了："伦理治罪"法并不切合社会实际，尤其是那些谋死亲弟、图奸卑幼、谋财害命的"尊长"罪犯，"凶残殊甚，彼既不念手足之谊，何得复援尊长之条"？"此等凶徒，身已蔑伦伤化，更复有何伦理"？乾隆本人分明知道，所有伦理刑事案件中，凶犯没有不是丧心病狂、蔑伦伤化者，当其下手之时，无不"恩义已绝"，又"何得复援尊长之条"去从宽处治呢？准此而论，就应该废除这种"尊长之条"，实行"同恶同刑，同罪同罚"的原则，实现法律面前的普遍平等。可惜，乾隆爷们还不可能有这样的法理自觉，倒是在拼命维持所谓"伦理大局"。

清律对社会生活覆盖面之宽，权威性之高，是确定无疑的；因而它的"以法杀人"的一面，也就确切无疑了。它不是某个皇帝心血来潮的产物，却充分证明了该法本质上属于"恶法"之列。

第六节　清廷对宗教与文化的强控制

一、迭兴文字狱，钳制思想

清南侵以来，对中原汉族不但在军事上予以残酷杀戮，经济上大肆掠夺破坏，而且在思想文化领域更是推行文化专制主义，大量炮制文字狱，大搞文化压迫。早在清军入关不久，清廷就开始了对汉族文化的压迫摧残。顺治五年（1649年），清廷规定："自今闱中墨牍必经词臣造订，礼臣校阅，方许刊行，其余房社杂稿概行禁止。"它就是最早的言论审查专制。文字狱多发生在康熙至乾隆年间，总数不下数百起。康熙（1661—1722）时期，先后发生二十多起文字狱。这其中震动比较大的是庄廷鑨《明史》案，1711 年的戴名世《南山集》案。总的看来，康熙当政时期对知识分子采取怀柔和宽容政策，统治者还没有把文字狱当作镇压反清知识分子或者钳制汉族士大夫思想的一种有意识的政策。当时刊行的顾炎武诗文集、王夫之的《读通鉴论》等都有强烈的民族情绪，都未被追究。雍正皇帝在位（1723—1735）时间虽短，有案可查的近二十起。雍正即位初期，几起文字狱都是作为统治集团内部权力斗争的副产品而出现的；雍正后期的文字狱出现了两个新的动向：一是文字狱被有意识地用作压制汉族知识分子的民族意识和民族气节的重要手段；二是告讦蜂起，多数文字狱都是自下而上的举发。一些地方官吏以查出犯忌文字为邀功之路。乾隆皇帝在位（1735—1795）时，先后发生文字狱一百多起，尤其集中于乾隆中期，是三朝中文网最密、文祸最多的时期。乾隆大兴文字狱的目的是借此彻底消除汉人反清的民族意识。实际上，大多数因文字狱受害者并没有传播反清思想，而只是一时兴起抒发对剃发易服的一丝不满，对明朝的一些眷恋，对自身境遇的悲叹。更多的受害者纯粹是统治者望文生义、牵强附会、捕风捉影的结果。乾隆朝的文字狱达到疯狂、残酷与荒唐的地步。文字狱的危害：一给思想文化、士人风气带来恶劣影响。读书作文动辄得祸，文人学士只好泯灭思想，丢掉气节，或者死抱八股程式，背诵孔孟程朱的教诲以求科举入仕；或者远离敏感的学术领域，远离现实，把全部精力用于训诂、考据的故纸堆中，形成了所谓的乾嘉之学。二文字狱败坏了官场风气。清代官员大多数是科举入仕。作为文人，他们有可能成为文字狱的牺牲品；作为官僚，他们又是文字狱的制造者或帮凶。他们一方面不愿意自触文网，身死家破；另一方面不愿因为贯彻皇上谕旨不力，不能严究文字之责而获罪。于是他们只有向着谨小慎微、没有思想、没有节操的方向发展。

二、厉行学规，钳制学潮

《钦定热河志·学校（二）》载：顺治九年二月，礼部题奉钦依，刊立明洪武十五年所颁之《学规》① 于国子监；又颁《禁例十二条》于天下，晓示生员。镌立《卧碑》，置于明伦堂之左。其不遵者，以违制论。

《卧碑》主要内容：军民一切利病，不许生员上书陈言。如有一言建白，以违制论，黜革治罪；生员不许纠党多人立盟结社，把持官府，武断乡曲。所作文字，不许妄行刊刻。违者听提调官治罪。

这样的《学规》，在康雍乾嘉时代，执行得很坚决，很彻底，完全抑制了晚明时代的民主风潮，使文坛、书院回到比宋明时代以前更为沉闷的正统空气中去了。

---

① 明洪武十五年所颁之《禁例十二条》内容摘录：①今后府州县生员若有大事干于己家者，许父兄弟侄具状入官辩诉，若非大事，含情忍性，毋轻至公门。②军民一切利病，并不许生员建言。果有一切军民利病之事，许当该有司、在野贤人、有志壮士、质朴农夫、商贾技艺，皆可言之；诸人毋得阻挡。惟生员不许！③民间凡有冤抑于自己，及官吏卖富差贫、重科厚敛、巧取民财等事，许受害之人将实情自下而上陈告，毋得越诉；非干己者，不许。及假以建言为繇，坐家实封者，前件如已依法陈告，当该府州县布政司、按察司不为受理，听断不公，仍前冤枉者，然后许赴京申诉。④江西、两浙、江东人民，多有不干己事，代人陈告者，今后如有此等之人，治以重罪。若果近邻亲戚，全家被人残害，无人申诉者，方许。⑤各处断发充军及安置人数，不许进言，其所管卫所官员，毋得容许。⑥若十恶之事，有干朝政，实迹可验者，许诸人实密窃赴京面奏。前件事理，仰一一讲解遵守。如有不遵，并以违制论。

三、清廷对西方传教士的使用与限制

清初，汤若望以他的天文历法科学知识受到清廷的重用。顺治元年（1644年）十一月，被任命为钦天监掌印官，由原来聘请的专家转变为朝廷命官，开创西洋传教士直接掌握钦天监的先例。后又授以光禄大夫，通政司通政使，进秩正一品，间或参与朝政机务。

汤若望的显赫地位，使天主教得以顺利传播，来华传教士渐多。中国信奉天主教者，从顺治八年（1651年）至康熙三年（1664年），达到十万有余。康熙皇帝亲政后，比利时传教士南怀仁掌钦天监，利用西方传教士的自然科学知识为清王朝服务。清朝还利用传教士测量国土，绘制了全国地图。那是全球第一幅利用近代技术绘制而成的详细地图。

在利用传教士的同时，清王朝对他们也作了若干限制。如允许南怀仁在京传教，但不许在各省设堂传教。不久，罗马天主教廷派遣使者来华，力图改变中国教徒的祭祖拜孔等习俗，引起康熙皇帝的警惕与不满。康熙五十九年（1720年），清廷经与教廷十三次交涉未果，于是下令禁止传播天主教，给罗马教皇使者明白表示："尔天主教在中国行不得，务必禁止。教既不行，在中国传教之西洋人亦属无用。除会技艺之人留用，再年老有病不能回去之人仍准存留，其余在中国传教之人，尔俱带回西洋去。"① 可见，在禁止传教、让传教士回国之时，仍表示留用有技艺之洋人，并非一概排外。对于留在中国之西洋人，则仍允许其信奉洋教，并不干涉。雍正时，厉行禁教，将西洋人一律送到广东或澳门安置，各地天主教堂改为公所。《清朝文献通考》卷二九八载：乾隆五十年（1785年），发现西方传教士多人在直隶、山东、山西等地传教，一度议处永远监禁，经皇帝核准，全部释放，"如有愿留京城者，即准其赴堂，安分居住；如情愿回洋者，着该部派司员押送回粤"。应该说，这种作法还是通达得体的。乾隆时，意大利画家郎世宁等人，在宫中充任画家，也颇受器重。这种较为合适的对外政策，在道光以后，随着鸦片的疯狂倾销，就难以推行了。

---

① 《康熙与罗马使节关系文书》影印本十三卷《嘉乐来朝日记》。

第七节　中华法系的优势：诸法合体与律例并行

清沿明制，狱审依循律、例、成案去办理。"律"指国家大法，轻易不得修改；"例"指司法解释，应时调节，有关于罪名审定者，有关于量刑原则者，有关于办案程式者；"成案"指经刑部认可，通报全国、有法律效力的典型案例。时普遍遵循"依例科断"的原则：以律文为灵魂，以例文为依据，以成案为样板。按常规，"有例不得用律，应依例科断"。律与例与成案的综合应用，既保证了国家法制的统一性、原则性、权威性，又保证了司法活动的针对性、实用性、可操作性，也体现出相应的地区差别、民族差别。这是"中华法系"的一个突出优势：它兼具西方"大陆法系"与"海洋法系"的优点。

一、清代狱审依循律、例、成案办理

在同一"律条"之下，不同时期编纂的"例文"会有所增删改易，不同地区还会有当地的"成案"可供类推。在"律条""例文""成案"的综合规范下，不同时期会有不一样的判罪（罪名），不同地区也可以有互不相同的量刑，更不必说满蒙区与汉区、中原腹地与海疆闽粤桂的明显区别了。清廷允许满人、蒙人与汉民、回民及"土人（西南各族）"施刑各别，允许川北山区、豫皖鲁苏接界区的办案从重从快，严打帮会犯罪，允许闽粤桂在"赦免"问题上实行特殊政策，等等，都是区别对待的表现；但各地又必须逐案"上详"。这一切，既体现了"区别对待"的政策精神，又都在朝廷的有效掌控之中，由中央随时调节，贯穿着大权集中、小权分散的行政原则。

二、不设律师制度时的驳议机制与辩护功能

我国古代是没有律师制度的，但并不缺乏驳议机制，不缺乏辩护功能，很重视命案的纠偏、驳正，以求公正持平地依法审理。从清代朱庆琪的《刑案汇览》所录入的二千八百余份"说帖"中，均可见这一机能在发挥作用。比如，该书卷十三收录有"乾隆五十二年说帖"一份。案情是：贵州巡抚上报"贼犯郑老六拒杀事主"一案。案中，郑老六窃取了勾文魁家米谷，先交给同伙运回，他又返身入房再偷窃；事主之子勾元重闻响，携镖出捕。该犯畏惧，跑出屋外，在院内被勾元重赶上，用镖去戳，该犯即用刀背殴击勾文魁的右胳膊、右太阳穴，倒地丧命。贵州巡抚根据此等案情，又引用《大清刑律》所载"窃盗临时拒捕杀人者，拟斩立决"，"窃盗弃财逃走，事主追逐因而拒捕杀人者，拟斩监候"两条，决定将郑老六以"临时拒捕"罪名拟斩。

通常看来，窃贼郑老六在事主勾元重院内拒捕、行凶，偷了东西，伤了人命，让他偿命，天经地义；可刑部批复认为此判是错误的："查该犯既离盗所，又无赃物可护，因被追情急，始用刀背拒殴，适毙。是该犯实止情急图脱，与护赃、护伙、在盗所、临时逞凶拒捕不同。"这就全面否定了贵州巡抚据以定罪的各个要件。

该辩护词的要点在于：首先，此人闻声逃出行窃的房间之时，已终止了盗窃，不在"盗所"了（不在犯事现场，虽然仍在事主家的院子里）；其次，此人拒捕时伙盗已携赃远走，他无须"护伙"；手中也无赃物，也不必"护赃"；最后，他用"刀背"实施的是"拒殴"，并无故意杀人的主观意图，只是"情急图脱"（即嫌疑犯的自我防卫的本能反应），碰巧"适毙"了事主。总之，他不具有"在盗所""护赃""护伙""临时逞凶"等诸种主客观犯罪要件，故判郑老六斩首抵命是不对的："与例不符，应驳令改拟。"

请看这番话，分明是在为一个伙盗偷粮已得手，首犯希图再窃而受阻，却又失手杀人者争取"生命权"，是典型的"律师辩护"之词。其辩护思路、辩护法理、辩护话语、辩护效果，正是律师制度下所追求、所运用的一套，只是"主张者"的身份不同而已。

应该说：乾隆五十二年（1713年）制作的这份"呈堂说帖"，与西欧19世纪"律师"们的公堂辩词，是"异曲同工"的。这些"说帖"，无一不是对实际案情的辨析，不少是对地方政府之审判意见的直接批驳。此制始自乾隆四十九年（1784年），是国家审判制度规范化、严谨化的重要标志，虽然不具有"律师"的组织形态，倒也是确保国家法权集中、司法统一、避免出现冤假错案的一项制度性举措。

第八节 狱案审理与惩处：投入惊人的法制成本

乾隆时期，从发案、报案、侦审，到详报、题奏、批复，通常需要半年到一年半的时间。就当时的交通、通信方面的物质条件而言，就当时关于侦审、押解、详报、批复的烦琐手续和严格程序而言，就刑部必须受理批复全国如此巨量的案件而言，这样的办案效率应该说是很高的了，看来乾隆时代政府的司法执政能力是很强的，甚至到了惊人的地步。

一、乾隆时期的审案制度及其效率

《江苏成案》载：乾隆四十年（1775年）冬，朝廷明令各省：各地案件，由县、州（府）地方政府完成受理、侦讯、取证任务，形成案牍，上详（报告）于道台、按察使；有关人命者，应将原被告连同干证一起，解送按察使组织审理；报经总督、巡抚批结后，详叙供招情节，分三种类型由督抚具衔，向朝廷咨报题奏：

其一，凡寻常徒罪案件，如一般斗殴、窃盗、军民相奸等罪犯，需按季汇咨，并做年度总汇，报部备核。

其二，有关军、徒、流的刑案，如盗匪发遣、赌博拟流、贩私拟徒、官员隶役非法行权等项，需专案咨部核复；刑部接到这类"题奏""咨文"之后，交由职能部门（刑部各司或律例馆）去作相关法律、条例、成案的查阅、采摘、引证；拟出定罪量刑意见，提交刑部首脑会议审议、批复；地方接到批复后方可遵命发落。

其三，凡涉及生命刑之判决，或刑惩的加重、减轻、缓决、赦免、留养等，均须逐案专题奏报皇上；皇上视案情需要，或交刑部"堂会"公议，或交"三法司"直至"九卿"合议，提出处治方案，最终由皇上裁定，颁旨遵行。这样做使得案件审理更加严谨化、有序化、规范化、程式化了。它极其有力地强化了刑案管理上的中央集权制。为此，一个刑案的审理完结，往往要牵动中央到地方整个司法执法网络，国家要付出高昂的法制成本。

《江苏成案》一书中，载有一些乱拘误捕、酷审错判之案件，清廷实行了"刑案问责"制：该补偿该追赔者，即使已调任、已升迁、已退休者也要追赔；还有一批议处失察官员吏役的案例：凡地方上出现暗娼、赌博、吏役侵损良民等案件时，督抚要开列"失察文武官员"的名单，上交到吏部进行议处，严重者予以革职。

《江苏成案》各篇，尽管绝大多数不涉命案，而为常见的军流徒笞案件，但无一例外地都是由乾隆时曾任两江总督的书麟与先后任江苏巡抚的杨某、吴某、闵某、福某、奇某等具衔定期不定期地上报、咨请、题奏过的案件，又都是经刑部江苏司审议、由刑部批复了的案子，因而具有权威性、真实性。其工作量的浩繁可以想见。那么，这些案件都是如期处治的吗？我们从该书所收的前三十个案例，即乾隆三十九年至五十八年间（1744—1793）朝廷所判之案，从本省受理时间与刑部批复时间的对比中，可以见个大概。

1. 刑案审理程序的规范化、严整化

清《皇朝通志·刑法略·刑制》说："其直省徒罪案件，如有关系人命者，均照军流人犯解按察使审转督抚，专案咨部核复，仍令年终汇题；其寻常徒罪，各督抚批结后，即详叙供招，按季报部查核。"各地的刑案，首先由州县地方政府完成受理、取证、侦讯任务，形成预审文案（含侦审记录与审断建议），连同人犯、干证一起押至省府，交由按察使（臬司）组织审理，拟出初判意见（拟判），转由总督、巡抚具衔，形成"奏""题""咨"公文上报朝廷，交刑部查核批复，审决定案。要求所有在审案件，如窃盗改遣、家奴发遣、赌博拟流、贩私拟徒、

军民相奸拟以枷责等项寻常罪犯，于审结之日即行发落，并于汇题疏内予以"声明"；而大案、重案、要案、新案之疑难问题、"律无明文"之案件的定罪量刑问题，必须题、奏、咨，向皇帝、向朝廷、向刑部做请示汇报或咨询，接到批复后方可执行。

其中，"奏"是直接上奏皇帝的命案，凡涉及生死判决之加重或减轻、缓决、赦免等，必须逐案请示；"题"是关于命案的专题报告或一般刑案的季节汇题与年度汇题，用于上报刑部；"咨"是法律咨询，是地方官就特定刑案审理所适用的律文、条例、成案等向刑部及其"司"进行的咨询；有时是对律例条文的修订意见。

乾隆四十年（1775年）冬，部议令直隶各省寻常犯徒年度"汇咨"备案；军流既要"专咨"，又要按季度"汇题"备案；有关人命者需逐案作"专题咨问"或"奏请"。皇帝接阅各地的"奏""题"之后，通常要作出原则性指示，有时也直接作分析性答复，再交刑部议决；遇上律无明文的"新案"或疑难要案，则批给朝廷"九卿""三法司"合议后，提出方案，由皇上最后确认，再交刑部去办理。

刑部收到地方"题""咨"文件，或接到皇帝批下的地方奏本之后，交由刑部机关下设的职能部门——各"司"或"律例馆"去作相关法律、条例、成案的查证、采摘、报部工作。所报文件应扼要提示审断的法例依据与关键性案情，提出定罪量刑的导向性意见；必要时提出反驳意见，并开列驳复的法例依据，形成"说帖"，提交刑部首脑会议审议。有的还需向平级机构（如大理寺、礼部、户部、兵部）征询意见，协同或移交办理。凡涉及满蒙贵族的案子，则需商请宗人府审断。刑部首脑采纳"说帖"意见后，即形成"批复"，对"奏""题"及"咨"文明确表态：或曰"应予照复""似可照复"（表肯定、可照此执行），或曰"应毋庸议"（表否决，驳回），或曰"请另委贤员研讯确凿""应依律妥拟"（责成地方当局依提示重审，补充侦讯材料，改正引律引例，修正审拟结论）之类，以至要求地方当局提交对命案作了错判、误判之责任人的名单以便勘办等。最后再由皇帝圈阅确认，以诏令形式下达执行。凡具代表性的案例，结案后即以纂例形式编入法典，列入成案，赋予法律效能，下令全国通行。

这样，一个命案的审理完结，要牵动中央和地方的整个司法执法网络，国家要付出高昂的司法成本。看来，中央集权并不等于"皇帝独裁"，皇帝的最后签办，只是国家意志的一种集中表现形式。尽管实践上皇帝常有"独裁"之时，倒不是狱审制度上的明文规定。

2. 刑案审理权的高度集中

《乾嘉道刑案汇览》充分展现了清代对全境实施政刑管理的有效性、强制性。本书的法制内容非常丰实，特别是嘉、道时期的无数斩绞军流案例，大到对京官廷臣的惩处，小到案犯遗属、广东被害儿童的年龄核计问题、贵州山村寡妇偷瓜取果摘豆角、吉林山民入山偷挖人参、闽粤洋盗走私鸦片之类，几乎无所不包。甚至远在西域的伊犁将军想任用一位革职县令去管理一家官办铜厂，亲自打报告向刑部请求批准，经刑部上奏，驳回了该边疆大吏的这点小小请求，还斥责他竟然想使用罪犯。这一切，无不反映出中央的"集权"达到了何等惊人的程度，也标示出中央对全境的行政管理是无处不屈、无微不至的。

二、刑案审理权的变通与流放式惩处的变革

1. 将斩绞军流徒案件的集中审决改为分级审理

嘉庆、道光年间，实现了狱审与刑惩制度上的一次重大变革：由层层审理、刑部统一审核判决，变为按狱情分级审理，将一般民刑案件下放到省、州、府去管理，一般民事纠纷则归县级处置。同时，又变千里流放为就地监管。这是当时在狱审制度、刑惩制度上的一次大幅度的变革举措。

原来，清前期各地的斩绞军流徒案件，一律"于州县审明定拟之后，均应由府解司，审转详报，督抚咨部完结"。这么做，"地方官每办一案，自购线、缉捕，以至解府、解省、发配，须赔五六十两至百余两（白银）不等"。（《乾嘉道刑案汇览·东省窃盗仍归旧例酌带石墩》）而涉案人员更是家家破产，成批瘐毙。如此沉重的负担，如何能长久支撑下去？

2. 将千里流放改为就地监管

再说，顺康雍乾时期，除立即执行的斩绞死刑犯就地处治，缓决待质犯关押之外，大量的是判以流放、徒刑、充军、发遣为奴的惩治方式，判决后，要将这些罪犯押送到数百里直至数千里之外的边远蛮荒烟瘴地区去服兵役、服劳役、当

苦差、做奴隶。这就要求负责长途押解、短途递送者有能力冲风冒雪、防匪防劫地把犯人安全送达；要求目的地必须有驻屯军、有良民，具备监管资格、监管能力和必要的监管设施（而这又与"流放极边蛮荒烟瘴地区"的总体要求直接冲突）；还要求监管方定期不定期地上报监管动态，及时上奏外逃、伤亡之类的事态，这又谈何容易！稍有差池，必遭严厉追责，这又何等烦难！这么实行下去，"原籍办一贼犯，配所多一窃匪"，从国家全局上看，未必能收到警事效益。

到嘉庆十七年（1812年）十二月，"刑部议准黑龙江将军所奏：黑龙江等处遣犯聚积众多，分别改发、减发"。其后新疆、云贵、闽广也都相继提出了同样的吁求而获准。于是"充军""流放"的政策就再也不能沿袭下去了，便以"改派"形式来减轻特定流放地区的负担；但问题并未真正解决，只是转移了部分负担。

到了嘉道之际，山东、四川先后提出："请将该省审办窃盗案件，计赃、计次、计人数治罪，各犯概免解省。"因为州县有能力审理一般刑案："由州县审明定拟之后，复经申解该管各府州核转、具详，自可无虞枉纵。"其后，朝廷即作出决定："各厅州县概将人犯解该管府、厅、州，审转具详，由司复核，专案请咨，毋庸转解司道勘转。"（《乾嘉道刑案汇览·积匪猾贼免其解审》）这就把审判权逐级下放了，省却了一大笔用于"预审"的押解经费。

此前，山东巡抚便提议："将情重法轻者，锁带铁枪石礅，使之身负重物，不能行窃脱逃。如此办理，在该犯得与亲戚乡邻相见，固有以动其羞愧之良；即乡里匪徒，亦可借以触目警心，有所愧惮而不敢为恶；而地方官既不须赔解费，又无脱逃处分，自必认真缉捕，严办示惩，较之问拟军徒，旋即脱逃，徒烦案牍者更为有益。"此主意一出，广东、四川、陕西、湖广、江苏纷纷起而仿效。前在道光二年（1822年），先已明确规定：女犯可"免流改囚"。于是"千里流放"便渐渐为"就地囚禁"所取代了，也毋庸"解司审转，详报督抚，咨部完结"了，这就大大地节省了执法惩处的成本。它是清代狱审狱政史上的一项革新标志，实现于道光十三年（1833年）。

至此，一直用于关押原告、被告、干证、待质犯、待决犯的牢狱，这才真正成为对"已决犯"执行惩治的主要设施。这是我国狱政史上的一次大幅变革。历来讲"狱政史"者注意及此的人并不多，以至把汉唐以来"录囚"制度下对被长期关押之原告、被告、干证、待质犯、待决犯的清理、甄别、遣释措施，泛化为对已决受惩之"罪犯"的宽释仁政，这是一种严重误解。

第九节 清代刑案审理中的追责制

我国宋代就有刑案追责制，即对错判错决的命案进行严格的追责。清代各级司法、执法机关，则要对所管辖、所承办、所接办的刑事命案，均须负责到底。如果发案后未能及时受理或逾期未能破案，或在审理中出了岔子，上详时引律差错、判刑不当而被驳回者，凡误判误杀者，都要履行"开参"程序，追究责任。相关责任人即使转任、离职或退休多年，若被揭发曾经办错了案子，也一样要追偿，这就叫"刑事命案开参"。开参：检举参劾，使其受到法纪处分，停薪罚俸直至革职顶命。

一、清代刑案追责制的贯彻

清初，吏部定例："官员承问，引律不当，将应拟军流以下之人错拟斩绞者，府、州、县官降三级调用。加级纪录，不准抵销。""将改拟徒罪人犯错拟绞罪，遵驳改正之承问官，照例减为降三级留任"。嘉庆十年（1805 年），又提及定例："督、抚具题事件，内有律例不符之处，部驳再审、复审各官，遵驳改正。除审转之督抚司道免其议处；承审之府、州、县官，原审律例不符者，照失出失入例减等议处。例应降级调用，减为照所降之级留任。"（《乾嘉道刑案汇览·金刃伤深透内不得照破骨论》）可见清代审案的"问责制"是配套执行的。

清代的《刑事命案开参》一书，记录了乾隆年间湖南宝庆府（约当今湖南中部的邵阳地区）等地司法官员被"开参"的一系列实事，提供了当时实际制作的"开参"程式。该书记载了这样一则案例：乾隆五十五年正月二十七日，湖南省监法长宝道宝庆府新化县县令周宁远详称：丹桂村保正刘碧廷投称：本月二十六日，有村民游月朋投称：铙钹坳有不知姓名人受伤身死。该处距城三十里，不通驿站，并未安设地兵（土兵、寨兵、驻屯兵）、墩铺。（说明这是一个小小边远荒村里出的一桩平民之命案。）周宁远随带吏（县丞、判官、典史、文员）、仵（尸检），前诣尸所，如法相验。（依法进行尸检，要求：登录"四至"：硬四至、软四至；登录尸伤：致伤部位、伤情、伤因；伤情结论；仵作提交检验无误的甘结；县官亲临检验。）仵作陈凤岐唱报。报毕，亲验致命不致命，俱系木器伤、小刀戳伤，余无别故，实系受伤身死。（勘验的最终结论。清代法吏出现场勘验是很认真，也是很辛苦的，尤其是验腐尸。）就即查汛。乡民反映：清晨瞥见该尸尚能声言"被人打伤，夺去衣物"之语，即有疏失情形。（救治无力，防范不得力，县官自认有"疏防"之责。）

移会驻防把总刘廷凤，前诣会同勘明；示召尸亲；开具失单附卷；选差干役分途严缉；关移邻邑、营汛，一体严缉凶贼。合先通报等情，详奉批饬缉审；两院批司饬缉、详参。（这就是当时县政府对一个普通命案的法制成本的投入：通知武职把总会勘；召尸亲确认伤情、死因；开具失物清单、入档；选派得力公差分路严缉罪犯；行文邻县与驻防军协查；同时向抚院臬司上报案情，承担侦破责任……此等工作，不能不说是认真负责的。）

宝庆府知府王汝恂开列疏防职名，移送统辖职名请参。（县有"详参"，府有"请参"，省里还有"题参"，这就是清代司法官"责任心"的来源：有层层管束。）

湖南按察使王某，查得新化县详报，此案应以乾隆五十五年正月二十六日"游月朋见尸之日"起算（报案之日即相关官员的"开参"起始之日），扣至五月二十六日四个月，疏防限满（一参期满）。所有疏防文职，相应开列，详请本部院堂会核题参（专题奏报下列官员）：专管捕官：系新化县典史郭维均；印官职名：系署新化县知县周宁远；兼辖不同城百里以外之府、所：系前署宝庆府通判、试用直隶州邓廷法；该管知府：系宝庆府知府王汝恂；统辖不同城以外之道员：系前任监法长宝道姚学瑛。（以上名单）相应开列，详请本部院堂会核题参。（可见命案责任人是整个地方司法行政网络，而不仅是一两名基层小吏。）

再，前署通判邓廷法于五十五年三月三十日卸事，计督缉两个月零四日。前任监法道姚（学瑛）于五月初十日升任陕西臬司，卸事，计督辑三个月零十四日。现任通判普秀、现任监法道潘成栋，均系接督缉之员，例无处分，应免开报。此处未安设兵丁墩铺。此案系由宪台抚宪衙门主政。

　　至于武职官员，一并交待如次：查此案，应以乾隆五十五年正月二十六日"游月朋见尸之日"起，扣至七月二十六日六个月，武职疏防限满。所有疏防武职：专责汛官：系新化县汛、宝庆协右哨头司、把总刘廷凤；兼辖职名：系宝庆协副将金殿安。相应开列，详请本部堂院会核题参。又，查失事地方离县城三十里，并未安设兵丁墩铺，亦无贴防外委。此案系由宪台督宪衙门主政，合并声明。为此照详，呈两院。

　　由此证明，清代刑案追责的制度性规范，是得到过切实执行的。看来，清政权二百六十多年的持续执政，并非偶然，而对各级官员的法制管理，应该是其极为重要的一个方面。

　　所谓刑事命案开参是说：凡发生刑事命案时，县、府、州须及时逐级上报案情梗概，明确破案的起算期（案件受理日期），州县主官由此即承担起限期破获之责来。他要组织侦缉刑审，逾期未能破案者，州县官需适时向上汇报，自行"详参"；上级机关需及时受理，作出批复，并向省级机关报告。开列所有文武责任人员的名单，逐级上报，叫"请参"；凡县令以上的朝廷命官，需由巡抚、总督具衔，以专题报至吏部、刑部，予以参劾，直至上奏皇上裁决，叫"题参"。

　　其"开参"要领是：

　　①文官：县级掌印官（县令、县丞）、司法专管官（县尉、判官、典史）、兼辖之"府（州）"的知府、典史；统辖之"道"的道员：案发后，查有"疏防"（疏通防范）之责的各官，限四个月破案；无"疏防"之责者，直接进入"一参"（初次参劾期），逾限受罚。由抚宪衙门主政，负责受理、查核与处治。

　　②武官（汛官、把总、副将、千户、百户）：有"疏防"之责者：是否安设有地兵（驻屯军）、墩铺（屯、堡、寨）。六个月为疏防期，必须捕获贼犯，逾限受罚。由督宪衙门主政，负责受理、查核与处治。

　　③文职依"疏防""初参"的顺次办理；武职依"疏防""缉凶"的程序办理；起限期可从案发日、见案日或报官日起算；此后依案情进展逐节延展期限："一参"通常为六个月或一年，"二参"（第二次参核）一年，"三参"（第三次参核）一年；此后随案另拟。

　　④印官、专责官的履职有不同情况，有在任、纪功（纪录）、调任（升、移、

降）、离任（进京述职、守孝之类）、退职（辞官、退休）等区别，其参劾是否超期，应按照定式核计：依起限的年、月、日向后推算，必须满期足月；有功者可以按规定方案折抵；有正当理由者可申请顺延；限内若因故暂离、发生中断，前后可以合并"接算"等。

⑤印官、专责官的处罚，依承缉、接缉、代任续缉、复任续缉等不同身份、不同责任查处。罚种有：住俸、罚俸、追偿、黜退、顶命等。

⑥处罚实例：

乾隆三十二年，吏部报明：嘉禾县邓老三商同在逃之罗老三，挟嫌谋殴王国中身死。将缉凶不力之嘉禾县知县高大成"咨参"，照例住俸，勒限一年缉拿。又"二参"仍承缉不力，照例又罚俸一年，再限一年缉拿。又因详报迟延，逾限一月以上，照例另罚俸一年；而承审迟延，逾限在一月以上，并罚俸一年；该员有"纪录"一次（即有立功表现），应行销去。"纪录"一次抵罚俸六个月，总计仍应罚俸二年零六个月。

湖南巡抚陆某奏：沅陵县县民刘忠位被其父赶殴走避，不意误碰其母刘向氏，使之失跌磕伤身死。刘忠位随即脱逃。署理沅陵县试用知县陈玉垣勒缉数月，迄未弋获。陆巡抚认为此案"非寻常承缉不力可比"。奏上一折，将陈玉垣参革。吏部会议：除承缉不力之署理沅陵县知县陈玉垣参核革职外，对"二参"限内接缉不力之"署沅陵县事"的胡连级，虽已调任"陕西乾州府同知"，应照例于现任内罚俸一年；凶犯刘忠位交与新命接任官立限缉拿。

湘乡县民文清河，于乾隆五十一年十一月初十日被贼殴伤身死，并失去银钱衣物。"一参"已过，"二参"仍承缉不力，首要责任人湘乡县知县某某、湘乡县典史傅含章等，均照例降一级留用，再限一年缉拿。此案，至乾隆五十三年九月二十九日题奏，十月初二日乾隆下旨："王懿德着于现任内罚俸六个月，再罚俸一年。伊辙布着于现任内罚俸一年六个月。李侍尧着每案销去军功纪录一次，免其罚俸。图萨布着销去纪录二次，再于现任内罚俸一年。万锤杰着每案于现任内罚俸六个月，余依议。钦此。"

上述这些处罚，当然都是执行了的，决不是"表面文章"，而李侍尧等都是一时名流，受到乾隆的器重。李侍尧：汉军正蓝旗人，乾隆十七年任热河副都统，先后任过广东雷琼镇总兵、云贵总督、陕甘总督、两广总督、闽浙总督等职。对稳定西北与闽台均有卓著贡献。王懿德：汉军正白旗人，曾任职卢凤道道台、湖南布政使、湖南护理巡抚等职。万锺杰：曾任福兴泉永道道台，又补放台湾道、加按察使衔，奏事件得以自行陈奏，后任台湾布政使。

由上可知，清代的各级司法官员、执法机关，对所管辖、所承办、所接办的刑事命案是要全方位地负责的，绝不像人们普遍认为的那样，也绝不像舞台上、小说里"戏说"的那样，更不像"否定一切"论者宣传的那样："封建政府"只知道严刑逼供、敲诈勒索、草菅人命、无情镇压！一个政权，能维持几百年的执政地位，可不是闹着玩儿的；满族人以人口的绝对劣势，实现了对经济文化高度发达的绝大多数人的有效管理与统治，又哪里是"压迫"两个字所能达成的？！把过去的、前人的一切说得一无是处，借以反衬自己的"了不起"，数典忘祖，到头来免不了也会被"扫进历史的垃圾堆"。

二、清代的刑案追责制的扭曲

清人对刑案误判的"追责制"是认真的、多层面的。清律系统地规定了受理、侦缉、审讯、押送、监管等环节上发生差错的惩处条例，是强制执行的。

清代严格执行刑案责任制，凡误判误杀了人的，相关各方必追责到底，以命抵命，以财偿财。对失职人员如此这般地严厉追责，本应产生积极的警诫效应；然而不然，它在清代官场的既有生态条件下，执行一段时间后，竟然被彻底扭曲，演化成了权势间撕咬角斗的有效法术，从而抖出了清代官场游戏规则的阴暗卑劣，让人们看到了官场绞肉机的加速运转。

张培仁的《妙香室丛话·徐青天》一文说：山东县官徐某，人称徐青天，揭出了一个冤案，惊动了皇帝，需要平反。朝廷"特差大司寇胡季堂、侍郎姜晟赴山东鞫治"，结果，两位部级钦差大员抵山东省府后，山东的"中丞、臬司实告：'案成于徐。第平反，则通省承审官皆须反坐。'星使不得已，婉言于徐，许案结后令诸君集资，捐复原官，仍照原拟定谳"。用"捐复原官"的许诺来赎买揭案官员"反水"，换取其噤声，使命案不得平反。官场黑幕重重，于此露出冰山一角。

李岳瑞的《春冰室野乘》载：在河南南阳出了一个蹊跷案子，叫"镇平王树汶之狱"。大盗胡体安劫案败露，省里下令点名缉捕胡体安。胡竟与本县县吏们密商，让一个不到十五岁的瘦弱小青年王树汶去顶缸下狱，胡体安本人则换个名字去邻近某县当隶役总头目去了。待到本案经上报批复、"人犯"王树汶被押赴刑场砍头时，他高声呼冤，在场军民谁也不信这个瘦弱小青年会是江洋大盗！这就在全城百姓面前暴露出政府卖狱的黑幕。于是皇帝、刑部大臣、总督、巡抚、司道官员都卷了进来，借王树汶这个题目做大文章。一个小小王树汶的生死，原本不会激起什么浪花，只因牵涉到督、抚、臬司、州、府、县各级承审官的"追责"，于是拉动了官场各式关系网，越扯越大，人人在其中耍手腕，坑别人，求脱身，也有人在其间弥缝遮掩，竟使这台官场绞肉机加速运转起来。追责的结果不是警诫，反而是腐败的加深。

第十节　清前期的边防、海禁与外贸管理

一、边防管理

早在顺治四年（1647年）就有军台制度，边境设有墩台营房，有警则守兵举烟。如来犯者有百人，挂一席，鸣一炮；至三百人，挂二席，鸣二炮；至万人者，挂七席，连炮传递。清廷对边境还实行定期巡查制度。

1. 东北鄂博

《清史稿·兵志（八）》载：清代从康熙时起，与邻国签订有关划定国界的条约，慎重对待边防事务，边界设有墩台、卡伦。"因山河以表鄂博，无山河则表以卡伦。鄂博者，华言石堆也。其制有二：以垒石为鄂博，以山河为鄂博"。

中俄接界，以尼布楚、恰克图为重地。例于每年夏季五六月，由齐齐哈尔、墨尔根（今嫩江）、黑龙江（今瑗珲）三处疆吏，各遣协领、佐领等官，率兵分三路，至格尔毕齐、墨里勒克、楚尔海图等处巡视，岁末具疏朝廷。康熙二十三年（1684年）后，清廷增派官兵镇守。

另外，在蒙古，乾隆间筑城于乌里雅苏台及科布多以镇守之。同治年间，曾调大同、宣化练军二千人驻防库伦，修复推河以北至乌城十五台站，尔后改建乌里雅苏台石城，整顿沿边台务，以固边防。

2. 西南巡哨

云南接壤越南、缅甸。旧设八关九隘，以土兵、练兵驻防。乾隆时，总督、提督、总兵，每年酌赴腾越边外巡阅一周，以期严密。嘉庆时，因该处瘴疠之气，内地官兵不适，增加土兵、练兵防守，以省官兵征调之劳。

广西镇南关与越南相接，原有隘所百有九处，分卡六十六处，多以戍兵与沿边土司协力防守。

3. 新疆卡伦

在新疆，乾隆二十四年（1759 年）后，清廷加强对该地区的边防建设。山川隘口，悉置卡伦台站。各卡伦设索伦、锡伯、厄鲁特兵丁十至三十余名。各台站设满州、绿营、察哈尔兵丁各十五名。道光时，凡通霍罕、巴达克山、克什米尔外夷之路，增筑土堡，以都司等官率兵驻守，兵数自数十人至二百人不等。

4. 西藏番兵

《清史稿·兵志（八）》载：在西藏，乾隆五十八年（1793 年），清廷派大臣和琳等会勘后藏边界及鄂博情形，于险要处增设番兵，修寨落以备栖止，立鄂博以守界划。

5. 水师会哨

《清史稿·兵志（六）》载：沿海，有水师出巡会哨之制。乾隆十五年（1750年），以旧例二月出巡，九月撤巡为时太久，乃令各镇总兵官每阅两月会哨一次。其会哨之月，上汛则先巡北洋，后巡南洋。下汛则先巡南洋，后巡北洋。定海、崇明、黄岩、温州、海坛、金门、南澳各水师总兵官，南北会巡，指定地方，蝉递相连。后先上下，由督抚派员稽察。

6. 戍兵奖惩

边界戍兵，有奖励之制。如喀尔喀驻中俄边界卡伦官吏，经历三年，巡防妥善，并无事故，各赏纪录二次，五年期满再加赏一次。对兵丁也有物质奖励，如奖给砖茶、布的等价银。

二、禁海与迁海

边境往来商人，得凭执照出入。零星边境贸易，例不征税，但无照不得进入市场。商民得按指定线路行走，否则货物没官。《中俄尼布楚条约》规定，两国都不得收留对方逃人，如有人逃入，则械系遣还。

1. 东南禁海

据光绪《大清会典事例》卷六二九、七七六记载：清初，郑成功据台湾进行抗清活动，清廷于顺治十二年（1655 年）颁布"海船除给有执照，许令出洋外"，官民人等不得擅自出海。

顺治十三年（1656 年），以海氛失靖，下令禁海。"今后凡有商民船只私自下海，将粮食货物等项与逆贼贸易者，不论官民，俱奏闻处斩，货物入官，本犯家产，尽给告发之人。其该管地方文武各官不行盘缉，皆革职从重治罪。地方保甲不行举首，皆处死。凡沿海口子，处处严防，不许片帆入口，一贼登岸"。

顺治十七年（1660 年），又颁布《迁海令》，在沿海地区将百姓内迁五十里，制造沿海无人区。"片帆不得下海，粒米不许出疆"。在如此严厉的海禁之下，沿海对外贸易受到致命打击。不过，以澳门为口岸的与西方国家的海上贸易并未禁止，来华的西方船只还有所增加。

《钦定平定台湾纪略》卷三十七载："着福康安、常青等务须严饬弁兵，于沿海各口岸要隘处所，梭织往来，巡逻稽察，毋使贼人抢占船只，得以逃往洋面，致搜捕有稽时日。"按：这是康熙征台湾、统一海峡两岸过程中的事。

人们往往误认为清代"海禁"很严厉，影响恶劣。实际上，在清代前期的一百九十六年中，只有顺治十二年（1655 年）至康熙二十二年（1683 年）实行了比较严格的海禁，康熙五十六年（1717 年）至雍正五年（1727 年）实行了部分地区的海禁，总计不过三十九年，而且"事出有因"，其余一百五十七年的海外贸易基本上是开放的。

2. 开放海禁

康熙二十二年（1683 年），清廷统一了台湾。次年决定，直隶、山东、江南、浙江、福建、广东各省，"先定海禁处分之例，应尽行停止"，宣告了海禁的解除。

以下根据《黄启臣文集·清代前期海外贸易的发展》一文提供的宝贵资料，作一番简要介绍。

自康熙二十三年（1684年）开海贸易后，"粤东之海，东起潮州，西尽廉，南尽琼崖。凡分三路，在在均有出海门户"；福建、浙江、江苏沿海也是"江海风清，梯航云集，从未有如斯之盛者也"；山东、河北、辽宁的港口"轻舟"贩运也十分活跃。根据史料记载，当时开放给中外商人进行贸易的大大小小的港口计有一百多处，它们是：广东的东炮台口、西炮台口、佛山口、黄埔口、虎门口、紫泥口、市桥口、镇口口、澳门总口、乌坎总口、神泉口、甲子口、褐石口、汕尾口、长沙口、骱门口、平海口、稔山口、湖东口、墩头口、庵埠口、双溪口、溪东口、汕头口、潮阳口、后溪口、江门口、海门口、达濠口、澄海口、卡路口、南洋口、府馆口、东陇口、障林口、黄岗口、乌塘口、北炮台口、梅菉总口、对楼小口、水东口、硇州口、芷苏口、暗辅口、两家滩口、阳江口、海安总口、东西乡、白沙小口、徐博小口、南樵小口、田头小口、锦囊小口、雷州口、赤坎口、沙老口、乐民口、山口小口、钦州、海口总口、铺前口、廉州口、青润口、束会口、禹州口、儋州口、北黎口、陆水口、崖州口，共五大总口及六十四处小口。

福建的厦门口、诏安口、海澄口、福州口、安镇口、漳州口、泉州口、南台口、青城口、汀州口、台湾口等二十余处。

浙江的大关口、古窑口、镇海口、湖头渡、小港口、象山口、乍浦口、头围口（澉浦口）、沥海口、白峤口、海门口、江下埠、温州口、瑞安口、平阳口十五处。

江苏的常州口、扬州口、镇江口、刘河口、松江口、施翘河口、黄田澜港口、任家港口、吴淞口、七丫口、白茆口、孟河口、黄家港口、小海口、石庄口、吕四口、徐六泾口、福山口、新开河口、当沙头口二十处。

北方以天津口为盛，其次是山东的登州、辽东的牛庄等港口。由此可知，当时虽然政府规定是广州、泉州、宁波、松江四口通商，但实际上中国整个沿海的大小港口都是开放贸易的。

乾隆二十二年（1757年），清政府撤销了泉州、宁波和松江三海关，开放港口有所减少，但广东沿海各大小港口以及宁波、厦门等港口也仍然准许往南洋贸易，而且就其贸易量而言，还超过了以前。

如此之多的港口进行海外贸易，世界各个国家和地区的商人纷至沓来。东洋有日本、朝鲜、琉球；南洋有吕宋（菲律宾）群岛、苏禄群岛、西里伯群岛、马六甲群岛、新加坡、婆罗洲、爪哇、苏门答腊、马来亚、暹罗、越南、柬埔寨、缅甸等国；欧洲有葡萄牙、西班牙、荷兰、英国、法国、丹麦、瑞典、普鲁士、意大利、俄国等国；美洲有美国、秘鲁、墨西哥等国；印度洋有印度等国，几乎所有亚洲、欧洲、美洲的主要国家都来广东与中国发生了直接贸易的关系。特别是美国与中国发生直接贸易关系是从乾隆四十九年（1784年）"中国皇后"号首航广州开始的。而我国宋代与欧美各国的贸易主要是间接贸易，明代海外贸易则以南洋各国为多。

三、对外贸易管理

随着海外贸易的发展，穿梭往来的中外商船数量逐渐增多。康熙五年（1666年），中国驶往日本的商船有三十五艘，九年（1670年）增至三十六艘。特别是开海贸易后，中国与日本的通商进入了正式缔约贸易时期，到日本贸易的商船大增。康熙二十四年（1685年）有八十五艘；二十五年（1686年）一百零二艘；二十六年（1687年）一百一十五艘；二十七年（1688年）更增至一百九十三艘，随船到日本贸易的中国商人达九千一百二十八人次。据统计，从康熙二十三年（1684年）到乾隆二十二年（1757年）的六十七年间，中国开往日本贸易的商船总数达到三千零一十七艘，平均每年四十一点四艘。商船的吨位也很可观，一般的小船能载重一百吨，中船可载重一百五十吨，大船可载重二百五十吨到三百吨，最大的可载重一千吨，而宋代船的载重量为一百一十吨左右。中国的商船还从事东南亚各国与日本的转口贸易，如康熙五十四年（1715年）至雍正十一年（1733年），从广东、南京、宁波、厦门、台湾开往长崎的商船中就有六艘是转运巴达维亚（今印尼雅加达）等地的。乾隆二十二年（1757年）以后，由于日本江户幕府政权进一步实行锁国政策，对中国的贸易有所限制，商船数量有所下降，但由于船的吨位增加，贸易吨位总额却是增加了。

中国与南洋诸国商船的来往贸易，在海禁期间，清政府准其在一定时期内来中国进行朝贡贸易。开海贸易后，来往商船更多了。就是在南洋海禁的年代，来往互市的商船也没有绝迹。康熙二十四年（1685年），从福州、厦门等地开往雅加达的商船有十余艘。康熙四十二年（1703年）有五十多艘。康熙五十六年（1717年）"多至千余"。乾隆以后，到南洋去贸易的商船更多。嘉庆二十五年（1820年）前后，驶往东南亚的商船共二百九十五艘，总吨位达八万五千二百吨。道光十一年（1831年），中国到南洋各国贸易的商船达到二百七十五艘，吨位一般在一百二十吨至九百吨之间，平均为三百吨。

欧美各国来中国贸易的商船数量也不断增加。根据有关资料统计，从康熙二十四年（1685年）到乾隆二十二年（1757年）的七十二年中，到中国贸易的欧美各国商船有三百一十二艘，而且船的吨位都不小。例如康熙三十八年（1699年）至六十一年（1722年）到广州的英国货船，最小者为一百四十吨，最大者达到四百八十吨，一般者也达到三百吨，多数为四百一十吨。清政府撤销了闽、浙、江三关后，欧美各国来中国贸易的商船仍然不断增加。据统计，乾隆二十三年（1758年）至道光十八年（1838年）到粤海关贸易的商船共五千一百零七艘，平均每年为六十三点八艘。其中，以英国的商船最多，乾隆五十四年（1789年）为五十八艘，占外商船总数的百分之六十七；道光六年（1826年）为八十五艘，占外商船总数的百分之八十二；道光十三年（1833年）为一百零七艘，占外商船数的八成。

中外贸易的兴盛，可以西班牙的商团为例。嘉庆十二年（1807年）、十四年（1809年），西班牙的商人万利落、郎吗叮、郎安敦、郎万雷、郎棉一等，就从吕宋（今菲律宾）运载大批燕窝、苏木、番银、槟榔、乌木、稻米、海参、鹿脯、牛皮、玳瑁等到厦门贸易，然后从厦门运回大量的中国棉布、瓷器、桂皮、石条、白纸、花砖、方砖、雨伞、纸、墨、石磨、麻线、土茶、冰糖、药材等到吕宋，使厦门对外贸易进入极盛时期。

为了管理好中外海陆贸易，清政府采取了一系列主权范围内的必要措施。大体有如下内容：

1. 设立海关

康熙二十四年（1685年），清政府决定以广州、漳州、宁波、云台山（今江苏连云港）为国家的对外贸易港口，设立海关，管理对外贸易及征收关税事务，沿海对外贸易呈现日渐繁荣景象。《尼布楚条约》签定后，中俄陆上地方贸易正常发展。雍正时，恰克图中俄定期官方贸易有所发展。

2. 发给票照，凭照贸易

出海贸易的沿海船民、商人，或经陆地边境的商民，都发给"票照"，以便凭照出入港口、边境进行贸易。出入海港的船只，也发给凭证。如规定商船、渔船前后分别各刻"商""渔"字样，两旁刻上省府县的编号，船户姓名；船户、舵工、水手都发给腰牌。腰牌上要刻明姓名、年貌、籍贯。雍正时还规定，船头起至鹿耳梁头，大桅上截一半，各照省别油漆，江南用青漆、白色勾字，浙江用白漆、青色勾字，以资识别。这些规定，目的在于使官府掌握商民、船工的身份，以防盗贼及其他被视为不良分子混入。

3. 对出入货物的管理

清代征收关税，袭用明朝旧制，有"货税"和"船钞"。货税，即商税，根据货物量征收，基本上是一种"从量税"。法律规定的进出口货税的税率是很低的，如康熙末至雍正年间，生丝、丝织品、甘草、大黄、铜、糖、茶叶、生锌等货物每担的货税率，最高的是生锌，为百分之七点七。最低的是茶叶，为百分之零点四，平均为百分之四，一般是百分之六。这种税率与当时欧洲各通行的关税率比较，它仍然是很低的。以茶叶税为例，乾隆四十九年（1785年），英国茶叶进口税高到相当茶叶本身价值的百分之一百二十八，最低也达到百分之六十以上。1785年8月，英国国会为了堵塞茶叶走私，曾大幅度降低茶叶进口税，改为百分之十二点五。即使如此，也比中国的茶叶出口税高出很多倍。

"船钞"亦称船税、吨税，是按照货船体积分等征收的。征收方法是由海关派员登船进行丈量计算，按等征收，税率也是很低的。康熙二十三年（1684年）开海贸易后，各种船只的船钞，一等船一千四百至三千五百两，二等船为一千一百至三千两，三等船六百至两千五百两。按当时一般船所载货物值平均为三万至五万英镑计，每英镑折合当时银为一两，则每船载货值平均为十五万两以上。如果按上述推算，一等船的船钞不及货值的千分之二点三；二等船不及千分之二；三等船为千分之一点七，平均为千分之二，简直是微乎其微。

不仅如此，清政府还实行减税和免税制度，优待外国商人。粤海关于康熙二十三年（1684年）规定，洋船原额税减去"十之二"。康熙二十四年（1685

年），"于原减之外，再减二分"。康熙三十七年（1698年）"着减广东海关额税银三万二百八五两"。康熙三十八年（1699年），减免英商船"原定税收之四分之三，以招揽贸易"。康熙四十七年（1708年），清政府对"暹罗贡使所带货物，请听其随便贸易，并免征税"。雍正二年（1724年）、三年（1725年）、五年（1727年）、六年（1728年），对暹罗船运米来广州贸易，"概免征税"。乾隆八年（1743年）规定：外洋船来"粤等省贸易，带米一万石以上者，免其货税银十分之五，五千石以上者，免十分之三"。乾隆四十九年（1784年），"又准免珍珠、宝石之税"。道光二年（1822年），回广州夷商货物被火烧，清政府又免收其税。道光十年（1830年），两广总督李鸿宾又密奏减夷船进口规银，决定"东西洋船饷银俱照额减二征收"。

禁止武器与制作武器的原材料铁、硝磺等的出口。重要生活必需品粮食也不得出口，以防接济"叛逆匪类"。但对友好邻国确要粮食接济，仍准出口。清廷还鼓励粮食进口，以满足人民生活之需。

丝与丝织品是我国出口的大宗货物，也是外国商人经营的主要货物。由于出口量大，使内销量有所减少，价格上涨。清廷采取了限制出口之策。曾规定出东洋船只每船糙丝一千二百斤；江苏赴闽、粤、安南等处，海船糙丝三百斤；闽浙二省商船，每船上丝一千斤，粗丝一千斤。但在沿海官吏日趋腐败的情况下，对货物管理，特别货物出口量的限制，也就徒具形式了。

值得一提的是，雍正七年（1729年），清廷就曾下令禁止鸦片进口，但未能阻止西方侵略者利用鸦片作为其抵消入超的重要"商品"。

4. 海关监督与征税

海关是管理对外贸易的重要机关。粤海关监督素为满族官吏所把持，也是皇帝在南方的重要耳目。陆上边境关有云南的永昌、腾越、顺宁征出口税关；杉木笼、暮福、南河口征入口税关。新疆喀什噶尔、叶尔羌，蒙古多伦多尔，以及恰克图、尼布楚都有边关。由于清廷内地货物交易有征税之制，对外贸易在当时并不占重要地位，对外贸易的海关与内地的税关，在体制上大体一致。《清史稿·食货志六》说：边境口岸的关税，例有明文确定。如外洋船只到达广州，"其税法每船按梁头征银二十两左右，货税照例征收"。乾隆二十九年（1764年）规定：外番商货至回部贸易者，三十抽一，皮货二十抽一，回商往外番贸易，二十抽一，皮货十抽一。牲畜货物不及抽分之数，按所值折算。

但是，由于吏治腐败，正税之外，各种陋规与附加杂税繁多。外国船只到达广州，除纳正额税银外，办理每一项手续，如丈船、验货、验证都得付给"规费"（小费）以及杂税，多达三十项。它不仅增加外国商人的负担，而且败坏了国家声誉，加剧腐败现象。

5. 口岸管理

清廷指定恰克图、尼布楚、广州等处为对外贸易口岸。广州从乾隆时起，成为清朝对西方、南洋贸易的唯一合法口岸。乾隆二十四年（1759年），两广总督奏准旨在防范外国商人的章程。道光十一年（1831年）、十五年（1835年），续颁有关通商章程。清廷颁布的章程中规定外国兵船不得进入内河；商船如有炮位，必须先行卸下方可进入黄埔港，返航时归还再装；外国船进入中国内河港口，由中国引水员带进等，具有反西方殖民主义侵略的民族自卫作用。

6. 广州港的十三行

在管理对外贸易中，清廷以地方官审查核准的殷实商户作为中介，同外商进行贸易。因他们为西方洋人购买货物与生活用品，出售外商货物，俗称为洋商。明代广州就有十三家行商，于是有"十三行"之称。实际上当然不限于十三家，或增或减，不过仍保持十三行的称呼。行商制度是清政府实行"以官制商，以商制夷"的管理海外贸易的制度。道光十七年（1837年），广州刚好有十三家，即伍绍荣的怡和行、卢继光的广利行、潘绍光的同孚行、谢有仁的东兴行、梁承禧的天宝行、潘文涛的中和行、马佐良的顺泰行、潘文海的仁和行、吴天垣的同顺行、易允昌的孚泰行、罗福泰的东昌行、容有光的安昌行、严启昌的兴泰行。其他口岸也有同样的"行商"。

这些洋行商人组织"同业公会"性的"公行"，垄断与外国商人的贸易事宜，并兼有某些政府公务职能，传达政府有关命令、告示、规定，行商便成为早期买办阶级。承充行商者必须是"身家殷实之人"，并由官府批准发给行帖，才能设行开业。行商又因"捐输得官"，称为"某官""某秀"。可见，行商承袭了历史上官商的传统，具有一定的独占权，是以封建政权在对外贸易方面的代理人的身份出现的，具有官商性质。他们的主要职能是：

第一，代纳关税。"凡外洋夷船到粤海关，进口货物应纳税银。督令受货洋行商人于夷船回帆时输纳。至外洋夷船出口货物应纳税银，洋行保商为夷商代置货物时，随货扣清，先行完纳"。

第二，代购销货物。"外番各国夷人载货来广，各投各商贸易……惟带来货物，亦令各行商公同照时定价销售；所置回国货物，亦令各行商公同照时定价代买"。不过嘉庆二十二年（1817 年）后，"已有多少变通，仅余少数货物，如出口丝茶、入口生棉纺织品等尚为公行行商一手操纵而已。其他商品各由外商船长与内地行栈私相交易之"。

第三，代办一切交涉。"凡夷人具禀事件，应一概由洋商代为据情转禀，不必自具禀词"。而清政府的官员也不能同外商直接会见，所有清政府的一切命令、文书均由行商向外商转达及监督执行。如"外国人想去澳门或者从澳门回到广州，必须通过行商请求当局发给护照"。

第四，监督外商。行商要防止商馆的洋人在居住及外出时不遵守《管理夷商办法》，监视洋人游览时遵守八项规章中所列有关事项。

总之，举凡中外商品之交易，关税船课之征收，贡使事务之料理（包括招接、翻译、贡使护送及贡物接纳等项），外商事务之取缔（包括招接、翻译、约束、防范，以及传达政府的命令，调停中外纠纷等项）及商务、航线之划定，无不操之行商之手。行商不仅垄断海外贸易，而且其他中外交涉事件，也由其居间经办，是外商与中国政府联系的媒介，实际上具有经营海外贸易和经办外交事务的双重职能。因此，外商与行商休戚相关，来往频繁。"他们一到广州，第一件事就是选择和安排（或重新安排）他们的保商，保商必是十三行中的一家"。外商投行后，就住在该行商设立的商馆之内，贸易亦在商馆内进行。进出口贸易的经营权，亦由行商操纵。这个制度虽然有它封建垄断性的消极一面，但另一方面，它对当时的海外贸易也有促进的作用。首先，在当时外商对中国情况不熟悉、又不通中国语言的情况下，行商在外商与清政府之间提供联系，在外商与中国商人之间提供贸易方便，起了沟通的作用。其次，由于行商代洋商交纳关税，外国商人免了报关交税的麻烦，得以集中精力进行贸易活动。所以，清代前期，在中国仍然是一个独立主权国家的条件下，建立行商制度，是便利于海外贸易发展的。

道光十年（1830 年），英国下议院对在广州进行贸易的商人进行调查后得出结论："几乎所有出席的证人都承认，广州做生意比在世界上任何其他地方都更加方便和容易。"除了其他原因之外，同广东"十三行商"不无关系。以前曾有不少学者只看到行商垄断贸易消极的一面，把它看作是清政府实行"闭关锁国"政策的主要内容和标志，是值得商榷的。

第十一节　清廷葬送了华人的南洋事业

全球性大航海、大商贸的时代来到之初，葡萄牙、西班牙、荷兰、英国等渐次把持了马六甲海峡，强行介入早已成型的"南洋（南中国海）"与"西洋（印度洋）"的贸易体制中来。

一、葡西英荷商团强行介入南洋商贸

1511 年，葡人侵占了马六甲海峡，又占据了印尼的香料群岛。1514 年来到闽广沿海，据广州屯门岛，与倭寇勾结起来，武装劫夺商旅，掠卖人口。1553 年骗占了澳门，用海盗船骚扰我东南沿海，为祸二十余年之久，至 1549 年才被浙江巡抚朱纨赶走。

西班牙人继 1567 年占领菲律宾之宿务岛后，1571 年又占吕宋岛，即以"大吕宋"名义与明朝往来。1574 年，西班牙人剿灭了败退吕宋的海盗林凤集团，明政府于是厚礼相待。1626 年，它以武力占据了台湾岛北部，并以此为基地与大陆开展贸易，声言可用一万两千兵力拿下中国。

荷兰人从西班牙手下独立出来后，也来到了南洋，1601 年来到广州。1604 年两次强占澎湖，侵扰厦门，抢夺渔船，俘虏华人，逼迫劳工为其筑堡固守，抓壮丁去爪哇当奴隶。1624 年，荷兰登陆南台湾。西方殖民势力武力犯华占地，荷人首开恶例（葡占澳门尚是以"租借"为名的）。它又进入菲律宾，血腥屠戮华人，清剿华商势力；但无力与海上郑芝龙（郑成功之父）势力抗衡。1628 年，荷驻台头领与郑芝龙签订为期三年的商约。1641 年，荷兰人赶走了西班牙人，

拿下了全台湾。1662 年，郑成功收复台湾，使西方海盗气焰大受挫折。可是，清政府为消灭台湾郑氏势力，不惜几度邀荷兰人出兵相助，因而答应其"贸易"要求。

二、清廷与洋人联手夹击南洋华商

清政府不顾南洋商民侨民的利益，反而与葡（时称之为佛郎机）、西（时称之为大吕宋）、荷（时称之为红毛夷）、英（时称之为英吉利）各国"商队"发展更密切的海上交往，并借其力对付南洋"海盗"，这也就给了他们染指南洋贸易的"合法性"，并进而取代华商，操纵东方贸易。

清廷在台湾问题解决后，下令解除"禁海令"；但康熙为了在南洋"反海盗"，仍然维持着对南洋的禁令与措施，从康熙至道光年间愈演愈烈。清廷往往与在南洋活动的"夷商"联手"剿匪"。

原来，康熙部分地开放海禁后，苏州船厂很快恢复造船生产，一年有上千只船下海，远航南洋与欧非，开展丝瓷贸易。然而当康熙得知出洋船舶如此之多而又多被出售，出洋人员如此之众而又多半留外不返，立即下令：如此"有伤国本"之事"不可再行"。明令严禁商民私自出海贸易，严禁商民侨居国外，严禁与南洋贸易，断绝和吕宋（菲律宾）、噶喇吧（马来亚）、南洋诸岛（印度尼西亚、婆罗洲等地）的经济往来，严禁向南洋出卖海船、硝黄、军器、铁器、书籍、米粮，甚至铁锅；严禁在南洋安居的侨民"非法"归国。同时，他再次颁布《防夷章程》，禁断夷人登岸上街行走；不许外人带华人出境（因洋人在沿海掳掠贩卖人口的事时时发生）。

雍正五年（1727 年）九月，清廷又下令："嗣后凡出洋船只，俱令各州县严查船主、伙长、头梢、水手并客商人等若干名，开明姓名籍贯，令族邻保甲出具切实保结……如有报少载多，及年貌箕斗（指纹）不符者，即行拿究；保甲之人一并治罪。回棹时，照前查点，如有去多回少，先将船户人等严行治罪，再将留住外洋之人之家属严加追比。"不仅如此，甚至还通告南洋各国，限期遣返或就地严惩前往经商定居的汉民，推行了一套自我摧残的严厉措施。

又，康熙晚年就下过侨民的归国禁令，雍正进而诬称"此等贸易外洋者多不安分之人"，凡出洋逾期者均"应不令其复回内地"。乾隆把贸易时限定为三年，逾期者不许回国；在外有家室者"永远不许入口"。理由是他们"在外日久，忽复内返，踪迹莫可端倪；倘有与外夷勾连，奸诡阴谋，不可不思患预防"。即使应命而归者，也不许返故乡，而要远远地安置于新疆伊犁等地，以防其"再谋出国"或"造捏无形浮言，煽惑人心"，对出洋人员的敌视心理暴露无遗。

基于这种对侨民的严重不信任感，清政府对"情甘异域"的侨民们，一律斥为"背弃祖宗庐墓"的"莠民"、"自外王化"的"叛民"而加以排斥，绝不许其与国内联系。为此，还禁绝国内人民与南洋侨民聚居最早最多的菲律宾、印度尼西亚、马来西亚等地有经济往来，当然也就谈不上关心侨民在海外的正当权益了。乾隆五年（1740年），荷兰殖民者在菲律宾巴城肆虐，下令杀尽城内华人。"挨门排户，搜执唐人，不论男女老幼，擒住便杀"。一下子屠戮华人近万名，尸积如山，血流成河。清廷漠然视之，竟说"此等汉种……实与彼地番种无异"！听任屠戮不算，还明令"仍准照旧通商"。其冷酷与颟顸，表现得如此露骨！从此，我国从南朝齐梁以来，特别是明代以来，积极开发南洋的中国公民，竟成了"海外孤儿"，而乾隆竟以尧舜再世自炫！

三、官府藏污、海盗为患

值得注意的是，清政府对正当的南洋贸易禁这禁那，颇为卖力，而对于横行海上的中外海霸、海盗、海匪，却是无能为力，听之任之。

南洋海面早就有海盗势力：荷兰、葡萄牙势力染指台湾与东南沿海之后，其海盗行径更加肆无忌惮。他们以中外商船为目标，肆行劫掠，危害深重。在近海海域，也是见船必夺，有货就抢，能运的运走，运不走的沉之海底，不屑"光顾"就击碎算事，还要杀人毁尸，无恶不作。那些以闽广滨海山岰荒岛为盘踞点的海盗，对沿海居民的陆上生活也恣行骚扰，构成严重祸患。清政府建有"镇海水师"，配有巡哨兵船，却总是"茫茫海面，不见海贼踪影"。其实兵匪早已是一家了。闽广的达官们，初上任时或许还有人试图办一两件好事，率队下洋缉盗，但"官怠于宦成"，他们沉湎于灯红酒绿，安享陆上繁华平稳的生活，哪里还愿去蹈涉海上风波！有的守港官员与巡防哨船，通同为非，坐收渔利，民间有"坐港之利，甚于通番"之说，道破了其中奥妙。民间又有"民船犯禁，官兵可缉；官船作弊，谁敢撄锋"之叹，揭出了海盗难办的症结。兵匪相通，往往以武器、粮食、财宝相接济，番夷连手，专以守法商旅为目标。而清政府对于守法商船，却是严禁携带自卫火器，在茫茫洋面，只好一任劫夺了。有时，官弁们迫于上司的功令考核，勉强巡海一次，事先必大肆张扬，到期则鼓乐旗幡，迤逦前行，鸣炮示警，喧嚣出海，吓唬百姓；名为巡海，实是通知对方：稍弱者及早暂避，以免"公事公办"；强梁者请让出一条通道，以后"还有商量"。海盗、海霸们自然朗白如此用心，也就配合默契了。几个海盗对付不了，又怎能指望清廷抗御外侮呢？在这种情况下，当外强带着洋枪洋炮临门逞凶的时候，清廷有人想到了变"海禁"为"闭关"，然而清政府连关门的一手也做不到，"关"何尝"闭"住？

所幸我中华凭着本身的地域优势、人口优势、体量庞大的农业、手工业的产业优势和传统的民族凝聚力，顶住了西人将我瓜分豆剖、亡国灭种的灾祸，保留了百年之后重新振发的潜能。

第十二节　晚清：传统警事力量走向衰败

一、军队丧失战斗力

晚清，作为维护清朝国家安全之根本力量的军队，丧失了战斗力，除了改编，别无出路。清政府原有八旗亲军驻于京畿、满汉绿营兵驻扎外地；由步军统领衙门与五城兵马司主管着京师刑狱与治安，负责弹压地方。到了晚清时期，这套旧体制、旧人物及其旧理念、旧作风已丧失了效力；它只能等待裁撤与改编。而在"内战"中能够上阵打仗的只有汉族地主武装的"湘军"与"淮军"了，可是在夺得"天京"、镇压了太平天国之后，湘军就被"自行解散"了；淮军则在中法战争、中日战争中一败再败，也已溃灭无存了。至此，清政府手中已无有战斗力的军力可以担当维护国家安全的任务了，遑论社会治安的维护呢!

二、执法吏役不能胜任

原有的治安力量，素质低下，业务理念陈旧，装备落后，对转型期的社会治安问题无能为力，旧式宵禁与巡逻、缉捕手段也已不再奏效。它们不仅在面对太平天国、义和团等运动与武装起义时束手无策，甚至无法应对青红帮、白莲教之类的群体性活动，就连抢米风潮也弹压不住，已到了不得不废除的地步。

三、保甲制的朽败

当年，顺治康熙时期推行的"保甲制"是直属于兵部的。它绕开自然村落的天然组合，人为地规定以"十进制"编组：十户立一牌头，十牌立一甲头，十甲立一保长。这其实是一个军事化的强控制组织，生存于社会之中却又与社会脱节。到乾嘉时期，政府"更定保甲制"，使之归于户部。这种"保甲制"与乡里行政有别，是专管治安的强制机构。鸦片战争以后，清政府的统治在内外夹击中摇摇欲坠，清政府将原有的"保甲"又重新划归步军统领衙门与五城兵马司，突出其暴力品性，严厉实行"什伍连坐"，使其承担"编查户口，稽奸弭盗，化民成俗，守卫乡村"和"劝善惩恶，平治道路，催征钱粮"之责，试图以此来延缓朝廷行将崩溃的政治命运。到光绪中期更在各地组建"保甲局"，强调其半军事性质，更赋予它民事调解之职和一般案件的初审之权，这时的保甲局就决非一般行政机构可比了。这种"强控制"遭到人民大众的普遍抗拒，保甲长一职也因事务繁巨而无人敢于承担，终于在"清末新政"中被撤废。不过，"保甲局"的建局意旨倒是提供了与强调警权的德日警察体制相串接的一个"卡口"，这大概是保甲局主办者所始料未及的；难怪当时各省市的"保甲局"都在匆匆"变脸"为"巡警局"。

面对发生巨变的社会安全形势，清政府要采取何种措施，来维持自己摇摇欲坠的统治地位，是晚清当局迫切需要解决的问题。

第十三节　从清代看传统"国家警事"的两面性

通过回溯古代警事史可知：先秦的警事理论与实践模式，具备了中国古代警事的基本因子：警事权是国家行政权的一部分，有覆盖全国的警事网络；实行军事化的组织管理，具有军事化的行事风格；它直接面对社会，是塑造社会形态、社会秩序，保障国民合法权益的必要力量。从秦代商鞅变法的什伍制，到宋代的王安石变法的保甲制，直到清代康雍乾时期的完备的保甲制等，都是从强化警事入手的，否则不足以推进当代的法律、制度，也无从保证新政的贯彻实施。从本质上看，警事原是为新秩序开路的，这是国家警事的一个方面。同时，我们也看到：清统治集团从建国起就以保守性著称，尤其是它推行的"学政"，以至它的"文字狱"，它的"禁海"政策，都严重阻滞了中国社会的发展势头，终于使中华民族陷入被动挨打的局面，也导致了中国传统警事的终结。另外，清人鄙视法学，鄙视吏职，鄙视狱审事务，忽略了法制人才的养成教育，均造成了严重后果。当然，清代警事保证了辽阔版图内行政管理的有效推进，对巩固发展中华民族的大统一，是有其积极意义的。可见保守性（即稳定性）本身也需要付出艰辛的努力，不是坐而论道就可以得来的。

秦汉隋唐时期形成的古代警事体制及其法理、法律、制度文明各要素的综合运作，刑礼道迭相为用，情理法全面考虑，适应了当时社会经济文化发展的需要，第一流的警事保障了第一流的社会文明，第一流的社会文明催生了第一流的警事制度。宋辽金元时期中华警事的体制性更新，有利于国家机体内部商品经济的发展，有利于组织新的社会生产力与社会生活，顺应了"国家民族"一体化发展的需要，在世界警事史上独树一帜，应该得到高度肯定。任何无视这一成果，贬低中华法系、中华警事的观点，都应接受历史的审决。

明清时代，统治者无力适应时代的变迁，无力实现警事理论、警事实践的更新，拿不出积极的警事举措来，只是被动地使用既往的经验与模式；且依赖体制外的手段对付民众，摧残了新的生产力，也败坏了传统警事本身；加上西方殖民者的炮舰与鸦片，我国社会自身正常发展的历史链条被打断了，相应地中华传统警事的体制更新也被截断了，而由西方近代警事制度所接替。不过，中国固有的制度文化遗产不是轻易可以消除的、不是可以淡忘的，它迄今仍在起作用，从而使我们的警事得以区别于西方形态。对于这个课题，需要我们做出新的探索、新的解答。

就中国警事史而言，应予特殊注意的重要方面有：

第一，城池是最早的"公共安全防护设施"，中国警事历来是以城市管理为重心的。中国城市发展史与警事发展史是同步的：先秦的四民分居制，汉唐的坊里静态管理制，宋金以降的街道巡检制，都适应了社会经济文化发展的需要。

第二，疏导是纾解一切社会紧张、确保安全有序的基本方针。《尚书·尧典》载：鲧治水用"堵法"；其子大禹治水，改用疏导的方针而获得成功。《左传》《国语》中都有国家处置社会问题只能采用疏导方针的论述，这成了后世治水、治灾、纾解一切"社会紧张"的最基本的战略取向，迄今有效。历代建制之初，总能在"疏导"上作出努力；越是政权无力时，倒反而依赖强控制。

第三，政府致力于塑造国民的"国家安全第一"的理念，建构有效的行政管理之体制机制。西周就在"分封制""井田制""宗法等级制"等国家基本法之规范之下，形成了以人口地著为原则、以城市管理为中心、以户籍登录为杠杆、以血缘关系为纽带，透过全套国家机器去管理社会的体制机制。这在当时的世界上是领先的。健全的国家理念，是确保社会安宁的重要精神要素。

第四，排险除患中，预防重于救护。国家机器自觉地承担社会治理任务，建立起成套的攻防制度，为社会安全作保障。我国西周就为群体安全有序的生存规制了全套伦理法纪与政策措施，明确了法律界限。人们历来把赌博、奸拐、掠卖人口、盗窃、杀人、纵火、投毒、巫蛊等，视为对公共安全的犯罪活动，形成了安全保卫的机制与成套制度。如：什伍联防制、关卡稽查制、抱关击柝制、宵禁守夜巡逻制、市场管理制、道路筑护制、山林禁火限猎限伐制等；这是中华政治文明早熟的突出表现。由此形成一个政治传统：政府负责、举国体制，以应对社会安全的危害性因素。

第五，人们多误认为政刑不分、军警不分、警政不分是中国古代警察制度的一个特点，但通观史料，这些说法均过于皮相，过于粗糙。事实上，中国政刑不分是宏观而言，实际上礼制与法制有别、政权高于警权，正是其进步之处；所谓"军警不分"，只是就"服役编制"而言的，实践中警事与军事有明显区别，从未混淆过。警政与行政有分工，也有区别，古人对此有明确认识。实际上，汉代的郡太守与郡都尉，魏晋南北朝的州郡县与都督府，隋唐的州县与折冲府，宋代的州县与巡检，明代的府州县与卫所，清代的府州县与八旗兵、绿营兵，都存在上述的明确分工，并非"政刑不分"，但要求警事服从行政，恰恰是体制上的优越性所在，不是什么"发育不全"。

第六，汉代人在持久的治安斗争中形成了巡缉、海捕、跟踪、灰线、耳目、钩稽等治安手段，值得珍视。我国先秦社会充塞着劫持、暗杀、血亲复仇及投毒、巫蛊、职业杀手之类的，或隐蔽或公开的活动，严重影响公共秩序与社会安宁，行为人却被奉为英雄、好汉，被赞为有智谋、有胆量、讲"义气"。而从汉代开始，中国主流社会便明确否定此类行径，《汉书》对之有严正的谴责，《汉律》更定为"犯罪"。在事件发生时，对劫持之类的行为人作强硬斗争，宁可玉碎，不作瓦全，使其无利可图，起了遏止作用，终于使之表现为一种"有控制的存在"，抑制了劫持、暗杀、血亲复仇之类事件的频发。"强硬反劫持、反危害"是从汉代以来中国政府应对突发恐怖事件的传统作法，一贯方针。应该承认，在古代的政治生态条件下，它的功能作用之主要方面是积极的，应该给予历史的阶段性肯定。当然，斗争中，正义方有时要付出沉重的代价，但"两害相权取其轻"，这种办法自有其历史的必要性。

第七，动乱社会的安全机制，是一个突出的严肃课题。我国六朝时积累了相应的宝贵经验。那时，在国家机器残缺、国家力量薄弱、对社会不控或失控的环节上，各种民间的、社会的、宗教的力量便自发地发挥作用，在局部地区、在一定时期内发挥"公共安全保卫"的功能，起到警事自治的功效。庄园的自治体制，坞堡的自卫体制，宗教团体的公益救护活动，长途商旅的"保安""保镖"设施，交战地带的"戒严"法则，唐代的私人结社，宋以后家族组织的建立、制定家规、执行家法；宋以后的村社、乡约、社学、社会，明清城市里的行会、会馆等；还有由基层民众建立的什伍、保甲、里甲、团练、乡约、乡社等组织，都为社会公共安全提供了某种保障。但其无序发展，又往往形成地方黑势力，与政府对抗，危害基层百姓。这是一柄"双刃剑"。

第八，唐宋元时基层社会组织管理的弓手、铺兵、寨兵（土兵）、屯丁、团丁、家丁……是基层自治的"保安力量"；且当时旅店有《店历》登录制、有水上客运交通安保制；宋元时更订有海外航运贸易的安保救助法……这都是中国的首创。

第九，中国广土众民，历时久远而持续，所承受的天灾人祸不计其数，却发展成了世界上最大的民族群体，灾民、流民问题作为历代公共安全方面面广量大的首要难题，随时考验着当局的执政能力、防患抗灾抢险济弱能力。这方面，宋明时代有很多建设性措施，其救荒、安置措施，是足供参考的。

理所当然，我们在积极评价古代警事的历史作用时，不能忘了广大人民为之付出的惨痛代价；同时也不能因为代价惨痛而回避应有的研究与评价。

第十三章　近代警事体制的引进与确立

　　晚清（1840—1911）时期，随着"大清王朝"的衰败，中国固有的治安体制走向终结；与此同时，西方近代警察制度开始楔入中国机体，对中国国家警察制度的全面确立及其特殊品性的形成有着无法割断的渊源联系。因此，清理晚清警察制度的创设过程，在中国警事史的研究上有特殊意义。

　　甲午中日之战，清朝真正认清了自身力量的薄弱可怜，于是在政治上要变法图强，除旧更新；军事上要整军经武，西法练兵；行政上部署"地方自治"，创建新式警政。当时，办洋务和倡维新的人士，本着强国救民的目的，他们向西方探求药方，通过自己的亲身体验和实地观察，对西方近代警察制度在组织民力、打击犯罪、维护治安、巩固统治等方面所发挥的重要功能，有较深的认知；他们对列强通过"租界地""使馆区"而植入中国机体的"巡捕房"之"参照价值"有着特别的评价。郑观应、黄遵宪、张之洞、袁世凯等人，都把兴办警政看作挽救中国危局必不可少的优先措施，把警政的地位提到了空前的高度。上海南市工程局、湖南长沙保卫局、保定—天津警务局的出现，直至清廷北京警巡部的成立，在中国地盘上刻录了中国人自办警事的历史轨迹。

第一节　植入中国机体的西方警制

清末，旧有的警治体制在剥蚀与消亡之中，它不可能正态地演进为近代警察，那么，如何才能保障清政权摇摇欲坠的统治秩序和列强的殖民利益呢？统治集团把目光转向了西方警制的引进。

然而，中西文化体系各别，政治体制相差悬殊，引入中国的"洋警制"难免遇到"排异反应"，况且它还是伴随着铁舰火炮而来的，必然要遭遇抵制。那么，西方警察制度是如何进入中国的？它对晚清社会是适用的吗？它与中国固有的政治要素能够对接吗？中国社会所接受的又是怎样一种警察制度？对它排斥些什么？吸纳些什么？改造些什么？这些，都是近代警史研究的严肃课题，是回避不得的。

对于列强来说，它们透过《南京条约》《辛丑条约》等一系列不平等条约使其在华利益获得了"合法性"的外衣，但是如何保住这些利益，有效地打击中国人民的反抗，进行严密的社会控制就成了当务之急。既然清政府固有的社会警事力量无法适应列强的需要，西方近代警察制度的功能就被突显出来了，于是西方警察制度被植入中国机体也就成为历史的必然。

一、租界与使馆区"行政机构"的建立

1842 年，中英《南京条约》规定开放五口通商，由英商在各大港口划界租地，筑路建屋，作为外侨"居留和经商"的专用区，名为"租界"。按其本义，外国在"租界"是无权设置"行政机构"的，于是列强以"租界"需进行"市政工程建设"的名义，设立"工程局"，然后偷梁换柱，让"工程局"逐步篡取地方行政管理权，终于形成事实上的地方行政机构。

各个租界划定后，其界内市政管理事宜，清政府是无"法"管也无"力"管

的，均"特许"外侨"市政自理"。中日《马关条约》规定"其管理道路及稽查地面之权，专属该国领事"。于是各租借国便设立"工部局"，自理其界内之"税收、道路、桥梁、邮政、水电、消防、监狱、警察、军队"等，这就使一个市政业务部门，扩充为集行政、立法、司法、执法于一身的"租界当局"，篡取了中国的"治权"，演化成了"国中之国"。

列强很重视对各地租界选址的战略性要求，这方面日本政府尤为露骨。它曾明确要求：要综合考虑地质、地势、地貌、地价、交通、商业分布、居民构成、与周边联系等各要素，择优挑选，其侵略用心昭然若揭。

从 1845 年到 1904 年，西方列强计在十六个城市设立了三十七个租借地，除英、葡在港澳的租界以外，重要的租界还有：上海之英租界、法租界、美租界、日租界、俄租界、公共租界；天津之美租界、日租界、比租界；汉口之英租界、德租界、日租界；镇江、九江、厦门之英租界，苏州、杭州之日租界，青岛之德租界，大连之日租界、俄租界，宁波、广州等地均设有列强租界，且都在"工程局"名义下进行全面管制。

二、租界巡捕房的设置及其运作

在租界街道上，各国都建立了本国的"巡捕房"，部署了本国管辖的巡捕，以"弹压地面""维持治安"。租界内的市政建设与改造、现代公用设施的配置，现代交通、邮电的兴办，巡捕房的创立及其警事活动，都是按照西方现代城市建设与管理的模式实施的。

根据《南京条约》，1845 年上海被开辟为通商口岸。起初为适应这个形势，上海道台曾从"绿营"兵中选拔员弁，在"华界"成立了一个"巡防保甲局"来维持秩序；同时向租界提供"更夫队"，这种力量当然不能满足需要。1854 年，各租界当局便按《上海租地章程》第十一条允许各国自行组织"警卫队或是警察"的规定，成立了"上海租界工部局警事处"，俗称"巡捕房"——这便是中国土地上最初出现的"西方警察机构"了。它的组织与装备，完全是"西式"的。比如：同治十年（1871 年），租界工部局火政处在中央巡捕房建成了一座火警钟楼，挂英国铁钟一口；光绪元年（1875 年），又换成了美国铸造的大钟。（《点石斋画报》有图）这个"火政处"所属的维多利亚消防队（在今上海的北京路上）安装了直通报警电铃；处长办公室还安装了电报机，可与虹口捕房等各巡捕房直接相连，以后又有专线与维尔大饭店、俱乐部、虹口钩梯队等单位相连通。光绪八年（1883年）丹麦大北电话公司开始营运，光绪十年（1885年）建成电话报警系统。毋庸交待，这是当时效率最高的一支警察力量。租界的治安管理，自然也是"西式"的。比如：光绪三年（1877年）上海租界工部局就发布了《戏园建筑防火技术要求》十二项，对公共娱乐场所的大门、后门、安全门、楼板、楼梯、墙壁、消防通道、水源、紧急避险标志等都提出了明确要求。这一切，客观上也为中国旧式传统城市管理的"转型"提供了示范。

因为列强在租借地潜窃了"治外法权"，洋人办的"巡捕房"成了管制中国人、镇压反帝斗争的有力工具；同时，殖民者当然乐于利用中国各方面的力量来干预中国内政，动摇执政当局的统治秩序，所以会给当政集团眼中的政治异己分子，尤其是那些维新人士、革命党人中的"通缉犯"提供"保护"，成为各种反清人士的"政治避难所"。1898年百日维新失败后，上海租界成为维新人士重新结集之所，文廷式、康有为、黄遵宪均因此而获得一时的庇护。1911年后，革命中心从广东移至上海，租界的存在也是一大原因。相对于清政府及其后的北洋政府、民国政府之统治秩序来说，"租借地"无疑是一个政治异己势力的"孵化器"，从这个意义上说，中国历届当政集团并不情愿有此"国中之国"。

三、使馆区"联合警察署"的设置与运作

1901年，《辛丑条约》的签订，确定了"使馆界"的存在，列强在城内划界，驻兵防守，独立管理，成为又一种"国中之国"，它不受大清国法律的约束。这是帝国主义列强在中国土地上的又一种实际占有、直接管辖的区域。英国、美国、日本、俄国、意大利、葡萄牙、荷兰以及奥地利都在京城占据了一定的区域，作为本国在华拓展其殖民利益的"根据地"。条约规定，由各国公使与护卫队长划出可备本国武装警察自用的"警卫地段"，加以警卫。使馆界还组成了"公使团"，公使团在东交民巷设置了"联合警察署"和"巡捕房"。联合警察署的最高长官每三个月任命一次，由各国护卫队长轮流出任。使馆界的巡捕雇佣中国人充当，由外国警官指挥。这些巡捕巡逻的时候，中国人不得近前；巡捕夜间值勤，各国护卫队长认为必要时，可令其携带短枪巡逻；巡捕在巡逻的过程中，如果发现"罪犯"或违反本区域内的各种行政"规则"的人，必要时可以直接逮捕。如果被捕的是外国的军人，则引渡给该国的护卫队；如果是外国非军人，则由该国公使馆领走；如果是中国人，则引渡给清政府审理。

对此，看一看由德国、奥匈、比利时、西班牙、法国、意大利、日本公使馆制定的《御河东侧公使馆区域暂定规则》就一目了然了：

第一条：中国人除获公使团体许可者外，无在公使馆区域居住的权利。受外国人雇佣的中国人，经所属公使馆许可，可在公使馆区域内居住。

第二条：公共道路上严禁有碍于秩序、风俗的一切行为。

第三条：中国马车，非由车夫证明有特殊事情者，不许进入公使馆区域。

第四条：禁止在公共道路上聚众、变戏法、角斗、演杂技、相面等一切活动。禁止在住家及其他建筑物五十米以内燃放鞭炮、焰火。

第五条：在公使馆区域内通行的中国人，日落后均应提点燃的灯笼行走。

第六条：中国人不论其职业如何，禁止在公使馆区域内携带武器弹药。

第七条：非受人雇佣的出租车、驴马等应停放于下列场所：

①中御河桥上，驴马及人力车放于左侧，马车放于右侧。

②崇文门大街与东交民巷的拐角处。

③北御河桥的拐角处。

第八条：大街上禁止牵拉驴马行走、活动。

第九条：在公使馆区域内售货的中国人，要在指定的地点营业。

第十条：公使馆区域内，禁止开设一切小饮料店。

第十一条：严禁在街上丢弃脏物。

第十二条：日落之后，一切车轿等应带点燃的灯笼。白天骑马通行者应缓步行进，日落后禁止骑马者及马车在街道上奔驰通行。

第十三条：马车及骑马者应走街道左侧，欲超前面车轿时，应从右侧绕过。

第十四条：违反上述规则者，处以一至五十元罚款。①

---

① 参见张宗平、吕永和译：《清末北京志资料》，燕山出版社，1991年版。

另外，日本使领馆除了参与"联合警察署"的一般警事活动以外，还在天津总领事馆派遣了本国警察官，在公使馆内执行"公务"。1900 年派遣了六名警察，1902 年又派了三名。除了办理一般警察事务外，还能办理民事及户口等事务，已经基本具有一个警察署的各项职能，更是"国中之国"了。

综上，从租界与使馆区的警察机构我们可以看到，区内的秩序是由占领国自己所组建的警察机构来维护的，这意味着国家主权从警察权这里开始丧失。就警察而言，它本应是一国自由与主权的维护者，但租界与使馆区的警察却是以侵犯中国领土和牺牲清政府的治权为前提的；它本应是一国公众自由的维护者，但租界与使馆区的警察却是以剥夺中国公众的自由和限制中国公众的权力为职责的，所谓"华人与狗不得入内"，便是这种强权的典型表现，给中国人留下了沉重记忆。这种警察制度的建立，并不是清政权内部治安环境和安全形势的主动选择，而是被迫的。由列强植入中国的这种警察制度，突出的一点就是侵略当局掌握着警察的公共职能和社会职能，其警察权的主体已经转移了。它的存在不是为了维护社会的普遍秩序和公众利益，相反却是由侵略者把自己的利益建立在"合法性"的暴力之上。

四、香港警事：近代东方的英式警队

18 世纪末，英国内政大臣罗伯特·比尔于 1829 年拟订了《大伦敦警察法》，建警者极力规避"军警不分"的现象，强调其非武装性，从而确立了英式"服务型"警察体制。这一思想决定了英国的警种设置、警察功能、警事风格，也就被带到香港警事中来了。从租界巡捕房、使馆区警署到香港警署的运行，都给中国人以近代城市管理模式的、近在身边的参照，引起当时知识界先驱人物的极大关注。

香港警察机关全称"皇家香港警事处"，是维护香港社会治安的主要力量，与海关、消防处、惩教署、人民入境事务处并列为港英政府的五个纪律部队之一，隶属布政司下的保安司。警事处最高指挥官为警事处处长，另有两位副处长和一位相当于副处长职级的政务专员，分别协助处长掌管行动、管理、文职及政务几大系统。在组织架构上，警事处分为警察总部、警察总区、警区、分区或警署四

个层次。警署的建构如次：

行动处：下辖行动部、支援部和六个地方警察总区。行动部由行动课（含行动组、反恐怖活动组、要点防卫及搜查组）、警察机动部队（分为十三个大队，其中包括一个警察装甲车队）、特警队（俗称"飞虎队"，专门对付恐怖分子）和爆炸品处理组组成。支援部由支援课、警察公共关系科和交通总部组成。

刑事侦缉及保安处：下设保安部、刑事部两个部门。保安部负责保护显要人物、防范及对付恐怖活动，以及统筹保安工作。刑事部主要负责指挥、处理与罪案有关的一切事项。

人事及训练处：由人事部和训练部组成。人事部内设人事管理科、职员关系及服务条件科、人事服务科三个科。

监管处：下设服务质素监察部（下设工作表现检讨科、研究及监察科、投诉及内部调查科），资讯系统部（内设三个科：资讯应用科、通讯科、运输科）。

警察政务处：负责管理文职人员，管理警队的编制，处理其他行政事务。下设人事及总务科、编制及文职人员关系科。

财务处：负责管理警队的财务、审计和物料供应工作。内分三个科：财务科、内部核数科、物料统筹科。

策划及发展部：设策划科、发展科。

香港警事的展开，在维护社会公共秩序上发挥了显著作用，与清廷旧式治安力量的无力无能形成强烈的对比，给内地的先进人士以深刻的印象，他们纷纷发出"建警"的呼吁。

第二节　上海华界启动自办警事

洋务派与维新派对西方警制不仅有认识，还有实践。他们曾参照西方警制，结合当方实情，试办新型警察。其中，上海绅商做出的成绩尤为突出。

一、维新人士对举办新式警察的呼唤

1895 年，早期的改良主义思想家郑观应在其《盛世危言》一书中曾特辟专章介绍西方警察制度，他从警察产生的角度分析道："上古之世民风敦朴，浑浑噩噩，夜不闭户，路不拾遗。后世则生齿日繁，品类不一，非有诘奸之善法，缉暴之良规，不能安善良而除莠恶。此泰西各国所以有巡捕之设也。"此外，又发表了题为"巡捕"的专论，文中写道："考西法，通都大邑俱设巡捕房，分别日班、夜班，派巡捕站立街道，按段稽查。遇有形迹可疑及斗殴、拐骗、盗窃等情，立即拘往捕房，送官究办。故流氓不敢滋事，宵小无隙生心。即有睚眦小忿、口舌纷争，一见巡捕当前，亦各释忿罢争，不致酿成命案。而其禁止犯法，保护居民，实于地方民生大有裨益，诚泰西善政之一端也。"对"西法"加以肯定。

康有为 1879 年第一次游历香港，感慨道："览西人宫室之瑰丽，道路之整洁，巡捕之严密，乃始知西人治国有法度，不得以古之夷狄视之！"可见英国在香港施行的警察制度给他留下了多么深的印象。晚清洋务运动的主将之一、湖广总督张之洞也天真地认为："警察若设，则差役之害可以永远革除。此尤为吏治之根基，除莠安良之长策矣。"

湖南著名维新人士唐才常也认为："西人之觇国势者，入其疆，土地辟，市政修，万民和乐，令行禁止，即为有文化之国，而根本实原于警部。"黄遵宪是维新人士中对西方警政最有研究者，1877—1894 年间，他先后出使日本、美国、英国及新加坡等地，对警察制度多有关注，甚赞西方警察制度"法良意美"。他

写道："余闻欧美诸国，入其疆，皆田野治，道途修，人民和乐，令行政举。初不知其操何术以致此，既乃知为警察吏之功……余考欧洲警察之制，大抵每一万户则设一分署，一分署有警察数十人。其在通都大邑、广衢要路，则持棍而立者远近相望、呼应相接，是故国家出一政、布一令，则警察吏奉命而行，极之至纤至悉无不到。人民犯一法，触一禁，则警察吏伺其踪、察其迹，使不得或逃法网。地方有阙失，风俗有败坏，则警察吏指摘其失，匡救其恶而整理之。盖宣上德意以下行，察民过失以上闻，皆警察吏之是赖。"他还强调，"警察一局，为万政万事之根本"。"警察一署，为新政之根柢。若根柢不立，则无奉行之人，而新政皆成空言矣，故首注意于是"。"然则有国家者，欲治国安人，其必自警察始矣"。他们都肯定了西式警察维护既有社会秩序、塑造新秩序、为新政护航的双重功能。

二、出现于上海华界的第一支中国警察队伍

1894 年，上海县知县黄承暄下令在法租界南面，沿黄浦江筑路，建立了第一个中国人办的市政自治机构，1895 年 12 月 "南市马路工程局" 在老城厢开张，负责修路，设立了 "巡捕房"，有六十余名员警。（注意：英法近代警察起步时，也就一二十名警员。）由一名 "总巡" 领导，负责马路巡逻、清扫、照明，并在南市征收铺税、车船税。上海 "华界" 警察由此诞生，这是中国人自办的第一支 "警察队"，它拉开了中国 "新型警察" 的序幕。1898 年的招捕章程中说：有六十名三十岁上下、忠厚老实的壮男由当铺、地保而入警。

1898 年初，上海道台蔡钧邀请日本警官永谷隆忠协助在杨树浦成立了一个官方 "警署"，训练了道台衙门一五〇名兵丁为警察，9 月维新失败；至 1901 年 4 月重新开张。

1905 年 10 月，由本地精英李钟珏、叶佳棠等人倡导筹组，成立了 "上海城厢内外总工程局"，其决策机构为议事会、参事会，成员由善堂、书院、警事及各铺段董（商人）投票公推组成，是上海商界、学界、警界的一个自发组织。成立之后，根据苏松太道核准的批文，"所有马路、电灯以及城乡内外员警，一切事宜均归地方绅董公举"。于是在城厢内外工程总局的领导下，在城隍庙设警署，

抽驻军五百六十人为巡警，取代了原"南市保甲局"，并在整个华界设一警察局，派留日警官学校归来的刘景沂掌管警察学堂，用三个月培训驻军二百一十六名，分配到各地段的警亭中去执勤，承担着人口普查、大众教育、颁发行医执照、检查住房、巡视店铺、审查报刊、管理商务等市政警察的重任。总工程局开办不到两年，成绩卓然可观，不仅地方安靖，还办成了填河、筑路、装电灯、开水厂等公共事宜。

试验证明：中国人有能力把近代西方警制引入中国，自办警事。

第三节　湖南保卫局的秘密：地方自治训练

在戊戌变法加快步伐的同时，湖南的改良运动也加紧了步伐。光绪二十四年（1898 年），湖南按察使黄遵宪参照日本警察机关和上海工巡局的经验，创议建立湖南保卫局，以替代旧有的保甲局、团防局等组织。这一建议立即得到了积极推行新政的湖南巡抚陈宝箴的支持。当年 7 月 27 日，湖南保卫局在长沙宣布成立，一个官、绅、商合办的近代警察机构诞生了，直到当年秋后被裁撤，维持了五个月。

一、黄遵宪督办保卫局

黄遵宪，字公度，别号人境庐主人，1848 年 4 月 27 日出生在广东嘉应州（今梅县）。1867 年，黄遵宪考中秀才。1874 年到了京师北京。1874 年秋考中举人。1877 年 1 月，朝廷任命何如璋出使日本，黄遵宪被任命为驻日使馆参赞。1882 年春，调任驻美国旧金山总领事。1889 年被任命为驻英二等参赞。在英国期间，是黄遵宪改良主义思想确立和巩固的阶段。1891 年秋，又任新加坡总领事，1894 年卸任回国。1896 年 9 月，黄遵宪奉光绪皇帝命入京陛见，力陈时政。6 月，由于翁同龢的推荐，黄遵宪被任命为湖南长宝监法道。黄遵宪到达湖南后，即代理湖南按察使，掌管全省的刑狱和官吏的考核。湖南巡抚陈宝箴支持变法，所以，湖南在推行新政方面，走在了各省的前面。

当康梁在北京加紧变法活动时，湖南的改良运动也加紧了步伐。黄遵宪建议开办湖南保卫局，以替代旧有的保甲局、团防局等组织。这一建议立即得到了积极推行新政的湖南巡抚陈宝箴的支持。1898 年 7 月 27 日，湖南保卫局在湖南长沙宣布成立。

保卫局形式上是仿照日本的警视厅和西方国家的警察局而建立的，但又不完全等同于西方国家的警察局。黄遵宪使保卫局兼有地方政权机构的性质。他手订的《湖南保卫局章程》中，规定保卫局由官绅商中选出的总办和议员集体领导，采取议员议政的形式。"以人数之多寡，定事之从违"。同时规定，章程（法律）一经通过，局中无论何人必须严格遵守，否则依法惩处；如章程不善之处，可随时商请再议，但任何人不得无视章程。这就贯彻了民主法治原则。

保卫局的组织机构：保卫局的人事组织、机构设置和内部权限划分是依据维新派"官绅合办"的警政理论制定的。根据这个理论，保卫局的机构设置实行三级体制，即总局、分局、小分局。人事组织则采取官绅并立的原则；各级机关和官绅之间的权限划分也是明确的。

按照黄遵宪的计划，保卫局不仅是一个政府组织，而又是一项共同事业，由政府官员和绅士名流双方参加的管理机构来监督它的工作。保卫局官绅合办的性质不可能触动统治阶级的政权机构，所以它必然会得到某些地方大员的庇护，当然也得到许多开明官绅和人民群众的拥护。因为黄遵宪在开办保卫局的过程中，始终贯彻官民合办、公议公决的精神，唤起了民众的热情。开局后，保卫局各级人士勤奋努力，认真执行《保卫局章程》的各项规定，整顿社会治安，维持公共秩序，推进公益事业，取得了显著成效，获得了各界的普遍拥护。当年的《湘报》报道：保卫局开办以来，"城厢内外，人心贴然，已有成效可观"。"保卫局开办以来，各局员绅倍极勤慎，日夜严饬巡丁逡巡街市，城中无赖痞徒渐皆敛迹"。皮锡瑞也记述说："大商贾亦知设巡捕好，无火灾、盗贼，颇愿出钱。"保卫局是维新派在中国最早进行地方自治的初步尝试，体现了近代中国市民社会逐步发育的过程。黄遵宪显然受到了英国警察模式的影响而又有所创新。

二、湖南保卫局的目标：地方自治

保卫局是一种由绅商出资兴办、官方督办的机构。在官民合办体制下，"使诸绅议事而官为行事"。黄遵宪提出：每二百户选一户长，每千户选五户长，遇事即邀集各户长为"议事绅士"，到局公议。保卫局所用巡查员弁，由户长公举，也可由户长公议撤换。这一计划得到陈宝箴的批准，也得到长沙许多绅士、商人的支持。很多学者在论及"合办"问题时，将它看作是解决资金不足的一个手段。事实上，这只是黄的目的之一，其真正意图却并不在这里，他有更为深刻的目的。黄遵宪认为，"欲卫民生"，"必当使吾民咸与闻官事"。他当时曾向陈三立解释过这一意图：保卫局"必官民合办，费筹之于民，权分之于民，民食其利，任其责，不依赖于官局，乃可不撤，此内政也"。黄遵宪采取这种"地方自治"的方式，目的是使"民智自此开，民权自此伸"，不至于"人去政亡"。后来变法失败，梁启超流亡日本，黄遵宪这才把他的真正用意当作极大的秘密告诉了梁。他说："自吾随使东西，略窥各国政学之要，以为国之文野，必以民之智愚为程度。苟欲张国力，伸国权，非民族之强，则皮之不存，毛将焉附？国何以自立？苟欲保民生，厚民气，非地方自治，则秦人视越人之肥瘠，漠不相关，民何由而强？早夜以思，府县会会议，其先务之亟矣。既而又以思，今之地方官受之于大吏，大吏又受之于政府，其心思耳目，惟高爵权要者之言是听。即开府县会，即会员皆贤，倡方正论，至于舌敝唇焦，而彼辈充耳如不闻，此又如何？则又爽然自失，以为府县会亦空言无益。既而念警察一局，为万政万事根本。诚使官民合办，听民之筹费，许民之襄办，则地方自治之规模，隐寓于其中。而民智从此而开，民权亦从此而伸。"显然，黄的创办"保卫局"，不仅有维持社会治安、抵抗外来侵略的职能，更要赋予它推行"地方自治"政权机构的职能，要把它办成培植地方人士参政、议政、执政能力和社会管理能力的学校。他一再叮嘱梁对此要继续保密，希冀将来有机会仍然采用这一办法，推进民智开发与地方自治。他确是深谋远虑的人物。

从上海"民办"警政到湖南"官绅商合办"警政的实践，都给人以耳目一新之感，它启示人们：由中国人自办的警政，是可以为中国人民所接受的。不论它采用什么样的组织体制与领导决策体制，关键在于看它为谁的利益服务。上海工程局与湖南保卫局的组织名义不同，而"实权"则都是掌握在民主公选的中国人手中，是直接为当地人的利益服务的，所以能赢得民众的衷心拥护。它否定了中国固有的治安体制，又对西方警察体制有所突破，是一种超越中西的新型警制。湖南保卫局开办不久便被清廷下令撤销了，而上海工程局则与时变化，实现了自己的平稳转型，这是上海"市政—警事"有别于全国其他城市的一个重要因素。

第四节　天津警务局：对"德警模式"的再仿制

一、清廷下令城市自治，办新军新警

1901 年，西太后的"朝廷"逃亡西安未归，占领了北京和直隶的八国联军尚未撤退，整个清王朝从上到下动荡不安。当年 9 月 12 日，即《辛丑条约》签订后的第五天，清廷即谕令各省，要求严行裁汰制兵防勇，"精选若干营分为常备、续备、巡警等军"。[①] 巡警作为"新政"内容之一，这是首次见于上谕。可是，"巡警"究系何物，不少督抚还根本不知道。因此，各地虽将绿营兵匆匆改编成巡警，废"保甲局"而建"警察局"，但他们却不懂如何使用这支力量来维护社会面上的治安秩序，只有时任山东巡抚的袁世凯作出了迅速反应。

袁世凯在上谕下达的当年就上奏："裁汰绿营制兵一千三百六十名左右，翼防军四百名、沿海防军二营，亟欲改练"，只因"饷绌未及举办"。次年四月，他被调署直隶总督，便在直隶省城保定（当时天津已为八国联军占领，保定成为直隶暂时省城）仿照八国联军天津都统衙门的巡警办法，"奏定章程"，开始兴办警政。

袁世凯称："窃惟备军所以御外侮，警兵所以清内匪。中国自保甲流弊……

---

① 袁世凯：《创设保定警务局并添设学堂拟定章程呈览折》，载《养寿园奏议辑要》卷十八。

不得不改弦更张，转而从事于巡警。"他认为值此"伏莽未靖"之际，必须果断裁汰已经衰落的民团、保甲与捕役，非"巡警不足以禁暴诘奸"。袁世凯还把警事与特务活动结合起来，他认为："国家政令之所颁，于民志之从违，可以验治理之得失，而官府可资为耳目，藉以考察舆情，亦唯巡警是赖。"① 这就是说，巡警不仅要弹压地面，维持社会秩序，同时还要做统治集团的耳目，去探听"民志之从违"，了解民间的意向。

二、袁世凯在直隶省城保定创建警务局

袁世凯为落实其办警目标，特聘请日本警视厅三浦喜传为警事顾问，委派赵秉钧和三浦一起，"参照东西成法，拟定警事章程"，于 1902 年 5 月间，在直隶省城保定首创警务局，下设五个分局，东南西北和四关按地段划分；挑选巡兵五百人，分布城乡内外，并责令赵秉钧创办"保定警事学堂"，聘请日本警官充当教习，培训警员，为"将来可逐渐推广，由省会而遍及外府、州县"之用。

1902 年，袁世凯奉命接收天津。列强在退出京津的协议中有规定：为避免驻华各国军队与中国士兵"相撞滋事"，禁止中国在天津驻军。既然不能驻扎正规军，如何维护天津的治安呢？中国政府又如何实施其管理权呢？经多次交涉，双方达成了"兵力既不能到，惟赖巡警以震慑而绥靖之"的协议。这纸协议，不在于标明"巡警"不属正规军的序列，关键是明确了其对天津社会"震慑而绥靖之"的任务。对此，袁世凯早有盘算。他在奏折中说："臣于莅任（直隶总督）之初，即预筹津地收回，必当有以善其后；而尤虑华洋交替之际，匪徒乘间思逞，情形较内地尤为紧要，是非举办巡警无以靖地面而清盗源。"明确无误地把依靠巡警"靖地面而清盗源"作为自己的职责。

三、天津警务局的组建

袁一接手天津，马上就从三千巡警中抽出一千五百名留津驻扎，组成"南段

---

① 袁世凯：《创设保定警务局并添设学堂拟定章程呈览折》，载《养寿园奏议辑要》卷十八。

巡警局"；其余一千五百名分布于西沽、塘沽、山海关、秦皇岛、北塘等处，组成"北段巡警局"，并在津设立总局。另外，袁世凯还陆续设置马巡（马上巡警）、河巡（河上巡警）、暗巡（便衣巡警）等特殊警队，对山海关、秦皇岛等处，由于"辖境绵长，难于控制"，就曾"添练马巡五十名"；对海河一线，专门建立了河巡，"由各国都统移交小轮三艘，专为巡查海河之用"。他还创办了天津巡警学堂，将保定巡警学堂并入，更名为"北洋巡警学堂"。该学堂聘请日本人三浦喜传为总教习，数名日本警官担任教官。学堂编译了成套的外国警事书籍，培训巡警。1905 年，袁世凯下令赵秉钧拟定章程十二条，"以为各属模范"。[1] 天津巡警的体制，完全是在日警的直接干预下建构的，它是德警模式在中国的"再仿制"。

随着天津警务局的成立与发展，原直隶省的捕盗营陆续改行巡警制。1902 年 10 月 17 清政府下令各地仿办，1904 年又"通饬各省兴办巡警"。至 1905 年，清政府成立了巡警部，并饬告全国"各省巡警，并着该部督饬办理"。这标志着中国"国家警察机构"的正式问世。另外，"顺天府日本警事衙门事务长官"川岛浪速曾在 1901 年写过一份《上庆亲王书》，建议创办中国警察。庆亲王奕劻获准与之商办了"京师警事学堂"。1905 年 9 月创办的"京师高等巡警学堂"，仍聘日本人为教官。

为了"震慑而绥靖"地方，袁世凯将其控制的巡警与密探，分布于天津城乡各个角落。据 1907 年 2 月 6 日、8 日的《大公报》记载，"偶有可疑之人，不问平日操业如何，即指为秘密党，拘之于狱。既入狱后，又闻有用刑迫其供认者，生死不明，殊骇人听闻"。巡警局设有发审处，审判刑事案件，"凡有妨害治安，违反警章者"，统由巡警官办理。天津巡警局规定的"违警罪"达到一百二十五款，凡是犯有违警罪者，或拘留，或罚款，均由所属警察局"自行核办"。（《天津南巡警总局现行章程》）对于刑事犯罪者，更是残酷。袁世凯打着"安良必须除暴"的幌子，奏请凡"获有盗匪解交发审处，立时提审，核其情罪重大者，照土匪定章，即行就地正法"。[2] 天津警务局在行使审判权的过程中，不仅没有一

---

① 袁世凯：《拟定天津四乡巡警章程折》，载《养寿园奏议辑要》卷三十四。

② 袁世凯：《天津设立保甲巡警各局请将情罪重大贼犯就地正法片》（光绪二十八年八月十二日），载《养寿园奏议辑要》卷十九。

个应该遵守的上报程序，更没有一个客观公正的审判依据，只照拥有警察权者的主观判断去审理，处处体现着专制与暴力，在在使人联想到德国俾斯麦的铁血手段。

四、袁办巡警为军阀统治打下了基础

袁世凯主办的巡警，是一台地地道道的暴力机器。其基本队伍，是由绿营兵——新军改头换面而来的，只是通过了短暂的日式警事培训。这支巡警的领军人物一是赵秉钧，一是杨以德，都以"长于缉捕"出名。赵曾充任过典史、直隶保甲局总办。义和团运动时期，他任职于淮军前敌营务处兼统带巡捕三营，深得上司赏识。袁世凯接任直隶总督后，知道他"长于缉捕"，选其办理警政。赵没有辜负袁世凯的希望，不仅办理了警政，更协助袁世凯组织人去暗杀革命党人。他常常"变服巡视"，深入各个角落缉捕人犯。杨以德也是从"长于缉捕"起家的。在天津都统衙门里，他充任侵略者手下的巡捕；天津警务局成立后，先后当过侦缉队长、侦缉局总办、巡警局帮办，一直到 1925 年，始终控制着天津、直隶的警察机构。这两人都是地道的特务与刽子手。袁世凯视巡警为扩张个人权势的依靠力量、通向权力顶峰的必要台阶，就依靠这种人去办理并掌控着警察。他哪里会懂得警察的要旨是基于公权力之上，而为整个社会秩序的安宁和民众利益服务，他只醉心于保存并不断扩展自己的军阀实力与社会控制。

第五节 清末：国家警察在列强侵凌下降生

清廷与德、日的政治思想差距很大，但也有其"对接点"，有一种互通兼容的政治理念，那就是统治思想中的专制与暴力成分，中央集权的政权体制，对社会的强控制模式，便是清廷与"德警模式"一拍即合的内在依据，而英警那种张扬民权的理念，则更易于为渴望"地方自治"的人们所欢迎。

1898 年，维新变法被镇压下去之后，又爆发了义和团运动，八国联军攻占北京，慈禧出逃，国家民族到了生死存亡的关头，形势严峻。不仅立宪派要求清政府实行改革，各省巡抚也都要求改革，列强甚至也逼清政府进行"改革"。在这种情况下，清廷已别无选择，这才有了 1901—1911 年间的"清末新政"。实际上，这时的清政府对推行新政的实际步骤并不关心，它只想保持改革的门面，但随着时势的推移，特别是日俄战争之后，这才对"立宪新政"认真起来，匆忙布置废科举、废绿营、废保甲，决定修订新律例、派遣留学生、编练新兵、大办学校、大办实业、大办警政。然而，这样一系列大政方针，却把持在满族军机大臣荣禄、庆亲王奕劻及大军阀袁世凯等人手中。他们移植的西方警政，只是取其适应于暴力控制的那种专制集权体制，那种凌驾于社会之上的强控制手段，它完全背弃了其民主与法治的原有理念，成了"德警模式"在东方的"再复制"，却因而制约了近代中国国家警察的基本品性。

一、协巡总局：京师近代警政的畸形起步

1900 年 6 月，英、俄、日、法、德、美、意、奥八国联军出兵劫掠中国，北京失陷。八国联军攻入北京后，在各国占领区内分段依次成立了军事警察衙门，即洋巡捕局，同时批准由各地段的绅商出面组成安民公所，服从洋巡捕局的领导，共同负责城市的治安管理。当时的北京城由若干个洋巡捕局和安民公所分段管理，

它们不仅负责维持社会治安，而且还承担了维持经济秩序、卫生环境和督管街道工程的职能。安民公所不是官方设立的，但朝廷留守的官员却在其中起着操纵作用，大部分经费也是朝廷提供的。我们从安民公所的活动中看到的是：中国人自己出钱出力办理的警政，却是以维护列强的侵华利益为主的，它打击控制的正是本国公众，牺牲的是国家利益和主权。无法想象，它会与中国本土的社会环境和安全形势相适应，它只能是一种畸形产物。

1901 年夏，八国联军退出北京，清政府为了恢复被占领军破坏了的内城行政建制，准备在步军统领衙门内仍按八旗左右两翼的序位，建立"警务处左右两翼及警务公所"。但是此时的北京内城，各民族、各阶层杂居，八旗制的管理形式不得不改变，于是，由步军统领衙门派生出来的"善后协巡总局"出现了。善后协巡总局设立了十个分局，管辖内城地区。善后协巡总局制定了《现行章程》，明确规定总局的职责是维持京城地区的社会治安和公共秩序，要求各分局分段设立巡捕处，每日派巡捕昼夜分班巡查，"缉拿盗贼，审理人犯"。由于善后协巡总局负责掌管内城的行政事务，又是从步军统领衙门脱胎而来，所以，清廷很重视，组成人员大多是旗人，官员全部由满蒙贵族官僚担任。光绪二十八年（1903 年）五月，肃亲王善耆受命督修街道工程，管理巡捕事务。（这显然是从"租界工程局"学来的，它变相地认可了租界殖民当局的行政权、警察权。）并于内城设工巡局，撤销了从前所设之警务处及协巡局，其警察事务移交给工巡局。

二、巡警部：中国近代国家警政的开篇

工巡总局被看成是京师近代警察制度的一大进步。街道工程事务是仿照上海租界的作法，特指修治街道、管理公共交通卫生等职能；兼维持治安，包括清查店铺，没收私有财产充公，收容教养流民和轻微人犯，整顿户口，办理社会救济，缉拿盗贼，发现可疑和审理一些案件等；工巡总局的权力依然由满人官僚掌握。首任大臣是肃亲王善耆，后由礼部尚书那桐继任。内部机构有：事务处、巡查处、守卫处、待质所、军装库、图表处、文案处、发审处、支应处、马号、司狱科、消防队、巡捕队，共有人员二三百名。总局下属单位有东、中、西三个分局。各分局管辖区域内分别设立若干巡捕处，巡捕处配备巡捕长及巡捕。每个分局的辖区又划分为若干"段"，段是工巡局最基层的警察机构，"段"里的巡警亭被百姓称为"巡警阁子"。巡捕按分管线路巡查街道，遇有行凶、殴刺外国人及聚众抢劫等重大案件，当场拿办；如遇肇事者逞凶抗拒，允许向其下肢开枪射击；遇偷窃、斗殴、口角、赌局、烟馆、娼寮等寻常案件，缉拿人犯后交由附近巡捕处办理；遇到来往可疑人及事项，巡捕有权监视盘查。工巡总局生存了不足四年时间，基本形成了一个比较完整的外壳，并且对以往的警察机关和审判机关的陈腐风气也有一定的改造。不可否认，工巡总局使中国警事向正规化方向迈进了一步。

光绪三十一年（1906 年）秋，为统辖全国的警察事务，清廷设立了"巡警部"，升至与中央行政各部相同的地位，京师警察机构转化成全国警政的领导机构了。

光绪三十一年（1906 年）十二月十五日，徐世昌奏上的巡警部官制章程获准，巡警部遂依章程组建起内部机构。随着总局组织的改变和地位的提高，废除了五城察院及五城兵马司，原先不属于工巡总局管辖的外城，也划归巡警部管辖。随后，各省区参照袁世凯搞的《直隶巡警章程》，在省城和重要商埠相继举办警政，成立警察机构。尽管名称体制并未统一，但警察制度总算从无到有，推广于全国了。1906 年，清政府遍查各地情形，了解到天津、奉天、四川、广东等地警政办得比较完善。到 1907 年，清廷命各省设置"巡警道"，省城设立"巡警公所"，各州县设立"巡警署"。这时的中国警制是"形体已具而精神尚虚"。

1906 年 8 月，清廷派出考察宪政的载泽、戴鸿慈等五大臣，在欧美等国周游了半年多后回国，建议"巡警为民政之一端，拟正名为民政部"。1906 年 11月 6 日，巡警部得旨："巡警为民政之一端，着改为民政部。"原设巡警部基本上缩编为一个司——警政司，成了民政部的内部机构。

同时，袁世凯等人也知道，警事活动的开展，也需要以立法为"保障"，因而又抓了"警察立法"一事。虽然时间很短暂，数量和规模却很可观。当时，清政府指派精通中外律学的沈家本等人修订法律，在颁布了《修订大清刑律》的情况下，清政府陆续制订的"警法"就有二百多种。从立法的内容和性质上看，可分为四大类：一为总务类，含组织、编制、服装、任免、考核等，这是警察的组织制度法规；二为行政类，含护卫、治安、正俗、外事、户籍、交通、营业、建筑、保息等，这属于行政警察法规；三为司法类，含刑事法律、警察法等，这是司法警察法规；四为卫生类，含清洁、保健、防疫、化验、戒烟等，就立法意图而言，它也属于行政警察法规一类。从法规制订的机关和效力来看，有中央制定的全国通行的法规，也有地方制订的、在本区域发生效力的法规。从法规的名称上来看，有律、条例、章程、规章、办法、细则、简则、告示等。不妨看看下述1901年后颁布的重要法令：

清廷批转的袁世凯《奏定警事章程》，各地依章办警。

颁布《违警律》，规定巡警有违警罚款权、即时处置权。

颁布《报律》，规定巡警有权查禁革命宣传品，取缔革命舆论。

颁布《结社集会律》，查禁革命集会，镇压革命群众。

颁布《巡警佩剑规则》，此规则外搬日本兵、西洋兵的制式，内效新军的规定，使警察制服"正规化"的同时，给百姓以"假洋鬼子兵"的观感，让时人厌恶。

光绪三十二年六月十九日（1907年8月8日），巡警部尚书徐世昌在一道奏折中提出统一各地警察称谓为"巡官""巡警"。徐世昌说：改称巡警，目的是与各督抚衙署文武"巡捕差使"以及京城的"巡捕五营"相区别。此后，人们便把警察一律称为"巡警"了。

值得注意的是：引进的近代警察体制存在着严重的先天欠缺，它缺乏中华本土传统法理的支撑与民众社会实践的呼应。自清末以来，中国法律制度、警事制度的变迁，较大地背离了中国人的千年积习，又没有系统的惯例为铺垫，因而不易甚至根本不为人们所接受，不能顺利地成为人们的行为规范。因此，清末十年新政期间，各地的"警察立法"通常也不为中国老百姓所欢迎，被视为一种异己力量，人们对它采取疏离态度也就不奇怪了。要实现中外"警事警治警制"的正态对接，还有很长的路要走。

后　记

交一份向警界学人求教的书稿

至此，我们对"中华警事史"初步探讨，算是有了一个大致的框架。

我们对警事史的梳理，对警事职责、任务和规律的认识，需要有一个不断深化、不断拨正、逐步清晰起来的长期过程，现在的研究还只是一个开端。我们应放眼世界，推进中国特色的警事事业，使中国警事加速走向世界，影响世界，这是我们疏理警事史的内在动力。而今拿出这部书稿来，企盼能够与学界、警界的有识之士一起，凝聚各方的力量，共同开拓世界警事学的新天地。

20世纪下半叶以来，特别是进入21世纪以来，世界处在一个大发展、大变革、大调整时期，全球化进程迅猛，人类科学技术水平高速发展，全球经济的联系日益加强。全球化时代，必然带来大量的全球性问题：战争与和平、南北关系、国际新秩序、生态失衡与环境污染、资源短缺、人口爆炸、粮食危机与全球贫困、海洋利用与宇宙开发、人权、极端民族主义、恐怖主义、难民、毒品、艾滋病、精神迷乱与道德失落等，既包括人与人的关系，也包括人与自然的关系。面对这些安全问题，单一的反恐战争手段当然解决不了问题。我们必须把眼光放远大些，应把握好当代世界警事的发展方向，目标长远地综合治理。

而今，世界警事安全事业已经跨入一个新的世纪。各国在社会安全领域的共同风险增大，利益关联性增强，警事理论、警事经验不断推陈出新，并得以全球分享，电子科技在日见迅速有效地广泛应用，跨国跨洲的国际警事协作组织在加速推进，业务上的交流与协作日渐增强，形势要求有更多的跨国警事参与和警事协同。同时，各国公民对国家安全、社会安全、人身安全表达出深度关切；安全，已经突出地变成一种普遍的社会福利要求，人们渴望有更严格、更健全的执法、护法，要求提供更贴身、更及时、更灵敏的安全服务；而公民自身的警事主体意识也有新的自觉，公民社会的警事自律的路径也更为宽广，全体公民的自觉参与和自主管理水平有新的提升。这一切，说明当代警事的国际化、法治化、信息化、公民化、福利化已成趋势。我们的任务是迎头赶上，努力践行创建和谐世界的要求，为世界警事安全事业做出更切实的贡献。

最后，谨表谢忱。